ПРЕДИСЛОВИЕ КНИГИ ЗОАР

с комментарием "Сулам"

Под редакцией проф. М. Лайтмана

Под редакцией проф. М. Лайтмана
Предисловие Книги Зоар
Laitman Kabbalah Publishers, 2024 – 472 с.

Edited by Prof. M. Laitman
Introduction of the Book of Zohar
Laitman Kabbalah Publishers, 2024 – 472 pages.

ISBN 978-1-77228-177-4

До середины двадцатого века понять или просто прочесть книгу Зоар могли лишь единицы. И это не случайно – ведь эта древняя книга была изначально предназначена для нашего поколения.

В середине прошлого века, величайший каббалист 20-го столетия Йегуда Ашлаг (Бааль Сулам) проделал колоссальную работу. Он написал комментарий «Сулам» (лестница) и одновременно перевел арамейский язык Зоара на иврит.

Но сегодня наш современник разительно отличается от человека прошлого века. Институт ARI под руководством профессора М. Лайтмана, желая облегчить восприятие книги современному русскоязычному читателю, провел грандиозную работу – впервые вся Книга Зоар была обработана и переведена на русский язык в соответствии с правилами современной орфографии.

Copyright # 2024 by Laitman Kabbalah Publishers
1057 Steeles Avenue West, Suite 532
Toronto, ON M2R 3X1, Canada
All rights reserved

Содержание

Роза 6
    Обозрение Сулам 13

Ростки 21

Кто создал их 30

«Кто создал их», по Элияу 43

Мать одалживает свои одежды дочери 52

Буквы рабби Амнона Сабы 68
    Буква «тав» 72
    Буква «шин» 74
    Буквы «куф», «рэйш» 78
    Буква «ца́ди» 79
    Буква «пэй» 83
    Буква «айн» 87
    Буква «са́мэх» 88
    Буква «нун» 91
    Буквы «мэм», «ла́мэд» 93
    Буква «каф» 95
    Буква «йуд» 99
    Буквы «тэт», «хэт» 100
    Буква «зайн» 103
    Буквы «вав» и «хэй» 105
    Буквы «да́лет» и «ги́мель» 106
    Буква «бэт» 107
    Буква «а́леф» 108

Мудрость, на которой держится мир 113

Манула и мифтеха (замок и ключ) 116

При сотворении их – при Аврааме 126

Видение рабби Хия 133

Со Мной ты в сотрудничестве 149

Погонщик ослов	168
Две точки	232
Ночь невесты	240
Небо и земля	288
Среди всех мудрецов народов нет подобных Тебе	312
Кто она	321
Радующийся в праздники, но не подающий бедным	329
Тора и молитва	338
Выход рабби Шимона из пещеры	347
Заповеди Торы	350
Заповедь первая	350
Заповедь вторая	356
Заповедь третья	364
Заповедь четвертая	371
Заповедь пятая	380
Заповедь шестая	385
Заповедь седьмая	389
Заповедь восьмая	398
Заповедь девятая	404
Заповедь десятая	410
Заповедь одиннадцатая	424
Заповедь двенадцатая	426
Заповедь тринадцатая	427
Заповедь четырнадцатая	428
Общее выяснение всех четырнадцати заповедей и как они соотносятся с семью днями начала творения	443
Выяснение распределения четырнадцати заповедей в десяти речениях	463

ПРЕДИСЛОВИЕ КНИГИ ЗОАР

Роза

1) Первым заговорил рабби Хизкия: «Написано: "Как роза среди шипов"¹. Что такое "роза"? Это Кнессет Исраэль» – Малхут. «Но есть роза и есть роза. Как в розе среди шипов есть красное и белое, так же и в Кнессет Исраэль есть суд (дин) и милосердие (рахамим). Как у розы есть тринадцать лепестков, так же и у Кнессет Исраэль есть тринадцать свойств милосердия, окружающие ее со всех сторон. И так же Всесильный (Элоким) в отрывке: "Вначале сотворил Всесильный (Элоким)"», – с того момента как Он упомянут, вывел тринадцать слов, чтобы окружить Кнессет Исраэль и оберегать ее». И это слова: «Небо и землю. Земля же была пуста и хаотична, и тьма над бездною, и дух (эт а-шамаим ве-эт а-арец ве-а-арец аита тоу ва-воу ве-хошех аль пней теом ве-руах)»². До слов: «Всесильного витал над водою».

Пояснение сказанного. Есть десять сфирот: Кетер, Хохма, Бина, Хесед, Гвура, Тиферет, Нецах, Ход, Есод и Малхут. Но только пять из них являются основными: Кетер-Хохма-Бина-Тиферет-Малхут, потому что сфира Тиферет включает в себя шесть сфирот – Хесед-Гвура-Тиферет (ХАГАТ) Нецах-Ход-Есод (НЕХИ). И они стали пятью парцуфами: Арих Анпин, Аба ве-Има, Зеир Анпин и Нуква (ЗОН). Кетер носит имя Арих Анпин. Хохма и Бина называются Аба ве-Има. Тиферет и Малхут – «Зеир Анпин и Нуква (ЗОН)»³.

«Семь дней творения» – это два парцуфа, Зеир Анпин и Нуква мира Ацилут. И они включают в себя семь сфирот – ХАГАТ НЕХИ и Малхут. И в описании действия начала творения выясняется, как Аба ве-Има, т.е. Хохма и Бина, создавали их от начала образования и до их прихода к завершению большого состояния (гадлут), что происходит на протяжении шести тысяч лет.

---

¹ Писания, Песнь песней, 2:2. «Как роза среди шипов, так подруга моя среди дев».

² Тора, Берешит, 1:1-2. «Вначале сотворил Всесильный небо и землю. Земля же была пустынна и хаотична, и тьма над бездною, и дух Всесильного витал над водою».

³ Выяснение десяти сфирот см. в статье «Введение в науку Каббала», начиная с п. 5.

Рабби Хизкия начал выяснение того, что представляет собой Нуква Зеир Анпина с тем, чтобы выяснить, в каком порядке Има, т.е. Бина, называемая Элоким, создает ее. И поэтому он начал с выяснения понятия «роза», и это – Нуква Зеир Анпина. А во время большого состояния (гадлут) Нуква Зеир Анпина называется «Кнессет Исраэль». И поэтому сказано: «Что такое "роза"? Это Кнессет Исраэль».

У этой розы есть два состояния:

Катнут (малое состояние) – начало ее образования, когда в ней есть только сфира Кетер, в которую облачен ее свет нефеш, и считается, что девять нижних ее сфирот упали из мира Ацилут в мир Брия.

Гадлут (большое состояние) – когда девять нижних ее сфирот поднимаются из мира Брия в мир Ацилут, и она образует вместе с ними полный парцуф из десяти сфирот. И тогда она поднимается вместе с супругом ее, Зеир Анпином, и они сравниваются по уровню с парцуфом Аба ве-Има мира Ацилут, и облачают их. И тогда Зеир Анпин называется «Исраэль (ישראל)», буквы «ли рош (לי ראש мне главенство)», а Нуква называется Кнессет Исраэль (собрание Исраэля), так как она собирает в себя все света мужа своего Исраэля и передает их нижним.

Катнут называется «роза среди шипов», поскольку в этом состоянии девять нижних ее сфирот опустошились от света мира Ацилут, и стали словно шипы. А гадлут называется просто «роза» или «Кнессет Исраэль». И поэтому сказано, что «есть роза и есть роза».

Красный цвет указывает, что там присасываются к ней внешние свойства и клипот, питающиеся от нее. И это в катнуте, когда девять нижних ее сфирот находятся в мире Брия. И есть там также белый цвет, в ее кли[4] де-Кетер, с которым у внешних свойств нет связи. И сказано: «Как в розе среди шипов есть красное и белое, так же и в Кнессет Исраэль есть суд (дин) и милосердие (рахамим)». Имеется в виду, что и в гадлуте, когда она называется Кнессет Исраэль, хотя она в это время и поднимается в Бину, облачая ее, всё же остается в ней свойство суда, поскольку ей нужен экран, который устанавливается для

---

[4] Кли – сфира, способная принять определенный вид света.

совершения зивуга де-акаа (ударного слияния). И по той причине, что в этом экране присутствуют силы суда, экран отражает высший свет, возвращая его назад. Таким образом, он поднимает десять сфирот отраженного света, который называется светом суда, и притягивает внутрь них десять сфирот прямого света, который называется светом милосердия[5]. Поэтому и в Кнессет Исраэль есть суд и милосердие, соответствующие красному и белому цветам розы среди шипов.

И это «море, сделанное Шломо (Соломоном), которое стоит на двенадцати быках»[6] – потому что девять нижних ее сфирот, упавших в мир Брия, установились там в свойстве «двенадцать быков», а точка Кетера, оставшаяся в Ацилуте, – это море, которое стоит на них сверху, а все они вместе называются тринадцатью лепестками розы.

Мохин большого состояния (гадлут) Нуквы, в которых есть свечение Хохмы, нисходят от тринадцати имен, называемых «тринадцать свойств милосердия». Поэтому сказано: «Так же и у Кнессет Исраэль есть тринадцать свойств милосердия». И главное, чему хочет научить нас рабби Хизкия с помощью этого сравнения розы среди шипов с Кнессет Исраэль, это следующее: соответственно всему, что есть в Нукве в большом состоянии (гадлут), в ней должны быть подготовка и приготовление еще в начале ее образования, в малом состоянии (катнут). И потому сказано, что соответственно белому и красному цветам в малом состоянии у нее выявляются «суд» и «милосердие» в большом состоянии. А соответственно тринадцати лепесткам в малом состоянии у нее выявляются тринадцать свойств милосердия в большом состоянии.

«И так же Всесильный (Элоким) в отрывке "Вначале сотворил Всесильный"», т.е. Бина, порождающая Нукву Зеир Анпина, «вывел тринадцать слов: "Небо и землю. Земля же была пуста и хаотична, и тьма над бездною, и дух"[2]». Иными словами, до второго упоминания слова «Всесильный». И эти тринадцать слов указывают на тринадцать лепестков розы среди шипов,

---

[5] См. «Введение в науку Каббала», п. 14.
[6] Писания, Диврей а-ямим 2, 4:4. «Стояло оно на двенадцати быках: три обращены к северу, и три обращены к западу, и три обращены к югу, и три обращены к востоку, а море на них сверху; и задние стороны их всех обращены внутрь».

составляющих свойство «море, стоящее на двенадцати быках» и являющихся подготовкой и приготовлением Кнессет Исраэль, чтобы она могла получить тринадцать свойств милосердия. «Чтобы окружить Кнессет Исраэль и оберегать ее», – ведь считается, что тринадцать свойств милосердия, т.е. завершенные мохин Нуквы, окружают ее и светят ей со всех сторон, куда не повернись. И благодаря им она оберегается от соприкосновения с внешними свойствами, так как до тех пор, пока в ней нет мохин большого состояния (гадлут) со свечением Хохмы от тринадцати свойств (милосердия), в ней происходит вскармливание внешних свойств.

2) И затем имя «Всесильный (Элоким)» упоминается еще раз: «(дух) Всесильного витал»[2]. И зачем? – Чтобы произвести пять жестких листьев[7], которые окружают розу. Эти пять листьев называются «спасения». И это пять ворот. Об этом написано: «Чашу спасений подниму»[8]. Это чаша благословения. Чаша благословения должна поддерживаться пятью пальцами, но не более, подобно розе, покоящейся на пяти жестких листьях, соответствующих пяти пальцам. И роза эта – чаша благословения.

От второго упоминания имени «Всесильный (Элоким)» до третьего – пять слов: «...витал над водою, и сказал (мерахефет аль пней а-маим ва-йомер)»[9], соответствующих пяти листьям. Отсюда и далее, – т.е. после слов: «...(сказал) Всесильный: "Да будет свет"»[9], – это свет, который был создан и скрыт, и включен в союз, входящий в розу и вводящий в нее семя. И это называется: «Дерево, дающее плод, в котором семя его»[10]. И семя это находится именно в знаке союза.

Пояснение сказанного. Пять жестких листьев – это пять гвурот Нуквы, представляющие собой десять сфирот отраженного света, которые Нуква поднимает с помощью ударного слияния

---

[7] Чашелистики.
[8] Писания, Псалмы, 116:13. «Чашу спасений подниму и имя Творца призову».
[9] Тора, Берешит, 1:2-3. «Земля же была пуста и хаотична, и тьма над бездною, и дух Всесильного витал над водою. И сказал Всесильный: "Да будет свет". И появился свет».
[10] Тора, Берешит, 1:12. «И извлекла земля поросль, траву семяносную по виду ее, и дерево, дающее плод, в котором семя его, по виду его. И увидел Всесильный, и вот – хорошо».

(зивуг де-акаа) с высшим светом, и он (отраженный свет) называется светом суда (дин)[11]. Ибо десять сфирот прямого света называются пятью хасадим – Хесед-Гвура-Тиферет (ХАГАТ) Нецах-Ход, и они облачаются в пять гвурот – ХАГАТ Нецах-Ход отраженного света. И эти пять жестких листьев являются силой суда в экране, сдерживающем высший свет, чтобы он не мог облачиться от экрана и ниже. Поэтому они сейчас и называются лишь пятью жесткими листьями, так как она (Нуква) еще не способна произвести на них зивуг. А во время гадлута, когда экран входит в зивуг с высшим светом, они называются пятью гвурот.

И эти пять жестких листьев – это пять слов между вторым и третьим упоминанием имени Элоким: «...витал над водою и сказал». «И затем оно упомянуто еще раз» – это означает, что тут есть новое действие: «И сказал», – чтобы произвести из Нуквы эти пять жестких листьев, являющихся подготовкой к зивугу во время гадлута.

Десять сфирот отраженного света называются пятью гвурот – Хесед-Гвура-Тиферет (ХАГАТ) Нецах-Ход, и не называются Кетер-Хохма-Бина (КАХАБ) Тиферет и Малхут (ТУМ), поскольку они притягивают только свет хасадим, и поэтому КАХАБ опустились со своего уровня и называются ХАГАТ, а Тиферет и Малхут называются Нецах и Ход.

В гадлуте, когда пять жестких листьев становятся пятью гвурот, они считаются пятью вратами, открытыми для получения пяти хасадим прямого света. И они называются спасениями. А Нуква называется тогда чашей спасений или чашей благословения, ведь благодаря им Нуква становится сосудом (кли), удерживающим это благословение, т.е. пять хасадим.

И число сфирот в двух этих состояниях – либо десять, пять из которых являются основными, либо тринадцать, согласно тринадцати свойствам милосердия. «Десять» указывает на сфирот ЗОН, в которых содержится лишь свет хасадим. «Тринадцать» указывает на мохин свечения Хохмы, принимаемого в ЗОН.

---

[11] См. п. 1, со слов: «Красный цвет указывает...»

«Чаша благословения» – указывающая на притяжение пяти хасадим в пять ее гвурот, «должна поддерживаться пятью пальцами» – т.е. соответствовать только числу «десять», включающему (пять основных свойств) ХАГАТ Нецах-Ход, «но не более» – т.е. исключается число «тринадцать». Дело в том, что Нуква может получить Хохму от «тринадцати» только путем облачения Хохмы в свойство хасадим, и поэтому следует сначала притянуть благословение, называемое «пять хасадим», именно с помощью пяти пальцев, называемых «пять гвурот», и тогда она сможет получать также и от «тринадцати».

И отсюда видно, что имеются в виду пять пальцев левой руки, символизирующие пять гвурот, потому что пять пальцев правой руки – это пять хасадим. Поэтому следует поднимать чашу благословения двумя руками, т.е. также и пятью пальцами левой руки, символизирующими, как уже сказано, пять гвурот. Однако после этого, в начале благословения, следует оставить эту чашу лишь на пяти пальцах правой руки, поскольку нельзя пробуждать связь с ситра ахра (иной стороной), получающей питание от левой (линии).

Отсюда и далее, т.е. после третьего упоминания имени «Всесильный (Элоким)», сказано: «Да будет свет», – чтобы породить большое состояние Нуквы, обретающей пять хасадим и тринадцать свойств милосердия. И пять хасадим – это слово «свет», которое пять раз встречается в этом отрывке: «Да будет свет»[9], «И появился свет»[9], «свет, что хорош»[12], «между светом»[12], «свет днем»[12]. А на тринадцать свойств милосердия указывают слова: «И был вечер и было утро: день один»[12], – поскольку этот «один» включает в себя все «тринадцать», и слово «один (эхад אחד)» имеет также и числовое значение «тринадцать»[13].

И на эти пять светов указывают слова мудрецов: «В свете, который Создатель сотворил в первый день, Адам видел от одного края мира до другого. Но когда посмотрел Создатель на поколение потопа и поколение раздора и увидел, что

---

[12] Тора, Берешит, 1:4-5. «И увидел Всесильный свет, что хорош, и разделил Всесильный между светом и тьмой. И назвал Всесильный свет днем, а тьму назвал Он ночью. И был вечер и было утро: день один».

[13] Один – на иврите «эхад»: алеф (1) – хэт (8) – далет (4).

испорчены дела их, поднялся Он и скрыл его от них»[14]. Как сказано: «Это свет, который был создан и скрыт, и включен в союз, входящий в розу», – т.е. пять хасадим сначала включились в Есод Зеир Анпина и не пришли в Нукву напрямую из Бины, называемой Элоким. А «союз» – это Есод Зеир Анпина, который вошел в розу и передал их ей.

Пять хасадим, которые выходят на пять гвурот, называются «семя». И главная сила суда и гвурот в экране, благодаря которым он ударяет по высшему свету и отражает его обратно, находится только в венце (атэрет) Есода Зеир Анпина, который притягивает их от свойств «везение (мазаль)» «и очистит (ве-наке)»[15], содержащихся в дикне (бороде). А Нуква принимает от него только свечение и ветвь. Поэтому основной зивуг на экран, поднимающий пять гвурот, которые притягивают и облачают пять хасадим, т.е. пять этих светов, происходит в Есоде Зеир Анпина, и именно он передает их Нукве. Поэтому сказано: «И семя это», – т.е. пять хасадим и пять гвурот, «находится именно в знаке союза». Ведь в знаке союза, т.е. в атэрет Есода Зеир Анпина, находятся основные гвурот, которые притягивают пять хасадим, называемых «семя». Однако Есод Нуквы принимает только лишь форму своих собственных гвурот. И поэтому Есод Нуквы называется только «форма союза».

3) И подобно тому, как форма союза была зачата в сорока двух зивугах от этого семени, высеченное и проявленное имя тоже было зачато сорока двумя буквами действия начала творения.

Пояснение сказанного. Сорокадвухбуквенное имя – это простое имя АВАЯ, имя АВАЯ с наполнением и имя АВАЯ с наполнением наполнения, и все они вместе содержат сорок две буквы. И семя, находящееся в знаке союза, т.е. в пяти хасадим и пяти гвурот, происходит от сорокадвухбуквенного имени.

И потому сказано: «И подобно тому, как форма союза» – т.е. Есод Нуквы, «была зачата в сорока двух зивугах от этого семени» – семени знака союза, «высеченное и проявленное

---

[14] Вавилонский Талмуд, трактат Хагига, лист 12:1.
[15] Тора, Шмот, 34:7.

имя тоже было зачато сорока двумя буквами действия начала творения».

В Нукве различаются два свойства:
Строение ее парцуфа, приобретаемое при формировании ее Биной.
Ее слияние с Зеир Анпином, называемое зивугом.

«И подобно тому, как форма союза» – т.е. Есод Нуквы, «была зачата в сорока двух зивугах от этого семени» – семени знака союза, и эта особенность называется слиянием, т.е. зивугом, аналогичным был и порядок образования Биной строения Нуквы, называемый действием начала творения, буквами которого было зачато сорокадвухбуквенное имя. И в строении Нуквы существует два состояния: малое состояние (катнут) и большое состояние (гадлут). И малое состояние называется «высечение», что означает: высечение места для получения светов, приходящих во время большого состояния. Ведь для того, чтобы получить всё во время большого состояния, Нукве требуется подготовка и приготовление со времени малого состояния. Большое состояние (гадлут) называется «проявленное имя», так как всё, что скрыто во время малого состояния, проявляется и познается во время большого.

И потому сказано: «Высеченное и проявленное имя тоже было зачато». Нуква называется «имя»: «высеченное (имя)» – это ее малое состояние, «проявленное (имя)» – большое состояние. И они тоже были зачаты и образовались сорока двумя буквами, подобно сорока двум зивугам в знаке союза. А сорок две буквы действия начала творения – это сорок две буквы от слова «берешит (вначале)» до буквы «бэт ב» слова «ва-воу (ובהו и хаотична)».

Обозрение Сулам

1) «Высеченное и проявленное имя было зачато сорока двумя буквами действия начала творения». Существует много чисел в счете сфирот:
Число «десять» – КАХАБ ХАГАТ НЕХИМ (Кетер-Хохма-Бина Хесед-Гвура-Тиферет Нецах-Ход-Есод-Малхут).
Число «семь» – ХАГАТ НЕХИМ.

Число «шесть», называемое шестью окончаниями (ВАК[16]) – ХАГАТ НЕХИ (Хесед-Гвура-Тиферет Нецах-Ход-Есод).

Число «пять», пять хасадим или пять гвурот – ХАГАТ Нецах-Ход.

Число «тринадцать» – тринадцать свойств милосердия, или КАХАБ, высшие ХАГАТ, нижние ХАГАТ, и НЕХИМ.

И это нужно понять, ведь в «книге Ецира» сказано: «Десять, а не девять, десять, а не одиннадцать». То есть нельзя ни отнять, ни прибавить к числу десять. Однако следует знать, что десять сфирот КАХАБ ХАГАТ НЕХИМ, в основе своей, являются лишь пятью сфирот КАХАБ ТУМ, но сфира Тиферет включает в себя шесть сфирот ХАГАТ НЕХИ, и поэтому у нас получается число десять. Однако все эти шесть частных сфирот ХАГАТ НЕХИ – всего лишь частные свойства одной сфиры, Тиферет.

И то, что мы называем только в Тиферет ее частные свойства, а не в ГАР[17], говорит не о достоинстве Тиферет, а об ее недостатке по отношению к ГАР. Ведь частные свойства указывают на включение пяти сфирот друг в друга. И в каждой из них есть пять сфирот. Получается, что есть пять сфирот КАХАБ ТУМ (Кетер-Хохма-Бина, Тиферет и Малхут) в Кетере, и пять сфирот КАХАБ ТУМ в Хохме, и пять сфирот КАХАБ ТУМ в Бине. И должно быть пять сфирот КАХАБ ТУМ также и в Тиферет. Однако из-за того, что основой Тиферет является только лишь свет хасадим, а не свет Хохмы, и пять включенных в нее сфирот обязательно представляют собой лишь пять разновидностей хасадим, имена пяти сфирот в ней изменились, так как КАХАБ в нем опустились до свойства ХАГАТ, а Тиферет и Малхут (ТУМ) опустились в ней до свойства Нецах и Ход. И поэтому пять сфирот, включенных в Тиферет, называются только лишь ХАГАТ Нецах-Ход. И к ним добавляется еще свойство, включающее все пять хасадим и называемое Есод. Поэтому в Тиферет есть шесть сфирот ХАГАТ НЕХИ.

Почему же тогда при счете сфирот не включают пять сфирот, содержащихся в каждой из сфирот КАХАБ, а только частные сфирот Тиферет входят в счет сфирот? Потому что включение сфирот друг в друга на самом деле ничего не прибавляет к

---

[16] Аббревиатура слов «вав кцавот (шесть окончаний)».
[17] Аббревиатура слов «гимел ришонот (три первые сфиры)».

основному числу пяти сфирот, чтобы их стоило отмечать особо. Иначе обстоит дело с включением пяти сфирот в Тиферет, поскольку пять сфирот стали в ней обновленными свойствами – пятью хасадим. И поэтому их отмечают как особые пять свойств среди сфирот, и они входят в счет сфирот. И то, что Тиферет считается шестью сфирот ХАГАТ НЕХИ, происходит потому, что она ниже, чем ГАР, так как является всего лишь светом хасадим.

И во всех числах, приводимых в счете сфирот, ничего не убавляется от числа десять, основу которого представляют лишь пять сфирот. Ведь под десятью сфирот подразумеваются также и шесть частных сфирот, образующиеся в Тиферет. И когда мы говорим о пяти сфирот, то не принимаем во внимание шесть окончаний (ВАК), имеющихся в Тиферет. А в счет шести окончаний (ВАК) входят пять сфирот, включенных в Тиферет, с ее общим свойством, называемым Есод. А в счет семи сфирот входит еще и Малхут, когда мы считаем ее вместе с Тиферет.

2) Выясним число «тринадцать». Это число впервые образовалось и проявилось в мире исправления при исправлении парцуфа. Ведь в любом парцуфе, относящемся к мирам АБЕА, есть только три кли (досл. сосуда) Бина, Зеир Анпин и Малхут, и недостает им келим Кетера и Хохмы. А свечения Кетера и Хохмы облачились в кли Бины. Но в частном виде три эти кли содержатся в каждой сфире, и даже в Кетере и Хохме, т.е. три кли Бина и ЗОН содержатся в Кетере, и есть также Бина и ЗОН в Хохме, и есть также Бина и ЗОН в Бине – так, что в каждой сфире недостает келим Кетера и Хохмы, а Бина, Зеир Анпин и Нуква есть в каждой сфире.

Три сосуда (кли) Бина, Зеир Анпин, Малхут делятся на десять сфирот. Ведь в каждом из них есть три линии – правая, левая и средняя. Три линии в Бине стали ХАБАД (Хохма-Бина-Дат), три линии в Зеир Анпине стали ХАГАТ (Хесед-Гвура-Тиферет), а три линии Малхут стали НЕХИ (Нецах-Ход-Есод), и вместе с включающей их Малхут – это десять сфирот. И аналогично в каждом парцуфе есть десять сфирот ХАБАД ХАГАТ НЕХИМ.

Известно, что в рош Арих Анпина мира Ацилут есть только две сфиры – Кетер и Хохма, называемые Китра и Хохма стимаа (скрытая Хохма). А его Бина вышла из рош Арих Анпина и стала свойством гуф, т.е. только ВАК, которым недостает мохин де-рош. Об этом сказано: «Отец (аба) выводит мать (има) наружу». И по этой причине Бина разделилась на ГАР и ЗАТ.

Ибо ущерб от недостатка мохин де-рош не наносит никакого вреда ГАР Бины, поскольку по своей сути в десяти сфирот прямого света она представляет собой только свет хасадим[18]. И для этого света нет никакой разницы, находится ли он в рош или в гуф, ведь он светит всегда одинаково. И потому даже ее выход из рош наружу не уменьшает ее в отношении ГАР и мохин де-рош. И поэтому ГАР Бины выделились в самостоятельное свойство и стали парцуфами – высшие Аба ве-Има (Аба ве-Има илаин), которые, несмотря на то, что они стоят от пэ и ниже Арих Анпина, считаются свойством ГАР. Однако ЗАТ Бины, не являющиеся сутью Бины, а происходящие от включения ЗОН в Бину, тоже нуждаются в свечении Хохмы, чтобы передавать ее в ЗОН. И поэтому именно они страдают от этого ущерба, от выхода Бины из рош Арих Анпина, так как по этой причине им стало недоставать Хохмы. И поэтому они считаются ВАК и гуф, которым недостает мохин де-рош. И из-за этого ущерба они отделились от ГАР Бины и стали отдельным парцуфом, называемым ИШСУТ.

Итак, мы видим, что вследствие выхода Бины из рош Арих Анпина в ней возникло два отдельных свойства: ГАР и ЗАТ. И получается из-за этого, что в парцуфе добавилось три сфиры. Ведь теперь три линии в ГАР Бины стали считаться ХАБАД, три линии в ЗАТ Бины стали считаться высшими ХАГАТ, три линии в Зеир Анпине стали считаться нижними ХАГАТ, а три линии в Малхут – НЕХИ, и вместе с включающей их Малхут это тринадцать сфирот. Таким образом, выход Бины из рош приводит к тому, что в парцуфе становится тринадцать сфирот, так как в нем возникли двойные ХАГАТ.

Однако это не постоянное состояние, поскольку благодаря подъему МАН от нижних притягивается свечение АБ-САГ де-АК, и это свечение возвращает Бину в рош Арих Анпина[19]. И тогда ЗАТ Бины могут получить Хохму от Арих Анпина и передать ее сыновьям, т.е. ЗОН.

---

[18] См. «Введение в науку Каббала», п. 5.
[19] См. «Введение в науку Каббала», п. 84.

И считается, что главным в выходе Бины из рош Арих Анпина вначале было только передать свечение Хохмы в ЗОН. Ведь если бы не было этого выхода, невозможно было бы продолжить свечение Хохмы в ЗОН. И три сфиры, которые добавились из-за выхода Бины наружу, это только подготовка и приготовление к привлечению мохин Хохмы в ЗОН, представляющих собой семь дней творения. И поэтому число «тринадцать» везде считается привлечением Хохмы в ЗОН.

Итак, выяснилась разница между пятью сфирот и тринадцатью сфирот. Ведь пять сфирот указывают на то, что в них содержится только пять хасадим. Но тринадцать сфирот указывают на притяжение свечения Хохмы с помощью трех сфирот высших ХАГАТ, которые добавились из-за выхода Бины наружу.

3) Теперь выясним сорокадвухбуквенное имя и сорок два зивуга. Бина, из-за своего выхода наружу, разделилась на ГАР и ЗАТ. ГАР Бины установились как парцуф высшие Аба ве-Има, который облачает Арих Анпин от его пэ до хазе, а свет в них называется «чистый воздух» (ави́ра да́хья). А ЗАТ Бины установились как парцуф ИШСУТ, который облачает Арих Анпин от хазе до табура, а свет в них называется просто воздухом (ави́ра).

«Воздух» означает свет руах, в котором есть только свет хасадим и недостает Хохмы. Поэтому Бина, которая вышла из рош Арих Анпина, считается свойством «воздух (ави́ра)», поскольку из-за ее выхода из рош Арих Анпина, являющегося Хохмой, в ней содержится только свет хасадим без Хохмы, который называется воздухом (ави́ра).

Однако есть разница между высшими Аба ве-Има и ИШСУТ, поскольку высшие Аба ве-Има это ГАР Бины, и им не наносит ущерб их выход из Хохмы, ведь их основное свойство – это хасадим без Хохмы. И даже когда нижние поднимают МАН, и Бина возвращается в рош Арих Анпина, получают при этом Хохму не высшие Аба ве-Има, а только ИШСУТ, поскольку природа ГАР Бины никогда не меняется, и поэтому им не причиняет никакого ущерба их выход из рош, и считается, как будто они не выходили из рош Арих Анпина и являются свойством завершенных ГАР, и потому считаются свойством «чистый воздух (ави́ра да́хья)». И по этой причине они также являются свойством «непознаваемый воздух». Это означает, что их Даат не притягивает Хохмы, и их «воздух (авир אויר)» не становится «светом (ор אור)», т.е. Хохмой.

Но ИШСУТ, т.е. ЗАТ Бины, которые нуждаются в свете Хохмы, чтобы передавать его в ЗОН, терпят ущерб из-за выхода из рош Арих Анпина, поскольку недостаток Хохмы из-за их пребывания в гуф Арих Анпина действительно ощущается ими как недостаток. Поэтому их «воздух (авúра)» не считается свойством «чистый воздух (авúра дáхья)», а называется просто воздухом или познаваемым воздухом, т.е. ему предстоит стать познанным и притянуть Хохму с помощью МАН, называемых Даат. Поскольку, когда нижние поднимают МАН, Бина полностью возвращается в рош Арих Анпина, и тогда ИШСУТ получают Хохму от Арих Анпина и передают ее ЗОН. И считается тогда, что из свойства «воздух (авир אויר)» выходит «йуд י» и он становится свойством «свет (ор אור)», т.е. светом Хохмы. Таким образом, «воздух (авир אויר)» парцуфа ИШСУТ становится познанным. Однако высшие Аба ве-Има даже в то время, когда они возвращаются в рош Арих Анпина, остаются свойством «чистый воздух (авира дахья)», и «йуд י» не выходит из их «воздуха (авир אויר)», так как они никогда не изменяют своего образа действий. И поэтому они называются «непознанный воздух».

И граница, образовавшаяся во внутренней части Арих Анпина, в месте его хазе, называется парсой. И это «небосвод»[20], отделяющий верхние воды, т.е. рош Арих Анпина и высшие Аба ве-Има, облачающие его от пэ до хазе, так как до этого места протягивается свойство рош Арих Анпина, и потому парса стоит под ними и отделяет их от ИШСУТ и ЗОН, т.е. «от нижних вод», которые ощущают недостаток из-за отсутствия свечения рош Арих Анпина. И поэтому сказано, что плачут нижние воды: «Мы желаем предстать перед Царем» – потому что они хотят подняться и получить свечение Хохмы от рош Арих Анпина.

4) Существует два вида сорокадвухбуквенного имени:
1. Сорокадвухбуквенное имя Ацилута, называемое «имя истинной формы», от которого отпечатались все имена. И это четыре буквы имени АВАЯ в простом виде и десять букв АВАЯ

---

[20] Тора, Берешит, 1:7. «И создал Всесильный небосвод, и отделил воды под небосводом от вод, которые над ним».

с наполнением, и двадцать восемь букв с наполнением наполнения, вместе – сорок две буквы.

2. Сорокадвухбуквенное имя действия начала творения. И это – семь дней начала творения, т.е. ЗОН мира Ацилут, в которых содержатся тридцать два имени Элоким и десять речений, составляющие вместе число сорок два.

Пояснение сказанного. Света, получаемые выше парсы до Есодов высших Абы ве-Имы, расположенных над хазе, где находится рош Арих Анпина, т.е. Кетер, и высшие Аба ве-Има, т.е. Хохма и Бина, называются «сорокадвухбуквенное имя Ацилута», поскольку все сорокадвухбуквенные имена отпечатаны от него. И поэтому на них указывают простая АВАЯ, т.е. Кетер, и АВАЯ со своим наполнением, т.е. Хохма, и АВАЯ с наполнением наполнения, т.е. Бина. Таким образом, свойство «чистый воздух (авира дахья)» в Абе ве-Име представляет собой сорокадвухбуквенное имя.

Однако ЗОН, называемые семью днями начала творения, ничего не могут получить от сорокадвухбуквенного имени, так как они находятся ниже парсы, расположенной в хазе Арих Анпина, в свойстве «нижние воды, лишенные ГАР». И они получают наполнение от ИШСУТ, «воздух» которых не является «чистым воздухом». А от высших Абы ве-Имы, которые являются сорокадвухбуквенным именем, они не могут получать наполнение, ведь их разделяет парса.

Однако, когда нижние поднимают МАН, и от АБ-САГ де-АК притягивается МАД, и это свечение возвращает Бину в рош Арих Анпина, тогда ИШСУТ получают свечение Хохмы и передают его в ЗОН, при этом ЗОН становятся как свойство выше парсы, расположенной в хазе Арих Анпина, и теперь тоже получают «чистый воздух» от высших Абы ве-Имы, и тогда ЗОН тоже становятся свойством сорокадвухбуквенного имени.

И поэтому на сорокадвухбуквенное имя, относящееся к ЗОН, указывают тридцать два имени Элоким и десять речений, вместе составляющие в гематрии «сорок два». Ведь тридцать два имени Элоким – это ИШСУТ, когда они поднимаются в рош и получают свечение Хохмы от тридцати двух путей Хохмы, ибо тридцать два пути Хохмы создают в ИШСУТ тридцать два имени Элоким. И это – имя Элоким, упоминаемое тридцать два раза в действии начала творения. А десять речений в основе своей являются пятью хасадим. Однако, когда ЗОН уже получили свечение Хохмы от тридцати двух имен Элоким, то пять получаемых ими хасадим приходят от высших Абы ве-Имы в виде «чистого воздуха», относящегося к сорокадвухбуквенному имени и к свойству высших вод. Таким образом, пять хасадим из ЗОН не становятся сорокадвухбуквенным именем, прежде чем получат наполнение от тридцати двух имен Элоким. И поэтому указано, что тридцать два имени Элоким вместе с десятью речениями составляют в гематрии сорок два.

Поэтому сказано[21]: «И подобно тому, как форма союза была зачата в сорока двух зивугах от этого семени» – Есода Зеир Анпина, «высеченное и проявленное имя тоже было зачато сорока двумя буквами действия начала творения». Ведь пять светов речения «да будет свет» – это пять хасадим, которые Есод Зеир Анпина передает Нукве, называемые «семя». И это семя относится к свойству сорокадвухбуквенного имени, ведь несмотря на то, что это пять хасадим, все же, поскольку в них есть свечение Хохмы от тридцати двух имен Элоким парцуфа ИШСУТ, они считаются сорокадвухбуквенным именем. И он (рабби Хизкия) сравнивает здесь строение парцуфа Нуквы сорокадвухбуквенного имени с семенем Есода Зеир Анпина. Однако высечение сорокадвухбуквенного имени – это сорок две буквы, от слова «берешит (вначале)» до буквы «бэт ב» слова «ва-воу (ובהו и хаотична)».

---

[21] См. выше, статья «Роза», п. 3.

Ростки

4) «Вначале». Рабби Шимон заговорил первым: «Ростки показались на земле, время обрезания ветвей наступило, и голос горлицы слышен на земле нашей»[22]. «Ростки» – это действие начала творения. «Показались на земле – когда?» – в третий день, как написано: «И извлекла земля поросль»[23], и тогда показались на земле. «Время обрезания (зами́р) ветвей наступило», – это четвертый день, в который происходило «свержение (змир) тиранов»[24], и поэтому написано о нем: «Да будут светила (меоро́т מאֹרֹת)»[25] без буквы «вав ו», что означает «проклятие». А «голос горлицы» – это пятый день, о котором написано: «Да воскишат воды»[26], чтобы произвести порождения. «Слышен» – это шестой день, о котором написано: «Сделаем человека»[27] – который должен будет предварить слышание действием. «На земле нашей» – это день субботний, который подобен земле жизни, т.е. будущему миру.

Пояснение сказанного. Ростки – это шесть дней начала творения, т.е. шесть окончаний (ВАК), ХАГАТ НЕХИ Зеир Анпина, из которых образуются десять сфирот парцуфа Нуквы Зеир Анпина. Ведь у Нуквы нет ничего своего, и всё ее строение образуется из того, что дает ей Зеир Анпин.

И он здесь объясняет, как Нуква образуется из ВАК Зеир Анпина, говоря: «"Показались на земле" – в третий день». Ведь Нуква называется «земля». И «ростки», т.е. сфирот Зеир Анпина, принялись и показались в Нукве, называемой «земля», на третий день действия начала творения. «Показались» – означает,

---

[22] Писания, Песнь песней, 2:12.
[23] Тора, Берешит, 1:12.
[24] Пророки, Йешаяу, 25:5. «Как зной в месте безводном, Ты укротишь гул врагов, как зной под тенью облаков, повергнешь тиранов».
[25] Тора, Берешит, 1:14. «И сказал Всесильный: "Да будут светила на своде небесном, чтобы отделять день от ночи; и будут они для знамений, и для времен (назначенных), и для дней и лет"».
[26] Тора, Берешит, 1:20. «И сказал Всесильный: "Да воскишат воды кишащим, существом живым, и птица полетит над землей в виду свода небесного!"»
[27] Тора, Берешит, 1:26. «И сказал Всесильный: "Создадим человека в образе Нашем по подобию Нашему! И властвовать будут они над рыбой морской и над птицей небесной, и над скотом, и над всею землей, и над всем ползучим, что ползает по земле"».

что сперва они показались в одном виде, а теперь выглядят иначе. И это произошло на третий день, т.е. в свойстве Тиферет. Ведь вначале она была создана в свойстве «два великих светила» и была равной сфире Тиферет Зеир Анпина, которая называется третьим днем начала творения.

Поэтому он говорит: «И тогда показались на земле». Иначе говоря, поскольку это состояние не было реализовано в Нукве, они «показались на земле» – сперва они показались в одном виде, а затем «"время обрезания (зами́р) ветвей наступило"».

«Это четвертый день, в который произошло "свержение (змир) тиранов"». Ведь в четвертый день уменьшилась луна, т.е. Нуква Зеир Анпина, как написано: «Пожаловалась луна, сказав: "Не могут два царя пользоваться одной короной". Сказал ей Творец: "Иди и уменьши себя"»[28]. И тогда она опустилась в свойство точки под Есодом Зеир Анпина, а ее девять нижних сфирот упали в мир Брия. А в мире Ацилут у нее осталась лишь точка ее Кетера, находившаяся под Есодом. И начиная с этого момента, она строится с помощью сфирот Нецах и Ход Зеир Анпина.

И это называется «свержением (змир) тиранов», поскольку уменьшение стало подготовкой и местом (кли) для получения мохин де-хая, срезающих все клипот, которые держатся за Нукву. И «свержение (змир)» означает срезание, а «тиранов» – внешние свойства и клипот, окружающие розу. Поэтому сказано: «А "голос горлицы" – это пятый день». «Горлица» – это Нецах Зеир Анпина. «Голос горлицы» – это Ход Зеир Анпина. И поскольку она (Нуква) получает от сфиры Ход, включенной в Нецах Зеир Анпина, ее получение называется «голос горлицы».

«"Слышен" – это шестой день». Ведь «голос горлицы» принимается Нуквой только с помощью шестого дня, т.е. Есода Зеир Анпина, который включает в себя Нецах и Ход, и передает их Нукве. И он «слышен» Нукве только на шестой день, поскольку существует правило, что Нуква получает только от средней линии Зеир Анпина, т.е. Даат-Тиферет-Есод: или от Даат, или от Тиферет, или от Есода. Как сказано: «"Сделаем человека", – который должен будет предварить слышание

---

[28] Вавилонский Талмуд, трактат Хулин, лист 60:2.

действием». Слышание относится к свойству Бины, ведь зрение и слух – это Хохма и Бина. Действие – это Малхут. Во время второго сокращения (цимцум бэт) нижняя «хэй» поднялась в «никвей эйнаим» для совмещения ее со свойством милосердия, т.е. с высшей Биной. И вот Аба вывел Иму наружу, и сам Аба установился в виде мужского свойства (захар) и женского свойства (нуква). Ведь свойство «эйнаим» относится к ступени Аба, и благодаря подъему нижней «хэй» к нему, установился зивуг де-рош в нижней «хэй», называемой «никвей эйнаим». И по этой причине Има, т.е. Бина, вышла из рош в гуф. И в рош Арих Анпина есть только Кетер и Хохма, а Бина вышла в гуф. И получается, что «действие», т.е. нижняя «хэй», Малхут, предваряет «слышание», т.е. Бину. Ведь Аба установился в Нукве, называемой «я», а Нуква стала, как Аба, второй сфирой после Кетера.

Благодаря подъему в никвей эйнаим, Малхут «подсластилась» там и стала способной подняться и облачить высшие Абу ве-Иму и получить мохин де-хая, как высшая Има. И это свойство «полной луны». И поэтому при даровании Торы Исраэль сказали «сделаем» перед «услышим» и предварили слышание действием, удостоившись благодаря этому получения Торы. Ведь действие, т.е. Малхут, поднялось и облачило высшие Абу ве-Иму, и раскрылось свойство «йовель[29] (юбилей)», или пятидесятые врата.

Поэтому слышание было на шестой день, так как в нем произошло исправление «предварить слышание действием», как при даровании Торы. И поэтому в первую субботу начала творения Малхут приобрела свойство «земля жизни», относящееся к высшей Име.

«"На земле нашей" – это день субботний, который подобен земле жизни». Высшая Има называется землей жизни. И благодаря воздействию шестого дня, Нуква поднялась в субботний день действия начала творения до высшей Имы и тоже стала подобна земле жизни. Ведь поднявшись к высшему, нижний становится в точности подобным ему.

---

[29] Пятидесятый год, наступающий после семи семилетий.

5) Другое объяснение. «Ростки» – это праотцы, которые вошли в замысел и вошли в будущий мир, Бину, и находились там в скрытии. И оттуда они вышли в скрытии и были сокрыты в истинных пророках. Родился Йосеф, и они были сокрыты в нем. Вошел Йосеф в святую землю и воссоздал их там. И тогда они «показались на земле» и раскрылись там. А когда они показались? В час, когда радуга показалась в мире, раскрываются они. И в тот же час «время обрезания ветвей наступило» – время устранения грешников из мира. Почему же они спаслись? Потому, что «ростки показались на земле». А если бы они не показались к тому времени, то не могли бы остаться в мире, и мир не мог бы существовать.

Пояснение сказанного. Зоар выясняет постижение мохин де-хая самим Зеир Анпином. «Ростки» указывают на ХАГАТ Зеир Анпина, которые называются «праотцы», НЕХИ Зеир Анпина называются «строение». И это два парцуфа, которые разделены в месте хазе Зеир Анпина. Ведь ХАГАТ называются «большие ЗОН», а НЕХИ – «малые ЗОН». И потому здесь приводится уточнение, помогающее нам понять, что это относится к большому Зеир Анпину, и поэтому сказано «праотцы». И они называются «ростки», что означает «побеги», поскольку они растут подобно побегам. Ведь вначале они были в свойстве НЕХИ, а затем, в период вскармливания (еника), они стали свойством ХАГАТ, а потом, в первом большом состоянии (гадлут алеф), они стали свойством ХАБАД де-нешама, а потом, во втором большом состоянии (гадлут бэт), – свойством ХАБАД де-хая.

Поэтому сказано, что «это праотцы, которые вошли в замысел и вошли в будущий мир, в Бину». Имеется в виду зарождение (ибур) Зеир Анпина, ведь во время зарождения он поднимается в Абу ве-Иму, называемые «замысел» и «будущий мир». Аба называется замыслом, а Има называется будущим миром. И там – начало создания Зеир Анпина в свойстве «три в трех», что означает облачение ХАГАТ в НЕХИ. И об этом сказано: «Побеги были подобны усам саранчи. Взял Он их оттуда и посадил в другое место, и выросли они»[30]. «Побеги» – это праотцы, которые в корне своем являются ХАГАТ. Благодаря их подъему для зарождения (ибур) в Хохму и Бину, что и означает: «посадил их в другое место», где они получили подслащенную Малхут,

---

[30] Зоар, глава Берешит, часть 1, п. 431.

способную принять мохин во время гадлута. Благодаря этому они постепенно выросли – сначала посредством зарождения (ибур), а затем посредством вскармливания (еника), а затем посредством первого гадлута, и, наконец, посредством второго гадлута. «И оттуда они вышли в скрытии». Ведь после того, как ХАГАТ получили все мохин ибура, они рождаются и выходят от Абы ве-Имы на свое место внизу. И они «вышли в скрытии» – поскольку и после выхода от Абы ве-Имы на свое место они всё еще оставались в скрытии, т.е. в малом свете.

«И были сокрыты в истинных пророках» – потому что после постижения мохин де-еника был притянут особый свет к сфирот НЕХИ Зеир Анпина, которые называются «истинные пророки», и тогда распространяются ХАГАТ из НЕХИ, и он достигает ВАК (шесть окончаний). И вместе с тем они (сфирот) всё еще пребывают в скрытии, поскольку от них еще сокрыты мохин де-рош, и у них есть только нефеш, руах.

Поэтому сказано: «И были скрыты в истинных пророках». «Истинные пророки» – это Нецах, Ход, которые они постигли посредством вскармливания (еника), однако они «скрыты» в них, так как их свет еще скрывается и не раскрылся. И знай, что всегда есть обратное соотношение светов и келим. Ведь если мы рассмотрим со стороны светов, то в результате еника постигается свет ХАГАТ, т.е. руах. А если мы будем рассматривать со стороны келим, то в еника постигаются келим Нецах и Ход, и свет нефеш, который был в ХАГАТ, опускается в них. И то же самое с мохин гадлут: с точки зрения светов считается, что они постигают свет ХАБАД, а со стороны келим считается, что они постигли кли Есода большого состояния (гадлут).

«Родился Йосеф, и они были сокрыты в нем». После окончательного формирования мохин де-еника, Зеир Анпин поднимается во второй ибур для получения мохин первого большого состояния, и с помощью этих мохин его ХАГАТ становятся свойством ХАБАД и рош. А НЕХИ, которые он приобрел в состоянии еника, стали у него ХАГАТ, и у него рождаются новые НЕХИ, называемые НЕХИ мохин де-гадлут. И эти НЕХИ называются именем «Йосеф», и это Есод де-гадлут, который включает в себя Нецах и Ход де-гадлут. Поэтому сказано: «Родился Йосеф» – т.е. Есод де-гадлут.

«И они были сокрыты в нем» – т.е. у них все еще нет ХАГАТ светов большого состояния в полной мере, и они всё еще в сокрытии. Ведь в первом большом состоянии (гадлут алеф) он постигает только мохин де-нешама, которые всё еще считаются свойством «ахораим (обратная сторона)» у Зеир Анпина. И поэтому говорится, что «они были сокрыты в нем» – т.е. они всё еще находятся в скрытии.

«Вошел Йосеф в святую землю и воссоздал их там» – потому что после получения мохин первого большого состояния, Зеир Анпин начинает получать мохин второго большого состояния (гадлут бэт), т.е. мохин де-хая. При этом Нуква отделяется от него и выстраивается как полный парцуф в мохин де-хая. И тогда Нуква называется святой землей, так как мохин де-хая называются святостью.

«Вошел Йосеф» – т.е. Есод де-гадлут Зеир Анпина, «в святую землю» – это Нуква в состоянии «паним бе-паним (лицом к лицу)» с Зеир Анпином, на равной с ним ступени.

Поэтому сказано: «И воссоздал их там» – в святой земле. Поскольку мохин де-хая, т.е. свет Хохмы, притягиваются только во время зивуга (слияния), когда ЗОН становятся единым целым, и они (эти мохин) остаются в распоряжении одной лишь Нуквы, ибо только благодаря ей они были притянуты во время зивуга.

«И воссоздал их там» – в доме ее. Ведь Зеир Анпин соотносится с Нуквой так же, как высшие Аба ве-Има соотносятся с ИШСУТ. И поэтому мохин де-хая, т.е. Хохма, раскрываются лишь в Нукве, относящейся к свойству ИШСУТ.

«И тогда они "показались на земле" и раскрылись там» – т.е. сейчас они полностью раскрылись в большом состоянии, как и подобает, но до этого момента они считаются упрятанными и скрытыми.

И кроме этого, спрашивается: «А когда они показались?» Ведь уже объяснялось, что они раскрылись, когда «вошел Йосеф в святую землю», иными словами, в момент зивуга, и местом раскрытия является Нуква. Почему же, в таком случае, еще раз задается вопрос: «А когда они показались?»

Дело в том, что и во время зивуга различаются две особенности:

Включение левой (линии) в правую, т.е. в пять хасадим, имеющихся в свойстве «захар».

Включение правой (линии) в левую, т.е. в пять гвурот, имеющихся в нукве.

Поэтому он задает вопрос: «А когда они показались?» – во время включения правой (линии) в левую, или левой в правую?

И отвечает: «В час, когда радуга показалась в мире». «Радуга» – это Есод Зеир Анпина, «в мире» – т.е. в Нукве. И это включение правой (линии) в левую в момент зивуга, как написано: «И когда будет радуга в облаке»[31]. Ведь только посредством этого притягиваются высшие мохин. «И тогда раскрываются они» – т.е. только посредством включения правой (линии) в левую.

Поэтому сказано: «И в тот же час "время обрезания ветвей наступило" – время устранения грешников из мира». То есть в то время, когда в мире умножаются грешники, из-за которых происходит присоединение большого количества клипот и ситры ахра, как это было во время поколения потопа, вследствие чего была уничтожена вся вселенная, у жителей мира нет другого средства, кроме раскрытия высших мохин, т.е. мохин де-хая.

«Почему же они были спасены? Потому что "ростки показались"» – т.е. почему люди были спасены от уничтожения, такого, как было во время потопа? Потому что «ростки показались на земле». Ведь раскрытие мохин де-хая изгоняет клипот с земли, Малхут, и они больше не могут удерживаться в ней. Как написано: «Я увижу ее, чтобы вспомнить вечный союз»[31].

И сказано: «А если бы они не показались к этому времени, то не могли бы остаться в мире». Дело в том, что Нуква вначале была создана в свойстве «два великих светила», и находилась на равной ступени с Зеир Анпином, однако пребывала в ахораим (обратной стороне) Зеир Анпина, и из-за этого

---

[31] Тора, Берешит, 9:13. «И когда будет радуга в облаке, я увижу ее, чтобы вспомнить вечный союз между Всесильным и между всяким живым существом во всякой плоти, что на земле».

пожаловалась луна, что не могут два царя пользоваться одной короной. И поэтому эти мохин считаются мохин обратной стороны, и называются они мохин де-ВАК Нуквы, т.е. мохин ее малого состояния, в начале ее создания. И тогда ЗОН считаются «малым ликом», и они называются «дети, отроки, юноши». Однако, когда она достигает полноты этих мохин, она повторно входит в состояние зарождения (ибур бэт) в высших Абе ве-Име, и благодаря мохин состояния «паним бе-паним» с Зеир Анпином она становится большим строением. И тогда ЗОН называются «большим ликом».

Но известно, что в духовном нет изменения или исчезновения, и эти мохин обратной стороны, «малый лик», остаются в ней также и в момент выхода мохин большого состояния. И мало того, притяжение мохин де-хая производится главным образом в келим де-мохин обратной стороны, в «малом лике».

И как сказано: «А если бы они не показались до этого, то не могли бы остаться в мире». Другими словами, если бы эти ростки не показались в Нукве уже раньше, во время катнута, т.е. в строении ее ахораим, не остались бы в ней мохин де-хая и во время гадлута, ведь у нее не было бы келим, чтобы принять их.

6) И кто же это поддерживает существование мира и вызывает раскрытие праотцев? Это голос детей, занимающихся Торой. И благодаря этим детям спасается мир. Относительно них сказано: «Подвески золотые сделаем тебе»[32]. Это дети, отроки, юноши, как сказано: «И сделай двух херувимов из золота»[33].

Пояснение сказанного. «Дети мира» – это мохин обратной стороны, которые называются «малый лик», а также – «дети мира», и также – «дети, отроки, юноши». И их зивуг в этом состоянии называется: «Голос детей, занимающихся Торой». И это же называется «золотые подвески», и «два херувима», или «малый лик». И те мохин де-хая, которые притягиваются благодаря включению правой (линии) в левую, вообще не были бы приняты Нуквой, если бы не они.

---

[32] Писания, Песнь песней, 1:11. «Золотые подвески сделаем тебе с серебряными блестками».
[33] Тора, Шмот, 25:18. «И сделай двух херувимов из золота; чеканной работы сделай их с двух концов покрытия».

«И кто же это поддерживает существование мира?» – во время умножения клипот, у которых есть сила разрушить мир, как во времена потопа. Таким образом, нет иного средства, кроме притяжения мохин де-хая в свойстве «радуга в облаке», и благодаря этому спасается мир. Кто же это поддерживает существование и спасает мир в этот момент, «и вызывает раскрытие праотцев» – вызывает раскрытие ХАГАТ в мохин де-рош, когда ХАГАТ становятся ХАБАД де-хая? И причиной всего этого является «голос детей, занимающихся Торой», – т.е. мохин обратной стороны, которые называются «голос детей» и «золотые подвески».

Кто создал их

7) «Вначале». Рабби Эльазар провозгласил: «Поднимите глаза ваши ввысь и посмотрите: кто создал их?»[34]. «Поднимите глаза ваши ввысь». Куда? К тому месту, куда устремлены все глаза. И что оно собой представляет? Это «раскрытие глаз», т.е. Малхут де-рош Арих Анпина. И там вы узнаете, что скрытый Атик, к которому относится этот вопрос, «создал их». И кто он? Тот, кого зовут «МИ (кто)», т.е. ЗАТ Бины, кто зовётся «от верхнего края небес, и всё находится во власти его». И поскольку к нему относится вопрос, а он находится в скрытии, т.е. не раскрыт явно, то зовется именем «МИ (кто)», в котором содержится вопрос. Ведь о том, что выше него, вообще не спрашивают. И этот «край небес», к которому относится вопрос, называется «МИ (кто)».

Пояснение сказанного. Рабби Эльазар собирается выяснить смысл создания неба и земли, о котором говорится в описании действия начала творения. Ведь небо и земля – это совокупность семи дней начала творения, т.е. ЗОН мира Ацилут. В таком случае, почему же написано «барá (создал)», что указывает на мир Брия, а не Ацилут, – следовало бы сказать «ецúль[35] (произвел)»? И говорит: «И кто он? Это раскрытие глаз» – Малхут де-рош парцуфа Арих Анпин мира Ацилут, называемая раскрытием глаз. Ведь сфира Хохма, относящаяся к десяти сфирот рош, называется «эйнаим». И нам известно, что в рош Арих Анпина есть только Кетер и Хохма, и поэтому его Малхут называется раскрытием глаз, так как при ее раскрытии мохин Хохмы передаются из рош парцуфа Арих Анпин всем парцуфам мира Ацилут. И поэтому сказано: «К тому месту, куда устремлены все глаза» – поскольку мохин Хохмы называются «эйнаим (глаза)», и эти мохин Хохмы могут проявиться во всех парцуфах Ацилута только лишь благодаря раскрытию Малхут де-рош Арих Анпина.

---

[34] Пророки, Йешаяу, 40:26. «Поднимите глаза ваши ввысь и посмотрите, Кто создал их. Выводящий по числу воинства их, всех их по имени называет Он; от Великого могуществом и Мощного силой никто не скроется».
[35] От слова Ацилут.

«И там вы узнаете» – т.е. в этом раскрытии глаз, в Малхут де-рош Арих Анпина, «вы узнаете» эту тайну – как Бина создала ЗОН. Слово «создал (барá)» означает – вне (бар) уровня Ацилут. И поскольку сама Бина вышла наружу относительно ступени рош Арих Анпина, она стала свойством Брия (בריאה) по отношению к рош Арих Анпина, и это обусловило, что она так же создала (бара ברא) ЗОН.

И Зеир Анпин стал свойством Ецира, ибо то, что выходит со ступени Брия, называется Ецира. А Нуква стала свойством Асия, поскольку всё, что выходит из Ецира, называется Асия.

Тем не менее, нельзя уподоблять их настоящим мирам БЕА (Брия, Ецира, Асия), находящимся за парсой мира Ацилут. Ведь эти Бина и ЗОН стоят выше парсы, т.е. в мире Ацилут, и («снаружи») имеется в виду только по отношению к рош Арих Анпина. И поэтому есть два вида БЕА:
1. Миры БЕА разделения, которые были отделены от Ацилута парсой, т.е. основанием мира Ацилут, расположенным над ними.
2. БЕА самого мира Ацилут, т.е. его Бина, Зеир Анпин и Нуква, которые находятся только лишь за пределами рош Арих Анпина, но всё еще являются Ацилутом. Однако парса во внутренней части Арих Анпина, расположенная в месте его хазе, находится выше них, и поэтому они отделены от рош Арих Анпина и считаются свойством «гуф без рош», иначе говоря, лишенными мохин Хохмы, которые называются «рош» относительно мира Ацилут. Ведь обычно мир Ацилут считается свойством Хохмы в совокупности всех четырех миров АБЕА. И поэтому тот, кто лишен Хохмы, считается там свойством «гуф без рош».

И поэтому сказано, «что скрытый Атик, к которому относится этот вопрос, "создал их"» – т.е. Бина, которая вышла из рош Арих Анпина из-за Нуквы, поднявшейся в Хохму Арих Анпина и установившей там окончание (сиюм) рош Арих Анпина, вышла вследствие этого в свойство Брия и гуф Арих Анпина, и разделилась поэтому на два свойства: ГАР и ЗАТ.

Ведь Бине, согласно ее исходному свойству в десяти сфирот прямого света, вообще не присуще получение Хохмы, но лишь получение света хасадим. Как сказано: «Ибо желает милости (хафец хесед) Он»³⁶ – но не мудрости (хохма). И поэтому выход в гуф не причиняет ей никакого вреда. Ведь даже когда находится в рош Арих Анпина, она не получает от него Хохму. И поэтому ее никак не умаляет то, что она стоит ниже Малхут де-рош Арих Анпина. И даже сейчас она полностью считается свойством рош, как если бы вообще не выходила из рош Арих Анпина. И она устанавливается в свойстве высшие Аба ве-Има, облачающие Арих Анпин от пэ до хазе.

А второе свойство, ЗАТ Бины, относится к включению ЗОН в Бину, и это корни ЗОН, которые находятся в Бине. И поэтому они нуждаются в свечении Хохмы для ЗОН. И потому они терпят ущерб от пребывания в свойстве гуф Арих Анпина, лишившись Хохмы. И они считаются свойством Брия и ВАК без рош. И сказано о них: «Аба вывел Иму наружу» – т.е. за пределы рош Арих Анпина. И они называются ИШСУТ и облачают Арих Анпин от хазе до табура.

А их сыновья, т.е. ЗОН, облачают Арих Анпин от табура и ниже, до окончания (сиюм) мира Ацилут.

И это разделяющая парса во внутренней части Арих Анпина, стоящая в его хазе, так как она являет собой силу Малхут, что в рош Арих Анпина, которая выводит ЗАТ Бины из рош и препятствует получению ими Хохмы. И хотя сам экран стоит в пэ де-рош Арих Анпина, тем не менее, он там никак не действует, поскольку там находятся высшие Аба ве-Има, представляющие собой ГАР Бины, которые все еще считаются свойством рош Арих Анпина. Таким образом, только в месте хазе господствует сила этого экрана, над ЗАТ Бины, выводя эти ЗАТ Бины, находящиеся под ним, за пределы рош Арих Анпина.

И поэтому ГАР Бины называются скрытым Атиком. Ведь рош Арих Анпина называется Атиком. А поскольку считается, что ГАР Бины, хотя они и находятся ниже пэ Арих Анпина, словно все еще стоят в рош Арих Анпина, они тоже называются Атиком, как и рош Арих Анпина. Однако из-за того, что находятся в свойстве гуф Арих Анпина, они называются скрытым Атиком.

---

36 Пророки, Миха, 7:18. «Кто Творец, подобный Тебе, (который) прощает грех и проходит мимо (не вменяет в вину) преступления остатку наследия Своего, не держит вечно гнева Своего, ибо желает милости Он».

И сказано, «что скрытый Атик, к которому относится этот вопрос, "создал их"». Иначе говоря – только ЗАТ этого скрытого Атика, называемые ИШСУТ, в которых существует вопрос о получении в них ЗОН вследствии подъема МАН. Ведь вопрос означает подъем МАН, от выражения «просят о дожде»[37]. И он говорит, что только ЗАТ этого скрытого Атика, называемые ИШСУТ, существуют для этого вопроса – т.е. для получения МАН, чтобы притянуть свет Хохмы, так как они лишены Хохмы, ведь до этого они считаются свойством Брия. И поэтому «создал их (ЭЛЕ)», – т.е. ЗОН, называемые «ЭЛЕ (эти)».

И они тоже были созданы по силе своей лишенными рош, как и он (парцуф ИШСУТ). Слово «создал (барá)» указывает на отсутствие свойства рош относительно Ацилута. «А "кто" – это МИ» – т.е. ЗАТ Бины, к которым обращаются с вопросом, называются МИ. И на них указывает слово «создал», потому что они сами стали свойством Брия из-за парсы в хазе Арих Анпина, отделяющей их от свечения рош Арих Анпина.

И сказано: «От верхнего края небес, и всё находится во власти его». ЗАТ Бины, называемые ИШСУТ и называемые МИ, – это свойство «верхний край небес». «Небеса» – это Зеир Анпин, и он получает только от ИШСУТ, называемых МИ. И поэтому МИ называется «верхним краем небес, и всё находится во власти его». Ведь небо и земля, т.е. ЗОН, а также три нижних мира БЕА, – все они получают от ИШСУТ, называемых МИ. И потому «всё находится во власти его».

«Ведь о том, что выше него, вообще не спрашивают. И этот "край небес", к которому относится вопрос, называется "МИ (кто)"». Иначе говоря, выше ГАР Бины, т.е. высших Абы ве-Имы, вопроса нет, так как они не получают МАН для притяжения Хохмы, ведь сами они являются светом хасадим и не испытывают недостатка Хохмы. И поэтому они не называются МИ. И они также не являются свойством «край небес», потому что не нуждаются в ЗОН, требующих свечения Хохмы. И только ЗАТ, называемые ИШСУТ и существующие для вопроса, т.е. для получения МАН от ЗОН и подъема в рош Арих Анпина, чтобы получить для них свечение

---

[37] Мишна, раздел Моэд, трактат Таанит, глава 1, мишна (закон) 1.

Хохмы, считаются верхним краем небес именно потому, что Зеир Анпин, называемый «небеса», получает от них.

8) И есть еще один внизу, и он называется МА (что). Какая связь между тем и другим? Первый, скрытый, называемый МИ, к нему относится вопрос. Поскольку человек спрашивал и изучал, чтобы созерцать и познавать, (продвигаясь) от одной ступени к другой, до конца всех ступеней, т.е. до Малхут, то когда он пришел туда, он – МА (что). И это означает: «Что (МА) узнал ты, что видел ты, что изучил ты – ведь всё скрыто, как и вначале?»

Пояснение сказанного. Когда Нуква Зеир Анпина находится в состоянии «паним бе-паним (лицом к лицу)» с Зеир Анпином, она тоже называется именем МА, как и Зеир Анпин. И она считается «нижним краем небес», так как является концом всех ступеней и завершает Ацилут. Таким образом, Зеир Анпин, называемый «небеса», находится между парцуфом ИШСУТ, называемым «верхний край небес», и Нуквой, называемой «нижний край небес».

И сказано: «Поскольку человек спрашивал и изучал, чтобы созерцать». «Созерцать» означает зивуг Абы ве-Имы, называемый созерцанием (истаклут) Абы и Имы друг друга посредством их подъема в рош Арих Анпина, когда Бина вновь начинает получать свечение Хохмы для ЗОН. Ведь даже ИШСУТ, т.е. ЗАТ Бины, не нуждаются в свечении Хохмы для самих себя, так как сами ЗАТ Бины подобны своим ГАР и не нуждаются в получении Хохмы. Однако в тот момент, когда ЗОН поднимаются в ИШСУТ в качестве МАН, ИШСУТ пробуждаются, чтобы подняться ради них в рош Арих Анпина для получения Хохмы. Однако и сами ЗОН тоже поднимаются в ИШСУТ в качестве МАН только благодаря подъему МАН в ЗОН от людей, находящихся ниже ЗОН. Таким образом, души людей поднимаются в качестве МАН в ЗОН, и тогда ЗОН поднимаются в качестве МАН в ИШСУТ, и тогда ИШСУТ поднимаются в Арих Анпин и становятся там одним парцуфом с высшими Аба ве-Има, и тогда Аба и Има созерцают друг друга и притягивают Хохму для ЗОН.

«Поскольку человек спрашивал» – т.е. он поднимает МАН, «и изучал» – т.е. изучает свои деяния, чтобы поднять ЗОН к зивугу Абы ве-Имы, «чтобы созерцать» – чтобы Аба ве-Има созерцали друг друга и притягивали Хохму, «и познавать, (продвигаясь) от одной ступени к другой, до конца всех ступеней, т.е. до Малхут» – так как свечение Хохмы, притягиваемое с помощью подъема МАН и зивуга, называется познанием, или называется мудростью (хохма), постигаемой знанием (даат). То есть ЗОН, которые поднимаются в качестве МАН, считаются там свойством Даат (знание) для Аба ве-Има, так как являются причиной их зивуга. И этот зивуг называется познанием от выражения: «И познал Адам Хаву, жену свою»[38].

«Познавать» означает передавать мохин посредством сфиры Даат, «от одной ступени к другой» – от Даат ступени Аба ве-Има к мохин ступени Зеир Анпин. «До конца всех ступеней», – от Зеир Анпина к Нукве, которая называется «конец всех ступеней». Ибо Бина находится в состоянии «ахор бе-ахор (досл. спиной к спине)» с Хохмой, поскольку является лишь свойством хасадим и возвращается в состояние «паним бе-паним» с Хохмой только ради ЗОН.

«После того, как он пришел туда, он – МА (что)» – когда мохин пришли туда, к Нукве Зеир Анпина, Нуква называется именем МА. Нижняя[39] ступень, или нижний мир, Малхут, называется МА. Сказано: «Что (МА) Творец Всесильный твой просит у тебя?»[40] Читай не «что (МА)», а «сто (меа)»[41]. Все высшие ступени в совершенстве своем, а их пятьдесят, находятся здесь в Малхут, и поэтому она называется «сто».

Ибо пятьдесят ее, и это – КАХАБ ТУМ (Кетер-Хохма-Бина-Тиферет-Малхут), где каждая сфира содержит десять, и пятьдесят сфирот Бины, итого – сто. И поэтому Бина называется МИ (מי), т.е. пятьдесят (по числовому значению), а Малхут – МА, т.е. сто, так как она включает в себя также и пятьдесят Бины. И поэтому она называется МА, чтобы показать, что всё великое

---

[38] Тора, Берешит, 4:1. «И Адам познал Хаву, свою жену; и она зачала и родила Каина. И сказала она: "Обрела я мужа с Творцом"».

[39] Отсюда и до конца абзаца – цитата из книги Зоар, главы Трума, п. 15.

[40] Тора, Дварим, 10:12. «И ныне, Исраэль, что Творец, Всесильный твой, просит у тебя? Только бояться Творца, Всесильного твоего, ходить всеми путями Его и любить Его, и служить Творцу, Всесильному твоему, всем сердцем твоим и всею душою твоей».

[41] Вавилонский Талмуд, трактат Минхот, лист 43:2.

совершенство этих мохин является только после того, как они приходят в Нукву.

И сказано: «Что (МА) узнал ты, что (МА) видел ты, что (МА) изучил ты – ведь всё скрыто, как и вначале?» Малхут[42] называется МА, поскольку, несмотря на то, что нисхождение Хохмы проходит через высшие ступени, т.е. Бину и Зеир Анпин, она не раскрывается, пока не достигнет завершения в Малхут, являющейся местом окончания всех ступеней, окончания притяжения всего, и не установится там явно в виде свечения Хохмы. И хотя она раскрылась более всех, есть в ней вопрос: «Что (МА) видел ты, что (МА) узнал ты?» Как сказано: «Ибо не видели вы никакого образа»[43].

И несмотря на то, что уже низошли к ней высшие мохин благодаря подъему МАН, и уже достигла в них совершенства, всё же она еще ждет обращения с вопросом, как это было с ИШСУТ до подъема МАН. Поэтому сказано: «Что узнал ты, что видел ты, что изучил ты – ведь всё скрыто, как и вначале?» – ибо даже после подъема МАН и притяжения мохин, всё в Нукве пока еще скрыто, как и до подъема МАН, когда она еще ждет обращения с вопросом, т.е. подъема МАН.

В таком случае, зачем нужны нижние при подъеме МАН? И зачем нисходят к ней мохин, если они никак не раскрываются? «Называй Нукву не МА (что), а МЕА (сто)»[37], – сто благословений, которые Нуква передает нижним. Если так, то почему же она всё еще ждет обращения с вопросом, и «всё скрыто, как и вначале»?

Дело в том, что у Нуквы есть два вида мохин в большом состоянии, называемые первое большое состояние (гадлут алеф) и второе большое состояние (гадлут бэт).

В первом большом состоянии в рош Арих Анпина поднимаются только высшие Аба ве-Има, но не ИШСУТ. И хотя они стали одним парцуфом, ИШСУТ всё же остались в гуф Арих Анпина, но только поднялись на предыдущее место Абы ве-Имы, и облачают Арих Анпин от пэ до хазе. Таким образом, с одной

---

[42] Отсюда и до конца абзаца – цитата из книги Зоар, главы Трума, п. 16.
[43] Тора, Дварим, 4:15.

стороны, ИШСУТ стали свойством рош Арих Анпина, ведь они стали одним парцуфом с высшими Аба ве-Има, которые сейчас находятся в рош Арих Анпина. И они также поднялись выше парсы, расположенной в хазе Арих Анпина, туда, где светит рош Арих Анпина, как это было выяснено ранее, в отношении самих Абы ве-Имы, находившихся там до подъема МАН.

И поэтому они передают Зеир Анпину совершенные мохин де-ГАР, а Зеир Анпин – Нукве, и Нуква становится свойством «сто благословений». Ведь благодаря этим мохин ЗОН возвышаются, поднимаясь на место ИШСУТ до подъема МАН – от хазе до табура Арих Анпина. А Нуква находится на месте Имы. И поэтому Нуква становится теперь свойством «сто», как и Има, поскольку сфирот Имы исчисляются в «сотнях», сфирот Абы – в «тысячах», а нижний, поднявшийся к высшему, становится таким же, как и он.

Однако, с другой стороны, Нуква подобна лишь свойству МИ, к которому относится вопрос, как у ИШСУТ до подъема МАН и притяжения мохин, вследствие того, что она облачила место, где ИШСУТ пребывает в малом состоянии (катнут), от хазе до табура Арих Анпина. И выходит, что она находится ниже парсы внутренней части Арих Анпина, а свечение рош Арих Анпина прекращается над этой парсой. И в этом смысле Нуква не приобрела мохин и рош Арих Анпина, ради которых происходил весь подъем МАН, и «всё скрыто, как и вначале» – как и до подъема МАН.

Однако, с другой точки зрения, Нуква приобрела свойство Имы, ведь она поднялась на место парцуфа ИШСУТ, называемого Има, т.е. стала свойством «сто благословений». И поэтому эти мохин считаются только лишь ВАК де-гадлут, ведь она не может получить свойство рош де-гадлут, находясь ниже парсы де-хазе Арих Анпина. Однако ее нынешняя ступень равна ступени парцуфа ИШСУТ в свойстве ВАК, до подъема МАН, когда он находился от хазе до табура Арих Анпина, и это является большим величием для Нуквы, хотя это лишь ВАК де-гадлут. Однако недостает еще ГАР де-гадлут. И достижение ГАР де-гадлут называется вторым большим состоянием (гадлут бэт) Нуквы.

Кто создал их

Теперь мы сможем понять (две вышеуказанные причины), почему Нуква называется именем МА. В первом случае выясняются высшие мохин, которых достигла Нуква, называемая «сто благословений», как сказано: «Читай не "что" (МА), а "сто" (меа)»⁴¹. И это происходит посредством ее подъема с помощью этих мохин в место ИШСУТ. А во втором случае подчеркивается, что хотя она и поднялась только в место катнута свойства ИШСУТ, где она еще ждет обращения с вопросом, т.е. от хазе до табура Арих Анпина, то мохин ее совершенно подобны ему. И Нуква тоже становится ждущей обращения с вопросом, что означает ВАК без ГАР. Однако всё же ее выигрыш очень велик, ведь это ВАК высших Абы ве-Имы, т.е. ВАК де-гадлут.

И также здесь, когда говорится: «Что (МА) узнал ты, что (МА) видел ты, что (МА) изучил ты – ведь всё скрыто, как и вначале?» «Как и вначале» не означает – какой была Нуква до подъема МАН, а означает – какими были ИШСУТ до подъема МАН. Но Нуква много выиграла благодаря подъему МАН, ведь теперь она получила свойство Имы, т.е. «сто благословений», однако это ВАК де-гадлут, и она всё еще ждет обращения с вопросом, как и ИШСУТ до подъема МАН.

9) Сказано об этом: «Что приведу тебе в свидетельство и что уподоблю тебе, дочь Йерушалаима?»⁴⁴ Когда был разрушен Храм, раздался голос, произнесший: «Что (МА) приведу тебе в свидетельство и что уподоблю тебе?» Иными словами: «Этим МА буду свидетельствовать Я». Ибо каждый день с прежних дней тобой свидетельствовал Я, как написано: «В свидетели призываю на вас сегодня небо и землю»⁴⁵.

«Что (МА) уподоблю тебе?» Точно так же: «Я увенчал и тебя святыми коронами и поставил тебя править всем миром». Как написано: «Это ли город, о котором говорили – совершенство

---

⁴⁴ Писания, Эйха, 2:13. «Что приведу тебе в свидетельство и что уподоблю тебе, дочь Йерушалаима? С чем тебя сравню, чтобы утешить тебя, дева, дочь Циона? Ибо, как море, велико разрушение твое. Кто исцелит тебя?»

⁴⁵ Тора, Дварим, 30:19. «В свидетели призываю на вас сегодня небо и землю – жизнь и смерть предложил я тебе, благословение и проклятье, – избери же жизнь, чтобы жил ты и потомство твое».

красоты?»⁴⁶ Я назвал тебя: «Йерушалаим отстроенный, как город, соединенный воедино»⁴⁷.

«С чем тебя сравню, чтобы утешить тебя?»⁴⁰ Так же, как ты сидишь, так это, якобы, и наверху, в высшем Йерушалаиме. Как сейчас не входит в тебя святой народ в святых порядках, клянусь Я тебе, что так же не войду Я наверху, пока не войдут в тебя воинства твои внизу. И это утешение твое, ведь Я во всём сравниваю тебя с этой ступенью, т.е. с высшим Йерушалаимом, или Малхут. А сейчас, когда ты здесь, «как море, велико разрушение твое»⁴⁴. А если скажешь ты, что нет тебе существования и излечения, «кто (МИ) исцелит тебя»⁴⁴ – т.е. скрытая высшая ступень, называемая МИ, благодаря которой всё существует, т.е. Бина, исцелит и оживит тебя.

Пояснение сказанного. Разрушение Храма произошло из-за того, что Исраэль совершили грех идолопоклонства и не хотели поднимать МАН для зивуга ЗОН, а хотели притягивать благо для ситры ахра, которая называется «чужие боги». И по этой причине прекратился зивуг ЗОН, и «сто благословений» отстранились от Нуквы, и разрушился Храм. И об этом говорится: «Раздался голос, произнесший: "Что (МА) приведу тебе в свидетельство? ...Ибо каждый день с прежних дней тобой свидетельствовал Я"». ВАК де-гадлут, которые Нуква получает в свойстве МА, называются «прежние дни», как сказано: «Спроси же о первых днях»⁴⁸. «И от края небес и до края небес»⁴⁸. Называются они так потому, что являются свойством ВАК Абы ве-Имы, ведь ИШСУТ – это ЗАТ Абы ве-Имы. И семь дней Абы ве-Имы предшествуют семи дням ЗОН, как написано: «В свидетели призываю на вас сегодня небо и землю»⁴⁵. Имеется в виду зивуг ЗОН, которые называются «небо и земля», и Писание предостерегает, что нужно оберегать и поддерживать этот зивуг. А в противном случае, предостерегает Писание: «Вы

---

⁴⁶ Писания, Эйха, 2:15. «Всплескивают руками из-за тебя все путники на дороге, присвистывают и качают головами по поводу дочери Йерушалаима: "Это ли город, о котором говорили – совершенство красоты, радость всей земли?"»

⁴⁷ Писания, Псалмы, 122:3.

⁴⁸ Тора, Дварим, 4:32. «Ибо спроси о первых днях, какие были до тебя, со дня, когда сотворил Всесильный человека на земле, и от края небес и до края небес: бывало ли подобное сему великому делу, или слыхано ли подобное?»

скоро полностью исчезнете из страны»⁴⁹. И как сказано: «МА (что) приведу в свидетельство» – об этих ста благословениях предупреждал Я тебя, что нужно соблюдать и исполнять их, а ты преступил их, поэтому осуществилось в вас сказанное: «Вы скоро полностью исчезнете из страны».

И сказано: «"Что (МА) уподоблю тебе". Точно так же, Я увенчал и тебя святыми коронами, и поставил тебя править всем миром». «Я назвал тебя: "Йерушалаим отстроенный, как город, соединенный воедино"». И это «сто благословений», которые Нуква получает от Зеир Анпина во время зивуга де-МА, т.е. во время подъема в ИШСУТ⁵⁰, когда Зеир Анпин становится свойством Исраэль Саба, а Нуква становится свойством Твуна. И тогда ее света становятся свойством «сто благословений», подобно светам Твуны. Именно об этом сказано: «Как город, соединенный воедино». Ведь Нуква, называемая «город», соединилась воедино с Твуной и стала свойством Твуна, и получает оттуда ее мохин, которые называются «святые короны». И тогда она называется «совершенство красоты, радость всей земли»⁴⁶ и получает власть над всем миром.

И сказано: «"С чем тебя сравню, чтобы утешить тебя?" – так же как ты сидишь, так это, якобы, и наверху». Иначе говоря, из-за грехов Исраэля, когда был разрушен Храм и они были изгнаны из своей земли, они вызвали этим еще и отделение Нуквы, ведь девять ее нижних сфирот упали в клипот, а она снова стала точкой под Есодом. И это означает сказанное: «Кто (МИ) исцелит тебя». Иными словами, если сыны Исраэля раскаются и исправят деяния свои, и поднимут МАН в ЗОН, то высшие мохин снова притянутся в ЗОН, и Нуква снова поднимется в ИШСУТ, называемые МИ, и тогда будет тебе исцеление.

10) «От (МИ) края небес наверху». МИ означает «верхний край небес», ИШСУТ. МА означает «нижний край небес», Малхут. И это унаследовал Яаков, т.е. Зеир Анпин, «проходящий от края до края»⁵¹ – от первого края, МИ, до второго края, МА. Ведь он стоит посередине между ИШСУТ и Малхут. И поэтому

---

⁴⁹ Тора, Дварим, 4:26.
⁵⁰ Парцуф ИШСУТ состоит из двух парцуфов: Исраэль Саба и Твуна.
⁵¹ Тора, Шмот, 26:28. «А средний засов, внутри брусьев, проходит от края до края».

сказано: «Кто (МИ) создал их (ЭЛЕ)»[52]. ИШСУТ, т.е. МИ, создал Зеир Анпин и Малхут, т.е. ЭЛЕ.

Пояснение сказанного. Казалось бы, он должен был написать: «От начала небес до конца небес». Почему же он говорит: «От края до края», что означает – от конца до конца? И поэтому сказано: «От (МИ) края небес наверху», т.е. имеется в виду ИШСУТ, ожидающий вопроса, который облачает Арих Анпин от хазе до табура. А МА – это Нуква до подъема МАН, являющаяся концом всех ступеней от хазе Зеир Анпина и ниже. А между ними находится Яаков, т.е. Зеир Анпин, облачение которого начинается от места табура Арих Анпина и достигает Нуквы.

И тогда он «проходит» от края, относящегося к МИ, до края, относящегося к МА. Ведь МИ заканчивается в месте табура Арих Анпина, и там начинается Яаков. А Нуква, т.е. МА, находится в его окончании (сиюм). Однако в этом отрывке говорится о состоянии, когда мохин уже распространились в ЗОН. Как сказано: «Ибо спроси о первых днях»[44] – о том времени, когда ЗОН поднимаются и получают мохин де-ИШСУТ, называемые «первые дни». И выходит, что тогда нижний край небес, МА, т.е. Нуква, поднялась и облачилась на верхний край небес, на МИ, т.е. ИШСУТ, и оба они находятся в одном и том же месте.

И поэтому написано: «От края до края» – ведь сейчас они оба стали свойством одного края небес. Зеир Анпин получает «первые дни», т.е. ВАК, от Исраэль Саба, и это ХАГАТ НЕХИ, а Нукву берет Твуна, т.е. Малхут Бины, которая находится сейчас на краю Зеир Анпина, называемого небесами. Однако относительно состояния до получения мохин, она называется вершиной (рош) небес.

И есть другое объяснение. «Верхние небеса» – это Исраэль Саба, который включает шесть первых дней – ХАГАТ НЕХИ Бины. А край верхних небес[53] – это Твуна, т.е. Малхут Бины. И тогда значение этой фразы будет: от края Исраэль Саба до края Зеир Анпина, называемого нижними небесами.

---

[52] Пророки, Йешаяу, 40:26.
[53] Зоар употребляет выражение «край небес, что наверху», которое можно читать как «верхний край небес» или как «край верхних небес». Аналогично, «край небес, что внизу». – прим. перев.

Кто создал их

И об этих мохин написано: «Кто (МИ) создал их», поскольку МИ это ИШСУТ, который находится в месте Брия Арих Анпина, т.е. от хазе до табура, ниже парсы внутренней части Арих Анпина, куда уже не доходит свечение рош Арих Анпина. И поэтому оно считается Брия – снаружи (бар) от рош Арих Анпина. И поэтому существует для обращения с вопросом. Получается, что когда ЗОН постигают эти мохин, поднявшись и облачив этот МИ, и заняв его место от хазе до табура Арих Анпина, их мохин в этот момент тоже находятся лишь в свойстве Брия Арих Анпина. И поэтому сказано, что «МИ создал их», т.е. ЗОН. Иначе говоря, ЗОН взяли мохин де-Брия от МИ.

«Кто создал их», по Элияу

11) Произнес рабби Шимон: «Эльазар, сын мой, подожди, не говори, и откроется покров, окутывающий высшую тайну, о которой не знают жители мира». Замолчал рабби Эльазар. Заплакал рабби Шимон, но сразу же прекратил. Сказал рабби Шимон: «Эльазар, что такое ЭЛЕ?[54] Если скажешь, что это звезды и созвездия, то разве не всегда они видны? И посредством МА, – т.е. Малхут, – они сотворены». «Сказано об этом: "Словом Творца небеса созданы"[55] – т.е. посредством Малхут, называющейся "словом Творца", созданы небеса. Но если слово ЭЛЕ указывает на скрытые вещи, не надо было его и писать – ведь звезды и созвездия видны?!»

Пояснение сказанного. Рабби Эльазар раскрыл здесь всего лишь мохин первого большого состояния (гадлут алеф), а рабби Шимон хотел раскрыть мохин второго большого состояния (гадлут бэт) – высшие мохин де-хая. И потому повелел ему прервать свои слова, чтобы раскрыть ему высшую тайну, которую жители мира не знали, так как эти мохин еще не были раскрыты в мире. И рабби Шимон раскрыл их здесь.

И поэтому сказал: «Что такое ЭЛЕ?» – что нового мы можем увидеть в словах: «МИ бара ЭЛЕ (кто создал их)», т.е. ЗОН? «Если скажешь, что это звезды и созвездия» – т.е., если речь идет о мохин де-ВАК достигнутого ими гадлута, и именно на это указывают слова «кто (МИ) создал их (ЭЛЕ)», что же в этом нового? «Разве не всегда они видны?» – ведь это обычные мохин, относящиеся к ЗОН, которые можно привлечь всегда, даже в будние дни. И они не являются чем-то настолько новым, чтобы на них указывали слова «кто создал их (ЭЛЕ)».

И неверно утверждать, что эти мохин присутствуют всегда, не прекращаясь, поскольку постоянным у Зеир Анпина является лишь состояние ВАК без рош, и только с помощью подъема МАН и молитвы привлекаются эти мохин. И правильное объяснение – их можно привлечь всегда, т.е. даже в будние

---
[54] Ивр. אלה – букв. их. См. Пророки, Йешаяу, 40:26. «Поднимите глаза ваши в высоту и посмотрите: кто создал их?»
[55] Писания, Псалмы, 33:6.

дни. Ведь именно так они привлекаются каждый день во время утренней молитвы (шахарит).

И, кроме того, говорит ему (рабби Эльазару), что «посредством МА они сотворены». Ибо эти мохин относятся не к Бине, а к ЗОН мира Ацилут, называемым МА, от которых они произошли. Как сказано: «словом Творца» – и это Зеир Анпин и Нуква (ЗОН). Зеир Анпин – Творец (АВАЯ), а Нуква – слово.

12) «А раскрылась эта тайна в тот день, когда я был на берегу моря. Предстал предо мной Элияу и спросил: "Рабби, знаешь ли ты, что означают слова: "Кто создал их (ЭЛЕ)?" Ответил я ему: "Это небеса и воинство их – деяние Творца". Людям следует смотреть на них и благословлять их, как сказано: "Когда вижу я небеса Твои, деяние перстов Твоих"[56], "Творец, Владыка наш, как величественно имя Твое на всей земле"[57]».

13) «Сказал он мне: "Рабби, таинственное слово было пред Творцом, и раскрыл Он его в высшем собрании. В час, когда скрытый более всех скрытых пожелал раскрыться, он сделал сначала одну точку" – Малхут, "и она поднялась, став мыслью" – Биной, т.е. Малхут поднялась и включилась в Бину, "и он создал ею все образы и утвердил все законы"».

Пояснение сказанного. Атик, первый рош мира Ацилут, называется скрытым более всех скрытых. Сказано о нем: «Если правитель народа не исправляется первым, то не исправляется и народ». Где мы это изучаем? В парцуфе Атик Йомин: пока он не совершит свои исправления, не будут исправлены все те, кто должен исправиться; и все миры будут разрушены. В час, когда святой Атик, скрытый более всех скрытых, пожелал совершить исправление, он установил всё в виде захара и нуквы (мужского и женского свойств). Он поднял Малхут в Бину, и стала Малхут нуквой во всех сфирот, и каждая сфира стала включать захара и нукву. И сама Хохма является совокупностью всего, Хохмой тридцати двух путей. И когда она вышла, начав светить, из святого Атика, она начала светить в свойствах «захар» и «нуква». Иными словами, Хохма распространяется

---

[56] Писания, Псалмы, 8:4.
[57] Писания, Псалмы, 8:10.

и выводит Бину за свои пределы, и они становятся захаром и нуквой. И это называется исправлением второго сокращения.

«В час, когда скрытый более всех скрытых пожелал раскрыться, он сделал сначала одну точку» – т.е. когда святой Атик пожелал раскрыться мирам с помощью исправления, установившегося при втором сокращении, он сделал в рош Арих Анпина, в своей Хохме, одну точку, т.е. поднял Малхут, называемую точкой, в рош Арих Анпина. И там установилась Нуква, поднимающая отраженный свет, чтобы облачить десять сфирот рош Арих Анпина, и рош Арих Анпина заканчивается в сфире Хохма стимаа (скрытая). И Хохма устанавливается в виде захара и нуквы, а Бина и ЗОН де-рош Арих Анпина выходят за пределы рош, на ступень гуф Арих Анпина. Об этом и сказано, что Хохма распространяется и выводит Бину наружу, в свойство гуф.

Сказано: «И поднялась она, став мыслью» – т.е. Биной. Иначе говоря, точка Малхут, которая поднялась к Хохме, и Хохма в результате ее (подъема) установилась в виде захара и нуквы, сама поднимается вследствие этого и становится мыслью, Биной. Ведь поскольку она находится в зивуге с Хохмой, она получает от Хохмы, а получающий от Хохмы является Биной, а не Малхут. Таким образом, хотя в корне своем она Малхут, представляющая собой точку, вследствие подъема она стала Биной. И поэтому сказано, что она поднялась, став мыслью. Иными словами, это привело к тому, что точка становится Биной, которая называется мыслью.

И знай, что иногда в Зоаре мыслью называется Хохма, а иногда – Бина. Ибо мысль – это Нуква Хохмы. И потому следует называть ее Хохмой – ведь она Нуква Хохмы. Однако по сути своей она – Бина, а не Хохма. И поэтому Бина называется мыслью только когда является свойством рош вместе с Хохмой.

И сказано: «Он создал ею все образы и утвердил все законы», – потому что этой точкой, которая поднялась, став мыслью, он создал и утвердил все пять парцуфов Ацилута: Арих Анпин, Аба ве-Има и ЗОН. «Создал ею и утвердил ею» – под этим подразумевается многое.

«Создал ею» – значит, что с помощью нее были созданы все образы, т.е. пять парцуфов Ацилута. Иными словами, посредством зивуга, произведенного на экран в точке, которая поднялась к мысли, вышла ступень ВАК отраженного света и прямого света в келим Кетера и Хохмы каждого парцуфа. Однако слова «утвердил ею все законы» означают, что появился недостаток, т.е. с подъемом точки, ставшей мыслью, возникли недостатки и законы, подготавливающие место для получения светов во всех парцуфах Ацилута. И поскольку это является основой всех мохин Ацилута, мы должны как следует в этом разобраться.

Подъем точки к мысли, т.е. к Бине, обусловлен возникновением нового окончания (сиюм) в десяти сфирот каждой ступени. Ибо точка, т.е. Малхут с экраном в ней, которая совершала зивуг в месте Малхут десяти сфирот рош, т.е. в пэ, и завершавшая там рош, поднялась теперь в место Бины де-рош, называемое «никвей эйнаим (досл. зрачки глаз)», т.е. к Нукве Хохмы – к Бине. И был произведен зивуг на ее экран в месте «никвей эйнаим», и она завершила там рош. А три сфиры рош – Бина, Зеир Анпин и Малхут, называемые АХАП, – опустились ниже места окончания рош, на ступень гуф.

То же самое, безусловно, происходит и в десяти сфирот гуф. Малхут, завершающая гуф парцуфа, стоявшая раньше в месте центральной точки, т.е. Малхут десяти сфирот гуф, называющаяся «сиюм раглин (окончание ног)», поднялась теперь в место Бины свойства гуф, т.е. в Тиферет, поскольку ХАГАТ (Хесед-Гвура-Тиферет) свойства гуф представляют собой КАХАБ (Кетер-Хохму-Бину), и завершила гуф в Тиферет, в месте хазе. А три сфиры свойства гуф, Бина и ЗОН, называющиеся ТАНХИМ (Тиферет-Нецах-Ход-Есод-Малхут), вышли из мира Ацилут и упали в свойство отделенных миров БЕА.

Таким образом, в результате подъема точки, ставшей мыслью, разделилась каждая ступень на две половины. Кетер и Хохма, ее верхняя половина, остаются на ступени, а Бина, Зеир Анпин и Нуква становятся скрытыми на каждой ступени и опускаются на ступень под ней.

И это – внутренний смысл разделения имени Элоким (אלהים) на буквы МИ (מי) и ЭЛЕ (אלה). Ибо полная ступень, содержащая десять сфирот КАХАБ ЗОН, называется святым именем Элоким

(אלהים). Пять его букв соответствуют пяти сфирот КАХАБ ЗОН: ЭЛЕ (אלה) – это КАХАБ, а «йуд-мэм ים» – ЗОН. И теперь, после того, как каждая ступень разделилась на две половины, причем Кетер и Хохма остались, а Бина и ЗОН упали с нее, – выходит, что на каждой ступени остались только две буквы МИ (מי), а три буквы ЭЛЕ (אלה) упали с каждой ступени на ступень под ней.

Но в таком случае на ступени должны были бы остаться две буквы: «алеф-ламэд אל», а буквы «хэй-йуд-мэм הים» должны были упасть с нее на ступень под ней? Однако, дело в том, что всегда есть обратное соотношение келим и светов. В келим сначала идут высшие: сначала кли Кетера, затем кли Хохмы, и до кли Малхут в конце. А света, наоборот, начинаются с нижних: сначала свет Малхут, затем свет Зеир Анпина, затем свет Бины, и лишь в конце свет Кетера. А потому, если есть два кли, Кетер и Хохма, то в них есть два света: свет Малхут и свет Зеир Анпина, называемые ВАК. Поэтому мы видим, что в имени Элоким (אלהים) на ступени остались только две буквы МИ (מי), т.е. свет Малхут и свет Зеир Анпина, а три буквы ЭЛЕ (אלה) упали, отделившись от них. И потому каждая ступень лишилась своих ГАР.

Сказано: «Он создал ею все образы и утвердил ею все законы» – здесь говорится о разделении каждой ступени на две половины вследствие того, что точка поднялась, чтобы стать мыслью.

«Он создал ею все образы» – над двумя буквами МИ, оставшимися на каждой ступени, создал образ прямого света.

«И утвердил ею все законы» – это три буквы ЭЛЕ, упавшие с каждой ступени и недостающие ей. Ведь по причине их отсутствия на ступени остались только свет Малхут и свет Зеир Анпина, а трех светов КАХАБ ей недостает, так как нет света без кли. Таким образом, если они снова обретут келим Бины и ЗОН, то сразу же обретут и ГАР светов, поскольку одно зависит от другого.

14) «И утвердил в этой святой скрытой свече» – т.е. в Малхут, которая включилась в Бину, «печать одного скрытого образа, святая святых – глубинное строение, исходящее из мысли» – т.е. ГАР, «и называющееся МИ, и это начало этого

строения. Оно стоит и не стоит, оно находится глубоко и скрыто в имени» – Элоким, «и пока называется лишь МИ (מי)» – имени Элоким (אלהים), т.е. недостает букв ЭЛЕ (אלה) имени Элоким. «Пожелав раскрыться и назваться этим именем» – Элоким, «он облачился в величественное светящее одеяние» – в свет хасадим, «и создал ЭЛЕ». «И поднялись буквы ЭЛЕ (אלה) в имя» – Элоким (אלהים). «Тогда соединились буквы друг с другом» – буквы МИ (מי) с буквами ЭЛЕ (אלה), «и восполнилось имя Элоким (אלהים)». «А пока он не создал ЭЛЕ, не восходил к имени Элоким. И те, кто совершили грех, отлив золотого тельца, сказали об этом (состоянии): "Это (ЭЛЕ) – божество твое, Исраэль"[58]».

Пояснение сказанного. Вследствие подъема МАН от нижних, нисходит новый свет от парцуфов АБ-САГ мира Адам Кадмон. И поскольку этот новый свет исходит от парцуфов АБ-САГ мира Адам Кадмон, находящихся выше второго сокращения, разделяющего каждую ступень надвое, этот свет при нисхождении в рош Арих Анпина снова опускает эту точку из мысли, из места Бины, на свое место, на место Малхут де-рош, как это было до второго сокращения. И тогда три сфиры, Бина, Зеир Анпин и Малхут, упавшие из рош, становятся опять свойством рош, так как зивуг производится в месте Малхут, находящейся ниже них. Таким образом, имя Элоким снова раскрывается. Ведь три буквы ЭЛЕ вновь присоединились к МИ на одной ступени, и восполнилось имя Элоким на данной ступени. А поскольку вернулись Бина и ЗОН, относящиеся к келим, вернулись также и ГАР светов, и облачились КАХАБ ЗОН светов в пять букв имени Элоким (אלהים): света́ КАХАБ – в ЭЛЕ (אלה), а света́ ЗОН – в «йуд-мэм מי». И запомни как следует, что упавшие ЭЛЕ – это келим Бины и ЗОН, недостающие данной ступени, но когда ЭЛЕ соединяются с именем Элоким, они становятся светами КАХАБ, по причине обратного соотношения келим и светов.

Сказано: «И утвердил в этой святой скрытой свече», т.е. в Малхут, которая включилась в Бину. Иными словами, заново утвердился экран и место зивуга в Малхут де-рош Арих Анпина, зовущейся святой скрытой свечой. И это «печать одного скрытого образа, святая святых». И эта новая печать извлекает

---

[58] Тора, Шмот, 32:4.

один образ, т.е. ступень в десять сфирот, святая святых – ступень ГАР, называемую «святая святых».

И это потому, что она исходит из мысли, – т.е. благодаря тому, что точка, которая поднялась, чтобы стать мыслью, теперь снова выходит из мысли и достигает своего настоящего места, места Малхут де-рош. И поэтому три келим, Бина, Зеир Анпин и Нуква, т.е. ЭЛЕ, вернулись теперь на ступень рош, и восполнилось имя Элоким. И эта ступень ГАР называется «скрытый образ».

И сказано, что они называются МИ и представляют собой начало строения. То есть, хотя буквы ЭЛЕ уже соединились с МИ и образовалось имя Элоким, все равно они называются пока только МИ, и это – начало строения, т.е. начало строения имени Элоким, так как строение еще не завершено.

Сказано, что «оно стоит и не стоит». С одной стороны, строение уже стоит во всем совершенстве – ведь место зивуга вернулось на свое место в пэ де-рош, и Бина и ЗОН вернулись на ступень, как и ГАР светов, и восполнилось имя Элоким. Однако с другой стороны, еще не стоит строение имени, ибо оно «находится глубоко и скрыто в имени» Элоким. Ведь светá имени Элоким все еще глубоки и скрыты и не светят в буквах ЭЛЕ, т.е. в Бине и ЗОН, которые поднялись в место рош. И это потому, что вследствие их подъема в рош Арих Анпина, где светит только Хохма, на этой ступени есть лишь свет Хохмы. И поскольку они представляют собой ЗАТ, а поднявшиеся ЗАТ не могут получать Хохму без облачения в хасадим, которых у них там нет, поэтому они не могут получать также и Хохму.

И потому говорится, что это имя находится глубоко и скрыто, и не распространяется больше в трех буквах ЭЛЕ. И поэтому говорится, что строение этой ступени все еще находится в свойстве «не стоит», и буквы ЭЛЕ еще не раскрыты в ней. Поэтому и сказано, что до тех пор оно называется лишь МИ – ведь буквы ЭЛЕ все еще скрыты в имени Элоким, и там есть лишь МИ.

И сказано, что пожелал раскрыться и назваться именем Элоким, – поскольку имя это уже восполнилось, так как ЭЛЕ уже поднялись в рош, но вместе с тем не светят вовсе. Поэтому, «пожелав раскрыться и назваться именем Элоким, он облачился в величественное светящее одеяние», в свет хасадим, «и создал ЭЛЕ».

Объяснение. Поскольку всё скрытие этого имени, которое не может светить в буквах ЭЛЕ, вызвано отсутствием облачения хасадим, так как ЗАТ не могут получать свет Хохмы без хасадим, он снова произвел зивуг малого состояния (катнут), как и во время пребывания в гуф Арих Анпина, и извлек ступень хасадим. Тогда ступень Хохмы облачилась в привлеченный свет хасадим, и этот свет стал для этой ступени величественным светящим одеянием. И благодаря этому облачению хасадим он может светить светом Хохмы в ЗАТ, т.е. в буквах ЭЛЕ.

«И создал ЭЛЕ, и поднялись буквы ЭЛЕ в имя» – Элоким. Благодаря величественному одеянию, ступени хасадим, полученной от зивуга в месте гуф ниже хазе, называемом Брия, «создал (бара) ЭЛЕ» – т.е. дал свет буквам ЭЛЕ. И благодаря этому поднялись буквы ЭЛЕ в имя Элоким – ибо когда у них уже есть величественное одеяние из хасадим, они могут получить в него также и Хохму.

«И тогда раскрылись буквы ЭЛЕ в имени Элоким» – поскольку теперь Бина и ЗОН светят в нем в своем полном совершенстве. Таким образом, теперь восполнилось и раскрылось имя Элоким. «И тогда соединились буквы друг с другом» – буквы МИ с буквами ЭЛЕ, «и восполнилось имя Элоким» – ведь теперь ЭЛЕ получают ступень Хохмы, так как обрели одеяние хасадим, и все пять букв имени Элоким светят в своем совершенстве.

И сказано: «Пока он не создал ЭЛЕ, не восходил к имени Элоким» – пока МИ не дали им свет хасадим для одеяния, ЭЛЕ не могли получать от МИ ничего, и в имени Элоким светили только буквы МИ.

И сказано: «Те, кто совершили грех, отлив золотого тельца, сказали об этом (состоянии): "Это (ЭЛЕ) – божество твое, Исраэль"» – потому что они испортили величественное светящее одеяние, в результате чего МИ отделились от ЭЛЕ. И потому сказали: «Это (ЭЛЕ) – божество твое», и наполнение ушло к другим богам.

15) «И так же, как соединились МИ с ЭЛЕ и стали именем Элоким посредством величественного светящего одеяния» – т.е. света хасадим, «так это имя соединяется всегда» – посредством величественного светящего одеяния. И на этой тайне держится мир, как сказано: «Мир милостью (хесед) устроен»[59]. «И Элияу вознесся, и перестал я его видеть. И от него я узнал это, и основывался на этой тайне и ее скрытии». Подошел рабби Эльазар и все товарищи, и пали перед ним ниц. Заплакали и сказали: «Если бы мы пришли в мир лишь затем, чтобы услышать это, то нам было бы довольно».

Объяснение. Так же, как выяснилось, что «он не восходил к имени Элоким» – пока ступень света Хохмы не облачилась в величественное светящее одеяние, и тогда соединились МИ с ЭЛЕ и стали именем Элоким, «так соединяется это имя всегда» – так оно существует во веки веков. И оно не восходит к имени Элоким без величественного светящего одеяния. «И на этом держится мир» – также и нижний мир, т.е. Нуква, МА, получает мохин путем этого сочетания МИ и ЭЛЕ и окончательно восполняется, подобно высшему миру, как разъясняет рабби Шимон. В этом он расходится с рабби Эльазаром, который сказал о нижнем мире: «После того, как пришел туда, он – МА». То есть – «что (МА) узнал ты, ведь всё сокрыто так же, как и вначале?» По его словам, выходит, что нижний мир устроен не так, как высший.

Но сказано, что «на этой тайне держится мир» – точно так же, как и высший мир. И потому прервал рабби Шимон слова его (рабби Эльазара). Ведь Элияу разъяснил только порядок мохин и построение имени Элоким в парцуфе Аба ве-Има, но не разъяснил, каков порядок построения Элоким в Нукве. (И это то, что сам рабби Шимон разъясняет в данной статье.)

---

[59] Писания, Псалмы, 89:3.

Мать одалживает свои одежды дочери

16) Сказал рабби Шимон: «Поэтому небеса и воинства их были созданы МА, Малхут, ибо сказано: "Когда вижу я небеса Твои, деяние перстов Твоих"[60]. А до этого сказано: "Как (МА) величественно имя Твое по всей земле"[61]. "Поместивший над небесами великолепие Своё"[56]. Ведь небеса сотворены именем МА, Малхут, но слова "над небесами" указывают на Бину, называемую МИ, находящуюся над Зеир Анпином, называемым "небеса", и это значит, что Малхут поднимается в имя Элоким».

МА, Малхут, поднимается и включается в Бину, Элоким, после того, как Он сотворил свет хасадим для величественного одеяния света Хохма, содержащегося в имени МИ. И тогда они облачились друг в друга, и Малхут поднялась в высшее имя Элоким, имя Бины, в которую включается Малхут. «И поэтому: "Вначале сотворил Всесильный (Элоким)"[62], имеется в виду высшее имя Элоким", т.е. Бина, а не Малхут. Ибо МА, Малхут, не создана в свойствах МИ-ЭЛЕ.

Объяснение. Поскольку нижний мир, МА, притягивает мохин при помощи имени Элоким высшего мира, появляется возможность создать «небеса и воинства их» посредством МА, так как нет порождений без высших мохин – мохин де-хая. И это означает сказанное рабби Шимоном: «Поэтому» – поскольку нижний мир, МА, существует благодаря имени Элоким высшего мира, «небеса и воинства их созданы МА, Малхут» – у МА были силы создать эти порождения, «небеса и воинства их».

Поэтому сказанное: «Поместивший над небесами великолепие Свое»[56] дает нам понять, что эти мохин исходят от имени Элоким парцуфа ИШСУТ, благодаря включению в ЭЛЕ свойств МИ, находящихся над небесами, Зеир Анпином. Поэтому сказано: «Над небесами», так как Малхут поднимается в имя Элоким. То есть великолепие, являющееся свойством мохин, находится

---

[60] Писания, Псалмы, 8:4.
[61] Писания, Псалмы, 8:2.
[62] Тора, Берешит, 1:1.

«над небесами», над Зеир Анпином. И это ИШСУТ, в котором (она) поднимается в имя Элоким. И это означает – «МИ бара (создал) ЭЛЕ»⁴⁹. Но в самих небесах, Зеир Анпине, нет имени МИ, а только МА.

И после того, как распространилась ступень Хохмы, вследствие того, что точка снова вышла из мысли, (Он) опять произвел зивуг де-ВАК для притяжения света хасадим, и свет Хохмы облачился в свет хасадим, и тогда МИ начал светить в ЭЛЕ. И об этом сказано: «После того, как создал свет хасадим для света Хохмы, они облачились друг в друга, и Малхут поднялась тогда в высшее имя». И облачился свет Хохмы в свет хасадим, и поэтому пришли мохин из МИ к ЭЛЕ. И соединились одни буквы с другими, и Малхут поднялась в имя Элоким. И это означает: «В высшее имя» – т.е. выше небес, (начиная) с ИШСУТ, в которых находятся свойства МИ, но не в небеса, т.е. свойства МА.

И сказано: «МА, Малхут, не создана в свойствах МИ-ЭЛЕ». Ибо МИ – это Бина, в которой со времени первого сокращения вообще не происходило никакого сокращения, потому что сокращение было там только на центральную точку, т.е. Малхут, которая сократилась, чтобы не получать в себя свет. И она установилась для совершения ударного зивуга, чтобы поднимать отраженный свет, но девять первых сфирот были свободны от всякого сокращения и были способны получать свет Хохмы. И только во втором сокращении, для того, чтобы подсластить Малхут свойством милосердия, поднимается Малхут в Аба, и Аба устанавливается по ее причине в виде захара и нуквы. И Малхут получает место Бины, и (тогда) точка, Малхут, поднимается, чтобы стать мыслью, Биной. И с этого момента сокращается также и Бина, и устанавливает экран, чтобы не получать в себя свет Хохмы, и быть готовой к ударному зивугу и подъему отраженного света. Ведь Бина, по сути своей, способна получить Хохму без всякого сокращения, и она берет на себя сокращение и создает экран лишь для подслащения Малхут.

Поэтому посредством подъема МАН от нижних притягивается новый свет от парцуфов АБ САГ де-АК, опускающий эту точку с места Бины снова на свое место, в Малхут, как это было в первом сокращении, и выходит эта точка из мысли. И вследствие этого Бина очищается от любого сокращения и снова получает свет Хохмы. И после того, как ступень Хохмы облачается в хасадим, МИ светит в ЭЛЕ и раскрывается там имя Элоким. И всё это строение имени Элоким вообще неосуществимо в МА, так как МА – это нижний край небес, т.е. сама Малхут, на которую произошло сокращение в самой ее сути при первом сокращении, и она не способна принять в себя никакого свечения Хохмы. И поэтому сказано: «МА, Малхут, не имеет строения МИ-ЭЛЕ» – потому что всё строение имени Элоким относится только к имени МИ, а не к МА, благодаря тому, что оно снова выходит из мысли.

17) Но в час, когда буквы ЭЛЕ нисходят сверху, из Бины, вниз, к Малхут, ибо «мать одалживает свои одежды дочери и венчает ее своими украшениями», нисходит имя Элоким от Бины, матери, к Малхут, дочери. И когда она «венчает ее своими украшениями» как подобает? В час, когда перед ней «предстанет всякий мужчина»[63]. И тогда сказано о ней: «Перед лицом Владыки, Творца»[63] – так как Малхут называется тогда Владыкой, мужским именем. Как сказано: «Вот ковчег завета Владыки всей земли»[64] – т.е. Писание называет Малхут, которая именуется «ковчегом завета», мужским именем «Владыка всей земли». Поскольку она получила келим, называемые одеяния, и мохин, называемые украшения, от матери, Бины, так как «хэй ה» выходит тогда из МА (מה), и входит вместо нее «йуд י», и Малхут зовется МИ (מי), как и Бина. И тогда она украшается одеяниями захара, т.е. одеяниями Бины, соответственно всему Исраэлю.

Пояснение сказанного. Когда (Атик) создал в рош Арих Анпина одну точку, она поднялась, чтобы стать мыслью[65]. И Хохма установилась в ней в виде «захар и нуква». И тогда воспроизвел ею все образы, так что все ступени пяти парцуфов Ацилута были образованы ею таким образом, что нет более чем Кетер и Хохма на каждой ступени – в Арих Анпине, в Абе ве-Име и в ЗОН. И установил ею все печати, т.е. под ее воздействием отделились три сфиры, Бина, Зеир Анпин и Малхут каждой ступени, опустившись на ступень ниже. Бина, Зеир Анпин и Малхут Арих Анпина упали в Абу ве-Иму, а Бина, Зеир Анпин и Малхут Абы ве-Имы упали в ЗОН, а Бина, Зеир Анпин и Малхут де-ЗОН

---

[63] Тора, Шмот, 23:17. «Три раза в году да предстанет всякий мужчина из вас перед лицом Владыки, Творца».
[64] Пророки, Йеошуа, 3:11.
[65] См. выше, п. 13.

упали в БЕА. И две сферы, которые остались на ступени, Кетер и Хохма, называются МИ. А три сферы, которые отделились от каждой ступени, называются тремя буквами ЭЛЕ.

Поэтому сказано: «В час, когда эти буквы ЭЛЕ нисходят сверху, от Бины, вниз, к Малхут» – т.е. когда точка поднялась, чтобы стать мыслью, отделились три буквы ЭЛЕ от Абы ве-Имы и упали на ступень, которая под ними, ЗОН. И тогда считается, что ЭЛЕ Абы ве-Имы, находящиеся в ЗОН, опустились сверху вниз и облачились в ЗОН, так как Исраэль Саба, т.е. ЭЛЕ Абы, опустился в Зеир Анпин, а Твуна, т.е. ЭЛЕ Имы, опустилась в Нукву.

И это означает: «Мать (има) одалживает свои одежды дочери и венчает ее своими украшениями» – т.е. во время выхода мохин гадлута, когда нисходит «печать одного скрытого образа, святая святых – глубинное строение, выходящее из мысли»[66]. Другими словами, эта точка снова выходит из мысли на свое место, в Малхут, и благодаря этому возвращаются три келим Бина и ЗОН на (свою) ступень, и выходят три света – Кетера, Хохмы и Бины, называемые «святая святых». И знай, что в тот момент, когда вернулись келим Бина и ЗОН из гуф в рош Арих Анпина, поднялись вместе с ними также Аба ве-Има, облачающиеся на них. И они тоже поднялись в рош Арих Анпина, получив там те же мохин святая святых, содержащиеся в рош Арих Анпина. Ибо таково правило: высший, опускающийся к нижнему, становится как он, и также нижний, поднимающийся к высшему, становится как и он.

Поэтому в состоянии катнута, когда Бина и ЗОН отделяются от рош Арих Анпина и падают в его гуф, где они облачаются в Абу ве-Иму от пэ и ниже, становятся Бина и ЗОН Арих Анпина точно такими же, как свойство Аба ве-Има. Поэтому в состоянии гадлута, при возвращении Бины и ЗОН Арих Анпина на ступень его рош, теперь они берут с собой также Абу ве-Иму, так как они уже стали одной ступенью во время катнута. Таким образом, и во время гадлута, когда Аба ве-Има поднимаются теперь вместе с ними в рош Арих Анпина, они тоже становятся равными ему, и получают те же мохин, что в рош Арих Анпина, называемые «святая святых».

---

[66] См. выше, п. 14.

Мать одалживает свои одежды дочери

И точно так же поднялись ЗОН в Абу ве-Иму, ведь когда Аба ве-Има получили мохин, имеющиеся в рош Арих Анпина, точка в них тоже вышла из мысли, (вернувшись) на место Малхут, и благодаря этому вернулись их Бина и ЗОН на ступень Абы ве-Имы. И теперь, в тот момент, когда келим Бины и ЗОН снова поднялись в Абу ве-Иму, они взяли с собой также и ЗОН, облачающиеся на них. И поднялись также ЗОН в Абу ве-Иму, получив мохин святая святых, раскрывшиеся там.

Поэтому сказано: «И мать одалживает свои одежды дочери и венчает ее своими украшениями». Иными словами, когда три буквы ЭЛЕ Имы опускаются в Нукву в состоянии катнута, это называется, что «мать одалживает свои одежды дочери». Ибо благодаря тому, что три келим, Бина и ЗОН, т.е. ЭЛЕ, отделились от Имы и упали в Нукву, становятся теперь они точно таким же свойством, как и Нуква, ведь «высший, опускающийся в нижнего, становится как он».

И считается, что Има одолжила свои келим ЭЛЕ Нукве, дочери, поскольку теперь ими пользуется Нуква. И вместе с этим, получается также, что она «венчает ее своими украшениями». То есть, во время гадлута, когда три келим ЭЛЕ, Бина и ЗОН Имы, возвращаются в Иму, поднимается теперь вместе с ними также и Нуква в Иму. И тогда Нуква получает мохин святая святых, имеющиеся в Име, так как «нижний, поднимающийся к высшему, становится как и он». Таким образом, теперь, поскольку «мать (има) одалживает свои одежды», ЭЛЕ, «дочери» во время катнута, она «венчает ее своими украшениями», т.е. мохин, во время гадлута, и тогда (дочь) облачается в украшения Имы.

Когда же она венчает ее украшениями как подобает? Есть два вида украшений, т.е. мохин де-ГАР, (переходящих) от Имы к Нукве:
1. От нижней Имы, Твуны, стоящей от хазе Арих Анпина и ниже;
2. От высшей Имы, стоящей от хазе Арих Анпина и выше.

И когда Нуква поднимается в Твуну, и Твуна «венчает ее своими украшениями», считается, что эти украшения не такие, как подобает, поскольку Нуква находится тогда в свойстве «ждущая вопроса», как и Твуна до подъема МАН, и поэтому они не такие, как должно. Но в то время, когда Нуква поднимается в место высшей Имы, от хазе Арих Анпина и выше, и высшая Има венчает Нукву своими украшениями, то считается, что теперь эти украшения – в подобающем виде.

«В час, когда перед ней "предстанет всякий мужчина перед лицом Владыки, Творца" – так как Малхут называется тогда Владыкой, мужским именем». В то время, когда Нуква поднимается в Твуну и получает от нее мохин, украшения ее еще не такие, как должно, ибо она еще «ждет вопроса», т.е. она еще нуждается в подъеме МАН от нижних для того, чтобы восполниться окончательно. И тогда считается, что зхарим (мужчины) в Исраэль получают от Зеир Анпина, который поднялся в Исраэль Саба. Однако в то время, когда Нуква поднимается в высшую Иму, она полностью восполняется и больше не ждет вопроса, т.е. получения МАН, и тогда считается свойством «захар». И зхарим в Исраэль получают от нее.

Поэтому сказано: «В час, когда перед ней "предстанет всякий мужчина"», т.е. все мужчины (зхарим) в Исраэле предстают перед ней и получают от нее, так как Малхут называется тогда Владыкой (Адон), т.е. не называется именем некевы – Адни, а именем захара – Адон. И это потому, что она больше не ждет вопроса, поскольку больше не нуждается в подъеме МАН, и тогда она считается захаром.

И об этом сказано: «Вот ковчег завета Владыки всей земли». Нуква называется ковчегом, потому что Есод Зеир Анпина, называемый «завет», вошел в нее. И поэтому Нуква в этом отрывке называется именем «Владыка всей земли», мужским именем.

И сказано: «Так как "хэй ה" выходит тогда из МА (מה), и входит вместо нее "йуд י", и Малхут зовется МИ (מי), как и Бина». «Хэй ה» де-МА (מה) выходит из нее, потому что эта «хэй ה» де-МА (מה) указывает на то, что она ждет вопроса: «Что (МА) узнал ты, что видел ты, что изучил ты – ведь всё скрыто, как и вначале?»[67] Итак, «хэй ה» де-МА (מה) указывает на то, что она ждет вопроса, и говорится, что эта «хэй ה» свойства МА (מה) выходит из него, и входит «йуд י» вместо «хэй ה», и (Малхут)

---
[67] См. выше, п. 8.

называется МИ (מי), как и Има. И тогда устанавливается в виде имени Элоким (אלהים), как Има.

18) А остальные буквы, ЭЛЕ (אלה), Исраэль притягивают к себе свыше, из Бины, к этому месту, к Малхут, которая называется сейчас по имени МИ (מי), как и Бина. Как сказано: «Их (ЭЛЕ) вспоминаю я, желая излить душу мою, как ходил я в собрании многолюдном, сопровождал их до самого Храма Творца, (наполняемый) голосом радости и благодарности праздничного сборища»[68].

«Их (ЭЛЕ) вспоминаю я» – означает: вот я вспоминаю буквы ЭЛЕ (אלה), которые на устах моих, и я проливаю слезы, желая всей душой притянуть буквы ЭЛЕ (אלה) из Бины. И тогда «сопровождал их» сверху, от Бины, до Храма Творца (Элоким), Малхут, – для того чтобы Малхут называлась Элоким так же, как и Бина называется Элоким. И чем притянуть их? «Голосом радости и благодарности праздничного сборища».

Сказал рабби Эльазар: «Молчание мое возвело высший Храм, Бину, и нижний Храм, Малхут». И это несомненно так, ведь сказано: «Слово – золото, но молчание – вдвое дороже»[69]. «Слово – золото» – т.е. сказал, выразив собственное мнение о нем, «но молчание – вдвое дороже» – но то, что прекратил говорить, стоит вдвое дороже, потому что были сотворены и возведены два мира вместе – Бина и Малхут. Ведь если бы я не перестал говорить[70], то не постиг бы единство двух этих миров.

Объяснение. После того, как выходит «хэй ה» из МА (מה), и «йуд י» входит к «мэм מ», то называется она МИ (מי), и тогда Исраэль, с помощью подъема МАН, притягивают к ней остальные буквы, ЭЛЕ (אלה), в это место, т.е. в МИ (מי), и Нуква удостаивается имени Элоким (אלהים). И мы уже выяснили, что ЭЛЕ высшего падают к нижнему во время катнута, и поэтому они нисходят к нижнему во время гадлута.

Ведь когда Бина и ТУМ высшего, буквы ЭЛЕ, возвращаются в рош высшего, они берут с собой также и нижнего. И нижний

---
[68] Писания, Псалмы, 42:5.
[69] Вавилонский Талмуд, трактат Мегила, лист 18:1.
[70] См. выше, п. 11.

обретает буквы ЭЛЕ и содержащиеся в них мохин, поскольку находится вместе с ними в рош высшего, так как нижний, поднимающийся к высшему, становится как и он[71].

И поэтому сказано: «А остальные буквы, ЭЛЕ, Исраэль притягивают свыше в это место. Как сказано: "Их (ЭЛЕ) вспоминаю я"» – чтобы притянуть эти буквы ЭЛЕ. Речь идет о подъме МАН, когда Исраэль поднимают МАН, чтобы притянуть мохин гадлута посредством притяжения букв ЭЛЕ высшей Имы к Нукве. Поэтому сказано: «Их (ЭЛЕ) вспоминаю я» – чтобы притянуть их. Поэтому «вот я вспоминаю буквы ЭЛЕ, которые на устах моих, и я проливаю слезы, желая всей душой» – молитва во вратах слез, которые не проливаются впустую, оставшись без ответа. И после того, как поднят этот МАН, «"сопровождал я их" сверху» – притягивая буквы ЭЛЕ сверху, от Абы ве-Имы, «до самого Храма Творца (Элоким)» – до Нуквы, называемой Храм Творца (Элоким). И после нисхождения букв ЭЛЕ (אלה), она сама называется Элоким (אלהים). И поэтому сказано, что Малхут будет называться Элоким так же, как и Има.

И сказано: «Слово – золото, но молчание – вдвое дороже» – ибо сказанное рабби Эльазаром подняло Нукву до Твуны, находящейся ниже хазе Арих Анпина. И тогда она еще называется «ждущей вопроса», и называется «сэла». И поэтому сказано: «Слово – золото». Но благодаря молчанию рабби Эльазара, предоставившего место рабби Шимону, чтобы он раскрыл мохин де-хая посредством подъема Нуквы в высшую Иму, были возведены два мира вместе. Ведь нижний мир, Нуква, стал одним целым с высшим миром. И это означает: «Но молчание – вдвое дороже» – потому что были сотворены и возведены два мира вместе, так как Нуква поднялась в Иму и стала свойством «захар», как и высшая Има.

19) Сказал рабби Шимон: «Отныне и далее совершенство приводимого в Писании выражается словами: "Выводящий по числу воинства их"[72]. Так как это две ступени, МА и МИ, каждая из которых должна быть записана, т.е. отмечена. Об одной говорится: "Что (МА)", о другой: "Кто (МИ)". МИ – высшая, а МА – нижняя. Высшая ступень производит запись и говорит:

---

[71] См. п. 17, со слов: «Поэтому сказано: "И мать одалживает..."»
[72] Пророки, Йешаяу, 40:26.

Мать одалживает свои одежды дочери

"Выводящий по числу воинства их" – где определяющая "хэй ה"[73] в слове "выводящий (а-моци המוציא)" указывает на ту, которая познается, и нет подобной ей, т.е. МИ. И подобно этому: "Извлекающий (а-моци המוציא) хлеб из земли"[74]. Определяющая "хэй ה" слова "извлекающий (а-моци המוציא)" указывает на ту, что познаваема, – нижнюю ступень, МА (מה). И всё это – одно целое. То есть обе они находятся на одной ступени – Малхут. Но высшая – это МИ де-Малхут, а нижняя – это МА де-Малхут. "Выводящий по числу" означает, что число шестьдесят рибо (десятков тысяч) – это те звёзды, которые находятся вместе, и они выводят воинства по видам их, которые не счесть».

Пояснение сказанного. После того, как в отрывке: «Вознесите ввысь глаза ваши и посмотрите, кто (МИ) сотворил их (ЭЛЕ)»[66] косвенно указывается, что говорится о строении Нуквы, называемой Элоким, которое она получает от высших Абы ве-Имы, благодаря чему высшая Има «венчает ее своими украшениями», это объяснение дополняется и довершается в продолжении отрывка: «Выводящий по числу воинства их, всех их по имени называет Он; от Великого могуществом и Мощного силой никто не скроется»[66].

И поэтому сказано, что «это две ступени, каждая из которых должна быть записана». «Записана» означает – отмечена определяющей «хэй ה». То есть, в Нукве должны быть отмечены две ступени – МИ и МА.

1. Мохин де-ГАР, которые она получает в результате подъема и облачения на высший мир, вследствие чего сама Нуква становится как высший мир, называется МИ (מי). Ибо выходит «хэй ה» де-МА (מה) и «йуд י» входит на ее место, и Нуква тоже называется МИ (מי), как и высший мир, когда она украшается одеяниями захара[75].

2. Но вместе с тем она не лишается предыдущей ступени, т.е. МА, так как ступень МА тоже должна находиться в ней, как

---

[73] Буква «хэй» в начале слова – показатель определенности, подобно определенному артиклю.

[74] Благословение, произносимое на хлеб перед трапезой: «Благословен Ты, Владыка Всесильный наш, Царь мира, извлекающий хлеб из земли».

[75] См. п. 17.

и прежде, потому что ступень МИ необходима, чтобы передать будущим поколениям совершенство и свойство «святая святых». Однако «рождение сыновей», «плодородие» и «размножение» зависят только от имени МА. И поэтому, если Нукве будет недоставать одной из этих ступеней, она не будет способна рождать.

Поэтому сказано: «Высшая ступень производит запись и говорит: "Выводящий по числу воинства их"[66]» – это ступень МИ, которую Нуква наследует от высшего мира. И о ней говорится: «Выводящий по числу воинства их» – так как определяющая «хэй ה» в слове «выводящий (а-моци המוציא)» указывает на совершенные мохин, получаемые ею от высших Абы ве-Имы и называемые украшением ее в одеяния захара, когда выходит «хэй ה» и входит «йуд י».

И сказано: «"Выводящий (а-моци המוציא) по числу воинства их" – где определяющая "хэй ה" в слове "выводящий (а-моци המוציא)" указывает на ту, которая познается, и нет подобной ей», – потому что это самые возвышенные мохин, получаемые Нуквой в течение шести тысяч лет.

И сказано: «"Извлекающий (а-моци המוציא) хлеб" – это нижняя ступень, МА. И всё это – одно целое». То есть, также и определяющая «хэй ה» в отрывке «извлекающий хлеб» указывает на мохин де-ГАР, которые познаваемы, хотя это – мохин ИШСУТ, получаемые Нуквой и она познаваема в них, т.е. ступень МА. Поскольку и эта ступень должна быть записана в Нукве. Поэтому сказано: «И всё это – одно целое» – так как обе они, МИ и МА, включены вместе в Нукву, в свойство одного парцуфа, одна – высшая, а другая – нижняя.

И это не противоречит сказанному в Зоаре[76], что в любом месте, где написана определяющая «хэй», это означает, что ступень относится к нижнему миру, Малхут, которая раскрылась в большей мере. И хотя здесь говорится, что это ступень высшего мира, все таки имеется в виду раскрытый мир, Нуква Зеир Анпина, и высшей она называется потому, что это указывает на ступень МИ этой Нуквы, которая получает ее лишь в то время, когда поднимается и облачает высший мир, высшую

---

[76] См. Зоар, главу Трума, п. 771.

Иму. И поэтому она называется высшей, а ступень МА раскрытого мира называется нижней.

И говорится там[69]: «Во всем, относящемся к высшему скрытому миру, Бине, исчезает эта "хэй" оттуда». Имеется в виду, – в то время, когда раскрытый мир не поднимается, облачая высший мир, тогда высший мир скрыт, и не светит нижним, и поэтому не пишется с определяющей «хэй», так как он скрыт.

И сказано: «Ибо по числу шестьдесят рибо (десятков тысяч) – это звёзды, находящиеся вместе, и они выводят воинства по видам их, которые не счесть (досл. которым нет числа)». «Число» означает – окончательное совершенство. То есть «число» указывает на свечение полного совершенства. А незавершенное свечение определяется как «без числа», или же, у которого «нет числа», чтобы указать на то, что им недостает совершенства, называемого «число».

И знай, что отрывок: «Небеса извещают славу Творца»[77] указывает на мохин высших Абы ве-Имы, которые Зеир Анпин передает Нукве. Ибо «небеса» – это Зеир Анпин, «славу Творца» – Нукву Зеир Анпина, «извещают» – (передают) наполнение мохин высших Абы ве-Имы. И эти мохин называются «шестьдесят рибо (десятков тысяч)», так как ступени Нуквы исчисляются в «единицах», Зеир Анпина – в «десятках», ступени ИШСУТ – в «сотнях», высших Абы ве-Имы – в «тысячах», а Арих Анпина – в «десятках тысяч».

И у высших Абы ве-Имы есть две особенности:
1. В их собственном свойстве они исчисляются в «тысячах».
2. В мохин Хохмы, которые они получают из рош Арих Анпина, они исчисляются в «десятках тысяч», так же как и он, но только как свойство ВАК Арих Анпина, поскольку облачают Арих Анпин от его пэ и ниже. И в этом отношении, они лишь свойство ВАК Арих Анпина, исчисляемое в «десятках тысяч», а ВАК – это шестьдесят, и потому «60 рибо (десятков тысяч)».

И поэтому, когда Нуква поднимается, облачая высшие Абу ве-Иму, она получает полное число, то есть «шестьдесят рибо (десятков тысяч)». «Шестьдесят» – означает ВАК, так как ей

---

[77] Писания, Псалмы, 19:2.

еще недостает свойства рош Арих Анпина. А «рибо (десятки тысяч)» – указывает на ступени Арих Анпина, светящие в Абе ве-Име, то есть в его ВАК, облачающиеся в парцуф Аба ве-Има. И поэтому у Нуквы есть число «шестьдесят рибо (десятков тысяч)».

И сказано: «Ибо по числу шестьдесят рибо (десятков тысяч) – это те звёзды, которые находятся вместе, и они выводят воинства по видам их, которые не счесть». Ведь уже выяснилось, что две ступени МИ и МА записаны в Нукве:

1. МИ в Нукве – это высшие Аба ве-Има, облачающиеся в Нукву, и она становится посредством этого свойством высшего мира. И тогда есть у нее от этого свойства число «шестьдесят рибо».
2. МА в Нукве – это ИШСУТ, облачающиеся в Нукву, в качестве «ждущая вопроса» МА (что?). И в этом качестве она является нижним миром.

И две эти рассматриваемые ступени, МИ и МА, становятся в ней свойством одного парцуфа. От ее хазе и выше она облачает высшие Абу ве-Иму, а от хазе и ниже в ней она облачает ИШСУТ. И в ней они представляют собой один парцуф. И поэтому также и в порождениях этой Нуквы различаются эти две ступени. Со стороны высшего мира МИ в ней – это «Выводящий по числу воинства их», по числу «шестьдесят рибо (десятков тысяч)». А со стороны нижнего мира, МА в ней, считаются эти порождения находящимися в свойстве «без числа», как сказано: «И они выводят воинства по видам их, которых не счесть»[78]. То есть, выводит порождения «по видам их, которые не счесть (досл. без числа)» означает – в которых нет мохин этого «числа» от высших Абы ве-Имы, а только от ИШСУТ, и они – «без числа».

Но ведь в таком случае ее порождения оказываются лишенными совершенства, поскольку им недостает этого «числа». Поэтому говорит: «По числу шестьдесят рибо (десятков тысяч) – это звёзды, находящиеся вместе, и они выводят воинства» – иначе говоря, эти две ступени в ней, «число» и «без числа», находятся в ней вместе, то есть они соединены в ней словно одна ступень. Поэтому и в ее порождениях эти две ступени тоже

---

[78] См. выше п. 19, первый абзац.

находятся вместе: с одной стороны, считаются ее порождения «по числу шестьдесят рибо (десятков тысяч)», а с другой стороны, они – «без числа». И в силу этого считаются в них эти (мохин) «без числа» только добавкой совершенства, и вовсе не являются недостатком.

Причина этого в том, что «благословение», «плодородие» и «размножение семени» полностью зависят от свойства нижнего мира МА, называемого «без числа». И это – «благословение семени», о котором говорится в отрывке: «"Взгляни-ка на небо и сосчитай звезды, сумеешь ли ты счесть их?" Сказал Он ему: "Столь многочисленным будет потомство твое"»[79]. Таким образом, благословение семени приходит только со свойством «без числа», т.е. от имени МА. И поэтому после всего совершенства мохин «числа», которые она достигает от высших Абы ве-Имы, МИ, есть у нее добавочное благословение от МА, от мохин «без числа», как сказано: «Которые не счесть», и есть у нее также благословение. И оба они включены в души и в порождения.

20) «Всех их» – т.е. как эти «шестьдесят рибо», так и «все воинства их, которые не счесть», «по имени называет Он». Что означает – «по имени называет Он»? Он не называет их именами, ибо, в таком случае, следовало бы сказать: «Именем своим называет Он». Но в то время, когда эта ступень еще не удостоилась имени Элоким, а называется МИ[80], она не порождает и не выводит скрытых в ней, по виду их, хотя все они были скрыты в ней, – т.е. хотя и поднялись уже буквы ЭЛЕ, но им еще недостает величественного облачения хасадим. И тогда они скрываются и не удостаиваются имени Элоким. После того, как сотворил буквы ЭЛЕ, и они удостоились имени Его, т.е. облачились в величественное одеяние хасадим, соединяются ЭЛЕ (אלה) с МИ (מי), и Он называется Элоким (אלהים). И тогда с помощью этого имени Он выводит их в совершенстве. Это означает сказанное: «По имени называет Он» – т.е. именем Своим называет и выводит каждый из видов, чтобы воплотился в совершенстве своем. И тогда сказано: «Выводит по числу воинства их, всех по имени называет Он» – т.е. совершенным именем Элоким. И сказано также: «Смотри, Я призвал по имени

---

[79] Тора, Берешит, 15:5.
[80] См. п. 14.

Бецалеля, сына Ури, сына Хура, из колена Йегуды»[81] – т.е. Я упоминаю имя Мое, чтобы Бецалель мог воплотить его в полной мере.

Пояснение сказанного. Мы уже выяснили[82], что большое совершенство мохин, относящихся к имени Элоким, проявляется над душами и порождениями ее (Нуквы) на двух ступенях вместе, как на ступени «шестьдесят рибо» в ней, так и на ступени «все воинства их, которые не счесть» – над ними обоими проявляется это имя. Как сказано: «Всех их по имени назовет Он». Поэтому сказано: «МИ не порождает», но «после того, как сотворил буквы ЭЛЕ», тогда соединяются ЭЛЕ с МИ, и Он называется Элоким. И тогда с помощью этого имени Он вывел их в совершенстве, поскольку благословение семени полностью зависит от МА, у которых нет числа.

Мохин «числа» – это свечение Хохмы, раскрывающее совершенство имени. И все свойства его находятся в полном совершенстве. А мохин, у которых нет числа, приходят как раз от имени МА, и это мохин только свойства хасадим. И свечение Хохмы не может быть получено без величественного облачения хасадим. А до этого, хотя буквы ЭЛЕ и поднялись к МИ, всё же оно не восходило к имени Элоким. И это смысл сказанного: «Кто (МИ) создал их (ЭЛЕ)?» – т.е. после того, как Он сотворил свет хасадим в виде величественного облачения для света Хохмы, содержащегося в имени МИ, они облачились друг в друга, и Малхут поднялась к высшему имени Элоким.

И это сказанное: «МИ не порождает и не выводит скрытых в ней, по видам их» – хотя все они были скрыты в ней. То есть, хотя уже вышла точка из мысли в свое место в Малхут, и утвердилась печать одного из скрытых образов «святая святых», поскольку вернулись в нее (в Нукву) Бина и ЗОН де-келим и ГАР светов, вместе с тем, все они скрыты в ней, и остаются еще ЭЛЕ в глубине и скрытии имени Элоким, потому что свечение Хохмы они не могут получить без хасадим.

Но после того, как сотворил ЭЛЕ, т.е. после того, как произвел дополнительный зивуг на экран де-МА, (экран) нижнего

---

[81] Тора, Шмот, 31:2.
[82] См. п. 19.

мира, и вывел на него ступень мохин де-хасадим, называемых «без числа», и передал их ЭЛЕ, что и означает: «Сотворил их (ЭЛЕ)», т.е. передал им облачение хасадим, называемое «сотворил», восходит (Малхут) к имени и называется Элоким. Ведь теперь, после достижения ими ступени хасадим, они могут получить свечение Хохмы, т.е. мохин числа «шестьдесят рибо». И тогда буквы соединяются друг с другом, и Малхут удостаивается высшего имени Элоким. И тогда с помощью этого имени Он выводит их в совершенстве. Поэтому также и в душах и порождениях, которые вышли от имени Элоким, находится совершенство этого имени, т.е. облачение Хохмы в хасадим. И это означает: «Всех их по имени назовет Он» – т.е. это имя провозглашается над порождениями, как сказано: «Этим именем Своим называет и выводит каждый из видов, чтобы воплотился в совершенстве своем». И этим именем выводит порождения как в виде «шестьдесят рибо», так и в виде, у которого «нет числа», чтобы воплотились они в совершенстве этого имени, т.е. облачились друг в друга так, как они облачены в этом имени. И как сказано: «Смотри, Я призвал по имени» – свидетельство того, что слова «призыв по имени» указывают на воплощение и совершенство.

21) Сказано: «От Великого могуществом и Мощного силой никто не скроется»[66]. Что значит: «От Великого могуществом»? Это рош этих ступеней, в который поднимаются все желания, восходя к нему по скрытому пути. «Мощного силой» – это высший мир, МИ, поднявшийся в имя Элоким. «Никто не скроется» – из тех «шестидесяти рибо», которые Он вывел силой этого Имени. И поскольку никто не скроется из числа «шестидесяти рибо», поэтому в любом месте, где (говорится, что) умерли Исраэль, будучи наказанными за свои грехи, они исчисляются затем, и ни один из этих «шестидесяти рибо» не пропадает, чтобы всё находилось в едином подобии, как наверху, так и внизу. И так же как наверху никто не пропадет из числа «шестьдесят рибо», не пропадет никто из этого числа внизу.

Пояснение сказанного. «От Великого могуществом» – указывает на Кетер высших Абы ве-Имы, рош ступеней этих мохин, т.е. Бину Арих Анпина, ставшую Кетером для Абы ве-Имы. И туда поднимаются все желания, т.е. все ступени получают от нее. И вместе с тем, поднимаются в него (рош) по скрытому пути, так как он является свойством «непознаваемый воздух», и «йуд י» не выходит из его воздуха (авир אויר), как сказано: «Ибо желает милости (хафец хесед) Он»[83]. И поэтому он находится в полном совершенстве и называется «авира дахья (чистый воздух)».

И хотя ступень хасадим, называемая «авир (воздух)», выходит от нижнего мира МА, всё же она находится в законченном совершенстве, поскольку этот свет нисходит от свойства ГАР Бины Арих Анпина, являющейся свойством рош всех ступеней Ацилута: Аба ве-Има, ИШСУТ и ЗОН. И поэтому считаются также и ступень хасадим в ней свойством «чистый воздух (авира дахья)», как и в ГАР Бины Арих Анпина.

Как сказано: «И Мощного силой» – это высший мир, свойство МИ, имеющееся в Нукве, и оттуда исходит число «60 рибо», так как она облачается на высший мир, т.е. на высшие Аба ве-Има. И поэтому сказано: «"Никто не скроется" – из тех "60 рибо", которые Он вывел с помощью этого имени» – потому что от этого имени она постигает мохин числа «шестьдесят рибо». И сказано: «Так же как наверху никто не пропадет из числа "шестьдесят рибо", не пропадет никто из этого числа внизу». После того, как Нуква облачила высшие Аба ве-Има, «мать одалживает свои одежды дочери и венчает ее своими украшениями», и поэтому она становится полностью, как и высшие Аба ве-Има. И так же, как мохин высших Абы ве-Имы становятся совершенными, достигнув числа «шестьдесят рибо», «никто из них не пропадет», так же Нуква совершенна, благодаря этому числу, «никто из них не пропадет».

---

[83] Пророки, Миха, 7:18.

Буквы рабби Амнона Сабы

22) «Вначале». Рабби Амнон Саба сказал: «Мы находим в словах: "Вначале сотворил Всесильный эт" обратный порядок букв: первое слово начинается с "бэт ב", и за ним – тоже с "бэт ב", т.е. "Берешит (בראשית вначале) бара (ברא сотворил)". А затем – с "алеф א" и опять с "алеф א", т.е. "Элоким (אלהים Всесильный) эт (את)"». И пояснил: «Когда захотел Творец создать мир, все буквы были еще в скрытии. И две тысячи лет до сотворения мира Творец разглядывал буквы и наслаждался ими».

Пояснение сказанного. Здесь он поднимает два вопроса:
1. Почему в начале Торы буквы «алеф א» и «бэт ב» следуют в обратном порядке: сначала «бэт ב» и затем «алеф א»?
2. Почему удваиваются те же буквы: сначала две буквы «бэт ב» в двух словах «Берешит (בראשית вначале) бара (ברא сотворил)», а затем две буквы «алеф א» в двух словах «Элоким (אלהים Всесильный) эт (את)»?

И отвечает на них: «Когда захотел Творец» – Бина, «создать мир» – породить ЗОН, называемые «мир», «все буквы» – келим ЗОН, «были еще в скрытии» – были включены в ГАР, т.е. в Абу ве-Иму, и были непознаны. Хохма с Биной называются «две тысячи лет», и «до сотворения мира» были буквы ЗОН включены в Хохму и Бину. Поэтому о включении ЗОН в Хохму и Бину говорится, что «две тысячи лет до сотворения мира Творец разглядывал буквы и наслаждался ими» – поскольку ЗОН тогда были свойством МАН в этих «двух тысячах лет», в Хохме и Бине, а МАН всегда доставляют наслаждение высшему. И поэтому сказано, что в то время, когда они были свойством МАН в Хохме и Бине, «Творец разглядывал буквы и наслаждался ими».

23) И когда Он пожелал создать мир, явились перед Ним все буквы, начиная с последней и кончая первой. Первой из всех вошла буква «тав ת». Сказала: «Владыка миров, да будет угодным Тебе создать мною мир. Ведь я – печать на перстне Твоем, являющемся истиной (эмет אמת)» – т.е. последняя буква в слове «истина (эмет אמת)». «Ты зовешься именем "истина" – подобает Царю начать со знака истины и мною создать мир».

Сказал ей Творец: «Прекрасна и пряма ты, но недостойна того, чтобы создать тобою мир. Ибо будешь ты записью на челе людей веры, выполнивших Тору с начала до конца (досл. от "алеф א" до "тав ת"), и с записью твоей умрут»[84]. И еще: «Ты ведь печать смерти» – т.е. «тав ת» является последней буквой также и в слове «смерть (мавет מות)», «а поскольку ты такая, то недостойна того, чтобы создавать тобой мир». Тут же вышла она.

Пояснение сказанного. В час, когда Он начал выявлять ЗОН, называемые «мир», для того чтобы создать их, явились все буквы ЗОН перед Творцом, начиная с «тав ת», последней из всех букв, и заканчивая «алеф א», первой из всех букв. И причина их появления «начиная с последней и кончая первой», а не в алфавитном порядке, заключается в том, что они явились в порядке подъема МАН, где они выстраиваются в последовательности «тав-шин-рэйш-куф תשרק», а последовательность «алеф-бэт-гимель אבג» сохраняется при нисхождении МАД, т.е. сверху вниз. Однако при подъеме МАН порядок их всегда противоположен нисхождению МАД, так как они идут снизу вверх.

Объяснение этих букв требует самого глубокого понимания, и для того чтобы прийти к нему даже в самой незначительной мере, требуется короткое предисловие для этого всеобъемлющего объяснения. Ибо «сотворение мира» означает его усовершенствование и воплощение таким образом, чтобы мир мог существовать и достичь той цели, ради которой он создан. Известно, что «одно против другого создал Творец», т.е. против каждой силы в святости создал Творец соответствующую силу в ситра ахра, противодействующую этой святости. И так же, как есть четыре мира АБЕА святости, есть в противоположность им четыре мира АБЕА нечистоты.

Поэтому в мире Асия невозможно отличить «служащего Творцу от того, кто не служит Ему»[85] – т.е. не выявляется различие между святостью и нечистотой. Но как же тогда произойдет становление мира, если мы не умеем отличать добро от зла, святость от клипы?! Однако есть одна очень важная проверка, как сказано: «Иной бог оскопится и станет бесплодным», и поэтому

---

[84] Вавилонский Талмуд, трактат Шаббат, лист 55:1.
[85] Пророки, Малахи, 3:18.

у ошибающихся в ней и идущих путями нечистых миров АБЕА, высыхает их источник, и нет у них никаких духовных плодов для благословения, и силы их истощаются, пока не заканчиваются вовсе. И полная их противоположность – прилепившиеся к святости, которые удостаиваются благословения дела рук своих, как сказано: «Словно дерево, посаженное при потоках вод, которое дает плод в срок свой и лист которого не вянет. И во всем, что делает, он преуспеет»[86].

И это единственная проверка, существующая в мире Асия, чтобы знать, святость ли это, или наоборот. Как сказано: «И испытайте Меня этим, – сказал Властелин воинств, – не открою ли вам окна небесные и не изолью ли на вас благословения сверх меры»[87]. А затем сказано: «И снова различать будете между праведником и грешником, между служащим Творцу и не служащим Ему»[77]. Ведь объяснено, что вообще невозможно отличить «служащего Творцу от того, кто не служит Ему», но только лишь с помощью благословения.

Это является главной сутью всей статьи о буквах. Ибо явились все буквы вместе, чтобы сотворить мир, согласно требованию ступени святости, поставленной над каждой из этих букв. Ведь двадцать две буквы – это составные части всех рош ступеней, находящихся в четырех мирах АБЕА. И каждая из букв превозносила достоинства своей ступени, чтобы показать, что с помощью достижения ее ступени смогут жители мира утвердить святость над клипот, для того чтобы достичь желанного конца исправления. А Творец ответил каждой из них, что есть, в противоположность ей, такая же сила и в клипот, и поэтому с помощью нее жители мира не произведут никакого выяснения.

Пока не приходит «бэт ב». Сущность ее ступени – это благословение. И нет у нее никакой противоположности в клипот, потому что «иной бог оскопится и станет бесплодным». И тогда сказал ей Творец: «Конечно же, тобой Я сотворю мир». Ибо только ею можно выяснить и определить, каково различие «между служащим Творцу и не служащим Ему» – поскольку нет противоположности ее в ситра ахра. И поэтому посредством нее, конечно же, будет воплощен мир – выяснением и

---

[86] Писания, Псалмы, 1:3.
[87] Пророки, Малахи, 3:10.

утверждением святости над строениями (меркавот) нечистоты, пока не «уничтожит Он смерть навеки»[88], и тогда придут они к концу исправления.

Необходимо также знать деление двадцати двух букв на три ступени: Бина, Зеир Анпин и Малхут. Поскольку выше Бины нет келим, т.е. букв. И двадцать две буквы в Бине называются «большими буквами», двадцать две буквы в Зеир Анпине – это «обычные буквы», а двадцать две буквы в Малхут – это «малые буквы». И таким же образом они делятся в каждом частном случае на три ступени: Бина, Зеир Анпин и Малхут. Ибо в двадцати двух буквах Бины есть Бина, Зеир Анпин и Малхут, а также в двадцати двух буквах Зеир Анпина, и так же – в двадцати двух буквах Малхут. И поэтому сами двадцать две буквы делятся на три ступени: «единицы», «десятки» и «сотни». «Единицы», от «алеф» до «тэт», – это девять сфирот Бины. «Десятки», от «йуд» до «цади», – это девять сфирот Зеир Анпина. А «сотни» относятся к Нукве. И поэтому в Малхут есть лишь четыре буквы, «куф-рэйш-шин-тав», так как она облачает только четыре сфиры Зеир Анпина, от хазе его и ниже, НЕХИМ (Нецах-Ход-Есод-Малхут). «Куф-рэйш» – это Нецах и Ход, «шин-тав» – Есод и Малхут.

И нет противоречия в том, что «единицы» – в Нукве, «десятки» – в Зеир Анпине, а «сотни» – в Име. Все дело в том, что всегда существует обратное соотношение келим и светов, ведь в келим вначале появляются высшие, и наоборот – в светах, нижние появляются первыми. И если там есть лишь «единицы» де-келим, от «алеф א» до «йуд י», имеется только Малхут светов, а если прибавляются также «десятки» де-келим, то появляется также свет Зеир Анпина светов. А если восполняются также «сотни» де-келим, «куф-рэйш-шин-тав», то входят света Бины, исчисляемые в «сотнях». И поэтому считаются «сотни» Биной, «десятки» – Зеир Анпином, а «единицы» – Малхут. Но что касается только келим, то всё наоборот: «единицы» – в Има, «десятки» – в Зеир Анпине, а «сотни» – в Нукве.

---

[88] Пророки, Йешаяу, 25:8. «Уничтожит Он смерть навеки, и утрет Творец слезу с каждого лица».

Буква «тав ת»

Первой из всех вошла буква «тав ת». Во власти каждой из букв алфавита имеется определенная ступень. И поэтому буква «тав ת» утверждала, что она способна улучшить мир более, чем все буквы, вместе взятые. Ведь в ней властвует истина, и она является печатью на перстне Царя.

Известно, что ситра ахра может существовать лишь за счет того, что святость светит ей тонким свечением, как сказано: «Ноги ее нисходят к смерти»[89]. И сказано: «Царство Его над всем властвует»[90]. И это – «ножка куф ק», опускающаяся под линию букв и указывающая на тонкое свечение, которое Малхут дает ситра ахра. И поэтому не у одной из всех двадцати двух букв не опускается ножка вниз, а только у «куф ק», относящейся к буквам Малхут, так как «куф-рэйш-шин-тав קרשת» находятся в Малхут.

Но сначала левая ножка «тав ת» стала опускаться под линию букв. И увидел Творец, что удержание ситра ахра будет слишком сильным. Поэтому остановил ее Творец, вернув ее ножку так, чтобы она оканчивалась на одном уровне с линией святости. И поэтому стала толще ее левая ножка, поскольку та возвращенная часть, которая опускалась наружу, сложилась у нее вдвое. И вследствие этого не приходит от нее никакое свечение к клипот и ситра ахра.

И кроме того, установилась она, чтобы быть печатью перстня, хранящей от клипот, дабы не могли они, приблизившись, вытягивать оттуда (силы) у святости. И всё, коснувшееся ее, погибнет. И поддержание «тонкого свечения», необходимого для существования клипот, производится буквой «куф ק». Ведь в Малхут она является буквой самой высокой и отдаленной от клипот и ситры ахра, и поэтому нет страха слишком сильного удержания клипот. И поэтому называется «куф ק», чтобы указать, что от нее исходит начальная сила к ситра ахра и клипот, называемая «человек никчемный», чтобы уподобить ее парцуфам святости, как сказано: «Одно в соответствии другому

---

[89] Писания, Притчи, 5:5.
[90] Писания, Псалмы, 103:19.

сделал Творец»⁹¹ – подобно тому, как обезьяну (коф) можно сравнить с человеком. И люди сбиваются с пути, увлекаемые ими, а те лгут от имени Творца.

Именно это утверждает «тав ת»: «Ведь я – печать на перстне Твоем» – т.е. я ведь стою в окончании каждого парцуфа и не даю клипот приблизиться, чтобы вытягивать (силы) из святости и лгать от имени Твоего, и потому мною подобает сотворить мир, и мною совершится всё выяснение различий между ситра ахра и святостью, и тогда жителям мира будет гарантировано достижение своего предназначения. И поэтому сказала: «Ты зовешься именем "истина" – подобает Царю начать со знака истины и мною создать мир».

Объяснение. Поскольку «Ты зовешься именем "истина"», что указывает на невозможность слиться с Тобой иначе как достижением ступени «истины», поэтому «подобает Царю начать со знака истины и мною создать мир» – так как с помощью моего свойства устранят живущие в мире ситру ахра (обратную сторону) и клипот, и прилепятся к Тебе, и тогда жителям мира будет гарантировано окончательное исправление.

Как сказано: «Близок Творец ко всем, взывающим к Нему»⁹². К кому Он близок? Повторно указывается в отрывке: «Ко всем, кто взывает к Нему в истине»⁸⁴. Но разве есть взывающие к Нему во лжи? Да. Это тот, кто взывает, не зная, к Кому он обращается. Как сказано: «Ко всем, кто взывает к Нему в истине». Что значит «в истине»? Это значит – с печатью царского перстня. Средняя линия – печать мохин с Малхут, называемой царским перстнем, который является совершенством всего⁹³.

И ответил ей Творец, что не достойна она того, чтобы создавать ею мир, поскольку силой ее будут действовать слишком суровые суды. Ведь даже завершенные праведники, которые уже удостоились сохранения в памяти ее печати и выполнили Тору с начала до конца (досл. от «алеф א» до «тав ת»), все же наказываются ее суровой силой за то, что не уничтожили грешников. И кроме того, она еще и печать смерти, в силу которой

---

⁹¹ Писания, Коэлет, 7:14.
⁹² Писания, Псалмы, 145:18.
⁹³ Зоар, глава Аазину, п. 210.

возникла смерть в мире. Ведь смерть собирает всех живущих в мире лишь потому, что змей подделал ее печать, вынудив Адама Ришона нарушить запрет Древа познания. И поэтому мир не смог бы существовать, будучи созданным ею.

Буква «шин ש»

24) Явилась перед Ним буква «шин ש». Обратилась к Нему: «Владыка миров, да будет угодно Тебе сотворить мною мир, ибо благодаря мне Ты зовешься именем Шадай, и мир подобает создать святым именем». Ответил ей: «Красива ты и хороша ты, и правдива ты. Но поскольку буквы слова "ложь (шекер שקר)" взяли тебя к себе, не хочу Я создавать тобой мир, ведь ложь не сможет существовать, если буквы "куф-рэйш קר" не возьмут тебя».

Пояснение сказанного. Два окончания есть у Нуквы:
1. Окончание, называемое Малхут де-Малхут, и это «тав ת».
2. Второе окончание, называемое Есод де-Малхут, и это «шин ש».

И дело в том, что когда у нее нет формы строения от Абы ве-Имы, считается «тав ת» ее окончанием, являющим собой суровый суд. Но когда ее парцуф строится с помощью высших Абы ве-Имы, в ее окончании образуется буква «шин ש», и три главы «шин ש» указывают на свечение ХАГАТ Имы, получаемое Малхут через Зеир Анпин в точке ее окончания. Как сказано: «Колодец, выкопанный главами»[94].

И с помощью этого свечения она становится кли для получения ста благословений от Зеир Анпина. Как сказано: «Женщина заключает союз только с тем, кто создает в ней место (кли)» – потому что становится вследствие этого местом получения, куда сможет получить сто благословений от Есода Зеир Анпина, и поэтому это окончание называется «центральная точка поселения», так как всё заселение мира исходит от нее. И называется также Есодом Нуквы.

---

[94] Тора, Бемидбар, 21:18.

Поэтому называется буква «шин ש» знаком истины, как и буква «тав ת», и так же как и она, называется царской печатью. И понятие «печать» многозначно:

1. Указывает на окончание парцуфа, так же как и царская печать, поставленная в конце письма, написанного от имени Царя.
2. Царская печать подобна присутствию самого Царя. Ведь человек, узнав начертание царской печати, испытывает трепет, словно при виде самого Царя.

И по этой причине называется эта печать знаком истины, потому что вся истинность распознается по этой печати. Но «шин ש» по своим достоинствам превосходит «тав ת», так как она называется «шин ש» по имени Шадай (שדי), означающему: «Который сказал (шеамар שאמר) миру Своему: "Достаточно (дай די), не распространяйся больше"»[95]. Это указывает на построение мира в качестве поселения, так как он заканчивается пока только в «шин ש», в которой Он «сказал миру Своему: "Достаточно (дай די), не распространяйся больше"» – в свойство «тав ת», и поэтому называется точка окончания в букве «шин ש» центральной точкой поселения.

Поэтому «шин ש» и выступает с просьбой: «Да будет угодно Тебе сотворить мною мир, ибо благодаря мне Ты зовешься именем Шадай». Ведь после того, как она увидела, что Он отверг «тав ת» из-за тяжести меры суда в ней, подумала про себя «шин ש», что ее свойство изберет Творец для сотворения Им мира, ведь в ней есть все достоинства «тав ת», так как и она является царской печатью, и она является также знаком истины. И кроме того, есть у нее дополнительное достоинство – благодаря ей Он зовется именем Шадай, потому что быть окончанием Нуквы для «заселения мира» избрана она, а не «тав ת». Потому-то и набралась смелости лично предстать перед Творцом, чтобы Он создал мир ее свойством.

Ответил Творец букве «шин ש»: «Несмотря на то, что достоинства твои весьма велики, всё же именно поэтому противоположное тебе свойство в клипе очень усиливается. Ведь ложь

---

[95] Вавилонский Талмуд, трактат Хагига, лист 12:1.

в мире не сможет существовать, если не возьмут тебя буквы фальши и лжи, принадлежащие клипот» – т.е. «куф-рэйш קר».

Объяснение. Существует два источника у ситры ахра и всех клипот:

Первым источником является тонкое свечение, которым святость сама светит им, чтобы оно существовало и не отменялось всё то время, пока они нужны для наказания грешников. И с этой стороны их строение не является бо́льшим, поскольку это очень маленькое свечение, достаточное только для поддержания их жизни, когда захар клипы – в свойстве ВАК без рош, а нуква клипы находится только в свойстве точки, которая вообще не распространяется. И это тонкое свечение притягивается к ним с помощью буквы «куф ק», и отсюда у них берутся силы уподобиться человеку миров БЕА святости, подобно тому, как обезьяна (коф) подражает человеку. Как сказано: «Одно против другого создал Творец».

Второй источник возникает из-за ущербности нижних, которые своими дурными деяниями приводят к выходу светов святости в клипот. И первый ущерб был нанесен нарушением запрета Древа познания, вследствие чего у них (клипот) образовалось большое строение в пяти парцуфах и в АБЕА, как и у святости.

И этим вторым источником является буква «рэйш ר». И это указывает на то, что они (клипот) поднимаются и удерживаются, вплоть до Бины в Малхут, обозначаемой буквой «далет ד». Ибо двадцать две буквы Малхут делятся в ней на: Бина, Зеир Анпин и Малхут. «Единицы» – Бина, «десятки» – Зеир Анпин, «сотни» – Малхут. И получается, что четвертая из двадцати двух букв Малхут стоит в начале ЗАТ ее Бины, потому что буквы «алеф-бэт-гимель אבג» – это ГАР, а от буквы «далет ד» и далее, до «тэт ט», – это ВАК Бины в Малхут.

И эта «далет ד» указывает на свойства бедности и недостатка, относящиеся ко всей Малхут. Ведь у самой Малхут нет ничего, но только лишь то, что дает ей муж, Зеир Анпин. И это свойство записалось в ее букве «далет ד», которая вместе с наполнением записывается в виде «далет-ламэд-тав דלת», от слов «бедность и скудость». У «далет ד» есть выступающий угол в верхней ее части (гаг), что указывает на избыток в ней хасадим, которые «далет ד» берет от «гимель ג», стоящей перед ней. А буква «гимель ג» относится к ГАР ее Бины, и она получает от соответствующего ей свойства в Зеир Анпине, которое исходит от свойства, соответствующего ей в Бине, где хасадим находятся в большом изобилии. И поэтому называется «гимель ג» – от слов «гомель хасадим (поступающий милостиво)», ибо поступает милостиво с «далет ד», у которой нет ничего своего, и одаряет ее милостями (хасадим) в избытке. И это изобилие хасадим символизируется углом верхней части (гаг) «далет ד».

Однако противоположностью этой Малхут святости является свойство, о котором сказано: «Ропщущий отвергает Властелина»[96]. И тогда она (далет) называется «высокомерный бедняк» – т.е. не желает быть получающей от «гимель ג» и находиться в подчинении у нее, но в своем большом высокомерии притязает на главенство. И из-за этого изъяна исчезает угол в «далет ד», т.е. изобилие хасадим в ней, и она становится бедной и убогой. Ибо сглаживание угла «далет ד» делает ее подобной «рэйш ר», «убогой (раш)». Как сказано: «Даже царствуя, рожден убогим (раш)»[97].

И единство Зеир Анпина и Нуквы святости проявляется в буквах «алеф-хэт-далет אחד» слова «эхад (אחד един)». Поскольку «алеф-хэт אח» – это девять сфирот Зеир Анпина, и он передает наполнение от «гимель ג» Бины к «гимель ג» Малхут, благодаря этому Малхут становится буквой «далет ד» с выступающим углом, указывающим на изобилие хасадим. И вследствие этого ЗОН становятся одной плотью (басар) в полном единении. Таким образом, когда нижние извращают свои деяния, они дают силу свойству Малхут ситры ахра удерживаться в «далет ד», т.е. в самой Малхут, стереть угол, изобилующий хасадим, и сделать ее свойством «рэйш ר». И тогда «эхад (אחד един)» превращается в «ахер (אחר иной)», и «иные божества» удерживаются в ЗОН святости. И это внутренний смысл фразы: «Ропщущий отвергает Властелина»[96].

И тогда считается, что буквы «куф-рэйш קר» ситры ахра забирают себе печать буквы «шин ש», являющуюся знаком

---

[96] Писания, Притчи, 16:28. «Человек коварный распространяет раздор, а ропщущий отвергает Властелина».
[97] Писания, Коэлет, 4: 14. «Ибо один из темницы выйдет царить, а другой, даже царствуя, рожден убогим».

истины и Есодом Нуквы, т.е. местом получения от Есода Зеир Анпина. А сейчас всё это попадает к иному богу свойства ситра ахра, так как с помощью этой «шин ש» строится Есод для Нуквы свойства ситра ахра. И поэтому увеличивается ситра ахра до десяти полных сфирот с рош. А «шин ש», которую она забрала себе, становится у нее точкой сокрушения, ибо на сокрушении святости строится ситра ахра. И отсюда выстроились миры АБЕА свойства «человек никчемный».

Итак, выяснилось, каким образом «куф-рэйш קר» становятся двумя источниками ситры ахра, и поэтому они называются «буквами фальши», поскольку ситра ахра подставила их, чтобы, сокрушив строение и единство святости, отстроиться на ее сокрушении. И делает она это, в основном, с помощью привлечения к ним, в их пределы и владения, буквы «шин ש», являющейся формой Есода Нуквы, посредством подмены буквы «далет ד» на «рэйш ר». Иными словами, они подменили свойство «эхад (אחד един)» свойством «ахер (אחר иной)», и образовалось строение парцуфов «иных богов». Таким образом, не существовало бы лжи и фальши в таком большом строении, если бы «куф-рэйш קר» ситры ахра не забрали бы себе «шин ש».

И поэтому Творец ответил «шин ש»: «Красива ты и хороша ты, и правдива ты. Но поскольку буквы слова «ложь (шекер שקר)» взяли тебя к себе, не хочу Я создавать тобой мир, ведь ложь не сможет существовать, если буквы «куф-рэйш קר» не возьмут тебя» – т.е. не было бы строения у фальши и лжи ситра ахра, если бы они не забрали себе «шин ש». И поэтому нельзя сотворить мир ее свойством, так как ей соответствует противоположное свойство, и с ее помощью не может быть гарантировано окончательное исправление.

Буквы «куф ק», «рэйш ר»

25) Отсюда следует, что каждый, кто хочет сказать ложь, должен взять сначала истинную основу, а затем уже осуществить задуманный им обман. Ибо «шин ש» – это знак истины, которым были объединены праотцы, так как три линии в «шин ש» указывают на трех праотцев, ХАГАТ, а «куф ק» и «рэйш ר» – это буквы, проявляющиеся на стороне зла. Ведь ситра

ахра – это холод, и нет в ней тепла, т.е. жизни, потому что она питается от Малхут, когда та становится застывшим морем. И для того чтобы им существовать, они берут букву «шин ש» к себе, и образуется сочетание «кешер (קשר связь)», означающее укрепление и поддержку. И как только узнала об этом «шин ש», вышла от Него.

Объяснение. Свечение сфирот ХАГАТ Бины, которые передаются Нукве с помощью Есода Зеир Анпина, выстроило точку окончания Нуквы в качестве кли и места получения ста благословений от Зеир Анпина. ХАГАТ называются праотцами, и поэтому говорится, что в ней «объединились праотцы», и поэтому она называется знаком истины.

«Куф ק» и «рэйш ר» – это буквы, проявляющиеся на стороне зла, и это два источника ситры ахра. И сказано, что они берут букву «шин ש» к себе, и образуется сочетание «кешер (קשר связь)». Ибо тем, что они стирают угол «далет ד» слова «эхад (אחד един)», они забирают себе Есод Нуквы святости, т.е. «шин ש», и выстраивается Есод Нуквы клипы буквой «шин ש». И вследствие этого образуется самое большое удержание в святости, называемое «кешер (קשר связь)», так как связь указывает на очень сильное удержание, которое трудно разорвать.

Буква «цáди צ»

26) Вошла буква «цади צ», обратившись к Нему: «Владыка мира! Да будет угодно Тебе сотворить мною мир. Ведь мною отмечаются праведники, и Ты, называемый Праведным, тоже отмечен мною. Как сказано: "Ибо праведен Творец, праведность любит Он"[98]. И подобает мною создать мир».

Ответил ей: «Цади! Цади – ты, и праведник (цадик צדיק) – ты. Но тебе необходимо быть скрытой. Ты не должна раскрываться настолько» – чтобы начинать тобой сотворение мира, «дабы не дать миру повод для упрека». И скрытой она должна быть потому, что была в форме «нун נ», и явилась буква «йуд י» имени, являющегося союзом святости, и, сев на нее верхом, объединилась с ней. И она стала «цади צ».

---
[98] Писания, Псалмы, 11:7.

И в этом причина того, что Творец, создавая Адама Ришона, относящегося к свойству Зеир Анпина, создал его в виде двух парцуфов: парцуф захар и парцуф некева, слитые друг с другом своими ахораим (обратными сторонами). И поэтому лицевая сторона «йуд י» повернута в противоположную сторону от «нун נ», в виде «цади צ», где «йуд י» обращена лицевой стороной в одну сторону, а «нун נ» – в другую сторону, и они не обращены друг к другу «паним бе-паним (лицевыми сторонами)».

«И еще, – сказал ей Творец, – Я в будущем разделю тебя, прервав соединение "ахор бе-ахор (обратными сторонами)" в тебе, и сделаю тебя соединенной "паним бе-паним (лицевыми сторонами)". И в другом месте возвысишься ты, чтобы стать такой, но не сразу» – т.е. в начале сотворения мира она должна быть в состоянии «ахор бе-ахор», что указывает на скрытие ее свечения, и поэтому невозможно сотворить ею мир. Вышла буква «цади צ» от Него и удалилась.

Пояснение сказанного. После того, как увидела «цади צ», что буква «тав ת» отвергнута из-за суровых судов в ней, а «шин ש» отвергнута из-за удержания в ней ситры ахра, она осмелилась думать, что безусловно достойна сотворения ею мира – ведь на ней та же печать, что и на них, и к тому же, по сравнению с ними, нет у нее никакого удержания ситры ахра.

И сказала: «Мною отмечаются праведники» – печатью святого союза, посредством обрезания и подворачивания, что отталкивает всех внешних. «И Ты, называемый Праведным, тоже отмечен мною» – ибо также Творец, т.е. Бина, установилась в виде «праведник и праведность», как и Зеир Анпин. И это ГАР Бины, которые установились в Абе ве-Име, в виде: сходится путь Абы с дорогой Имы. «Как двое возлюбленных, обнимающие друг друга»[99], постоянно находящиеся в зивуге (слиянии), который никогда не прекращается. Как сказано: «Праведен Творец, праведность любит Он».

«Праведник (цадик צדיק)» – указывает на Есод Абы, «праведность (цидкут צדקות)» – указывает на Есод Имы, и это сфирот Нецах и Ход, называемые «праведность Творца». И поскольку «праведник (цадик צדיק)» любит «праведность

---

[99] Зоар, глава Трума, раздел Сифра де-цниюта, п. 11.

(цидкут צדקות)», зивуг (слияние) их не прекращается никогда. И поэтому сказала: «Я достойна того, чтобы сотворить мною мир. И с помощью моего свойства мир сможет существовать, идя верным путем к окончательному исправлению».

И ответил ей: «Цади! Цади – ты, и праведник (цадик) – ты», потому что буква «цади צ» – это Есод Зеир Анпина, и когда этот Есод соединен с Нуквой вместе, он называется праведником (цадик צדיק). Поскольку девять сфирот Зеир Анпина расположены от буквы «йуд י» до «цади צי», а «куф ק» – это начало Нуквы, и когда Нуква слита с Есодом, то «куф ק» слита с «цади צי», и Есод тогда называется праведником (цадик צדיק).

И это внутренний смысл восхваления ее Творцом: «Цади – ты» – на твоем месте в Есоде Зеир Анпина, и «Цади – ты» – на Моем месте, ибо ты записана во Мне, в зивуге, который не прекращается, а также «праведник (цадик צדיק) – ты» – поскольку и Нуква включена в тебя, в «куф ק», следующую после «цади צי». «И вместе с тем, не подходишь ты для сотворения тобою мира».

Поэтому сказано: «Но тебе необходимо быть скрытой. Ты не должна раскрываться настолько, дабы не дать миру повод для упрека». И скрытой она должна быть потому, что была в форме «нун נ». Ведь Есод Зеир Анпина включает в себя Нукву, т.е. «куф ק» в слове «праведник (цадик צדיק)», о чем и намекнул ей Творец: «Праведник (цадик צדיק) – ты». И когда Нуква включена в него в виде «цади צ», она приобретает в нем форму буквы «нун נ», ибо «нун נ» – это Гвура Зеир Анпина, так как «йуд י» «каф כ» «ламэд ל» – это ГАР, Кетер-Хохма-Бина, а «мэм מ» «нун נ» – это Хесед и Гвура.

И об этой «нун נ» сказано: «Я – разум (бина), мне – сила (гвура)»[100], так как в большом состоянии (гадлут), когда ХАГАТ становятся ХАБАД, Гвура становится Биной. А во время малого состояния (катнут), когда Аба выводит Иму наружу, Бина становится Гвурой, т.е. «нун נ». И поэтому падение указывает на нее, поскольку она падает из свойства ГАР в ВАК, вследствие того, что Аба вывел Бину и ЗОН за пределы рош.

---

[100] Писания, Притчи, 8:14.

И об этом сказано: «Не должна ты раскрываться настолько, дабы не дать повод миру для упрека». И скрытой она должна быть потому, что была в форме «нун נ», и явилась буква «йуд י» имени, являющегося союзом святости, и сев на нее верхом, объединилась с ней. Иными словами, Нуква, включенная в «цади צ», является формой буквы «нун נ» в ней, и это Гвура в свойстве падающей Бины. А «йуд י» в ней – это Есод самого Зеир Анпина, называемый «имя святого союза». И они находятся в состоянии «ахор бе-ахор», когда их ахораим (обратные стороны) слиты друг с другом, а паним (лицевые стороны) видны снаружи. Ибо лицевая сторона «йуд י» обращена наружу, а не в сторону «нун נ», и так же – лицевая сторона «нун נ» обращена наружу, а не в сторону «йуд י». И это указывает на то, что есть удержание (внешних свойств) в их ахораим, и поэтому должны быть их ахораим скрыты. Как сказано: «А задней частью они были обращены внутрь»[101] – чтобы не удерживались в них внешние свойства.

И это означает сказанное: «Не должна ты раскрываться настолько, дабы не дать миру повод для упрека» – из-за того, что есть недостаток в твоих ахораим, ты должна находиться в скрытии, чтобы не давать повод внешним свойствам удерживаться там, между находящимися в слиянии. И поэтому ты непригодна для создания тобою мира – ведь и в тебе образуется удержание клипот». И в силу того, что у «цади צ» Есод и Малхут находятся в состоянии «ахор бе-ахор», вышел также Адам Ришон «ахор бе-ахор», в свойстве двух парцуфов. Поэтому сказано: «И в этом причина того, что Творец, создавая Адама Ришона, относящегося к свойству Зеир Анпина, создал его в виде двух парцуфов».

И еще сказал ей Творец: «Я в будущем разделю тебя, прервав соединение "ахор бе-ахор (обратными сторонами)" в тебе, и сделаю тебя соединенной "паним бе-паним (лицевыми сторонами)". И в другом месте возвысишься ты». Объяснение. «Если ты скажешь, что Я мог бы сотворить тобою мир в состоянии "паним бе-паним", подобно тому как в будущем Я разделю тебя, чтобы привести к состоянию "паним бе-паним" – это

---

[101] Пророки, Мелахим 1, 7:25. «Стояло море на двенадцати быках: три глядели на север, три глядели на запад, три глядели на юг и три глядели на восток. И море располагалось на них сверху, а задней частью они были обращены внутрь».

не является доводом, поскольку в то время, когда Я установлю тебя "паним бе-паним" с Нуквой, то и тогда это не будет на твоем месте внизу, а только лишь благодаря подъему на Мое место, на место высших Абы ве-Имы. И из-за того, что состояние "паним бе-паним" на твоем месте не будет исправлено, то и тогда будет удержание клипот на твоей ступени. И потому непригодна ты для сотворения тобою мира».

Поэтому сказано: «И еще, – сказал ей Творец» – т.е. еще более того, «Я в будущем разделю тебя, разъединив слияние "ахор бе-ахор" в тебе, и сделаю тебя соединенной "паним бе-паним". Однако это не будет на твоем месте, а поднимешься ты в другое место, чтобы стать таковой, в место Абы ве-Имы, поскольку ты в это время поднимешься и облачишься на Абу ве-Иму. Но на твоем собственном месте это не будет исправлено до завершения исправления. Как же Я могу создать тобой мир, если и в тебе присутствует удержание внешних?!»

Буква «пэй פ»

27) Вошла буква «пэй פ», обратилась к Нему: «Владыка миров! Да будет угодным Тебе сотворить мною мир. Ведь освобождение, которое Тебе предстоит совершить в мире, записано во мне, так как это – избавление (пдут פדות)». Иначе говоря, это освобождение является избавлением от наших бед, и оно начинается с буквы «пэй פ». «И поэтому мною подобает сотворить мир».

Сказал ей: «Красива ты! Однако в тебе таится запись прегрешения (пэша פשע), и это подобно змею, который нападает, пряча затем свою голову в тело. Так же и грешащий пригибает голову» – прячась от чужих глаз, «но руки его тянутся к греху». И такая же форма у буквы «пэй פ», голова которой наклонена и спрятана внутри нее. И то же самое сказал Творец букве «айн ע», в которой запечатлен грех (авон עון). И несмотря на то, что сказала она: «Ведь есть во мне скромность (анава ענוה)», ответил ей Творец: «Не сотворю Я тобою мир!» И вышла она от Него.

Пояснение сказанного. Сказала «пэй פ», что освобождение, которое в будущем будет ниспослано миру, записано в ней, и поэтому ею подобает сотворить мир – так как изгнание и освобождение, происходящие в мире, зависят от Нуквы. Ибо в то время, когда Нукве недостает строения ГАР, называемого «мохин», Исраэль изгоняются со своей земли, с земли Исраэля, – потому что нижняя земля Исраэля находится в соответствии высшей земле Исраэля, Нукве Зеир Анпина. И если наверху происходит разделение между Зеир Анпином, Исраэлем, и Нуквой, его землей, то и внизу Исраэль изгоняются со своей земли. А когда сыновья Исраэля улучшают свои деяния, они приводят к тому, что Исраэль наверху наполняют изобилием свою Нукву, т.е. землю его, и строят ее с мохин (досл. с умом), и объединяются с ней «паним бе-паним». Тогда и сыновья Исраэля внизу удостаиваются освобождения, и они тоже возвращаются в свою землю.

И эти мохин де-ГАР Нуквы, которыми Зеир Анпин строит ее, приходят к ней облаченными в Нецах и Ход Зеир Анпина, при этом моах Хохмы облачен у Нуквы в Нецах, а моах Бины облачен в Ход. А буквы «айн ע», «пэй פ» – это Нецах и Ход Зеир Анпина. И в этом заключается утверждение «пэй פ», сфиры Ход Зеир Анпина, что «освобождение, которое Тебе предстоит совершить в мире, записано во мне» – т.е. мохин Нуквы, приносящие освобождение миру, облачены в меня. И поэтому, если Ты сотворишь мир в моём свойстве, то, без всякого сомнения, у них будет возможность достичь конца исправления.

Почему же «пэй פ» считала себя обладающей большими достоинствами, чем «айн ע», чтобы ими создать мир, – ведь мохин Нуквы облачаются в них обоих, в Нецах и Ход, т.е. в «айн ע», «пэй פ», и их основа находится в Нецах, в «айн ע»? И поэтому сказано: «Так как это – избавление (пдут פדות)» – потому что избавление совершается только свойством Ход, «пэй פ». И избавление заключается в том, что Има сначала избавляет Нукву от судов, и тогда Нуква готова к освобождению.

И это внутренний смысл сказанного: «Как орел стережет свое гнездо, распростершись над птенцами»[102]. Объясняют нам мудрецы, что орел этот милосерден к своим птенцам, и говорит: «Лучше пусть попадет стрела в меня, но не попадет в моих детей». Объяснение. Мы уже выяснили, что МА удостаивается

---

[102] Тора, Дварим, 32:11.

мохин лишь вследствие исправления, называемого «мать (Има) одалживает свои одежды дочери», так как Нуква, будучи сокращенной в основе своей, чтобы не получать свет, с момента первого сокращения не могла получить никаких мохин. Но поскольку Има вышла за пределы рош Арих Анпина и стала ВАК без рош, то низошли буквы ЭЛЕ ее в Нукву, и Нуква тоже строится с помощью имени Элоким. Има называется «орел, который милосерден к своим сыновьям», ЗОН, и поэтому вышла наружу, и срезается ее ступень, став ВАК без рош, т.е. как стрелой. Как сказано: «Лучше пусть попадет стрела в меня» – с помощью этого она избавляет своих сыновей от судов, и они становятся достойными получить мохин в ее облачения ЭЛЕ.

И это «избавление (пдут פדות)» и «вызволение (пидьон פדיון)», т.е. Има избавляет Нукву от судов ее, без чего та не стала бы достойной мохин. И это избавление распространяется в основном на левую линию Нуквы, в которой находятся суды, и также на сфиру Ход Зеир Анпина, букву «пэй פ». И поэтому думала «пэй פ», что она более достойна, чем «айн ע», поскольку избавление Имы облачается только в нее, а не в «айн ע». Ведь суды находятся в левой линии, а не в правой.

И поэтому сказано: «Красива ты! Однако в тебе таится запись прегрешения». Ведь все освобождения, происходящие в течение шести тысяч лет, совершаются с помощью ВАК мохин де-хая, потому что ГАР этих мохин, внутренние Аба ве-Има, действовавшие в Некудим, были скрыты и не раскроются раньше конца исправления – прежде, чем будет исправлено нарушение запрета Древа познания, которое совершил Адам Ришон, притянув высшие мохин в место отделенных миров БЕА, находящихся ниже парсы, где нет одеяний Имы, а только сокращенная Малхут. И поэтому под миром Ацилут протянулась парса, и там находится сейчас нижняя «хэй ה» первого сокращения, и она (парса) завершает света Ацилута, не позволяя им распространиться ниже нее.

И вследствие того, что он притянул наполнение под парсу Ацилута, записалось прегрешение в Нукве, и об этом сказано, что вошел змей к Хаве и привнес в нее скверну[103]. И эта скверна может быть исправлена лишь в конце исправления. Как

---

[103] Вавилонский Талмуд, трактат Шаббат, лист 146:1.

сказано: «Уничтожит Он смерть навеки, и утрет Творец слезу с каждого лица»[88] – потому что недостаток мохин внутренних Абы ве-Имы, которые были скрыты, называется «слезы». И это «две слезы, которые роняет Творец в большое море»[104]. И они соответствуют свойствам двух «глаз (эйнаим)», т.е. внутренним Хохме и Бине, которые были сокрыты, и не видны.

«Глаза» – это сфирот Хохма и Бина, а «слезы» – это недостаток, образовавшийся в них из-за скверны, которая в результате нарушения запрета Древа познания примешивается и вызывает слёзы. И это привело к разрушению двух Храмов[105]. И эти слезы нельзя утереть с лица (паним) Нуквы прежде, чем «уничтожит Он смерть навеки» – когда будет окончательно исправлено нарушение запрета Древа познания, поскольку будет исправлено прегрешение, приносящее миру смерть. И тогда начнут светить ГАР, мохин де-хая, т.е. внутренние мохин Хохмы и Бины, и таким образом «утрет Творец слезу»[88].

И поэтому сказал ей Творец: «Красива ты! Однако в тебе таится запись прегрешения». Ведь хотя и есть у тебя избавление, приходящее с помощью Имы, благодаря чему ты несешь освобождение миру, т.е. мохин де-хая, и все освобождения связаны с ней, всё же эти освобождения лишены совершенства, – поскольку Исраэль снова изгоняются со своей земли, и разрушение повторяется в двух Храмах, потому что «в тебе таится запись прегрешения». Ведь избавление Имы еще не может окончательно устранить нарушение запрета Древа познания, и поэтому есть в тебе еще удержание клипот, и поэтому мохин приходят лишь в свойстве ВАК де-хая, и им недостает рош де-мохин де-хая. «И поскольку есть в тебе удержание клипот, ты недостойна того, чтобы тобою был создан мир».

И сказано: «Однако в тебе таится запись прегрешения, и это подобно змею, который нападает, пряча затем свою голову в тело» – потому что в этом прегрешении, так как оно в скрытии, содержится сила змея, который уязвляет пребывающих в мире и приносит смерть миру, и когда он полон сил, невозможно избавиться от него. И это подобно змею, который кусает

---

[104] Зоар, глава Бешалах, п. 273.
[105] Зоар, глава Берешит, часть 1, п. 254.

человека и тотчас прячет голову в тело, и тогда невозможно убить его, ибо змея можно убить, лишь поразив его в голову.

И это он привел к тому, что Адам нарушил запрет Древа познания, а потомство его «пригибает голову и протягивает руки (к греху)». Иными словами, также и мохин, которые притягиваются благодаря освобождению, исходящему от Имы, находятся в свойстве «пригибание головы», и только руки его, т.е. ХАГАТ, выявляются благодаря этим мохин. Таким образом, удержание змея еще присутствует в «пэй פ», и поэтому не подходит она для создания ею мира, так как не будет готова к окончательному исправлению.

Буква «айн ע»

И так же сказал Творец букве «айн ע», в которой записано прегрешение. И хотя сказала она, что «есть во мне скромность (анава ענוה)», всё же сказал ей Творец: «Не сотворю Я тобою мир!»

Высшая Има называется «скромность (анава ענוה)». Когда Нецах Зеир Анпина, т.е. «айн ע», облачается вместе с мохин в Нукву, она поднимается, облачаясь на высшую Иму, и Има венчает ее своими украшениями. И поэтому она сказала: «Есть во мне скромность» – подразумевая, что Има, именуемая скромностью (анава ענוה), облачается в меня. Однако из-за прегрешения, содержащегося в этих Нецах и Ход в скрытии, сказал Творец букве «айн ע»: «Не сотворю Я тобою мир!»

И нарушение здесь называется «грех (авон עון)», а не «прегрешение (пэша פשע)», как в случае с «пэй פ», потому что суть нарушения (пэша פשע) записывается в Ход, т.е. в «пэй פ». Ведь в сфире Ход Зеир Анпина содержится включение в него Малхут, в которой удерживаются клипот из-за нарушения запрета Древа познания. Однако Нецах Зеир Анпина уже является свойством самого Зеир Анпина, в первоначальном свойстве которого нет удержания клипот. Но, так же как в сказанном: «Иногда, когда приходит время вырвать чертополох, растущий рядом с капустой, вырывают вместе с ним и капусту, и получается, что капуста пострадала из-за него»¹⁰⁶, удерживаются клипот и в Нецахе. И это несовершенство называется в нем поэтому «прегрешением (авон עון)», чтобы указать, что на самом деле ему свойственна прямота, но он был втянут в прегрешения в силу соединения его с Ход.

И о букве «айн ע» не говорится: «Предстала буква "айн ע"», как все остальные буквы, но она соединена с «пэй פ», так как Нецах и Ход являются двумя частями тела. И поэтому, на самом деле, обе они предстали как одна, хотя Зоар выясняет смысл каждой из них отдельно, одну за другой.

Буква «са́мэх ס»

28) Вошла буква «самэх ס». Обратилась к Нему: «Владыка миров! Да угодно будет Тебе сотворить мною мир. Ибо есть во мне поддержка для падающих, как сказано: "Поддерживает (сомэ́х סומך) Творец всех падающих"¹⁰⁷». Ответил ей: «Именно поэтому ты нужна на своем месте, и не сходи с него. Ведь если ты уйдешь со своего места в слове "поддерживает (сомэх סומך)" – что будет с теми падающими, которые опираются на тебя?» Сразу же вышла она от Него.

Пояснение сказанного. Буква «самэх ס» – это Тиферет Зеир Анпина, и она является Биной свойства гуф, потому что КАХАБ (Кетер-Хохма-Бина), ставшие в Зеир Анпине свойством хасадим, именуются там ХАГАТ (Хесед-Гвура-Тиферет). И Бина, таким образом, разделилась на два свойства – ГАР и ЗАТ. ГАР в ней стали высшими Аба ве-Има, и они облачают Арих Анпин от хазе и выше, и считаются еще свойством рош Арих Анпина, хотя и находятся в его гуф, поскольку являются светом хасадим, как сказано: «Ибо желает милости (хафец хесед) Он»¹⁰⁸. И поскольку они не получают свет Хохмы, даже находясь в рош Арих Анпина, выход из рош их вовсе не уменьшает, и они еще считаются свойством рош Арих Анпина. И называются они «самэх ס» потому, что эти ГАР Бины установились в виде

---

¹⁰⁶ Вавилонский Талмуд, трактат Бава Кама, лист 92:1.
¹⁰⁷ Писания, Псалмы, 145:14.
¹⁰⁸ Пророки, Миха, 7:18.

парцуфа Аба ве-Има и в них распространяется шесть сфирот ХАБАД (Хохма-Бина-Даат) ХАГАТ (Хесед-Гвура-Тиферет) до хазе.

Однако ЗАТ Бины, представляющие собой включение ЗОН в Бину и не являющиеся сущностью Бины, отделились от Бины и стали парцуфом ИШСУТ, которые облачают четыре сфиры ТАНХИ (Тиферет-Нецах-Ход-Есод) Абы ве-Имы, расположенные от хазе Абы ве-Имы и ниже. И они нуждаются в свечении Хохмы для передачи его в ЗОН. И поскольку вышли из рош Арих Анпина в свойство гуф и лишены Хохмы, они пострадали вследствие своего выхода и стали свойством ВАК, которому недостает рош. И называются они «закрытая мэм ם», поскольку охватывают только четыре сфиры ТАНХИ Абы ве-Имы, которые облачают там[109].

И это деление Бины на «самэх ס» и «мэм ם» произошло в Бине Арих Анпина, которая вышла наружу из рош Арих Анпина и распространилась в его ХАГАТ до нижней трети Тиферет в нем. И они являются передающими все мохин Зеир Анпину и Нукве (ЗОН).

Но не все времена равнозначны. Ведь в то время, когда нижние улучшают свои деяния и поднимают МАН в ЗОН, а ЗОН – в Абу ве-Иму, становятся Аба ве-Има и ИШСУТ одним парцуфом и поднимаются в Арих Анпин. И мохин, наполненные совершенством свечения Хохмы, они передают от Арих Анпина Зеир Анпину, а Зеир Анпин передает их Нукве в виде ста благословений. Ибо «самэх ס (60)», т.е. высшие Аба ве-Има, стала одним целым с «мэм ם (40)», т.е. ИШСУТ, и вместе они восходят к числу «сто».

Однако в то время, когда нижние снова ухудшают свои деяния, мохин уходят из ЗОН, и они возвращаются в состояние «ВАК (шесть окончаний) и точка». И также Аба ве-Има и ИШСУТ отделяются друг от друга. Высшие Аба ве-Има становятся снова свойством «самэх ס», т.е. шестью сфирот ХАБАД ХАГАТ, каждая из которых состоит из десяти, а ИШСУТ снова становится «закрытой мэм ם», т.е. только лишь ТАНХИ Абы ве-Имы.

---

[109] См. статью «Роза», обозрение Сулам, п. 2.

А в то время, когда ЗОН находятся в этом состоянии катнут, ВАК и точки, есть опасность примешивания клипот, поскольку в таком случае они будут вынуждены упасть из Ацилута в миры БЕА разделения. Поэтому высшие Аба ве-Има передают им (света) от своего свойства «самэх ס», и хотя эти света являются всего лишь светом хасадим, все же они считаются свойством «чистый воздух (авира дахья)» и свойством рош. И потому никакая клипа не может примешаться к ЗОН также и в состоянии катнут – ведь света, приходящие от «самэх ס», защищают их. И поэтому света эти называются по имени «самэх ס», поскольку они поддерживают (сомхим) ЗОН, чтобы те не упали из Ацилута, когда находятся в состоянии катнут, ВАК без рош.

И поэтому сказано, что буква «самэх ס» обратилась к Нему: «Ибо есть во мне поддержка для падающих, как сказано: "Поддерживает Творец всех падающих"» – поскольку она считала себя достойнее всех предшествующих ей букв. Ведь света «самэх ס» могут светить ЗОН также и во время их катнута, будучи всего лишь светом хасадим, и в этом свете хасадим у клипот нет даже малейшей возможности примешаться, так как внешние свойства обращаются в бегство при появлении светов ГАР Бины.

Поэтому она считала свое свойство наиболее достойным для сотворения им мира, так как она может защитить обитателей мира даже когда они извращают свои действия, и при этом не будет примешивания клипот.

Ответил ей Творец: «Именно поэтому ты и нужна на своем месте, и не сходи с него» – т.е. поскольку твое место необходимо для поддержки падающих, чтобы защитить их в то время, когда обитатели мира испорчены, ты должна быть только на этом месте и не сходить с него. Ибо если мир будет сотворен тобою, и твое свойство будет неизменно обладать достаточной властью, то эти падающие, т.е. ЗОН, останутся навсегда в малом состоянии (катнут), и нижние не пробудятся для подъема МАН, и не раскроются все большие мохин, призванные принести окончательное исправление. Но ты должна находиться только на своем месте, будучи лишь местом исправления в то время, когда нижние не достойны, но когда они удостоятся, они смогут притянуть большие мохин от всей ступени, в виде «ста благословений».

И ответил ей Творец: «Ибо если ты уйдешь со своего места в слове "поддерживает (сомэх סומך)", – что будет с теми падающими, которые опираются на тебя?» – ведь тогда они навсегда останутся в свойстве «падающие», которые нуждаются в твоей поддержке. И из-за того, что они всего лишь опираются на тебя, у ЗОН не будет совершенства для их собственного становления. Поэтому не достойна ты для сотворения тобою мира.

Буква «нун נ»

29) Вошла буква «нун נ». Обратилась к Нему: «Владыка мира! Да будет Тебе угодно создать мною мир. Ведь с меня начинается сказанное: "Величественный (нора נורא) в восхвалениях"[110], и также восхваление праведников: "Подобает (наве נאוה) восхваление"[111]». Ответил ей: «"Нун נ", вернись на свое место, ибо для тебя вернулась буква "самэх ס" на место свое, и опирайся на нее». «Нун נ» записана в слове «падение (нефила́ נפילה)», тогда как «самэх ס», являющаяся свойством «поддерживает Творец всех падающих», вернулась ради них на свое место, чтобы поддерживать их. Тотчас вернулась буква «нун נ» на свое место, выйдя от Него.

Объяснение. После того, как увидела «нун נ», что букве «самэх ס» было отказано по той причине, что она применяется только в состоянии катнут, т.е. только для поддержки, подумала «нун נ» о себе, что она несомненно заслуживает сотворения ею мира, поскольку в ней есть все достоинства «самэх ס» и, в дополнение, она еще предназначена для мохин состояния гадлут, и поэтому нет в ней недостатка, из-за которого отказано «самэх ס».

И именно это означают слова: «Ведь с меня начинается сказанное: "Величественный (нора נורא) в восхвалениях"». Дело в том, что Гвура Зеир Анпина называется «нун נ», поскольку вся она подслащена мерой милосердия Бины, называемой «пятьдесят (нун) врат Бины». И в силу этой Гвуры называется Зеир Анпин «величественный в восхвалениях». Ибо высшая Има называется «восхваление», и поскольку его Гвура нисходит от

---

[110] Тора, Шмот, 15:11.
[111] Писания, Псалмы, 33:1.

Бины, он называется «величественный в восхвалениях». И эта «нун נ» Зеир Анпина используется в Есоде состояния гадлут Зеир Анпина, в момент его зивуга (слияния) со своей Нуквой, при этом и сама Нуква благодаря ему называется восхвалением, как и высшая Има. Таким образом, Зеир Анпин включает в себя высшее и нижнее восхваление как одно целое.

Вошла буква «нун נ» и обратилась к Нему: «С меня начинается сказанное: "Величественный (нора נורא) в восхвалениях" – поскольку находясь в Зеир Анпине как свойство Гвура и левая линия, я тем самым притягиваю хасадим, исходящие от буквы "самэх ס", а это – высшее восхваление. Таким образом, я причина того, что Зеир Анпин называется "величественный в восхвалениях". И поэтому есть во мне все достоинства "самэх ס"» – потому что хасадим, притягиваемые с ее помощью, это ГАР, и они окончательно отдаляют внешние свойства от любого вида удержания, т.е. все те же достоинства, что и у «самэх ס». «Но у меня есть еще дополнительное достоинство и восхваление праведников, о которых сказано: "Подобает восхваление", ведь я применяюсь также в свойстве Есод Зеир Анпина в состоянии гадлут».

И сказано выше[112], что она «была в форме "нун נ", и явилась буква "йуд י", являющаяся союзом святости, и сев на нее верхом, объединилась с ней. И она стала "цади צ"». То есть эта «нун נ» считается «восхвалением праведников», ибо даже в момент гадлута, когда ЗОН поднимаются в Абу ве-Иму, эта «нун נ» и тогда применяется в свойстве Есод Зеир Анпина в состоянии ахор бе-ахор, но притягивает только «чистый воздух» от высших Абы ве-Имы, называемых «самэх ס». И тогда называется «нун נ» «восхваление праведников», потому что «йуд י», называемая «праведник – основа (есод) мира», расположилась сверху нее. И тогда она называется «подобает восхваление», поскольку притягивает мохин де-гадлут в Малхут. Таким образом, вся красота Малхут получена от этой «нун נ», находящейся в Есоде Зеир Анпина. И поэтому утверждала «нун נ», что она достойна сотворения ею мира, поскольку благодаря ее свечению добавились также мохин де-гадлут, дающие ЗОН возможность их собственного становления и существования, а не только лишь поддержку, как у «самэх ס».

---

[112] См. п. 26.

Ответил ей Творец: «"Нун נ", вернись на свое место, ибо для тебя вернулась буква "самэх ס" на место свое». Иначе говоря, сказал ей: «Тебе кажется, что твоего свойства достаточно для полного исправления, потому что у клипот нет возможности прилепиться к нему. Но это не так, ведь и твое свойство нуждается в поддержке от "самэх ס", именно поэтому ты еще находишься в свойстве ахор бе-ахор, и света "самэх ס" видны снаружи, чтобы уберечь тебя от внешних свойств. Таким образом, также и ради тебя буква "самэх ס" вернулась на свое место, чтобы поддерживать тебя, – и это еще не является полным исправлением. И поэтому, не сотворю Я тобою мир». Поэтому сказано: «И опирайся на нее (на самэх)» – т.е. и твое свойство является всего лишь опорой (смиха).

Буквы «мэм מ», «ла́мэд ל»

30) Вошла буква «мэм מ». Обратилась к Нему: «Владыка мира! Да угодно будет Тебе сотворить мною мир. Ибо благодаря мне Ты был назван Царем (мэлех מלך)». Ответил ей: «Все это так, конечно. Но Я не сотворю тобою мир, поскольку миру нужен Царь. Вернись на свое место, ты и "ламэд ל" и "каф כ", так как негоже миру оставаться без Царя».

Объяснение. «Мэм מ» – это Хесед Зеир Анпина, получающий от соответствующего ему свойства, Хеседа Бины. Как сказано: «Днем явит Творец милость (хесед) Свою»[113] – это день, уходящий вместе со всеми днями. И в момент достижения Зеир Анпином состояния мохин, его ХАГАТ становятся свойством ХАБАД. И тогда Хесед Зеир Анпина поднимается и становится Хохмой. И открывается при этом свет лика Царя жизни, идущий от Зеир Анпина.

И это является доводом «мэм מ» о создании ею мира – «ибо благодаря мне Ты был назван Царём». И после того, как раскроется свет лика Царя в мире, безусловно, у внешних свойств не будет больше возможности удерживаться в нем, и миру будет гарантировано конечное исправление.

---

[113] Писания, Псалмы, 42:9.

«Но Я не сотворю тобою мир, поскольку миру нужен Царь» – т.е. невозможно раскрыть этот свет в мире, поскольку миру нужно, чтобы этот большой свет был облачен именно в три этих буквы слова «Царь (мэлех מלך)». И было сказано ей: «Вернись на свое место, ты и "ламэд ל" и "каф כ", ибо негоже миру оставаться без Царя» – т.е. вернись на свое место и соединись с буквами «ламэд ל» и «каф כ», и тогда появится возможность раскрытия этого большого света в мире. И это потому, что «негоже миру оставаться без Царя» – т.е., мир не может существовать без облачения, получаемого в последовательности трех букв «мэм-ламэд-каф מלך».

Пояснение сказанного. «Мэм מ» слова «Царь (мэлех מלך)» – это «великая милость (хесед)»[114]. Как сказано: «Днем явит Творец милость (хесед) Свою»[113] – это день, уходящий вместе со всеми днями. «Мэм מ» широко раскрыта. «Ламэд ל» слова «мэлех מלך» – это «башня, парящая в воздухе», Бина, которая становится Хохмой в рош Арих Анпина и распространяется в Зеир Анпине. А «каф כ» слова «мэлех מלך» – это Малхут, Нуква Зеир Анпина, ибо «не бывает царя (мэлех) без царства (малхут)». Более того, всё величие этих возвышенных мохин раскрывается лишь с помощью Малхут, и они находятся в ее распоряжении. И в этот момент считается Малхут светящей Зеир Анпину на трех уровнях:

1. Она становится троном Ему, как сказано: «Царь сидит на троне высоком и вознесенном»[115]. Ибо об этом свойстве сказано: «Сделал Он тьму покровом себе»[116]. И «трон (кисэ כיסה)» – от слов «покров (кисуй כיסוי)», «скрытие». И поэтому называется согнутой «кав כ».

2. Она становится облачением Ему, потому что мохин состояния гадлут проявляются только лишь над Исраэлем. И поэтому Малхут становится для Него облачением тьмы, и во время раскрытия Его царства Он освобождается от облачения тьмы и набрасывает его на народы, поклоняющиеся идолам, и свет лика Его распространяется и раскрывается над Исраэлем. И об этом времени сказано[117]: «В будущем Творец соберет в круг праведников, и каждый из них сможет указать пальцем и

---

[114] Пророки, Мелахим 1, 3:6. «Ты сохранил ему эту великую милость и дал ему сына, сидящего на престоле его в этот день».
[115] Пророки, Йешаяу, 6:1.
[116] Писания, Псалмы, 18:12.
[117] Вавилонский Талмуд, трактат Таанит, лист 31:1.

сказать: "Вот наш Творец"¹¹⁸». И освобождение от этого облачения тьмы символизируется буквой «каф ך», распрямленной и длинной.

3. Малхут становится венцом на голове (рош) Его, как сказано: «Выходите и поглядите, дочери Циона, на царя Шломо, на венец, которым украсила его мать в день свадьбы его, в день радости сердца его»¹¹⁹. И «каф כ» – это свойство Кетер (כתר корона).

Буква «каф כ»

31) В тот час предстала перед Ним буква «каф כ», сойдя с трона величия Его. Содрогнувшись, обратилась к Нему: «Владыка мира! Да угодно будет Тебе сотворить мною мир, ведь я – величие Твое». А когда спускалась буква «каф כ» с трона величия Его, содрогнулись двести тысяч миров и содрогнулся трон. И все эти миры содрогнулись, боясь низвергнуться.

Сказал ей Творец: «"Каф כ", а "каф כ", что ты здесь делаешь? Не сотворю Я тобою мир! Вернись на свое место, ибо в тебе – уничтожение (клая כליה), и тобой разносится весть о "предрешенном истреблении"¹²⁰. Вернись на свой трон и будь там». Тотчас вышла она от Него и вернулась на свое место.

Объяснение. Когда «мэм מ» пыталась убедить Творца в необходимости создать ею мир, ведь благодаря ей открывается свет лика Царя в мире, это привело к тому, что «каф כ» тем временем спустилась с трона величия, т.е. из мира Брия. Содрогнувшись, обратилась к Нему: «Ведь я – величие Твое». И тогда «содрогнулись двести тысяч миров» – происходящие от Хохмы и Бины мира Брия, т.е. от свойства КАХАБ мира Брия. «И содрогнулся трон. И все эти миры» – оттуда и ниже, «содрогнулись, боясь низвергнуться».

Пояснение сказанного. Все эти обращения букв к Творцу с просьбой создать ими мир подобны подъему МАН, с целью получить от Творца МАД для ступени, относящейся к свойству

---

¹¹⁸ Пророки, Йешаяу, 25:9.
¹¹⁹ Писания, Песнь песней, 3:11.
¹²⁰ Пророки, Йешаяу, 10:23. «Ибо Творец, Владыка воинств, совершает предрешенное истребление во всей стране».

этой буквы. И тогда проявится управление ЗОН, которые передают миру ступень МАД, предназначенную для этой буквы. И ответ Творца каждой из двадцати двух букв ЗОН является нисхождением МАД и выходом в надлежащее время ступени света, соответствующей величине МАН, поднятой каждой буквой.

И когда эта ступень света начинает проявлять свое управление в мире, раздается ответ Творца этой букве, потому что раскрывается ее неспособность управлять миром из-за присутствия клипы в ее свойстве, как сказано: «Одно против другого создал Творец»[121]. И в результате, каждая буква уходила, отправляясь на свое место. И это внутренний смысл наслаждений Творца с каждой из двадцати двух букв – каждой из них предоставить место, чтобы выявить свои права, согласно Его воле, пока не выяснят они самостоятельно, исходя из собственного желания, какая из них достойна того, чтобы мир управлялся ею. И поэтому сказано, что «две тысячи лет до сотворения мира Творец разглядывал буквы и наслаждался ими».

И в момент, когда «мэм מ» начала проявлять свой большой свет в мире, она стала причиной нисхождения «каф כ» с трона величия, ибо трон имеет два свойства:

1. Он скрывает Царя, как сказано: «Сделал Он тьму покровом себе»[116]. И поэтому он называется троном (кисэ כסא) – от слова «скрытие (кисуй כיסוי)».

2. Он раскрывает величие Малхут в мирах, как сказано: «А над образом этого престола – образ, подобный человеку на нем»[122] – то есть с помощью соединения трех букв слова «Царь (мэлех מלך)», когда эта Малхут становится троном Царя и скрывает Его, как сказано: «Сделал Он тьму покровом Себе»[116], она поднимается наверх и становится распрямленной «каф ך», т.е. облачением самого Царя. Ведь сам Царь, Зеир Анпин, раскрывается с помощью нее. И она также становится венцом на голове Царя.

Но в тот момент, когда «мэм מ» начала раскрывать свет лика Царя в мирах без облачения «каф כ», сошла также и «каф כ» с трона величия, т.е. перестала быть скрывающей Царя. И она тоже обратилась к Царю: «Да угодно будет Тебе сотворить

---

[121] Писания, Коэлет, 7:14.
[122] Пророки, Йехезкель, 1:26.

мною мир, ведь я – величие Твое» – т.е. управлять раскрытием величия Царя можно будет только через нее, без всякого скрытия, как того желает «мэм מ».

Поэтому не говорится, что «каф כ» вошла и обратилась к Нему: «Да угодно будет Тебе сотворить мною мир», как остальные буквы – потому что она пробудилась не сама, а находилась под властью «мэм מ», так как власть «мэм מ» в этот час заставила сойти также и «каф כ» с трона величия, находящегося в мире Брия.

И говорится: «Содрогнувшись, обратилась к Нему: "Да угодно будет Тебе сотворить мною мир"» – поскольку в тот момент, когда она сходила с трона, содрогнулась она, и также двести тысяч миров, исходящих от Хохмы и Бины мира Брия. «И все эти миры содрогнулись, боясь низвергнуться» – потому что вся связь между высшим и нижним, с самого начала до конца всех ступеней, осуществляется с помощью Малхут высшего, которая становится Кетером для нижнего. А буква «каф כ» символизирует облачение Малхут высшего (парцуфа) в нижний.

Трон имеет три свойства:
1. Как сказано: «Шесть ступеней у трона»[123] – т.е. ВАК нижнего, называемые ХАГАТ (Хесед-Гвура-Тиферет) НЕХИ (Нецах-Ход-Есод).
2. Четыре основания трона – т.е. мохин КАХБАД (Кетер-Хохма-Бина-Даат) нижнего.
3. Малхут высшего, опускающаяся от высшего к нижнему и облачающаяся в него. И через эту Малхут приходят все света от высшего и светят нижнему.

Поэтому во время нисхождения «каф כ» с трона величия прекращается связь Ацилута с троном величия, т.е. миром Брия. Ибо «каф כ» – это Малхут мира Ацилут, облаченная в сфирот КАХБАД (Кетер-Хохма-Бина-Даат) мира Брия и передающая все свои света миру Брия, называемому «трон величия». И поскольку «каф כ» сошла оттуда, прекратилась связь с Ацилутом, и содрогнулась «каф כ», потому что прекратила поступать сила ее, позволяющая наполнять мир Брия. И содрогнулись двести тысяч миров, т.е. Хохма и Бина, включающие сфирот КАХБАД

---

[123] Пророки, Мелахим 1, 10:19.

мира Брия. И также «все эти миры содрогнулись, боясь низвергнуться» – так как исчезла вся их жизненная сила и наполнение от мира Ацилут.

И таким же образом объясняется связь Творца, т.е. Бины, с ЗОН мира Ацилут. Потому что Малхут Бины, облачающаяся в Зеир Анпин, – это «каф כ». Таким образом, эта «каф כ», являющаяся троном Творца, находится над Зеир Анпином, поскольку Творец – это Бина, являющаяся высшим свойством по отношению к Зеир Анпину, и Зеир Анпин становится троном для Бины.

И поэтому в момент нисхождения «каф כ» прекращается связь Бины с Зеир Анпином, потому что «каф כ» – это Малхут Бины, облачающаяся в Зеир Анпин и передающая ему все свои света. Поэтому содрогнулась также и она сама, так как пропала у нее способность отдавать Зеир Анпину.

И также «содрогнулись двести тысяч миров» – т.е. мохин Зеир Анпина, называемые Хохма и Бина, и называемые также КАХБАД (Кетер-Хохма-Бина-Даат), и это четыре основания трона, потому что всё наполнение их прекратилось. И также «все эти миры содрогнулись, боясь низвергнуться» – т.е. ВАК Зеир Анпина, ХАГАТ НЕХИ, включающие все находящиеся под ним миры, потому что ушло от них всё наполнение Бины. И поскольку лишились светов Ацилута, они содрогнулись, боясь низвергнуться в миры БЕА разделения и разбиться.

И поэтому сказал ей Творец: «Ибо в тебе – уничтожение (клая כליה), и тобой разносится весть о "предрешенном истреблении"[109]. Вернись на свой трон и будь там» – т.е., как уже выяснилось, по причине нисхождения «каф כ» с трона величия содрогнулись ГАР Зеир Анпина, и все миры содрогнулись, боясь низвергнуться и разрушиться. Иными словами, «тобой разносится весть о "предрешенном истреблении"» – об окончательном уничтожении, которое уже необратимо. И поэтому ты обязана вернуться к свойству «трон».

И сказано: «Тотчас вышла от Него» – специально подчеркивает это, говоря «тотчас», чтобы показать, что возвращение ее на свое место, к свойству «трон», приходит вместе с ответом Творца букве «мэм מ»: «Ибо негоже миру оставаться без Царя». То есть оба эти действия происходят одновременно – и потрясения, которые открылись в «каф כ» во время ее нисхождения с трона величия, когда «все эти миры содрогнулись, боясь низвергнуться», и ответ Творца букве «мэм מ»: «Ибо негоже миру оставаться без Царя».

Буква «йуд י»

32) Вошла буква «йуд י», обратилась к Нему: «Владыка мира! Да будет угодно Тебе создать мною мир. Ведь я – начало Твоего святого имени, и подобает Тебе сотворить мною мир». Ответил ей: «Достаточно тебе того, что ты начертана во Мне, и ты записана во Мне, и всё Моё желание – к тебе. Поднимись, не пристало тебе быть отделенной от имени Моего».

Объяснение. Поскольку «йуд י» является первой буквой имени АВАЯ (הויה), началом раскрытия и высшим свойством света, который свят, поэтому обратилась с просьбой, чтобы мир был создан ее свойством, и тогда наверняка произойдет окончательное исправление.

Ответил ей Творец: «Достаточно тебе того, что ты начертана во Мне, и ты записана во Мне». Мы уже выяснили, что вопросы, возникающие у этих букв, и ответы на них являются наслаждением Творца буквами. Вопрос – это МАН, а ответ – это МАД со стороны высшего света. Слова: «Достаточно тебе» – это установление границы, когда говорит ей: «Достаточно тебе, и не распространяйся больше»[124], как было объяснено в связи со святым именем Шадай[125].

Ибо после того, как «йуд י» начала распространяться в этом большом свете святости, остановил ее Творец и не дал ей распространиться до буквы «тав ת», а только до буквы «шин ש», сказав ей: «Достаточно тебе, и не распространяйся больше». И сказано: «Поднимись, не пристало тебе быть отделенной от имени Моего» – ведь если ты распространишься дальше, ты уже не сможешь находиться постоянно в имени АВАЯ (הויה).

---

[124] Вавилонский Талмуд, трактат Хагига, лист 12:1.
[125] См. выше, п. 24, со слов: «И по этой причине...»

Пояснение сказанного. Говорят мудрецы: «Называюсь Я не так, как пишусь, – ведь записан Я именем АВАЯ, а называюсь именем Адни»[126]. Дело в том, что на имя АВАЯ не действуют никакие изменения в мире, как сказано: «Я, Творец (АВАЯ), не меняюсь»[127]. Но поскольку с течением дней в мире происходят порча и исправление, там происходит изменение. Поэтому до конца исправления Он называется по имени Адни, и в этом имени может быть изменение, но только не в имени АВАЯ, в котором изменения быть не может.

Но в будущем, когда произойдет окончательное исправление, Он будет называться так же, как и пишется. Как сказано: «И имя города с того дня будет: "Творец (АВАЯ) там"»[128]. И поэтому сказал ей: «"Поднимись, не пристало тебе быть отделенной от имени Моего", – ведь если проявится в тебе какая-либо испорченность, ты оказываешься отделенной от Моего имени, поскольку в Моем имени АВАЯ нет места порче и исправлению. И поэтому недостойна ты того, чтобы создавать тобой мир».

И сказал ей: «Достаточно тебе того, что ты начертана во Мне, и ты записана во Мне, ибо всё Моё желание – к тебе» – это указывает на три ступени, имеющиеся в «йуд י» имени АВАЯ (הויה). «Начертана» – в Хохме Зеир Анпина. «Записана» – в Хохме высших Абы ве-Имы. «Всё Моё желание – к тебе» – в Хохме Арих Анпина, т.е. в скрытой Хохме.

Буквы «тэт ט», «хэт ח»

33) Вошла буква «тэт ט». Обратилась к Нему: «Владыка мира! Да будет угодно Тебе сотворить мною мир. Ведь благодаря мне Ты называешься добрым и справедливым[129]». Ответил ей: «Не создам Я тобою мир, ибо доброта твоя закрыта и упрятана в тебе самой, как сказано: "Как велика доброта Твоя, которую хранишь Ты для боящихся Тебя"[130]. И поскольку

---

[126] Вавилонский Талмуд, трактат Псахим, лист 50:1.
[127] Пророки, Малахи, 3:6. «Я, Творец, не меняюсь».
[128] Пророки, Йехезкель, 48:35.
[129] Писания, Псалмы, 25:8. «Добр и справедлив Творец, поэтому указывает Он грешникам путь».
[130] Писания, Псалмы, 31:20.

доброта упрятана в тебе, то нет у нее доли в этом мире, который Я хочу создать, а только лишь в будущем мире. И кроме того, поскольку доброта твоя упрятана в тебе, погрузятся (в землю) врата Храма, как сказано: "Погрузились в землю врата ее"[131]. А помимо этого, буква "хэт ח" противоположна тебе, и когда вы соединитесь вместе, образуется сочетание "хэт-тэт חט"» – т.е. грех. И поэтому эти буквы не были записаны в именах святых колен. Сразу же вышла она от Него.

Пояснение сказанного. «Тэт ט» – это Есод Зеир Анпина, относящийся к внутреннему его свойству. Ибо «цади צ» – это девятая из букв, относящихся к свойству самого Зеир Анпина, в которой он производит зивуг с Нуквой, и тогда называется «праведник (цадик צדיק)». Однако «тэт ט» – это девятая из букв, относящихся к Бине Зеир Анпина, и она является внутренним свойством Есода Зеир Анпина. И он называется добром, как сказано: «Говорите о праведнике доброе»[132]. И так как он является свойством нешама этого Есода, в котором у клипот нет никакой возможности удержаться, поэтому просила «тэт ט» о создании ею мира.

И поэтому ответил ей: «Ибо доброта твоя закрыта и упрятана в тебе самой». «В свете, который создал Творец в первый день, Адам видел и наблюдал от одного края мира и до другого. Когда посмотрел Творец на поколение потопа и на поколение раздора и увидел, что деяния их испорчены, остановился и скрыл его для праведников на грядущее будущее»[133]. Как сказано: «И увидел Творец, что свету присуще добро»[134]. А добрым называется лишь праведник, как сказано: «Говорите о праведнике доброе».

Объяснение. Поскольку видел Творец, что грешники извратят деяния свои и позволят клипот удерживаться в этом свете, упрятал Он его в высших «праведнике (цадик צדיק) и праведности (цэдек צדק)» Абы ве-Имы, и от «праведника и праведности (цадик ве-цэдек)» Абы ве-Имы распространяется этот

---

[131] Писания, Эйха, 2:9.
[132] Пророки, Йешаяу, 3:10.
[133] Вавилонский Талмуд, трактат Хагига, лист 12:1.
[134] Тора, Берешит, 1:4.

свет в скрытии во внутреннее свойство Есода Зеир Анпина, т.е. в «тэт ט».

И об этом исправлении говорил Творец в Своем ответе букве «тэт ט»: «Ибо доброта твоя закрыта и упрятана в тебе самой. И так как доброта упрятана в тебе, то нет у нее доли в этом мире, который Я хочу создать, а только лишь в будущем мире». Иными словами, поскольку Я должен скрыть тебя от грешников, то не предназначена ты никому, кроме праведников, достойных получать наполнение будущего мира. Таким образом, нет у тебя доли в исправлении этого мира, т.е. ЗОН, поскольку внешние свойства могут удерживаться в тебе.

Поэтому сказано: «И кроме того, поскольку доброта твоя упрятана в тебе, погрузятся (в землю) врата Храма». Поскольку этот свет светит только во внутреннем свойстве Есода, в скрытии, то Нуква сможет получать от этого света во врата свои лишь путем скрытия его в своем внутреннем свойстве. Поэтому врата Нуквы погружаются во внутреннее свойство ее Есода, и благодаря этому они защищены от прикосновения внешних свойств, и она может быть уверена, что эти внешние свойства не будут властвовать во вратах ее. И об этом сказано: «Во время разрушения враги не смогли захватить власть над вратами Храма, ибо те погрузились в землю»[135]. «И поскольку ты нуждаешься в таком надежном укрытии, не подходишь ты для создания тобою мира».

И сказано: «А помимо этого, буква "хэт ח" противоположна тебе, и когда вы соединитесь вместе, образуется сочетание "хэт-тэт חט"», – потому что «хэт ח» это свойство Ход, т.е. Малхут, содержащаяся в Зеир Анпине. И это левый проток в Есоде Зеир Анпина. Ибо есть два протока в Есоде Зеир Анпина:
1. Правый, «тэт ט», для порождения душ.
2. Левый, «хэт ח», для выбрасывания отходов к внешним.

Дело в том, что он (левый проток) относится к свойству буквы «куф ק», включенной в Есод[136], от которой выходит тонкое свечение к внешним, и вследствие этого внешние получают силы подражать человеку святости, как обезьяна (коф)

---

[135] Вавилонский Талмуд, трактат Сота, лист 9:1, комментарий Раши.
[136] См. выше, п. 24, со слов: «Ответил Творец...»

подражает человеку. Как сказано: «Одно против другого создал Творец».

Эти два протока расположены близко друг к другу и разделены расстоянием не более чем «чесночная шелуха». И поэтому есть сила у левого протока возобладать над правым, и тогда рождается «хэт (חט грех)». А слово «хэт (חט грех)» имеет такое же числовое значение, как и слово «тов (טוב добро)», т.е. 17, что и означает «одно против другого». Если возобладает правая сторона, «тэт ט», то это гематрия слова «тов (טוב добро)», как сказано: «Говорите о праведнике доброе». А если, не ровен час, возобладает левый проток, т.е. «хэт ח» над «тэт ט», то это гематрия слова «хэт (חט грех)».

И сказано: «Буква "хэт ח" противоположна тебе» – ибо есть сила у левого протока, т.е. «хэт ח», возобладать над тобой, «и когда вы соединитесь вместе, образуется сочетание "хэт-тэт חט"», – и смогут клипот вытягивать к себе наполнение святости. И оттуда все грехи получают власть. «И поэтому не были записаны эти буквы в именах святых колен» – именно поэтому нет букв «хэт ח» и «тэт ט» в именах колен, что указывает на их возвышенность и отделение от свойства «хэт ח», являющейся корнем противоположной силы. И об этом сказано: «Совершенным было ложе Яакова, от которого не вышло ничего неугодного к внешним свойствам, как от Авраама и Ицхака»[137].

Буква «зайн ז»

34) Вошла буква «зайн ז». Обратилась к Нему: «Владыка мира! Да будет угодно Тебе сотворить мною мир. Ведь благодаря мне будут соблюдать сыновья Твои субботу. Как сказано: "Помни день субботний, чтобы освящать его"[138]». Ответил ей: «Не создам Я тобою мир, потому что есть в тебе война, т.е. острый меч и копье, которыми сражаются на войне, называемые боевым оружием (кли зайн). И ты подобна букве "нун נ", которой не был создан мир, поскольку ей свойственно падение»[139]. Сразу же вышла от Него.

---

[137] Вавилонский Талмуд, трактат Псахим, лист 56:1.
[138] Тора, Шмот, 20:8.
[139] См. п. 29.

Пояснение сказанного. Буква «зайн ז» пишется в виде «йуд י» над «вав ו», и это указывает на гадлут мохин Нуквы. Как сказано: «Добродетельная жена – венец мужу своему»[140] – потому что она включается в мир захара (זכר), т.е. «вав ו». И тогда она становится венцом на голове его. И это символизирует «йуд י», расположенная над «вав ו», и муж ее украшается ею. И об этом сказано: «Помни (захор זכור) день субботний, чтобы освящать его» – т.е. благодаря тому, что Нукву, называемую день субботний, возносят наверх, делая ее венцом над Зеир Анпином, и при этом она включается в свойство «помни (захор זכור)», Нуква называется святостью.

И утверждала «зайн ז», что «поскольку этот свет велик и преисполнен святости, пребывая в состоянии абсолютного покоя, и там прекращают действовать все клипот, достойна я того, чтобы свойством моим был создан мир».

И поэтому ответил ей: «Не создам Я тобою мир». Дело в том, что «зайн ז» – это Нецах Зеир Анпина, а «зайн ז» «хэт ח» «тэт ט» – это НЕХИ Зеир Анпина, и когда Нуква включается в «зайн ז», в Нецах, она приобретает силу подняться с Зеир Анпином в высшие Абу ве-Иму. И там она становится венцом на его голове (рош), и муж ее венчается состоянием «суббота». Однако, поскольку всё это исправление происходит лишь благодаря включению в свойство захар и подъему в Абу ве-Иму, а не на своем месте внизу, в постоянном местоположении ее с Зеир Анпином, исправление ее в течение шести тысяч лет является неполным. Потому что в будние дни, когда она возвращается на свое место, считается ее включение в «зайн ז» свойством «боевое оружие (кли зайн)», вплоть до того, что от нее исходят все войны с ситрой ахра. И об этих днях сказано: «Будние дни, подготавливающие субботу».

«И тому, кто побеждает на войне, дают дочь Царя» – т.е. в будние дни каждый должен победить в сражении с ситрой ахра и внешними свойствами, и тогда он удостаивается дочери Царя, субботы. Но ведь свечения субботы, нисходящего в течение шести тысяч лет, еще недостаточно, чтобы полностью прекратить действие клипот. И именно поэтому возвращается к ней состояние будних дней до окончательного исправления

---
[140] Писания, Притчи, 12:4.

в грядущем будущем. И тогда наступает «день, который весь – суббота и покой для Дающего жизнь мирам».

Ответил ей: «Не создам Я тобою мир, потому что есть в тебе война, и острый меч и копье, которыми сражаются на войне, называемые боевым оружием (кли зайн)» – т.е. свечение твое не является полным, так как внизу, на месте своем, ты несовершенна. И удостоиться тебя можно только путем войн с ситрой ахра. «Война» – означает войны нижних с ситрой ахра.

«Острый меч» – указывает на свойство Малхут в момент включения ее в Нецах в будние дни, и тогда она становится острым мечом против клипот, желающих вцепиться в нее. «Копье, которым сражаются на войне» – указывает на сам Зеир Анпин, называемый «копье». И он обозначается буквой «вав ו», по форме своей напоминающей копье, свойством которого пронзают ситру ахра. Поэтому сказано: «И ты подобна букве "нун נ"» – так как гвурот захара исходят от Бины, обозначаемой буквой «нун נ».

Буквы «вав ו» и «хэй ה»

35) Вошла буква «вав ו». Обратилась к Нему: «Владыка мира! Да будет угодно Тебе сотворить мною мир. Ведь я – буква Твоего имени АВАЯ (הויה)». Ответил ей: «"Вав ואו", ты и "хэй ה" – довольно с вас и того, что вы буквы Моего имени АВАЯ (הויה), что вы включены в имя Мое, записаны и оттиснуты в имени Моем. Вами Я не создам мир».

Объяснение. Хотя буква «йуд י» уже просила об этом, и ей было отказано, «вав ו» всё же думала, что букве «йуд י» было отказано по той причине, что ступень ее слишком высока. И буква «вав ו» обратилась с просьбой, чтобы Он создал мир ее свойством, т.е. с помощью ступени «вав-хэй וה» имени, представляющей собой мохин Имы.

Ответил ей: «"Вав ואו", ты и "хэй ה" – довольно с вас и того, что вы буквы Моего имени АВАЯ (הויה)». Он дал им тот же ответ, что и «йуд י», ведь и ее Он ограничил, сказав ей: «Достаточно тебе, и не распространяйся больше, но лишь до "шин ש",

чтобы не удерживались в вас клипот»[141]. «И поэтому вы ("вав" и "хэй") непригодны для создания вами мира – ведь и вам требуется защита от клипот».

Буквы «да́лет ד» и «ги́мель ג»

36) Вошли буква «далет ד» и буква «гимель ג». И они сказали то же самое. И им тоже ответил Творец: «Достаточно вам быть друг с другом, "ибо не переведутся нищие на земле"[142], и необходимо проявлять к ним милость (хесед). "Далет ד" – она нищая, ведь зовется именем "далет דלת" от слова "далу́т (דלות нищета)". А буква "гимель ג" проявляет милость (гоме́лет хесед) к "далет ד". И поэтому не разлучайтесь друг с другом, и достаточно вам давать пропитание друг другу».

Пояснение сказанного. Хотя «далет ד» и получает наполнение от «гимель ג», и угол в верхней части ее выделяется свойством хасадим, все же есть сила у ситры ахра удерживаться в ней, отделяя и подменяя ее буквой «рэйш ריש». И снова она становится «неимущей (раш רש) и бедной».

«И им тоже ответил Творец: "Достаточно вам быть друг с другом"» – т.е. вы должны особо заботиться о том, чтобы быть друг с другом, и чтобы «гимель» наполняла «далет ד». «Ибо не переведутся нищие на земле» – так как есть сила у противоположного ей свойства отделить их друг от друга и вернуть Малхут, называемую мир, к свойству «неимущий и бедный».

«И необходимо проявлять к ним милость (хесед)», т.е. им тогда необходимо пробуждение снизу – давать пожертвование нищим, для того чтобы «далет ד» могла снова получать от «гимель ג». И поэтому сказал: «Достаточно вам давать пропитание друг другу» – достаточно вам того, что вы сможете удерживаться в слиянии, чтобы давать пропитание друг другу, и не будут властвовать в вас клипот. Поэтому вами Я не создам мир».

---

[141] См. п. 32.
[142] Тора, Дварим, 15:11. «Ибо не переведутся нищие на земле, поэтому Я заповедую тебе, говоря: "Раскрывай руку свою брату твоему, беднякам твоим и нищим твоим в стране твоей"».

Буква «бэт ב»

37) Вошла буква «бэт ב». Обратилась к Нему: «Владыка мира! Да будет угодно Тебе сотворить мною мир. Ведь мною благословляют Тебя наверху и внизу. Так как "бэт ב" – это благословение (брахá ברכה)». Ответил ей Творец: «Именно тобою Я создам мир, и ты будешь тем началом, которым Я сотворю мир».

Объяснение. Буква «бэт ב» представляет собой свойство Хохмы, а точнее, Хесед Хохмы, точку в чертоге ее. Потому что свет хасадим – это чертог для света Хохмы, и он называется благословением, как сказано: «И не изолью ли на вас благословения»[143]. И этот свет не уменьшается вовсе, когда он проходит и распространяется через эти ступени. И так же, как в начале всех этих ступеней он получает наполнение от Бесконечности, так же он получает наполнение во всем величии и великолепии в мире Ацилут, и так – до конца мира Асия, нисколько не огрубляясь при прохождении им всех этих экранов.

И именно поэтому утверждала буква «бэт ב»: «Да будет угодно Тебе сотворить Мною мир. Ведь мною благословляют Тебя наверху и внизу». Иными словами: «Ведь мой свет благословения находится в одинаковой мере как наверху, так и внизу, без всякого различия. И никакой экран и авиют не могут привнести никакого недостатка в мои свечения. Поэтому, мое свойство пригодно для сотворения мира, так как у клипот не будет никакой возможности удержаться во мне, ибо клипот удерживаются только в том месте, где есть какой-то недостаток. И поскольку нет во мне никакого недостатка, они никак не смогут удержаться во мне».

Ответил ей Творец: «Именно тобою Я создам мир, и ты будешь тем началом, которым Я сотворю мир» – потому что Он согласился с ней, что свойство ее достойно сотворения мира. Как сказано: «Ибо думал я: мир милостью (хесед) будет

---

[143] Пророки, Малахи, 3:10. «И испытайте Меня этим, сказал Властелин воинств: не открою ли вам окна небесные и не изолью ли на вас благословения сверх меры».

устроен»[144]. И слово «устроен (ибанэ́ יבנה)» происходит от слов «строение (биньян בנין)» и «понимание (авана́ הבנה)», потому что установил Он ее как выяснение, достаточное для того, чтобы различать между прилепившимися к святости и между переставшими следовать Творцу, чтобы прилепиться к иному богу. Как сказано: «И испытайте Меня этим, – сказал Творец воинств, – не открою ли вам окна небесные и не изолью ли на вас благословения сверх меры»[143].

Но до тех пор, пока тянутся к иному богу, они лишены благословения, ибо «иной бог оскоплен и не принесет плодов». И это то, что говорит пророк в завершение своей речи: «И снова станете различать между праведником и грешником, между служащим Творцу и не служащим Ему»[145], поскольку «мир милостью (хесед) будет устроен».

Ответил ей Творец: «И ты будешь тем началом, которым Я сотворю мир» – указывает этим, что Он установил свет благословения не как совершенство мира, а только как хорошее и достаточное начало, чтобы привести мир к всеобщему совершенству. И причина этого в том, что свет хасадим – это ВАК без рош, пока еще недостаточный для порождения душ, готовых плодиться и размножаться, потому что никакой парцуф не может породить прежде, чем он постигнет ГАР, называемые рош. И поэтому ему пока еще недостает совершенства. И Он определил букву «бэт ב» и благословение как свойство для создания Им мира и как основу любого парцуфа, для того чтобы не было недостатка в этом ни у одного из парцуфов святости. А восполнение ГАР, необходимое для мохин порождения, уже не является главным в парцуфе и считается лишь только добавкой, зависящей от добрых деяний нижних. Но никогда не будет отсутствия свойства ВАК.

Буква «а́леф א»

38) Стояла буква «алеф א» и не входила. Сказал ей Творец: «"Алеф א", "алеф א", почему же ты не входишь ко Мне, как все остальные буквы?» Ответила Ему: «Владыка мира! Потому что

---

[144] Писания, Псалмы, 89:3.
[145] Пророки, Малахи, 3:18.

видела я, как все буквы вышли от Тебя, не получив желаемого. Что же там делать мне? И кроме того, Ты уже вручил букве "бэт ב" этот великий дар. И не пристало высшему Царю забирать подарок, который Он дал слуге своему, и передавать его другому». Ответил ей Творец: «"Алеф א", "алеф א", хотя и будет создан мир буквой "бэт ב", ты будешь во главе всех букв, и не будет во Мне единства, как только через тебя. Тобой будут начинаться все расчеты и все деяния обитателей мира, и всё единство постигается только благодаря букве "алеф א"».

Объяснение. Мы уже выяснили, что все вопросы букв – это подъем МАН букв, а все ответы – это нисхождение МАД. И большое совершенство, имеющееся в букве «алеф א», не может прийти к ней в результате пробуждения снизу, а только с помощью силы пробуждения свыше. И поэтому сказанное: «Пала, не встанет вновь дева Исраэлева»[146] означает – «не сама встанет вновь, а Творец поднимет ее»[147].

Поэтому, как в начале создания мохин де-ГАР, когда они еще были наслаждением в чертоге Абы ве-Имы, о чем и рассказывается в этой статье Зоара, так и в конце исправления, не пробуждается буква «алеф א» в подъеме МАН снизу вверх, как свойственно выходу мохин де-ГАР на протяжении шести тысяч лет, но всё происходит только благодаря пробуждению свыше, и поэтому объясняется: «Не сама встанет вновь, а Творец поднимет ее».

И поэтому сказано здесь: «Стояла буква "алеф א" и не входила». Сказал ей Творец: «"Алеф א", "алеф א", почему же ты не входишь?"» Это указывает на то, что «алеф א» вообще не пробудилась к подъему МАН, как все остальные буквы, пока Творец не обратился к ней, и это означает, что «Творец поднимет ее». А двойное обращение: «"Алеф א", "алеф א"» указывает на два состояния:

1. Когда буквы еще находились в свойстве «наслаждения».
2. В конце исправления, поскольку и тогда сам Творец поднимет ее.

---

[146] Пророки, Амос, 5:2.
[147] См. Зоар, главу Ваикра, п. 89.

Поэтому ответила Ему: «Потому что видела я, как все буквы вышли от Тебя, не получив желаемого». «Алеф א» не посмела сама поднять МАН по той причине, что видела, как все буквы вышли, не получив желаемого, поскольку выяснилось, что на всех ступенях имеется свойство «одно против другого». Поэтому думала, что и она не лучше их, и что у нее тоже есть противоположное свойство. И потому сказала: «Что мне делать там – ведь видела я, что я ничем не лучше их?»

«И кроме того, Ты уже вручил букве "бэт ב" этот великий дар. И не пристало высшему Царю забирать подарок, который Он дал слуге своему, и передавать его другому». Иными словами: «Второй причиной, почему я не посмела поднять МАН, является то, что видела я, как Ты установил основу строения всего парцуфа свойством буквы "бэт ב". Ведь сказано: "Мир милостью (хесед) будет устроен". Поэтому не было у меня сомнений, что изменить это нет никакой возможности, поскольку не пристало высшему Царю забирать подарок, который Он дал слуге своему, и передавать его другому».

Ответил ей Творец: «"Алеф א", "алеф א", хотя и будет создан мир буквой "бэт ב", ты будешь во главе всех букв».

Объяснение. Верно и то, что мир уже создан буквой «бэт ב», и то, что Он не отдаст врученного ей дара в распоряжение другого. Но свойством ее Он создал лишь состояние ВАК без рош, и в таком случае, буквам еще недостает свойства рош, ибо не будут они готовы плодиться и размножаться без него. «Поэтому ты будешь служить установлению во всех буквах свойства рош», т.е. мохин де-ГАР, и это – мохин де-паним бе-паним и (мохин) порождения.

«И не будет во Мне единства, как только через тебя. Тобой будут начинаться все расчеты и все деяния обитателей мира, и всё Мое единство постигается в мире только благодаря твоему свойству. И еще, в дополнение к этому, весь смысл награды, наказания и возвращения, на основе которых осуществится конечное исправление, раскроется не иначе как благодаря тебе. Ведь свойство буквы "бэт ב" Я установил лишь для основы парцуфа, чтобы она совершенно не зависела от деяния нижних. И даже если они ухудшат деяния свои, не возникнет вследствие этого никакого изменения в мохин. Однако мохин в тебе полностью зависят от деяния нижних: если ухудшат деяния свои – уйдут мохин де-ГАР, имеющиеся в тебе, а если придут к возвращению – снова низойдут мохин де-ГАР».

Сказано: «Тобой будут начинаться все расчеты и все деяния обитателей мира». «Расчеты» – указывают на состояние, когда они ухудшают свои деяния. Об этом сказано: «Творец содеял человека прямым, однако им потребовались многочисленные расчеты»[148], поскольку уходят тогда мохин де-ГАР. «И все деяния обитателей мира» – указывает на подъем МАН благодаря хорошим деяниям, ибо тем самым они снова притянут мохин де-ГАР. И всё это единство зависит только от буквы «алеф א». Это указывает на великое единство окончательного исправления, которое тоже произойдет благодаря букве «алеф א».

39) И создал Творец большие высшие буквы, указывающие на сфирот Бины, и маленькие нижние буквы, указывающие на сфирот Малхут, и поэтому написаны начальные буквы «бэт ב» «бэт ב»: «Берешит (בראשית вначале) бара (ברא сотворил)», и также «алеф א» «алеф א»: «Элоким (אלהים Творец) эт(את)». Где первые «алеф א» и «бэт ב» – это верхние буквы, от Бины. А вторые «алеф א» и «бэт ב» – это нижние буквы, от Малхут. А все они вместе, от высшего мира, Бины, и от нижнего мира, Малхут, для того чтобы взаимно влиять друг на друга.

Пояснение сказанного. Высшие большие буквы – от свойства Бины. Нижние малые буквы – в ЗОН. И когда высший желает наполнить нижнего, он должен облачиться в нижнего. И поэтому есть две буквы «бэт ב» в словах «Берешит (בראשית вначале) бара (ברא сотворил)» и две буквы «алеф א» в «Элоким (אלהים Творец) эт(את)». Ибо первая «бэт ב» относится к высшему, Бине. А вторая «бэт ב» – к нижнему, Зеир Анпину, в который облачилась первая буква «бэт ב». И также первая «алеф א» относится к Бине, и она облачилась во вторую «алеф א», относящуюся к Зеир Анпину, чтобы наполнять его.

И сказано: «А все они вместе, от высшего мира, Бины, и от нижнего мира, Малхут» – т.е. две буквы «бэт ב» являются одним целым, и также две буквы «алеф א» являются одним

---

[148] Писания, Коэлет, 7:29.

целым, только первые относятся к высшему миру, Бине, а вторые относятся к нижнему миру, Малхут. И они – одно целое, поскольку облачаются друг в друга, как это делает высший, желая наполнить нижнего. И «бэт ב» высшего мира облачилась в «бэт ב» нижнего мира. А также «алеф א» высшего мира облачилась в «алеф א» нижнего мира.

Мудрость, на которой держится мир

40) «"Берешит (בראשית вначале)" означает – в мудрости, на которой стоит мир» – т.е. Зеир Анпин, «дабы войти в высшие скрытые тайны» – в света Бины. «И здесь были утверждены шесть высших больших окончаний» – ВАК Бины, «из которых исходит всё, и из них образовались шесть истоков и рек» – ВАК Зеир Анпина, «чтобы нести их в великое море» – Малхут. Иными словами, «сотворил шесть (бара шит ברא שית) – на это содержится косвенный намек в буквах «берешит (בראשית вначале)», потому что отсюда образовались шесть окончаний. «Кто же их сотворил? Тот, который не упоминается. Тот скрытый, который неизвестен» – т.е. Арих Анпин.

Пояснение сказанного. Есть в мире Ацилут два вида Хохмы:
1. Первоначальная Хохма – Хохма Арих Анпина, называемая скрытая Хохма.
2. Хохма тридцати двух путей. Это Бина, поднимающаяся в рош Арих Анпина и становящаяся там Хохмой, для того чтобы наполнять Зеир Анпин.

И сказано: «"Берешит (בראשית вначале)" означает – в мудрости», потому что «начало (решит ראשית)» – это название Хохмы, но не первоначальной Хохмы Арих Анпина, а «мудрости (хохмы), на которой стоит мир», т.е. Хохмы тридцати двух путей. И «мир» – т.е. ЗОН, «стоит на ней» – т.е. от нее он получает наполнение и благодаря ей существует. Тогда как получить от нее Хохму самого Арих Анпина Зеир Анпин не может вовсе, и мир ею не создан. И поэтому «берешит бара (ברא בראשית вначале сотворил)» – имеется в виду Хохма тридцати двух путей, т.е. Бина, которая снова становится Хохмой благодаря ее подъему в рош Арих Анпина.

Поэтому сказано: «Дабы войти в высшие скрытые тайны» – когда ЗОН, называемые «мир», получают наполнение от Хохмы тридцати двух путей, они поднимаются в высшие Абу ве-Иму, а Аба ве-Има называются высшими скрытыми тайнами. И потому сказано: «В мудрости, на которой стоит мир» – т.е. Зеир Анпин, «дабы войти в высшие скрытые тайны». «Стоит» – означает постижение мохин. Благодаря этим мохин, получаемым от Хохмы, существуют ЗОН и, поднимаясь с ее помощью в высшие скрытые тайны, т.е в Абу ве-Иму, облачают их, т.е. становятся такими же, как и они (Аба ве-Има). «Потому что нижний, поднимающийся к высшему, становится таким же, как и он».

Сказано: «И здесь были утверждены шесть высших больших окончаний» – ВАК высшей Бины. То есть «сотворил шесть (бара шит ברא שית)», ибо «берешит (בראשית вначале)» – это буквы «бара шит (שית ברא сотворил шесть)». А «шесть окончаний» – это ВАК. И говорится, что этой Хохмой «были утверждены шесть высших больших окончаний» – которыми всё создается, и из них все выходят. Как сказано: «Все их в мудрости (хохма) создал Ты»[149]. Ведь Хохма здесь – это Бина, которая вышла из рош Арих Анпина.

И об этом сказано: «Отец (аба) выводит мать (има) наружу ради сыновей». И Аба сам устанавливается в виде захара и нуквы, т.е. Хохма Арих Анпина и Аба мира Ацилут сами установились в виде захара и нуквы, из-за Малхут, которая поднялась у них в место Бины. И получается, что Бина сама вышла из рош Арих Анпина и из Абы, и стала свойством гуф Арих Анпина, которому недостает рош. Ведь находясь в гуф Арих Анпина, она не может получать от ГАР Арих Анпина и становится ВАК, лишенной ГАР[150].

Таким образом, Бина была установлена в виде шести окончаний без рош. И об этом сказано: «И здесь были утверждены шесть высших больших окончаний, из которых исходит всё» – потому что в Хохме тридцати двух путей, т.е. в Бине, они утвердились в виде ВАК, лишенных ГАР, из-за выхода ее из рош Арих Анпина. А затем, с помощью МАН от нижних, она возвращается в рош Арих Анпина и получает ГАР Хохмы от Арих Анпина. И она передает их ЗОН, которые дают наполнение всем мирам. Таким образом, от этих шести окончаний, утвердившихся в Бине, выходят все миры. И то, что они называются «высшие большие» ВАК, это потому, что они – от Бины, как и в случае с буквами Бины, которые называются «большими буквами».

«Из них образовались шесть истоков и рек, чтобы нести их в великое море» – Малхут. Ибо установление шести окончаний

---

[149] Писания, Псалмы, 104:24.
[150] См. выше, статью «Роза», обозрение Сулам, п. 2, со слов «Известно, что...»

во время нахождения Бины вне рош Арих Анпина называется «шестью истоками». Поскольку они являются лишь истоками мохин Зеир Анпина. А затем, во время возвращения ее в рош Арих Анпина, они становятся мохин де-ГАР, которые называются реками для Зеир Анпина. И тогда они становятся шестью реками, как сказано: «Из реки будет пить в пути, поэтому поднимет голову (рош)»[151]. И тогда Зеир Анпин наполняет ими «великое море» – свою Нукву.

Поэтому сказано: «Из них» – из ВАК, из «шести больших высших окончаний» Бины, «образовались шесть истоков» – т.е. ВАК Зеир Анпина в малом состоянии (катнут), «и рек» – это мохин Зеир Анпина, «чтобы нести их в великое море» – т.е. наполнять ими Нукву. И ВАК малого состояния Бины называются истоками мохин по причине того, что Бина вышла наружу, в свойство ВАК малого состояния, лишь для того, чтобы стать источником наполнения этими мохин ЗОН. И если бы Бина не вышла наружу, они бы не могли получить никаких мохин.

И сказано: «Сотворил шесть (бара шит ברא שית)». «Сотворил (бара ברא)» – указывает на шесть окончаний (ВАК) без рош. Ибо слово «сотворил (бара ברא)» означает «сокрытие». Поэтому слово «берешит (בראשית вначале)» здесь указывает на два понятия:
1. На Хохму, ибо «начало (решит ראשית)» означает Хохма.
2. «Сотворил шесть (бара шит ברא שית)» – указывает, что из Хохмы были созданы и утверждены шесть окончаний без рош, являющиеся истоками мохин для ЗОН (Зеир Анпина и Нуквы), которые называются «мир», и это – семь дней начала творения (берешит).

И сказано: «Кто же их сотворил? Тот, который не упоминается. Тот скрытый, который неизвестен» – т.е. Арих Анпин. Если слово «сотворил (бара ברא)» находится в самом слове «берешит (בראשית вначале)», то кто же Он, в таком случае, создавший это? Поэтому говорит, что это «тот скрытый, который неизвестен» – т.е. скрытая Хохма Арих Анпина. Ибо Он вывел Бину из своей рош и сделал ее ВАК, т.е. сотворил (бара ברא) эти шесть (шит שית) высших больших окончаний, косвенно указанных в слове «берешит (בראשית вначале)».

---

[151] Писания, Псалмы, 110:7.

Манула и мифтеха (замок и ключ)

41) Рабби Хия и рабби Йоси шли по дороге. Когда они подошли к одному полю, сказал рабби Хия рабби Йоси: «Когда говорится, что слово "вначале (берешит בראשית)" косвенно указывает на "сотворил шесть (бара шит שית ברא)" – это, конечно, так. Поскольку шесть высших дней» – т.е. только ВАК Бины, «наполняют светом Тору» – Зеир Анпин, «но не более», «а остальные» – ГАР Бины, «скрыты».

Пояснение сказанного. «Тора» – это Зеир Анпин. «Шесть высших дней» – ВАК Бины, находящиеся выше Зеир Анпина. И поэтому он говорит, что в слове «вначале (берешит בראשית)» содержится косвенное указание на «сотворил шесть (бара шит שית ברא)», потому что слово «вначале (берешит בראשית)» указывает на Бину, которая снова стала Хохмой, чтобы наполнять Зеир Анпин. Однако Зеир Анпин не получает от нее ГАР Хохмы, а только ВАК. И на эту Хохму в слове «вначале (берешит בראשית)» косвенно указывают буквы «сотворил шесть (бара шит שית ברא)», означающие, что Зеир Анпина получает от нее только лишь ВАК Хохмы. «А остальные скрыты» – потому что ГАР этой Хохмы остаются скрытыми для Зеир Анпина, и он не постигает их.

И мы уже знаем, что Атик установился во втором сокращении, т.е. поднял нижнюю «хэй ה» в свои никвей эйнаим, чтобы создать парцуф Арих Анпин. И поэтому Кетер разделился на две половины так, что гальгальта-эйнаим (ГЭ) и никвей эйнаим остались в Нукве Атика, а нижняя половина Кетера, озен-хотем-пэ (АХАП), установилась как парцуф Арих Анпин.

И считается, что нижняя «хэй ה» используется в никвей эйнаим Атика, а «йуд-хэй-вав יהו» в АХАП, которые относятся к Арих Анпину. Ведь нижняя «хэй ה» имени АВАЯ отсутствует в Арих Анпине, и поэтому в нем есть лишь девять первых сфирот и недостает Малхут. И только атэрет Есода Арих Анпина восполняет его до десяти сфирот, а Малхут скрыта в никвей эйнаим Атика. И от них отпечатались все парцуфы Ацилута.

И все эти парцуфы сами разделились на две половины: отдельно – гальгальта-эйнаим (ГЭ) и никвей эйнаим, и отдельно – озен-хотем-пэ (АХАП). И это потому, что Бина разделилась на два парцуфа: гальгальта-эйнаим (ГЭ) и никвей эйнаим в ней установились как высшие Аба ве-Има, а озен-хотем-пэ (АХАП) в ней – как ИШСУТ. Нижняя «хэй ה» находится в никвей эйнаим Абы ве-Имы, а «йуд-хэй-вав יהו» без нижней «хэй ה» – в ИШСУТ. И им недостает Малхут, потому что их Малхут осталась в никвей эйнаим высших Абы ве-Имы, так же как в Атике и Арих Анпине.

И также в ЗОН: гальгальта-эйнаим (ГЭ) установились в свойстве больших ЗОН, а АХАП – в свойстве малых ЗОН. И Малхут осталась в никвей эйнаим больших ЗОН, а у малых ЗОН есть лишь девять первых сфирот, которым недостает Малхут. И только атэрет Есода восполняет их Малхут, так же как в Атике и Арих Анпине.

И так же, как Кетер разделился на две половины, ГАР и ЗАТ, разделилась и Бина, и также ЗОН: нижняя «хэй ה» осталась в ГАР каждого, а в ЗАТ есть только «йуд-хэй-вав יהו» без нижней «хэй ה», и лишь атэрет Есода Малхут восполняет их вместо Малхут.

Поэтому осталась верхняя половина каждой ступени в свойстве «непознаваемая», как и в парцуфе Атик. То есть, нижняя «хэй ה» не опускается из гальгальты-эйнаим (ГЭ) даже в их состоянии гадлут. Ведь хотя в большом состоянии (гадлут) они и возвращают себе недостающие им АХАП де-келим, но все же не притягивают ГАР светов, потому что нижняя «хэй ה» скрыта в них, так как на нее было сделано первое сокращение, чтобы не получать Хохму. И поэтому они всегда остаются со светом хасадим, называемым «чистый воздух (авира дахья)». И только лишь нижняя половина притягивает в состоянии гадлут ГАР светов, когда эта «йуд י» выходит из их свойства «воздух (авир אויר)», и они снова становятся светом (ор אור) Хохмы и свойством ГАР.

Вследствие этого считается, что все парцуфы ГАР, выходящие в пяти парцуфах Ацилута, являются только свойством ВАК Хохмы, и они остаются лишенными ГАР Хохмы. Потому что ГАР каждого парцуфа не получают Хохмы, но лишь ВАК каждого парцуфа. И поэтому в этих мохин имеются только ВАК Хохмы.

Манула и мифтеха (замок и ключ)

И сказано, что «шесть высших дней наполняют светом Тору, но не более». То есть у Зеир Анпина от высших мохин имеется только шесть дней, ВАК де-мохин, «а остальные скрыты» – ГАР де-мохин находятся в скрытии. И даже в парцуфах, расположенных выше него, они находятся в скрытии, потому что мохин имеются только в свойстве ВАК высших парцуфов.

42) Однако, в разъяснении отрывка «вначале (берешит)» сказано так: «Тот скрытый, который свят, утвердил печати внутри» – в Бине, «одного утаенного» – Нуквы Атика, «помеченного включенной в него точкой» – точкой Малхут первого сокращения, которая поднялась в Бину и вывела АХАП Арих Анпина наружу, за пределы его рош. «И эта печать» – которая утвердилась в Бине, «была утверждена и скрыта в ней, подобно тому, как кто-то прячет всё, закрывая под один ключ. И этот ключ надежно спрятан в одном из чертогов. И хотя всё упрятано в этом чертоге, основа всего – в этом ключе, ибо этот ключ как закрывает, так и открывает».

Пояснение сказанного. «Скрытый, который свят» – Арих Анпин, называемый скрытой святой Хохмой, «утвердил печати» – недостатка АХАП де-келим, «внутри» – в Бине, «одного утаенного» – во внутреннем свойстве Нуквы Атика, «помеченного» – означает установление экрана для зивуга, «включенной в него точкой» – это точка в круге, в Малхут первого сокращения, называемой центральной точкой, на которую было сделано первое сокращение.

И он отличается от экрана, который установился вместе с атэрет Есода, как это происходит в ВАК всех парцуфов. Ибо экран атэрет Есода называется точкой поселения, а не центральной точкой. И это является следствием того, что парцуф Арих Анпин был установлен в отсутствии ГАР из-за внутреннего свойства своего высшего, Нуквы Атика, которая установилась с нижней «хэй ה» в ее никвей эйнаим.

Поэтому сказано: «И эта печать» – которая утвердилась в Бине, «была утверждена и скрыта в ней, подобно тому, как кто-то прячет всё, закрывая под один ключ». «Ключ (мифтеха)» – это Малхут атэрет Есода, установившаяся в ВАК всех парцуфов Ацилута, потому что в ВАК парцуфов «йуд י» выходит из их свойства «воздух (авир אויר)», и они становятся светом (ор אור), когда экран опускается из их никвей эйнаим в пэ, и АХАП возвращаются на ступень. И тогда, после того как есть у них АХАП де-келим, они обретают также и ГАР светов. Поэтому экран, стоящий в никвей эйнаим, носит название «мифтеха (ключ)», так как он закрывает этот парцуф от свечения ГАР в то время, когда он находится в никвей эйнаим, и снова открывает его с приходом светов ГАР, во время опускания его снова на свое место, в пэ. И поэтому он называется также «раскрытием глаз (эйнаим)».

И сказано, что «(эта печать) скрыта в ней, подобно тому, как кто-то прячет всё, закрывая под один ключ». Иными словами, хотя сам Атик и отмечен печатью нижней «хэй ה», все же та печать, которая утвердилась в Арих Анпине благодаря Атику, не похожа на печать самого Атика, потому что Арих Анпин отмечен печатью посредством «мифтехи (ключа)», т.е. атэрет Есода, которому недостает Малхут. Таким образом, в никвей эйнаим Арих Анпина управляет только атэрет Есода, а не нижняя «хэй ה». И поэтому «воздух (авир)» Арих Анпина познаваем, так как он обладает «мифтеха (ключом)». Тогда как «воздух (авир)» Атика непознаваем, поскольку в нем находится Малхут центральной точки, которая не притягивает в него ГАР. И не является противоречием сказанное здесь, что в Арих Анпине есть «гальгальта-эйнаим (ГЭ)», хотя выше мы сказали, что в нем имеется только АХАП, т.е. нижняя половина Кетера. Ведь относительно Атика есть в нем только АХАП, но относительно себя самого он является свойством «гальгальта-эйнаим (ГЭ)» и лишен АХАП[152].

Сказано: «И этот ключ надежно спрятан в одном из чертогов» – потому что Арих Анпин создал высшие Абу ве-Иму и также в Абе ве-Име утвердил недостаток ГАР светов и АХАП де-келим. И они представляют собой тот чертог, в котором упрятаны все света ГАР: ГАР де-нешама, ГАР де-хая, ГАР де-ехида. И Арих Анпин ввел в этот чертог как нижнюю «хэй ה» Атика, так и собственное свойство «мифтеха (ключ)».

Поэтому сказано: «И хотя всё упрятано в этом чертоге, основа всего – в этом ключе». «Чертог» – Бина, являющаяся «чертогом» для Хохмы, в которой есть ГАР и ВАК. В ГАР ее

---

[152] См. «Введение в науку Каббала», п. 25.

действует сила нижней «хэй ה», а в ВАК ее действует сила «мифтехи (ключа)», т.е. атэрет Есода. И хотя «всё упрятано в этом чертоге», включая нижнюю «хэй ה» Атика, всё же «основа всего – в этом ключе», т.е. только в атэрет Есода. Ибо только в ВАК Бины, в ИШСУТ, действует скрытие, т.е. отсутствие в ВАК рош де-ГАР. Тогда как в ГАР Бины, т.е. в Абе ве-Име, где нижняя «хэй ה» находится в никвей эйнаим, нет недостатка ГАР, поскольку хасадим высших Абы ве-Имы так же важны, как Хохма и ГАР.

«Этот ключ как запирает, так и открывает» – несмотря на то, что запирание и открывание производятся посредством нижней «хэй ה», расположенной в никвей эйнаим. Когда она поднимается в никвей эйнаим, то закрывает мохин де-ГАР, так как парцуф остается тогда в отсутствии АХАП келим и ГАР светов. А когда опускается из никвей эйнаим в пэ, она открывает мохин де-ГАР, чтобы они светили в парцуфе, поскольку тогда она возвращает АХАП келим и ГАР светов в парцуф. Таким образом, только сама нижняя «хэй ה» открывает и закрывает? Но вместе с тем, поскольку раскрытие мохин происходит не в ГАР, а только в ЗАТ, в которых действует сила не нижней «хэй ה», а атэрет Есода, «мифтехи (ключа)», то ГАР каждой ступени, в которых действует сила нижней «хэй ה», остаются всегда в свойстве «непознаваемый воздух». И поэтому закрывание и открывание относятся к «мифтехе», а не к нижней «хэй ה».

43) «В этом чертоге скрыты несметные сокровища, одни над другими. В этом чертоге установлены запирающие врата» – т.е. они сделаны для того, чтобы перекрывать света. «И их – пятьдесят. И они были отмечены печатью в четырех сторонах, и стали сорока девятью воротами, поскольку у одних из ворот нет стороны, и неизвестно – они наверху или внизу. Поэтому эти ворота остались закрыты».

Объяснение. Есть три вида ГАР: ГАР де-нешама, ГАР де-хая, ГАР де-ехида. И в каждом из этих трех видов есть бесконечное множество частных видов ГАР. Поэтому сказано: «Скрыты несметные сокровища, одни над другими». В то время, когда нижняя «хэй ה» расположена в никвей эйнаим, все эти ступени скрыты и непознаваемы.

И «установлены запирающие врата» – т.е. они сделаны для того, чтобы перекрывать света. «И их – пятьдесят». «Врата» – это место приема светов. И есть в них два свойства:

1. Когда они еще в скрытии, т.е. врата закрыты, заперты и не принимают ничего.
2. Когда они открыты и принимают света от высшего.

В то время, когда врата этого чертога заперты, их число – пятьдесят. Но в случае открытия ворот их всего лишь сорок девять. Число пятьдесят используется потому, что десять сфирот в основе своей являются только пятью сфирот КАХАБ ТУМ. Но поскольку Тиферет включает ВАК (шесть окончаний), их – десять. И в результате того, что каждая из этих пяти сфирот содержит десять, всего их – пятьдесят.

«И они были отмечены печатью в четырех сторонах, и стали сорока девятью вратами» – потому что запирание и открывание производится не нижней «хэй ה», а только ключом (мифтеха), т.е. атэрет Есода. Таким образом, это заверение печатью, т.е. печатями о пригодности получения, не было произведено во всех пяти сфирот КАХАБ ТУМ (Кетер-Хохма-Бина-Тиферет-Малхут), а только в четырех сфирот КАХАБ Тиферет, но не в Малхут. И четырежды десять – это сорок. Но и сама Малхут содержит десять сфирот КАХАБ ТУМ. Таким образом, она тоже может получить от «мифтехи» в свои первые девять сфирот, до своего атэрет Есода. Поэтому здесь происходит заверение печатью сорока девяти сфирот, сорок – от четырех сфирот Кетер-Хохма-Бина-Тиферет, каждая из которых состоит из десяти, и девять первых сфирот от Малхут, состоящей из десяти. И получается, что недостает только свойства Малхут де-Малхут.

«У одних ворот нет стороны, и неизвестно – они наверху или внизу. Поэтому эти врата остались заперты» – это Малхут де-Малхут, пятидесятые врата, т.е. сама нижняя «хэй ה», опускающаяся из эйнаим в пэ во время состояния гадлут. И хотя нижняя «хэй ה» опускается из никвей эйнаим высших Абы ве-Имы в пэ, и их АХАП вместе с ИШСУТ, облачающими их, соединяются в один парцуф со ступенью Аба ве-Има, и тогда нисходят в них ГАР светов, вместе с тем, Аба ве-Има не получают ничего от светов де-ГАР и остаются в свойстве «авира дахья (чистый воздух)». И это подобно тому, словно нижняя «хэй ה» вообще не опускалась из их никвей эйнаим.

И получается, что относительно ГАР Бины, т.е. высших Абы ве-Имы, неизвестно, находится ли нижняя «хэй ה» все еще наверху, в их никвей эйнаим, ведь они пока еще пребывают только в свете хасадим, как и до этого, или же нижняя «хэй ה» опустилась из никвей эйнаим в место пэ, – ведь они подняли свои келим АХАП вместе с парцуфом ИШСУТ, и наполняют ИШСУТ этими мохин де-ГАР светов, и тогда нижняя «хэй ה» должна была бы обязательно опуститься в пэ. Таким образом, если мы рассматриваем, где находится нижняя «хэй ה», то относительно высших Абы ве-Имы кажется нам, что она в никвей эйнаим, а относительно ИШСУТ мы видим ее внизу, в пэ.

И поэтому сказано: «У одних ворот нет стороны» – т.е. нет Малхут де-Малхут, са́мой нижней «хэй ה», «и неизвестно – они наверху или внизу» – поскольку относительно Абы ве-Имы она наверху, а относительно ИШСУТ она внизу. «Поэтому эти врата остались заперты» – поэтому получается, что Малхут де-Малхут не открылась вовсе. И она закрыта, как и во время состояния катнут, т.е. до того, как она опустилась в пэ. Ибо открытие ворот произошло только в ИШСУТ, у которых отсутствует нижняя «хэй ה», и «атэрет Есода» используется в них вместо нее. Однако высшие Аба ве-Има, в которых используется нижняя «хэй ה», остались закрытыми от ГАР, как и прежде.

Поэтому сказано, что «эти врата остались заперты». Однако необходимо понять, что хотя пятидесятые врата – это Малхут де-Малхут, это только в отношении келим, тогда как в отношении светов они считаются свойством ГАР де-мохин. Ведь из-за нее остались высшие Аба ве-Има в свете хасадим без ГАР, и так же – все высшие.

То есть запирание пятидесятых врат приводит к потере ГАР де-мохин на всех ступенях, и в них имеется только ВАК де-мохин. Мы также изучаем, что все «пятьдесят врат Бины», кроме одних, были переданы Моше. И это – недостаток ГАР де-мохин, потому что эти ГАР де-мохин будут светить в мирах лишь в конце исправления.

44) «В этих воротах есть один замо́к и одно узкое место, чтобы вставить в него этот ключ, и заметить и отличить его можно только благодаря оставленной этим ключом пометке. То есть узнать что-либо об этом узком месте можно лишь с помощью этого ключа». И об этом написано: «Вначале сотворил Всесильный»[153]. «Вначале» – это тот ключ, посредством которого всё скрыто, и он – закрывает и открывает. И шесть ворот включены в этот ключ, закрывающий и открывающий. Когда он закрывает эти ворота, он включает их в себя, и тогда, разумеется, написано: «Вначале (берешит בראשית)» – открытое слово, содержащее в себе скрытое слово. «Сотворил (бара ברא)» – в любом месте это скрытое слово, указывающее, что ключ закрывает и не открывает.

Пояснение сказанного. Нижняя «хэй ה» в никвей эйнаим называется «манула (замок)», поскольку она запирает света ГАР, и они не могут светить в парцуфе все то время, пока она находится наверху, в никвей эйнаим. И сказано: «В этих воротах есть один замо́к», и в этом замке есть «одно узкое место» – Есод, находящийся в нижней «хэй ה», т.е. сорок девятые врата в келим. Ибо сутью нижней «хэй ה» является свойство Малхут де-Малхут, пятидесятые врата, а Есод де-Малхут – это сорок девятые врата, «чтобы вставить в него этот ключ», потому что в Есод нижней «хэй ה» входит «мифтеха (ключ)», атэрет Есода мохин, опускающий нижнюю «хэй ה» из никвей эйнаим в пэ, и тогда открывается парцуф светами ГАР. И поэтому атэрет Есода получила название «мифтеха (ключ)».

«И отличить его можно только благодаря оставленной этим ключом пометке. То есть узнать что-либо об этом узком месте можно лишь с помощью этого ключа». «Мифтеха (ключ)» – это атэрет Есода мохин. И он входит в свойство, которое соответствует ему в нижней «хэй ה», – в Есод де-Малхут. И распознать «манулу (замок)», нижнюю «хэй ה», чтобы скрыть и запереть ГАР, можно «только благодаря оставленной этим ключом пометке», преобладающей в свойстве ЗАТ Бины, ИШСУТ, но не в нем самом, т.е. в нижней «хэй ה», преобладающей в свойстве ГАР Бины, в высших Абе ве-Име, всегда считающихся завершенным свойством ГАР. И также «манула (замок)» помечается для открывания лишь с помощью Есода де-мохин.

---

[153] Тора, Берешит, 1:1.

Манула и мифтеха (замок и ключ)

И получается, что «узнать что-либо об этом узком месте можно лишь с помощью этого ключа». «Знание» означает притяжение мохин, и поэтому сказано, что эти мохин притягиваются «лишь с помощью этого ключа», т.е. в ЗАТ Бины, где используется «мифтеха (ключ)», атэрет Есода. Однако в месте высших Абы ве-Имы, т.е. ГАР Бины, где используется не «мифтеха», а сама нижняя «хэй ה», там они остаются непознаваемыми.

Итак, выяснилось, что хотя по отношению к са́мой нижней «хэй ה» «неизвестно – они наверху или внизу»[154], вместе с тем достаточно, чтобы это было известно по отношению к парцуфу ИШСУТ, так как он с помощью нее раскрывается в мохин де-ГАР. И это потому, что в ИШСУТ есть лишь «йуд-хэй-вав יה"ו» и отсутствует Малхут, и вместо Малхут используется в нем в качестве экрана атэрет Есода. И мохин, которые опускают нижнюю «хэй ה» из никвей эйнаим в пэ, тоже используются только с экраном атэрет Есода, потому что в нижней «хэй ה» вообще не было скрытия и нехватки ГАР, что привело бы к необходимости их раскрытия. Ведь она используется в Абе ве-Име, которые всегда находятся в свойстве ГАР.

И поскольку всё скрытие и запирание происходит только в атэрет Есода, используемого в ИШСУТ, лишь атэрет Есод де-мохин является свойством «мифтеха (ключ)», опускающим нижнюю «хэй ה» из эйнаим в пэ – т.е. лишь с помощью таких же тонких келим, образовавшихся, как и они, благодаря силе экрана атэрет Есода. И поэтому делается вывод: «Узнать что-либо об этом узком месте можно лишь с помощью этого ключа» – т.е. мохин эти приходят только лишь в келим ИШСУТ, происходящие от свойства «мифтеха», атэрет Есода, а не в келим Абы ве-Имы, являющиеся свойством нижней «хэй ה», Малхут де-Малхут, и самой сутью «манулы (замка)».

Слово «вначале (берешит)», означающее Хохму, включает в себя только «мифтеху», только атэрет Есода, сорок девятые врата в келим, и не включает пятидесятые врата в келим – Малхут де-Малхут. Поэтому сказано: «"Вначале" – это тот ключ, которым всё заперто» – т.е. им производится запирание всего в состоянии катнут, «и он – закрывает и открывает» – т.е. он закрывает все мохин в состоянии катнут, когда нижняя «хэй ה»

---

[154] См. п. 43.

находится в эйнаим, и открывает их в состоянии гадлут, чтобы опустить нижнюю «хэй ה» из никвей эйнаим в пэ.

И различие в том, что раскрытие Хохмы, на которую указывает слово «вначале (берешит)», происходит только в ВАК тех ступеней, которые относятся к келим свойства «мифтеха (ключ)»[155]. Однако в ГАР парцуфов не светят мохин свойства «берешит (вначале)», так как их келим относятся не к «мифтеха (ключ)», а к нижней «хэй ה».

«И шесть ворот включены в этот ключ, закрывающий и открывающий» – потому что ему недостает ГАР мохин, и он раскрывает только лишь ЗАТ (семь нижних сфирот) мохин. И в каждой из этих семи нижних сфирот есть всего лишь ВАК, и это – семь раз ВАК. И получается, что «ключ (мифтеха)», т.е. седьмая сфира, называемая атэрет Есода, включает в себя только шесть ворот. И слова «шесть ворот включены в этот ключ, закрывающий и открывающий» указывают на то, что он притягивает лишь ВАК де-мохин.

И сказано: «"Вначале (берешит בראשית)" – открытое слово, содержащее в себе скрытое слово. "Сотворил (бара ברא)" – в любом месте это скрытое слово, указывающее, что ключ закрывает и не открывает». Иначе говоря, «вначале (берешит)» указывает на Хохму, которая является «открытым словом».

Но когда сказано: «Берешит (вначале) бара (сотворил)» – это означает, что Хохма исчезла и скрыта. Поэтому сказано: «"Вначале (берешит)" – открытое слово, содержащее в себе скрытое слово» – ведь после него написано слово «бара (сотворил)», и в любом месте «бара (сотворил)» является скрытым словом. Таким образом, «берешит (вначале) бара (сотворил)» означает, что Хохма скрылась. Стало быть, «закрывает и не открывает» означает, что Хохма скрыта и еще не открылась.

---

[155] См. выше, п. 41, со слов: «И мы уже знаем, что Атик...»

При сотворении их – при Аврааме

45) Сказал рабби Йоси: «Это, несомненно, так! Слышал я от великого светила, рабби Шимона, что "сотворил (бара)" – это скрытое слово, указывающее, что ключ закрывает и не открывает. И когда ключ еще закрывает в слове "сотворил (бара)", не было мира, и он не мог существовать, и пустота покрывала всё. И когда властвует эта пустота, нет мира, и он не может существовать».

46) «Когда же этот ключ открыл ворота и был готов к использованию и созданию порождений? Когда явился Авраам, свойство Хесед, как сказано: "Вот порождения неба и земли при сотворении их"[156]. Читай не "при сотворении их (бе-ибарам בהבראם)", а "при Аврааме (бе-Авраам באברהם)". И тогда (раскрылось) всё, что было скрыто в слове "бара (сотворил)", – снова вернулись буквы, т.е. келим, и открылись для использования. И вышел столп, создающий порождения, "эвар (אבר часть)", святой Есод, на котором держится мир. Ибо "бара (ברא сотворил)" – те же буквы, что и "эвар (אבר часть)"».

Пояснение сказанного. Здесь задается вопрос: «Когда же этот ключ открыл ворота и был готов к использованию и созданию порождений?» В этом вопросе есть три аспекта:
1. «Открыл ворота» – это опускание нижней «хэй ה» из никвей эйнаим в пэ, и тогда открываются сорок девять ворот с помощью мохин Хохмы.
2. «Был готов к использованию» – благодаря облачению Хохмы в свет хасадим, и до облачения света Хохмы в свет хасадим АХАП не могли получить мохин Хохмы, хотя и соединились уже с «гальгальта-эйнаим (ГЭ)» как одна ступень. Ведь без облачения хасадим, МИ не может светить в ЭЛЕ, и ЭЛЕ еще скрыты в имени. И считается, что мохин еще не готовы к использованию для нижнего.
3. «И созданию порождений» – означает порождение душ, поскольку после получения Зеир Анпином этих мохин во всей их полноте, он совершает зивуг с Нуквой и порождает души праведников.

---

[156] Тора, Берешит, 2:4.

И ответ: «Когда явился Авраам». Все буквы, которые были сокрыты словом «бара (сотворил)», снова стали использоваться. Авраам – Хесед Зеир Анпина в состоянии гадлут, когда Хесед становится Хохмой. А прежде, чем явился Авраам, всё было скрыто в слове «бара (сотворил)», и пустота властвовала над миром, т.е. ЗОН, и не было тогда у ЗОН ни хасадим, ни Хохмы. А когда явился Авраам, т.е. свет Хесед, наполняющий Зеир Анпин, открылись ворота под воздействием Хохмы, потому что нижняя «хэй ה» опустилась из эйнаим в пэ, и ИШСУТ соединились с Аба ве-Има в одну ступень, и в ИШСУТ низошли ГАР светов, т.е. свет Хохмы.

И после того, как у Зеир Анпина уже был свет хасадим от Авраама, облачился свет Хохмы в свет хасадим. И тогда соединились буквы ЭЛЕ с МИ, и восполнилось имя ЭЛОКИМ, и мохин облачились в Зеир Анпин. Поэтому сказано, что когда пришел Авраам, буквы снова начали использоваться, т.е. низошли мохин Хохмы в хасадим и облачились в Зеир Анпин. «И вышел столп, производящий порождения» – потому что нижняя «хэй ה» опустилась тогда из никвей эйнаим Зеир Анпина в пэ, и он тоже приобрел недостающие ему Бину, Зеир Анпин и Нукву, которые называются у него новыми НЕХИ (Нецах-Ход-Есод), с Есодом состояния гадлут, называемым «часть святой основы (есод), на которой держится мир» – потому что с помощью этой части (эвар) он наполняет Нукву, называемую «нижний мир», и порождает души праведников.

И это – в общем виде. Однако порядок притяжения мохин в частном виде будет выяснен далее.

47) Когда этот «эвар (אבר)» записан в слове «бара (ברא)», тогда высший, который скрыт, производит другую запись во имя Его и во славу Его, и это – «МИ (מי)» и «бара (ברא) ЭЛЕ (אלה)». И также святое благословенное имя МА (מה) было записано и извлечено из слова «бара (ברא)» – «эвар (אבר)». И оно записано в ЭЛЕ (אלה) с одной стороны, а в «эвар (אבר)» – с другой стороны. Скрытое и святое имя ЭЛЕ (אלה) существует, и «эвар (אבר)» существует. И когда завершается одно, завершается и другое. Отметил этот «эвар (אבר)» буквой «хэй ה», и отметил ЭЛЕ (אלה) буквой «йуд י».

Пояснение сказанного. Теперь выясняются частные особенности мохин Зеир Анпина, которые ранее были приведены в общем виде. И говорится, что в то время, «когда "эвар (אבר часть)" записан в слове "бара (ברא сотворил)", тогда высший, который скрыт, производит другую запись во имя Его и во славу Его, и это – "МИ (מי)"». Дело в том, что «эвар (אבר)» – это Есод и атара, а «бара (ברא)» указывает на запирание ГАР вследствие подъема нижней «хэй ה» в никвей эйнаим. А атара этого эвара (אבר) записывается в нижней «хэй ה», находящейся в никвей эйнаим, – т.е. так же как сказано, что манула (замо́к), т.е. нижняя «хэй ה», распознается только с помощью мифтехи (ключа), т.е. атэрет Есода[157].

И это означают слова: «Высший, который скрыт» – т.е. высшие Аба ве-Има, записанные в нижней «хэй ה», «производит теперь другую запись» – в их собственной ма́нуле (замке), т.е. запись ми́фтехи (ключа), которая является атарой этого эвара. И тогда (высший) называется «МИ (מי), к которому относится вопрос»[158] – готовый принять МАН и опустить нижнюю «хэй ה» из эйнаим, и поднять для них буквы ЭЛЕ (אלה), АХАП, которыми притягиваются ГАР светов. Но прежде, чем нижняя «хэй ה» была отмечена записью этого эвара (אבר), не было никакой реальной возможности притянуть ГАР. Ведь сама нижняя «хэй ה» – это пятидесятые врата, которые не открываются в ГАР, и поэтому до того, как она отмечена мифтехой (ключом) эвара, не называется МИ, так как к ней не относится вопрос.

И поэтому сказано: «Когда этот "эвар (אבר)" записан в слове "бара (ברא)"» – в тот момент, когда нижняя «хэй ה», относящаяся к слову «бара (ברא)», получила запись в виде «эвар (אבר)», являющегося ключом (мифтеха), «высший, который скрыт, производит теперь другую запись во имя Его и во славу Его, и это – "МИ (кто)"» – именно в это время Аба ве-Има производят запись мифтехи в нижней «хэй ה», находящейся в их никвей эйнаим, чтобы она была достойна называться «МИ, ждущий вопроса», и притянуть мохин де-ГАР, так как эти мохин притягиваются только с помощью записи «мифтехи (ключа)».

---

[157] См. п. 44.
[158] См. выше, статью «Кто создал их», п. 8.

«И бара (сотворил) ЭЛЕ (их)» – после того, как замо́к (манула), находящийся в слове «бара (ברא)», был отмечен записью мифтехи (ключа), в виде «эвар (אבר)», и стал свойством МИ, тогда «МИ (מי) сотворил ЭЛЕ (אלה)» – т.е. опустилась нижняя «хэй ה» из никвей эйнаим в пэ, подняв АХАП, буквы ЭЛЕ (אלה), в рош, и были притянуты ГАР. И «бара (сотворил) ЭЛЕ (их)» означает скрытие, потому что нет в них еще облачения хасадим. И буквы ЭЛЕ (אלה), которые поднялись, еще скрыты в имени, и не могут раскрыться без облачения хасадим.

«И также святое благословенное имя МА (מה) было записано и извлечено из слова "бара (ברא)" – "эвар (אבר)"». Малхут, которая опустилась из эйнаим в пэ, называется МА, так как нижний мир называется МА. И тот экран, который был раньше в никвей эйнаим, сейчас опустился в пэ, и на него был совершен зивуг, породивший ступень хасадим, свет благословения. И благодаря этому, было устранено скрытие слова «бара (ברא)», и оно превратилось в «эвар (אבר)» – Есод, наполняющий свойством хасадим.

И сказано: «И также святое благословенное имя МА (מה) было записано и извлечено из слова "бара (ברא)" – "эвар (אבר)"» – поскольку еще недоставало в буквах ЭЛЕ (אלה) света хасадим, чтобы облачиться в них. Поэтому ЭЛЕ (אלה) были еще скрытыми в имени, а с помощью света благословения МА (מה) было открыто скрытие слова «бара (ברא)», и оно превратилось в «эвар (אבר)», дающего.

«И оно записано в ЭЛЕ (אלה) с одной стороны, а в "эвар (אבר)" – с другой стороны». Сейчас выявились в них две ступени, одна против другой. ЭЛЕ (אלה) – это АХАП с мохин Хохмы, которые всё еще лишены хасадим с этой стороны. А «эвар (אבר)» – Есод, который получил ступень хасадим от МА (מה), стоит против него с другой стороны, и лишен Хохмы.

И поэтому сказано: «Скрытое и святое имя ЭЛЕ (אלה) существует, и "эвар (אבר)" существует». Ибо имя ЭЛЕ (אלה), приобретшее мохин Хохмы, называемые святостью, находится в скрытом виде с одной стороны в парцуфе, а против него находится «эвар (אבר)» на ступени хасадим в парцуфе. «И когда завершается одно, завершается и другое» – потому что оба они вышли благодаря опусканию нижней «хэй ה» из никвей эйнаим в пэ. Ибо «эвар (אבר)» вышел в силу МА (מה), находящегося в пэ, и также ЭЛЕ (אלה), т.е. АХАП, поднялись наверх в силу того, что Малхут стала под ними в пэ. Таким образом, при завершении одного завершается другой, поскольку приходят они одновременно.

«Отметил этот "эвар (אבר)" буквой "хэй ה", и отметил ЭЛЕ (אלה) буквой "йуд י"». Ибо «хэй ה» указывает на экран, образующий только ступень хасадим без Хохмы, поскольку это Малхут, которая не готова получать Хохму, а только хасадим. А «йуд י» указывает на экран захара, способный получать Хохму. Поэтому «отметил этот "эвар (אבר)" буквой "хэй ה"» – экраном МА (מה), притягивающим только хасадим без Хохмы. «И отметил ЭЛЕ (אלה) буквой "йуд י"» – экраном захара, притягивающим Хохму, но не хасадим.

48) Когда пробуждаются буквы «эвар (אבר)» «хэй ה», и буквы ЭЛЕ (אלה) «йуд י», чтобы восполнить одну и другую стороны, Он производит букву «мэм ם». Одно (имя) берет «мэм ם» в одну сторону – в сторону букв ЭЛОКИ (אלהי), а другое берет «мэм ם» в другую сторону – в сторону букв «эварэ (אברה)». И завершается святое имя, образуя сочетание ЭЛОКИМ (אלהים). И завершается также имя Авраам (אברהם). Поэтому сказано: «И когда завершается одно, завершается и другое»[159].

А есть полагающие, что Творец взял буквы МИ (מי) и присоединил их к буквам ЭЛЕ (אלה), и образовалось сочетание ЭЛОКИМ (אלהים). И взял Творец буквы МА (מה) и присоединил их к «эвар (אבר)», и образовалось сочетание Авраам (אברהם). Слово МИ (מי, 50) указывает на пятьдесят врат Бины. И есть в слове МИ (מי) буква «йуд י» – первая буква святого имени. А слово МА (מה) указывает на числовое значение святого имени, ибо АВАЯ (הויה) с наполнением «алеф א» в гематрии МА (מה, 45).

И есть в слове МА (מה) вторая буква святого имени АВАЯ (הויה), буква «хэй ה», как сказано: «Счастлив народ, у которого Творец (АВАЯ) – Всесильный (Элоким) его»[160]. И сказано: «Подвесил землю ни на чем (бли-ма, без МА)»[161], что указывает

---
[159] См. п. 47.
[160] Писания, Псалмы, 144:15.
[161] Писания, Йов, 26:7.

на числовое значение имени АВАЯ (הויה) с наполнением «алеф א», в гематрии МА (מה, 45). И тогда были основаны два мира: с помощью «йуд י» – будущий мир, а с помощью «хэй ה» – этот мир. Иначе говоря, с помощью МИ (מי) сотворил будущий мир, а с помощью МА (מה) сотворил этот мир. И это указывает на сотворенное наверху и внизу.

И тогда произвел порождения, и вышло полное имя – то, чего не было прежде. Как сказано: «Вот порождения неба и земли при сотворении их (бе-ибарам בהבראם)» – те же буквы, что и в словах «при Аврааме (бе-Авраам באברהם)», так как все порождения были зависимыми, без совершенства. А после того, как образовалось имя Авраам, завершилось святое имя, как сказано: «В день создания Творцом (АВАЯ) Всесильным (Элоким) неба и земли». «В день создания (הבראם)» означает – в день, когда они были завершены с помощью имени Авраам (אברהם). И тогда упоминается имя АВАЯ, а до тех пор в Торе не упоминается имя АВАЯ.

И эти две ступени – свет Хохмы в ЭЛЕ (אלה) и свет хасадим в МА (מה) – пробудились, чтобы восполнить друг друга, т.е. облачиться друг в друга. И тогда, после того как облачилась Хохма в хасадим, произвел Он букву «мэм ממ» – Малхут, получающую от этих двух ступеней вместе.

«Одно (имя) берет эту "мэм מ" в одну сторону» – в сторону букв ЭЛОКИ (אלהי), «а другое берет эту "мэм מ" в другую сторону» – в сторону букв «эварэ (אברה)». «И завершилось святое имя, образовав сочетание ЭЛОКИМ (אלהים). И завершилось также имя Авраам (אברהם)» – поскольку есть теперь четыре буквы ЭЛОКИ (אלהי). И также отпечаталась в этом «эваре (אבר)» буква «хэй ה», и есть там четыре буквы «эварэ (אברה)».

И теперь, после того как буквы восполнили друг друга, когда облачились эти две ступени, Хохма и хасадим, друг в друга, произвел Он букву «мэм ממ» – Малхут, получающую от всех. «Один взял эту "мэм מ" в одну сторону – в сторону букв ЭЛОКИ (אלהי), а другой взял эту "мэм מ" в другую сторону – в сторону букв "эварэ (אברה)"». Когда буквы ЭЛОКИ (אלהי) принимают «мэм מ», завершается святое имя, и образуется сочетание ЭЛОКИМ (אלהים). И также буквы «эварэ (אברה)» принимают «мэм מ», и завершается также имя Авраам (אברהם).

При сотворении их – при Аврааме

«А когда завершилось это имя Авраам (אברהם), завершилось святое имя» – поскольку это две ступени, Хохма и хасадим, которые нуждаются друг в друге. Поэтому не завершается святое имя, прежде чем завершается имя Авраам.

Видение рабби Хия

49) Рабби Хия повергся на землю, поцеловал прах земной и, заплакав, сказал: «Прах, прах, насколько ты неподатлив, насколько ты упорен. Все, кто дорог глазу, разлагаются в тебе, светочей всего мира поглощаешь ты, превращая в ничто. Насколько же ты дерзок. Великое светило, наполнявшее светом мир, великий правитель, назначенный над миром, заслугами которого держится мир, уничтожен тобой – рабби Шимона, свет источника, свет миров, превратил ты в прах. И ты существуешь и управляешь миром». Но тут же смутился и сказал: «Прах, прах, не возносись в гордыне, ибо столпы мира не будут преданы тебе. Ведь рабби Шимон не поглощен тобой».

Необходимо как следует понять, почему рабби Хия повергся на землю. Основная тема, которую обсуждают рабби Хия и рабби Йоси, вместе отправившись в путь, это закрытые врата, Малхут де-Малхут, которая ничего не получает от всех высших мохин, приходящих в течение шести тысяч лет до наступления окончательного исправления. И рабби Йоси ответил рабби Хия от имени рабби Шимона, что, конечно же, эти врата остаются запертыми, и всё совершенство только в «мифтеха (ключе)». И это их очень обеспокоило, и тогда рабби Хия пришел в сильное волнение, «повергся на землю, поцеловал прах земной и, заплакав, сказал: "Прах, прах, насколько ты неподатлив, насколько ты упорен"».

И сказанное им «все, кто дорог глазу, разлагаются в тебе» означает, что из-за греха Адама Ришона отделились от него все души и попали в плен к клипот, которые держат у себя все души мира. И Адам Ришон своим возвращением исправил только лишь свою часть, и ее тоже не в полном совершенстве, а вслед за ним (исправились) также и души, выявляющиеся в каждом поколении, благодаря возвращению и хорошим деяниям до конца исправления. И получается, что все возвышенные души, относящиеся к ступеням ехида и ГАР де-хая и зависящие от этого выяснения и зивуга на Малхут де-Малхут, называемую «запертые врата», у которой нет выяснения и зивуга, – все эти души поглощаются прахом, т.е. клипот.

Видение рабби Хия

И о них сказано: «И вот – слезы угнетенных, и нет у них утешителя»[162], потому что клипа праха властвует над ними с дерзостью и упорством, будучи уверенной в своих силах – ведь нет того, кто сможет спасти их от руки ее. Поэтому плакал рабби Хия и сказал праху, т.е. клипот: «Насколько ты неподатлив, насколько ты упорен, – все, кто дорог глазу, разлагаются в тебе» – так как все самые возвышенные души, которые дороги глазу, «разлагаются в тебе» без всякой надежды на спасение.

«Светочей всего мира разлагаешь ты, превращая в ничто» – все праведники мира, светящие миру, тоже лишены совершенства по той причине, что эти возвышенные души находятся в плену. Ибо все души включены друг в друга. И получается, что они тоже «поглощаются тобой, превращаясь в ничто», в силу дерзости этого праха.

Но «рабби Шимон не уничтожен тобой». Вначале он хотел сказать, что и рабби Шимон поглощен этим прахом, потому что слышал от рабби Йоси, что он тоже согласен с тем, что эти врата заперты, и невозможно раскрыть их. Но затем смутился и сказал: «Если рабби Шимон поддерживает все миры и управляет ими, как может быть, чтобы он не был наполнен всем совершенством?!» «Но тут же смутился», т.е. опомнился, и сказал: «Нет сомнения, что рабби Шимон не поглощен тобой, и он, безусловно, находится в полном совершенстве» – но сам он (рабби Хия) не в состоянии понять, как такое возможно.

50) Встал рабби Хия и с плачем отправился дальше, и вместе с ним рабби Йоси. Сорок дней постился он с того дня, чтобы увидеть рабби Шимона. Сказали ему: «Недостоин ты видеть его». Плакал и постился еще сорок дней. Показали ему в видении рабби Шимона и рабби Эльазара, сына его, которые были заняты обсуждением того самого слова, о котором говорил рабби Йоси от имени рабби Шимона[163], и многие тысячи внимали им.

Объяснение. Пораженный тем, что красота поглощается прахом, он возжелал увидеть ступень рабби Шимона, поскольку пришел к выводу, что рабби Шимон не поглощен прахом.

---

[162] Писания, Коэлет, 4:1.
[163] См. п. 45.

51) Тем временем он увидел несколько больших высших крыльев, и рабби Шимон и рабби Эльазар, сын его, вознеслись на них, поднявшись в собрание небосвода. И все эти крылья ждали их. Увидел он, что рабби Шимон и рабби Эльазар возвращаются, озаренные новым светом, и сияние их было ярче света солнца.

Объяснение. Высшее собрание – это собрание Творца. Собрание небосвода – это собрание Матата. Крылья – это ангелы, помогающие душам подняться со ступени на ступень. И так же как душа нуждается в поддержке этих крыльев для своего подъема, она нуждается в их поддержке для возвращения на свое место. И все эти крылья ждали их, чтобы вернуть назад. Увидел он их возвращающимися из собрания небосвода на свое место, в собрание рабби Шимона, и новое сияние их лика было ярче света солнца.

52) Заговорил рабби Шимон, сказав: «Пусть войдет рабби Хия и посмотрит, насколько Творец обновляет лик праведников в будущем мире. Счастлив тот, кто приходит сюда без стыда, и счастлив тот, кто стоит в том мире, как столп, прочный во всех отношениях». И видел рабби Хия самого себя входящим, и рабби Эльазар встал, и также все остальные столпы мира, которые сидели там, встали перед рабби Хия. А он, рабби Хия, испытывал стеснение, и вошел, принизив себя, и сел у ног рабби Шимона.

Объяснение. Рабби Шимон намекнул ему: «Счастлив тот, кто приходит сюда без стыда». И также видел он, что рабби Эльазар и остальные столпы мира не испытывают стыда. Но самому рабби Хия было стыдно из-за того, что красота поглощается прахом, а у него нет сил постоять за них. И поэтому сказано, что он «испытывал стеснение, и вошел, принизив себя, и сел у ног рабби Шимона».

53) Возник голос и сказал: «Опусти глаза, не поднимай головы своей и не смотри». Опустил он глаза и увидел свет, светивший издали. Прежний голос снова сказал: «Высшие, скрытые и недоступные, глаза которых зорко следят за всем миром, всмотритесь и увидите! Нижние, спящие, свет ваших глаз не проходит через зрачки ваши, пробудитесь!» После того, как послушался опустить глаза вниз и не поднимать головы,

удостоился услышать это воззвание, благодаря которому постиг всё желаемое.

«Высшие, скрытые и недоступные, глаза которых зорко следят за всем миром, всмотритесь и увидите! Нижние, спящие, свет ваших глаз не проходит через зрачки ваши, пробудитесь!» – это воззвание пробуждает все души, которые следуют указаниям рабби Шимона, как те, которые там были, так и те, которые не находились там. Воззвание вышло ко всем душам праведников и поделило их на две группы:

1. Высшие святые, скрытые и недоступные, удостоившиеся прозрения и возможности наблюдать за всем миром. Их оно призывает всмотреться и увидеть – т.е. притянуть высшие света вместе со второй группой, как одно целое.

2. Все те станы, которые проходят изгнание, (следуя) за Творцом и Шхиной Его, и проходят изгнание, (отдаленные) от Шхины Его. Называет их нижними, спящими, и глазницы скрывают свет их глаз, – их оно призывает к пробуждению.

54) «Кто из вас превратил тьму в свет и может ощутить сладость в горечи еще до своего появления здесь?!» – т.е. пока он еще живет в этом мире, «кто из вас каждый день ждет света, появляющегося в тот час, когда Царь пробуждает зарю (досл. лань), и тогда восходит слава Царя, и называется он Царем над всеми царями мира?! У того, кто не ждет этого каждый день, находясь в этом мире, нет доли здесь».

Объяснение. Это воззвание подчеркивает основное достоинство каждой из групп, желательное для них:

1. О достоинстве первой группы говорится: «Кто из вас превратил тьму в свет и может ощутить сладость в горечи». Это – души Ацилута, потому что в мирах БЕА «одно против другого создал Творец» – тьму в противоположность свету, горькое в противоположность сладкому. И поэтому в Торе миров БЕА есть пригодное и непригодное, нечистое и чистое, запретное и разрешенное, святое и будничное, тогда как вся Тора Ацилута представляет собой только имена Творца, и нет там ничего будничного. Имя Лаван-арами считается там святым, и также имя Фараон, и все имена, которые в мирах БЕА представляют

собой клипу и нечистоту, являются там именами святыми и возвышенными. Стало быть, только те души, которые удостоились света мира Ацилут, обращают всю тьму в свет, и всю горечь – в сладость.

2. О достоинстве второй группы говорится: «Кто из вас каждый день ждет света, появляющегося в тот час, когда Царь пробуждает зарю (досл. лань), и тогда восходит слава Царя, и называется он Царем над всеми царями мира» – те, которые следуют за Шхиной, пребывающей в одиночестве, и ждут непрестанно, когда же Творец поднимет Шхину из праха. А у тех, «кто не ждет этого каждый день, находясь в этом мире, нет доли здесь».

55) Между тем, он увидел многих из товарищей вокруг всех стоящих там столпов, и увидел, что поднимают их в собрание небосвода. Одни поднимаются, другие опускаются. А выше всех увидел он обладающего крыльями, т.е. Матата, который приближался.

Объяснение. Когда раздавался призыв, он увидел множество душ праведников, относящихся к этим двум группам, «вокруг всех стоящих там столпов», т.е. тех душ праведников, которые уже были в собрании рабби Шимона. И он видел, как они поднимаются в собрание небосвода. Одни из них поднимались, другие опускались, – поскольку первая группа поднималась, а вторая опускалась. Поэтому сказано: «Одни поднимаются, другие опускаются» – потому что они таким образом помогают друг другу, согласно раздающемуся призыву. И первой группе голос сказал: «Всмотритесь и увидите». А второй группе сказал: «Пробудитесь».

И увидел он, что вследствие пробуждения всех этих душ, т.е. благодаря взаимодействию этих двух групп, спустился Матат из своего собрания в собрание рабби Шимона и дал им клятву. Поэтому сказано: «А выше всех увидел он обладающего крыльями, который приближался. И тот дал клятву». «Выше всех» означает то же самое, что и «благодаря взаимодействию их всех». А «обладающий крыльями» – это Матат.

56) Ангел Матат дал клятву, что слышал по ту сторону экрана, как Царь беспокоится и вспоминает каждый день о лани,

которая лежит, повергнутая в прах. В этот час Он ударяет в триста девяносто небосводов, и все они, потрясенные и испуганные, предстают перед Ним. И тогда Царь роняет слезы, скорбя о повергнутой в прах Шхине. И эти слезы, жгучие как огонь, падают в великое море, и благодаря этим слезам встает и получает силы правитель, назначенный над этим морем, зовущийся Рахав. И он благословляет имя святого Царя, и обязуется поглотить все воды, созданные в начале творения, вобрав их в себя в час, когда народы соберутся вместе, поднявшись на святой народ, и воды эти высохнут, и пройдут по суше.

Объяснение. Он дал клятву в том, что Царь беспокоится и вспоминает каждый день о лани, повергнутой в прах, т.е. о святой Шхине. Однако не имеется в виду вся Шхина, так как в этом не было необходимости клясться, поскольку это ясно всем. Но подразумевается только Малхут де-Малхут, которая, как полагал рабби Хия, находится в плену, среди клипот, и покинута окончательно. Поэтому, «заплакав, сказал праху: "Насколько ты неподатлив, насколько ты упорен. Все, кто дорог глазу, разлагаются в тебе, светочей всего мира поглощаешь ты, превращая в ничто"». И поэтому она называется «лань, повергнутая в прах».

И здесь эта великая тайна открылась рабби Хия благодаря Матату, который явился в собрание рабби Шимона и дал клятву в том, что «Царь беспокоится и вспоминает каждый день о лани, повергнутой в прах». Каким же образом она раскрывается, мы увидим, выяснив сказанное Мататом.

«В этот час Он ударяет в триста девяносто небосводов, и все они, потрясенные и испуганные, предстают перед Ним». Ударным слиянием (зивуг де-акаа) высшего света с экраном называется состояние, когда высший свет производит удары по экрану, – т.е. этот высший свет ударяет, желая распространиться ниже границы экрана, а экран препятствует ему, возвращая высший свет обратно. И это возвращение называется отраженным светом, поднимающимся от экрана снизу вверх и облачающим высший свет[164].

---

[164] См. «Введение в науку Каббала», п. 14.

И понятие «триста девяносто небосводов» заключается в следующем. Экран называется «разделяющим небосводом», и он включает в себя четыре свойства ХУБ (Хохма и Бина) ТУМ (Тиферет и Малхут), обозначаемые четырьмя буквами АВАЯ. Вследствие подслащения Малхут в Бине, экран получает свойства Бины, а сфирот Бины обозначаются сотнями. Таким образом, эти четыре свойства экрана ХУБ ТУМ достигают числа «четыреста». Однако на Малхут нижней «хэй ה» не происходит зивуга, так как она является свойством «запертые ворота». Поэтому считается, что тем «ста», которые относятся к сфире Малхут, т.е. к нижней «хэй ה», недостает «десять» от свойства Малхут де-Малхут, и в ней есть только девять первых сфирот, приравниваемых к «девяносто».

Именно поэтому экран, называемый небосводом, с которым высший свет соединяется в ударном слиянии (зивуг де-акаа), называемом ударом, содержит не четыреста, а триста девяносто (небосводов), и ему недостает десяти, т.е. свойства Малхут де-Малхут. Поэтому называется этот небосвод именем «триста девяносто небосводов». И сказано, что «Он ударяет по тремстам девяноста небосводам», каждый день, во время зивуга со Шхиной, чтобы извлечь (ее из состояния) «лань, повергнутая в прах», т.е. ее недостает в этом зивуге, ибо она – те «десять», которых недостает «четыремстам».

«И все они, потрясенные и испуганные, предстают перед Ним» – потому что соударение экрана с высшим светом происходит «в трепете и тревоге», т.е. из-за страха получить сверх меры.

«И тогда Царь роняет слезы». Мохин ступени Хохма называются «эйнаим (глаза)», так как пять сфирот рош называются гальгальта-эйнаим и озен-хотем-пэ[165] (АХАП). И так же как капли, которые глаза выделяют из себя наружу, называются слезами, так же и капли, которые выделяются наружу ступенью Хохма, называются слезами.

И выделение этих капель происходит вследствие ударного слияния (зивуг де-акаа). Ибо высший свет, нисходящий к нижнему, встречается с экраном, сталкиваясь и соударяясь с ним,

---

[165] Досл. лоб-глаза и уши-нос-рот.

и хочет распространиться ниже границы экрана. Но в то же мгновение экран преодолевает его напор и отталкивает назад, не позволяя ему перейти границу.

Но тем временем, прежде чем экран успевает оттолкнуть его назад, невольно проникают туда очень маленькие капли высшего света, падая ниже границы экрана, и даже всей стремительности экрана не хватает, чтобы отразить их над собой. И знай, что эти капли не могут включиться в ступень Хохмы, выходящей в нижнем, так как у них нет облачения отраженного света. И они выделяются и выходят из парцуфа Хохма, и называются они «слезами».

И поэтому, когда мирского человека переполняет чувство милосердия и любви к своему товарищу, у него текут слезы из глаз. И это исходит от корня духовных слез, о которых уже говорилось, потому что любая духовная сущность, имеющая место в высших, ударяет в материальные создания, порождая в них свою ветвь. Ведь высший свет сталкивается с экраном и бьет по нему, чтобы пройти его границу, потому что высший свет всегда исходит только из Бесконечности, находящейся выше мира сокращения, и там не признаются никакие границы.

И поскольку высший свет стремится и жаждет распространиться в нижнего, – как сказано: «Пожелал Творец пребывать в нижних», и также «пребывание Шхины в нижних является высоким требованием», – он сталкивается с экраном и, желая пройти его границу, ударяет его. Однако экран заставляет его вернуться назад в виде отраженного света. Но тем временем слезы выходят наружу.

Ведь эти слезы исходят от чувства милосердия и любви к нижнему. Поэтому и в материальной ветви, в тот момент, когда все сокровенное в человеке пробуждает в нем милосердие и любовь к товарищу, всегда выступают слезы. Но духовные слезы не исчезают, в отличие от материальных.

«И эти слезы, жгучие как огонь, падают в великое море». Как сказано: «Ибо сильна как смерть любовь, тяжка как ад ревность, огонь ее – огонь сжигающий – пламя Творца!»[166] Ведь

---

[166] Писания, Песнь песней, 8:6.

эти слезы являются проявлением чувства милосердия и любви, исходящих со стороны высшего света к нижнему. И то же самое мы видим в материальной ветви – в то время, когда человек ощущает, что всё его существо охвачено любовью и милосердием к товарищу, то слезы его обжигают столь же сильно, как и пламя охватившего его чувства. И то же самое – те слезы, о которых сказано «жгучие как огонь», ведь «огонь ее – огонь сжигающий – пламя Творца!». Поэтому сказано: «Эти слезы, жгучие как огонь, падают в великое море». Малхут со стороны Хохмы называется великим морем, потому что от нее простираются «многочисленные воды вздымающихся волн морских»[167].

«И благодаря этим слезам встает и получает силы правитель, назначенный над этим морем, зовущийся Рахав» – тот правитель моря, который был повержен во время сотворения мира. Как истолковывают мудрецы отрывок «и поражает Рахава разумом Своим»[168] – в тот момент, когда было указано ему: «Да стекутся воды в единое место»[169], он не захотел вобрать в себя воды начала творения[170]. Но благодаря этим слезам, падающим в великое море, он «встает и получает силы» – т.е. благодаря им постоянно возрождается к жизни.

Сказано об этом: «И он благословляет имя святого Царя, и берется поглотить все воды, созданные в начале творения» – потому что во время создания мира ни одно исправление не достигает Малхут де-Малхут, ведь Создатель произвел исправление миров АБЕА подъемом МАН от Бины, а не от Малхут, и этого было достаточно только для девяти первых сфирот Малхут, но не для Малхут де-Малхут.

Сказанное «ты – народ Мой (ами́)»[171] означает: «Со Мной (ими́) вы в сотрудничестве» – т.е. «Я начал миры, а вы завершаете их», потому что всё исправление Малхут де-Малхут возложено только на нижних. И поэтому, когда было сказано правителю моря: «Да стекутся воды в единое место»[169], он отказался, не пожелав поглотить все воды, созданные в начале

---

[167] Писания, Псалмы, 93:4. «Громче рокота, который издают многочисленные воды вздымающихся волн морских».
[168] Писания, Йов, 26:12.
[169] Тора, Берешит, 1:9.
[170] Вавилонский Талмуд, трактат Бава Батра, лист 4:1.
[171] Пророки, Йешаяу, 51:16.

творения, – ведь клипот возобладали бы в нем из-за отсутствия исправления Малхут де-Малхут, – и потому был повержен.

Однако эти слезы выявляют и исправляют Малхут де-Малхут, и потому они оживляют правителя моря, чтобы тот мог встать и освятить имя святого Царя, т.е. выполнить указание Господина своего, поглотив все воды начала творения. И тогда будут отменены все клипот в мире, и все силы этого грешника, и «стекутся воды в единое место»[169] – в мир Ацилут. И мир Ацилут распространится в равной мере со свойством «раглаим (ноги)» мира Адам Кадмон, вплоть до этого мира, и произойдет окончательное исправление, потому что миры БЕА снова станут миром Ацилут.

Поэтому сказано: «В час, когда народы соберутся вместе, поднявшись на святой народ» – так как это произойдет в будущем, во время окончательного исправления, когда все народы мира соберутся все вместе, чтобы уничтожить Исраэль. И тогда раскроется, что правитель моря поглотит все воды начала творения. «И воды эти высохнут, и пройдут по суше» – и тогда высохнут эти воды, и сыновья Исраэля пройдут по суше. Как сказано: «Как в дни исхода твоего из земли египетской, явлю ему чудеса»[172] – но это было только началом, поскольку произошло только возле Конечного моря и только лишь в то время. Но в конце исправления «уничтожит Он смерть навеки».

И Матат, таким образом, прояснил данную им клятву, что «Царь беспокоится и вспоминает каждый день о лани, повергнутой в прах». Ведь даже слияние (зивуг), которое Он совершает каждый день со своей Шхиной, происходит лишь в трехстах девяноста небосводах, т.е. только в девяти первых сфирот Малхут, а Малхут де-Малхут остается повергнутой в прах, и нам кажется, что Царь не помнит о ней вообще. Но это не так, поскольку Он вспоминает о ней в каждом зивуге, и при каждом зивуге слезы выходят наружу в силу ударов, наносимых по тремстам девяноста небосводам, и не исчезают, а падают в великое море, Малхут де-Малхут, раз за разом получающую свое исправление с помощью этих слез.

---

[172] Пророки, Миха, 7:15.

И в той же мере все больше возрождается к жизни правитель моря, пока слезы не соберутся в мере, достаточной для того, чтобы выявить всю Малхут. И это произойдет в тот момент, когда соберутся сразу все народы против Исраэля, и тогда возродится к жизни правитель моря и поглотит все воды начала творения, ибо Малхут де-Малхут получит исправление во всей своей полноте. Ведь «Царь вспоминает о лани каждый день», пока она не получит исправление во всей своей полноте.

И здесь раскрылось рабби Хия всё, о чем он просил, ибо увидел он, что ничто не поглощается прахом, а наоборот, каждый день на него совершается зивуг, как поклялся ему Матат.

57) Тем временем он услышал голос: «Освободите место, освободите место! Царь Машиах[173] прибывает в собрание рабби Шимона!» – потому что все праведники там являются главами собраний, и эти собрания известны там. И все товарищи, из всех собраний, поднимаются из этого собрания в собрание небесвода. И Машиах прибывает во все эти собрания и утверждает Тору, исходящую из уст этих мудрецов. В этот час в собрание рабби Шимона является Машиах, увенчанный высшими украшениями от глав этих собраний.

Объяснение. Благодаря силе этого великого раскрытия, заключенной в клятве Матата, т.е. раскрытия конца (дней), очень возвысились все праведники, находившиеся в собрании рабби Шимона, и тем более, те две группы праведников, которые стали причиной прихода Матата и его клятвы, и благодаря этому добились самых замечательных достижений. И удостоились все достичь ступеней глав собрания.

Во всех этих собраниях есть члены собрания, а над ними есть главы собрания. И различие между ними – как различие между ВАК и ГАР этой ступени. И в то время, когда Матат раскрыл тайну того, что произойдет в конце, раздался голос, произнесший: «Освободите место! Ибо царь Машиах идет» – поскольку то, что произойдет в конце, связано с царем Машиахом. И он объясняет, что все праведники собрания рабби Шимона удостоились этого, так как все праведники там являются главами собрания. Ведь для того, чтобы стать достойным лицезреть

---

[173] Досл. Царь-избавитель.

Машиаха, необходимо уподобиться ему по свойствам. А царь Машиах – это свет ехида. Поэтому, если бы не удостоились все товарищи достичь свойства глав собраний, они не удостоились бы лицезреть Машиаха.

И сказано, что «эти собрания известны там, и все товарищи, из всех собраний, поднимаются из собрания, находящегося здесь, в собрание небосвода». Отсюда мы можем сделать вывод, что не следует думать о свойстве «главы собрания» как о ГАР низких ступеней. Поэтому он говорит: «И эти собрания известны там», – т.е. они известны на высоких, столь вознесенных ступенях, что «все товарищи, из всех этих собраний, поднимаются из этого собрания в собрание небесвода».

Но кроме этого, еще и сам «Машиах прибывает во все эти собрания и утверждает Тору, исходящую из уст этих мудрецов». Иными словами, ступень членов этих собраний настолько высока, что сам Машиах является во все эти собрания, чтобы увенчаться открытиями, которых члены этого собрания удостоились в Торе. А сейчас удостоились все члены этих собраний взойти на ступень глав этих собраний.

И подводится итог: «В этот час в собрание рабби Шимона является Машиах, увенчанный высшими украшениями от глав этих собраний». Однако теперь, после того, как все эти члены собраний удостоились ступени «гла́вы собраний», Машиах венчается Торой глав этих собраний, и тем самым, он обретает от глав собраний самые высшие украшения.

58) В этот час встали все товарищи, и встал рабби Шимон, и свет его вознесся к самой вершине небосвода. Сказал ему Машиах: «Рабби, благословен ты, ведь твоя Тора восходит в трехстах семидесяти светах, и каждый свет раскрывается в шестистах тринадцати толкованиях, которые поднимаются и окунаются в потоки чистого Афарсемона. И сам Творец утверждает Тору собрания твоего и собрания Хизкии[174], царя иудейского, и собрания Ахии Шилонянина[175]».

---

[174] Пророки, Мелахим 2, 18 – 20.
[175] Пророки, Мелахим 1, 11 – 15.

Объяснение. В момент, когда открылся Машиах и явился в собрание рабби Шимона, встали все товарищи, и встал рабби Шимон на той же ступени, и тогда «свет его вознесся к самой вершине небосвода». И это указывает на то, что рабби Шимон постиг свет тех десяти небосводов, которых недоставало из-за закрытых ворот Малхут де-Малхут. И поэтому сказано, что «свет его вознесся к самой вершине небосвода» – т.е. он достиг света ехида.

И об этом сказал ему Машиах: «Тора твоя восходит в трехстах семидесяти светах, и каждый свет раскрывается в шестистах тринадцати толкованиях, которые поднимаются и окунаются в потоки чистого Афарсемона». Иначе говоря, его Тора поднимается в Атик Йомин, в котором числовое значение каждой сфиры восходит к «ста тысячам». И четыре сфиры ХУБ ТУМ в нем – это четыреста тысяч. Ибо «единицы» – в Нукве, «десятки» – в Зеир Анпине, «сотни» – в Име, «тысячи» – в Абе, «десятки тысяч (рибо)» – в Арих Анпине, «сотни тысяч» – в Атике.

Но, в таком случае, ему следовало сказать, что «Тора твоя восходит в четырехстах светах, и каждый свет восходит к «тысяче» истолкований, всего – четыреста тысяч. Однако он намекнул ему, что в отношении светов, которые приходят от Имы, он не пользуется всеми четырьмястами полностью, а только тремястами семьюдесятью. Как сказано: «Был самым знатным из тридцати, но с тремя не сравнялся»[176] – ведь хотя свет его и восходит к самой вершине небосвода, все же трех первых сфирот (ГАР) верхней сотни «йуд י» он не достигает. И у него есть только триста семьдесят светов без тридцати высших.

И таким же образом – относительно тысяч, являющихся светами Абы. Он не пользуется истинными ГАР каждой тысячи, а только ВАК каждой из них, и это – шестьсот. А вместо ГАР каждой тысячи он пользуется тринадцатью – т.е. Хохмой тридцати двух путей[177], потому что число «тринадцать» указывает на Хохму тридцати двух путей, называемую чистым Афарсемоном. И поэтому сказал ему Машиах, что «Тора твоя восходит

---

[176] Писания, Диврей а-ямим 1, 11:25.
[177] См. выше, статью «Роза», обозрение Сулам, п. 2, со слов «Итак, выяснилась...»

в трехстах семидесяти светах, и каждый свет раскрывается в шестистах тринадцати толкованиях, которые поднимаются и окунаются в потоки чистого Афарсемона». И в четырехстах свойствах Имы недостает тридцати, относящихся к высшей Хохме, и в ней имеется только триста семьдесят. А в каждой «тысяче» недостает четырехсот высших свойств, которые относятся к предшествующей Хохме, и вместо них он пользуется тринадцатью реками чистого Афарсемона. И в каждой тысяче имеется только шестьсот тринадцать, ибо так восходят все высшие скрытые тайны из собрания рабби Шимона.

«И сам Творец утверждает Тору собрания твоего». Выше сказано: «Машиах прибывает во все эти собрания и утверждает Тору, исходящую из уст этих мудрецов» – так как он возвеличивается и украшается тем, что открывают все праведники в Торе. И сказано[178]: «Все пророки предсказывали то, что произойдет в дни Машиаха. Но о грядущем будущем сказано: "Глаз не видел Всесильного, кроме Тебя"[179]» – поскольку тогда уже будут исправлены все ступени, относящиеся к дням Машиаха, и все тайны Торы будут в свойстве «глаз не видел Всесильного, кроме Тебя»[179]. И тогда говорится, что «только Творец утверждает Тору».

И поскольку Тора этих трех глав душ относится к свойству «после дней Машиаха», к свойству «глаз не видел Всесильного, кроме Тебя», поэтому сказал ему Машиах, что «только Творец утверждает Тору собрания твоего и собрания Хизкии, царя иудейского, и собрания Ахии Шилонянина». Ибо эти трое удостоились тайн Торы в свойстве «глаз не видел Всесильного, кроме Тебя», и сам Творец утверждает Тору, выходящую из уст их.

59) «Я пришел утвердить Тору собрания твоего лишь потому, что обладающий крыльями явится сюда. Ибо знаю я, что не войдет он в иное собрание, кроме твоего». В этот час рассказал ему рабби Шимон о клятве, которую произнес обладающий этими крыльями. Машиах был потрясен и возвысил голос свой. И содрогнулись небосводы, и содрогнулось великое море, и содрогнулся левиатан, и мир чуть было не перевернулся. Тем

---

[178] Вавилонский Талмуд, трактат Санедрин, лист 99:1.
[179] Пророки, Йешаяу, 64:3.

временем увидел он рабби Хия у ног рабби Шимона, спросил: «Кто здесь позволил находиться человеку, облаченному в одеяния того мира?» – т.е. в тело этого мира. Ответил ему рабби Шимон: «Это рабби Хия – светоч Торы». Сказал ему: «Пусть приобщены будут он и сыновья его» – т.е. пусть покинут этот мир и будут относиться к твоему собранию. Сказал рабби Шимон: «Да будет дано ему время». Дали ему время.

Объяснение. Машиах сказал рабби Шимону, что он пришел утвердить (Тору) лишь потому, что обладающий крыльями явится в его собрание. И он хочет знать, что тот сказал ему. А то, что сказал: «Ибо знаю я, что не войдет он в иное собрание, кроме твоего» означает, что не пойдет он в собрания Хизкии, царя иудейского, и Ахии Шилонянина.

«Машиах был потрясен и возвысил голос свой». Ибо, услышав о предстоящем конце, предсказанном Мататом, – что в это время ужасные беды постигнут Исраэль, содрогнутся небосводы, а также великое море, и мир перевернется, как сказано: «Шесть тысячелетий будет существовать мир, и еще одно – будет разрушен»[180] – он возвысил голос, желая смягчить все эти потрясения.

И сказал: «Кто позволил находиться здесь человеку, облаченному в одеяния того мира?» Машиах удивился тому, что рабби Хия был облачен в материальное тело этого мира. Ведь после того, как он удостоился находиться здесь, и удостоился раскрытия Матата и клятвы его, получается, что он уже исправил все свойство зла, и также удостоился лицезреть Машиаха. Получается, что он закончил свою работу в этом мире и ему больше нечего делать в нем. И в таком случае, он должен покинуть его и войти в собрание рабби Шимона в Эденском саду. Зачем же ему зря находиться в этом мире?!

И рабби Шимон ответил ему: «Да будет дано ему время». Иными словами, рабби Шимон доказывал Машиаху, что необходимо вновь дать ему время, так как он должен еще жить в этом мире и заниматься новыми исправлениями. И тогда ему дано было время. То есть, Машиах и рабби Шимон сообщили, что он еще должен сделать в этом мире.

---

[180] Вавилонский Талмуд, трактат Санедрин, лист 97:1.

Видение рабби Хия

60) И вышел оттуда Машиах потрясенный, из его глаз текли слезы. Содрогнулся рабби Хия, заплакал и сказал: «Благословен удел праведников в том мире, благословен удел (Шимона) бен Йохая, удостоившегося этого. О нем сказано: "Дать в наследство любящим Меня сущее, и сокровищницы их Я наполню"[181]».

Машиах вышел из собрания рабби Шимона, и слезы текли из его глаз, вызванные глубокой тревогой о полном избавлении. И поэтому был потрясен также и рабби Хия.

---

[181] Писания, Притчи, 8:21.

Со Мной ты в сотрудничестве

61) «Вначале (берешит)». Первым заговорил рабби Шимон: «"И вложу Я слова Мои в уста твои"[182]. Какие же усилия должен человек прилагать в Торе днем и ночью – ведь Творец прислушивается к голосу занимающихся Торой. И с каждым словом, обновляемым в Торе человеком, усердно трудившимся в ней, создает Он один небосвод».

Объяснение. Творец вложил силу речи Своей в уста праведников, как сказано: «Ты – народ Мой!»[182] – для того, чтобы сотрудничать со Мной. Так же как Я создал небо и землю речением Своим, как сказано: "Словом Творца небеса сотворены"[183], так же и вы» – так же и праведники создадут небо силой речения своего.

Этим начал рабби Шимон выяснение отрывка: «Вначале сотворил Творец небо и землю»[184]. Слово «сотворил (бара)» означает здесь скрытие, и говорит о том, что оно закрывает и не открывает. И нужно понять, почему же Он сотворил их в скрытии. И сообщается, что Он создал их в таком виде для того, чтобы вложить окончательное исправление неба и земли в речи праведников и сделать их участниками в создании неба и земли вместе с Ним. Об этом сказано: «И вложу Я слова Мои в уста твои»[182].

Здесь выясняется, что есть две стадии в обновлении неба и земли, которое вложил Он в уста праведников:

1. Исправление греха Адама Ришона, потому что сам Творец произвел это исправление неба и земли в самой возвышенной его форме еще до грехопадения Адама Ришона, как выяснилось в действии начала творения. И сказано, что ЗОН Ацилута поднялись в Арих Анпин и высшие Абу ве-Иму, а Адам Ришон, поднявшись, облачил ИШСУТ и ЗОН Ацилута. И были у него, у Адама Ришона, НАРАН Ацилута, называемые высшим

---
[182] Пророки, Йешаяу, 51:16. «И вложу Я слова Мои в уста твои, и в тени руки Своей укрою тебя, чтобы устроить небеса и основать землю, и сказать Циону: "Ты – народ Мой!"»
[183] Писания, Псалмы, 33:6.
[184] Тора, Берешит, 1:1.

свечением, которое было настолько возвышенным, что «пятка Адама Ришона затемняла солнечный круг».

А после нарушения запрета Древа познания, он опустился до этого материального мира[185], и его НАРАН теперь приходят к нему от трех отделенных миров БЕА. А небо и земля Ацилута опустились из-за него под табур Арих Анпина до состояния ВАК и точки. И это исправление возложено на праведников: исправить все изъяны, которые образовались вследствие этого грехопадения, и снова обновить небо и землю Ацилута, т.е. ЗОН, подняв их в Арих Анпин и Абу ве-Иму, как и до грехопадения. И праведники сами получат вновь высшее свечение Адама Ришона, т.е. НАРАН мира Ацилут.

2. У Адама Ришона до грехопадения тоже не было всего совершенства, которое Творец хотел передать ему. И поэтому, после того как праведники исправят грех Адама Ришона и достигнут совершенства НАРАН Ацилута, которое было у Адама Ришона до грехопадения, на них снова возлагается работа – притянуть все высшие мохин, которых вообще еще не было в мире, как сказано: «Глаз не видел Всесильного, кроме Тебя»[179].

И эти миры, которых «глаз не видел» и которые восполнят праведники, называются новыми небесами и новой землей[186], так как они на самом деле новые, поскольку их вообще еще не было в реальности. Однако те небо и земля, которые праведники снова возвращают к состоянию, в котором они были в действии начала творения, до грехопадения Адама Ришона, в действительности не называются новыми небом и землей. Ведь они уже однажды были в мире, потому что Создатель установил их со своей стороны еще до грехопадения, и они только были возобновлены, поскольку уже после того, как лишились совершенства и перестали действовать, были возрождены вновь.

И поэтому эти праведники еще не считаются сотрудничающими с Творцом. Ведь высказывание: «И вложу Я слова Мои в уста твои», приводимое рабби Шимоном, подразумевает высшие мохин, которых недоставало и Адаму Ришону, и они

---

[185] Вавилонский Талмуд, трактат Хагига, лист 12:1.
[186] Пророки, Йешаяу, 65:17. «Ибо вот Я творю небеса новые и землю новую, и не будет упомянуто прежнее и не придет в сердце».

действительно были обновлены праведниками, потому что еще не вышли со стороны Создателя, и относительно них праведники действительно считаются соратниками.

«Ведь Творец прислушивается к голосу занимающихся Торой. И с каждым словом, обновляемым в Торе человеком, усердно трудившимся в ней, создает Он один небосвод». Зеир Анпин называется «голос», а его Нуква – «речь». Когда праведник занимается Торой, он поднимает МАН в ЗОН с помощью «голоса» и «речи» его Торы. «Голос» поднимается к Зеир Анпину, а «речь» – к Нукве. И тогда «Творец прислушивается к голосу занимающихся Торой» – потому что голос Торы поднимается в качестве МАН к Зеир Анпину, называемому Творец. «И с каждым словом, обновляемым в Торе человеком, усердно трудившимся в ней, создает Он один небосвод».

«Слово» означает «речь». И любая речь в Торе, обновляемая человеком, занимающимся Торой, поднимается в качестве МАН к Нукве, которая называется «словом» и «речью». И благодаря этому образуется один небосвод. «Небосвод» означает экран, на который совершается зивуг Творца и Шхины Его, и это происходит благодаря тем МАН, которые поднимают праведники в своих занятиях Торой.

И обновление, о котором сказано, что оно происходит в слове Торы, но не в голосе Торы, заключается в том, что Нукве для каждого зивуга нужно выстроить новую основу, ибо она после каждого зивуга снова становится девственной. А благодаря подъему МАН праведников обновляется в ней каждый раз ее основа (есод), т.е. место получения светов Зеир Анпина. Поэтому говорится: «И с каждым словом, обновляемым в Торе» – так как «слово», т.е. Малхут, действительно обновляется благодаря слову Торы, постигнутому праведником. Ведь после каждого зивуга снова исчезает место ее получения.

62) В тот час, когда слово Торы обновляется в устах человека, это слово поднимается и предстает перед Творцом, и Творец берет это слово и целует его, и венчает его семьюдесятью украшениями, резными и чеканными. И обновленное слово этой мудрости (хохма) поднимается и простирается над головой праведника, оживляющего миры. И оттуда оно воспаряет и пролетает по семидесяти тысячам мирам, и поднимается в Атик

Йомин, т.е. в сфиру Кетер. И все речения Атик Йомина – это речения мудрости о скрытых высших тайнах. Иными словами, в тот момент, когда человек поднимает МАН в своем речении Торы, высшее это слово, Нуква Зеир Анпина, поднимается и предстает перед Творцом для зивуга с Ним.

«И Творец берет это слово и целует его, и венчает его». Два состояния имеют место в каждом зивуге ЗОН: зивуг де-нешикин (поцелуев) и зивуг де-есодот (основ). Ибо не восполняется имя, пока не создает Он свет для света Своего, и облачаются они друг в друга, т.е. кроме ступени Хохма, необходим второй зивуг для ступени хасадим, чтобы ступень Хохмы облачилась в ступень хасадим. Поэтому каждый зивуг заключает в себе два зивуга:

1. Зивуг для ступени Хохма, называемый «зивуг де-нешикин (поцелуев)», производимый в пэ де-рош, для (выхода) ступени рош и ГАР.

2. Зивуг для ступени хасадим, называемый «зивуг де-есодот (основ)», совершаемый для (выхода) ступени хасадим.

«И Творец берет это слово» – т.е. Нукву, «и целует его» – что означает зивуг де-нешикин на ступени ГАР. «И венчает его» – что означает зивуг де-есодот на ступени хасадим, когда облачается Хохма в хасадим, и Нуква украшается совершенными мохин.

«И венчает его семьюдесятью украшениями, резными и чеканными». Совершенные мохин Нуквы называются семьюдесятью украшениями. Потому что Нуква – это седьмой день, и когда она получает наполнение от Зеир Анпина, который исчисляется «десятками», то становится семьюдесятью, а эти мохин называются украшениями. И поэтому она называется семьюдесятью украшениями. И говорит, что они «резные и чеканные» – т.е. благодаря подъему МАН этих праведников они становятся местом получения этих семидесяти украшений.

«И обновленное слово этой мудрости (хохма) поднимается и простирается над головой праведника, оживляющего миры». Есть два вида обновления неба и земли, т.е. ЗОН:

1. Обновление, возвращающее на свое место прежнее великолепие (атара), каким оно было до грехопадения Адама

Ришона. При этом обновлении Нуква носит название «слово Торы». И это то, что объясняет нам рабби Шимон до этого места.

2. Обновление неба и земли с помощью высших мохин, которых не достиг даже Адам Ришон. И в этом свойстве Нуква носит название «слово мудрости (хохма)». И это обновление выясняется далее.

«Обновленное слово этой мудрости (хохма) поднимается и простирается над головой праведника, оживляющего миры». Как сказано: «Праведники сидят, и великолепием увенчаны головы их»[187] – потому что с помощью МАН праведников, уже наполненных совершенством высшего свечения Адама Ришона, таких как рабби Шимон и товарищи его, поднимается Нуква Зеир Анпина, становясь украшением на голове праведника – т.е. Зеир Анпина, в свойстве его Есода, называемого «оживляющий миры».

Объяснение. Свет Хохмы называется светом хая. И поскольку Зеир Анпин может притянуть свет хая только с помощью Нуквы, он считается «оживляющим» лишь когда находится в зивуге с Нуквой, называемой «мир». И поэтому называется «оживляющий миры». И также считается, что Нуква является украшением на голове его. Иными словами, мохин, называемые украшением, приходят со стороны Нуквы, т.е. без нее он бы их не удостоился. Мы также изучаем, что «не отступался он от любви к ней, пока не назвал ее: "Мать моя"»[188] – потому что следствие по отношению к причине называется порождением. И поскольку Нуква была причиной света хая Зеир Анпина, то Нуква в этом отношении становится его матерью.

«И оттуда оно (слово) воспаряет и пролетает по семидесяти тысячам мирам» – после того, как (Нуква) произвела зивуг с Зеир Анпином в состоянии «украшение на голове праведника», она воспаряет, поднимаясь еще выше, в Арих Анпин, и там семь ее сфирот (ЗАТ) становятся семьюдесятью тысячами (семь рибо) мирами, так как сфирот Арих Анпина исчисляются в «десятках тысяч (рибо)». А оттуда, из Арих Анпина, она поднимается еще выше, в Атик Йомин.

---

[187] Вавилонский Талмуд, трактат Брахот, лист 7:1.
[188] Мидраш «Песнь песней», раздел 3.

Здесь перечисляются подъемы ЗОН, следующие один за другим, до Атик Йомина, которые происходят благодаря подъему МАН совершенными праведниками. Ибо зивуг, называемый «украшение на голове праведника», происходит благодаря подъему в высшие Абу ве-Иму, и оттуда он поднимается в Арих Анпин, в свойство «семьдесят тысяч миров», а оттуда – в Атик, который является высшей ступенью.

«И все речения Атик Йомина – это речения мудрости о скрытых высших тайнах». Объясняются достоинства мохин, которыми наполняется Нуква благодаря ее подъему в Атик Йомин. И сказанное: «Все речения Атик Йомина» – т.е. все ступени, получаемые от Атик Йомина, «это речения мудрости о скрытых высших тайнах» – о ГАР Хохмы. «Речения мудрости» – это указание на ступень Хохмы, а «скрытые высшие тайны» – это ГАР Хохмы. И раскрываются они лишь подъемом в место Атик Йомина, и не ниже его.

63) И когда поднимается это скрытое слово мудрости (хохма), обновляясь в этом мире, оно соединяется с речениями Атика Йомина, поднимаясь и опускаясь вместе с ними, и входит в восемнадцать миров, скрытых так, что «глаз не видел Всесильного, кроме Тебя»[179]. И они выходят оттуда, и возвышаются, и приходят в наполнении и совершенстве, и предстают перед Атик Йомином. В этот час Атик Йомин впитывает дух этого слова, и оно для него желаннее всего. И он берет это слово, и венчает его тремястами семьюдесятью тысячами украшений, и это слово, обновленное в Торе, воспаряет, поднимаясь и опускаясь, и из него образуется один небосвод.

Объяснение. Во время подъема Нуквы в Атик Йомин, она включается в совершаемый там зивуг и поднимает отраженный свет, притягивая прямой свет от Атик Йомина. «Поднимаясь» – означает, что поднимает отраженный свет снизу вверх. «Опускаясь» – означает, что притягивает прямой свет сверху вниз, и получает тогда «речения мудрости о скрытых высших тайнах». А «вместе с ними» – указывает, что она соединяется с отраженным светом и прямым светом, имеющимися в самом Атике.

«И входит в восемнадцать (хай) миров, скрытых так, что "глаз не видел Всесильного, кроме Тебя"[179]» – потому что зивуг, произведенный в Атике, происходит также и на Есод Атика, который там, и он тоже «праведник, оживляющий (хай) миры», как и Есод Зеир Анпина во время своего подъема в высшие Абу ве-Иму. Но различие в том, что Есод Атика относится к свойству «глаз не видел Всесильного, кроме Тебя» – так как зивуг этого Есода совершается в виде удара по экрану, поднимающему отраженный свет для облачения прямого света. А ниже, в Абе ве-Име, экран называется крыльями, укрывающими высший свет в тот момент, когда его отталкивают обратно, и это указывает на то, что имеется в них сила суда, и весь отраженный свет называется светом суда.

Но не так происходит в Есоде Атика, о котором сказано: «И не будет более скрываться учитель твой, и глаза твои будут видеть учителя твоего»[189] – ведь хотя экран и поднимает отраженный свет снизу вверх, у него все же нет «крыльев». Поэтому он называется «восемнадцать (хай) миров, скрытых так, что "глаз не видел Всесильного, кроме Тебя"[179]». Иначе говоря, там уже нет «крыльев», скрывающих от чужого глаза, потому что нет там никаких судов, и только «глаз не видел Всесильного, кроме Тебя». И пойми это как следует. Ибо раскрытие «снизу вверх» называется выявлением скрытого, однако находится в свойстве «глаз не видел Всесильного, кроме Тебя».

Поэтому сказано: «И выходят оттуда, и возвышаются, и приходят в наполнении и совершенстве». «И выходят оттуда» – т.е. от зивуга на экран, называемый «восемнадцать (хай) миров, скрытых так, что "глаз не видел Всесильного, кроме Тебя"». «И возвышаются» – т.е. (Малхут) поднимает отраженный свет снизу вверх, «и приходят» – т.е. она притягивает прямой свет сверху вниз, и тогда они «в наполнении и совершенстве». «В наполнении» – прямым светом, исходящим из «мудрости (хохмы) о скрытых высших тайнах». «И совершенстве» свойства отраженного света, в котором нет никакого суда, и весь он – лишь совершенное милосердие, наравне с прямым светом. И тогда «предстают перед Атик Йомином» – когда они готовы облачить Атик Йомин.

«В этот час Атик Йомин впитывает дух этого слова, и оно для него желаннее всего». «Впитывает дух» – означает, что

---

[189] Пророки, Йешаяу, 30:20.

он испытывает вдохновение, ибо этот большой и возвышенный зивуг вызывает высочайшее вдохновение у Атик Йомина. И это потому, что абсолютно все миры и всё их великолепие включается тогда в Нукву. «И оно для него желаннее всего» – ведь вдохновение это приходит к нему от всех миров сразу, будучи предельным совершенством и высочайшей ступенью, ради которой были созданы эти миры.

«И он берет это слово, и венчает его тремястами семьюдесятью тысячами украшений» – поскольку он наполняет ее тогда возвышенными мохин самого Атика, т.е. ХУБ ТУМ (Хохма-Бина Тиферет-Малхут) от сфирот Атика, каждая из которых исчисляется в «сто тысяч». И отличие только в тридцати высших сфирот Хохмы, как сказано: «Был самым знатным из тридцати, но с тремя не сравнялся»[176]. То есть, хотя получает и наполняется от свойства ГАР Хохмы Атика, и это высшие тридцать тысяч, вместе с тем, к самим тридцати тысячам Нуква не сможет подняться и действительно облачить их. Ведь если бы Нуква облачила также и эти тридцать тысяч, она аннулировалась бы перед ним (Атиком), как свеча перед факелом. Поэтому она получает от Атика только триста семьдесят тысяч украшений, т.е. четыреста тысяч без тридцати тысяч.

«И это слово, обновленное в Торе, воспаряет, поднимаясь и опускаясь, и из него образуется один небосвод». «Воспаряет» означает – «поднимается наверх». «Воспаряет, поднимаясь» – т.е. поднимает отраженный свет снизу вверх, «и опускаясь» – благодаря поднятому отраженному свету, она опускается сверху вниз вместе с прямым светом, «и образуется из него один небосвод» – т.е. с помощью облачения отраженного света на прямой свет образуется там один небосвод.

Потому что экран, установившийся в Малхут для того, чтобы поднимать отраженный свет, и приходящий к Нукве благодаря добрым деяниям и МАН, возносимым с целью доставить наслаждение своему Создателю, становится «небосводом» после производимого на него зивуга, при помощи которого праведники постигают эту ступень зивуга, которая производится на него. И это происходит следующим образом: когда ступень опускается к праведникам через этот небосвод, она одевается в облачение, исходящее от этого небосвода, т.е. в отраженный свет, который обращается вниз от небосвода вместе с прямым светом, находящимся выше небосвода, и в таком виде она входит в постижение праведников, когда (эти света) облачены друг в друга.

Пояснение сказанного. У праведников, которые удостоились совершенства, – подъема МАН для такого высокого зивуга, – уже нет ничего от свойства получения для самих себя, и тот МАН, который они подняли, был только с целью наполнять, а не получать. Поэтому они устанавливают экран у Нуквы хорошими деяниями и подъемом МАН, и делают ее готовой к этому большому зивугу. И самой подготовкой является отраженный свет, поднимающийся выше экрана Нуквы, поскольку всё, поднимающееся снизу вверх, – это отдача и отказ от получения ради себя. И тогда производится зивуг де-акаа (ударное слияние) с высшим светом, и высший свет облачается в одеяние поднимающегося отраженного света.

И когда этот свет опускается сверху вниз и облачается в отраженный свет, он приходит к получению нижним, т.е. к тому праведнику, который поднял этот МАН. Ибо всё, что приходит сверху вниз, приходит для получения. И поскольку высший свет проходит к нижнему через этот небосвод, то он берет с собой облачение отраженного света этого небосвода, и нижний получает высший свет в этом облачении.

Ведь и после того, как нижний постигает эту ступень, он совсем не наслаждается от нисходящего к нему высшего света, но лишь в соответствии с мерой доставления наслаждения Создателю, т.е. в мере облачения отраженного света, облекающегося на высший свет. И это называется получением ради отдачи, и он не получает ничего, если не находит в этом отдачи Создателю своему. Поэтому, такое получение облачено в отдачу – прямой свет в отраженный свет. Именно это подчеркивается в выражении: «И это слово, обновленное в Торе, воспаряет, поднимаясь и опускаясь, и из него образуется один небосвод». Иными словами, нижние принимают его только через этот небосвод, т.е. вместе с его облачением.

64) И точно так же из каждого слова мудрости образуются небосводы, предстающие перед Атик Йомином в своем совершенном виде. И он называет их новыми небесами, т.е. заново

открытыми небесами[190], и они относятся к скрытым тайнам высшей мудрости. А все остальные слова Торы, которые обновляются и не относятся к высшей мудрости, предстают перед Творцом и поднимаются, становясь землями жизни, и опускаются, становясь украшениями единой земли. И всё обновляется и становится новой землей в силу этого слова, заново открытого в Торе.

Объяснение. Так продвигаются праведники, всегда поднимая МАН и притягивая те возвышенные ступени от Атик Йомина с помощью небосводов, которые образуются благодаря этому высшему зивугу. И от этих небосводов образуются новые небеса, заново открывающиеся на ступени Атик Йомин. Поэтому называются эти высокие постижения относящимися к скрытым тайнам высшей мудрости – поскольку приходят они, облаченные в одеяние, нисходящее от этих небосводов.

«А все остальные слова Торы, которые обновляются, предстают перед Творцом и поднимаются, становясь землями жизни, и опускаются, становясь украшениями единой земли. И всё обновляется и становится новой землей» – потому что на каждой ступени есть ХУБ ТУМ (Хохма и Бина, Тиферет и Малхут). До сих пор говорилось только лишь о тайнах Хохмы, но не Бины, Зеир Анпина и Малхут, имеющихся на каждой ступени. И сказано: «Поднимаются, становясь землями жизни» – так как все они становятся свойством Бины, называемой землей жизни. «И опускаются, становясь украшениями единой земли» – т.е. Малхут, которая называется просто землей. «И всё обновляется и становится новой землей» – поскольку Малхут украсилась и получила все ступени земель жизни, т.е. Бины.

И благодаря этому поднялась Малхут, чтобы стать Биной, и называется теперь «новой землей» – ведь то, что раньше было в ней свойством Малхут, теперь стало свойством Бины. И об этом сказано, что в будущем БОН станет парцуфом САГ, а МА станет парцуфом АБ. Потому что небеса – это Зеир Анпин, и теперь, на ступени Атик Йомин, они поднялись в тайны высшей мудрости (хохма). Поэтому МА, т.е. Зеир Анпин, стал свойством АБ, Хохмой. А «земля», Нуква Зеир Анпина, стала свойством САГ, т.е. Биной. Таким образом, «новые небеса» и

---

[190] См. Зоар, главу Ваикра, п. 268.

«новая земля» – это МА и БОН, которые отменились и стали свойством АБ САГ.

65) И об этом сказано: «Ибо как небеса новые и земля новая, которые создаю Я»[191]. Сказано не «создал», а «создаю» – в настоящем времени, поскольку всегда создает новые небо и землю из этих открытий и тайн Торы. И об этом сказано: «И вложу Я слова Мои в уста твои, и в тени руки Своей укрою тебя, чтобы устроить небеса и основать землю»[182]. Сказано не «эти небеса (а-шамаим השמים)», а просто «небеса (шамаим שמים)», без определяющей «хэй ה», поскольку это не указывает на имеющиеся небеса, а на заново открытые небеса, образовавшиеся вследствие речений Торы.

«Сказано не "создал", а "создаю"». Указывает этим, что не следует ошибаться в толковании сказанного: «Новые небеса и новая земля», принимая их за нечто, прошедшее исправление один раз, и этого достаточно, поскольку это не так. Но это относится к постоянной работе – ведь праведники, которые уже наполнены совершенством высшего свечения, продолжают непрерывно создавать новые небо и землю. И об этом сказано, что «праведники идут от достижения к достижению»[192].

И приводится доказательство этому – ведь сказано: «Небеса новые и земля новая, которые создаю Я»[191], а не сказано: «Которые Я создал». Таким образом, эти небо и земля обновляются непрерывно благодаря заново открытому в Торе этими завершенными праведниками. И также приводит в доказательство сказанное: «Устроить небеса (шамаим שמים)» – ведь если бы это происходило сразу, то следовало сказать: «Устроить эти небеса (а-шамаим השמים)», с указывающей «хэй ה». Но сказанное просто «небеса (шамаим שמים)» – означает, что это происходит непрерывно.

66) «И в тени руки Своей укрою тебя»[193] – в час, когда Тора была передана Моше, собралось великое множество высших ангелов, желая сжечь его пламенем уст своих, и тогда Творец

---

[191] Пророки, Йешаяу, 66:22. «Ибо как небеса новые и земля новая, которые создаю Я, упрочены будут предо Мной, – слово Творца, – так упрочено будет семя ваше и имя ваше».
[192] Вавилонский Талмуд, трактат Брахот, лист 64:1.
[193] Пророки, Йешаяу, 61:16.

прикрыл его. А теперь, когда заново открытое слово Торы поднимается и украшается и встает перед Творцом, Он прикрывает это слово и укрывает этого человека, чтобы тем не было известно о них, а только Творцу, и чтобы не ревновали его, и тогда образуется из этого слова новое небо и новая земля. И это означает: «И в тени руки Своей укрою тебя, чтобы устроить небеса и основать землю». Отсюда видно, что любое слово, укрытое от глаз, поднимается во имя высшего блага. Как сказано: «В тени руки Своей укрою тебя»[193]. И укрыто оно и скрыто от глаз именно во имя высшего блага. И это означает: «Устроить небеса и основать землю», как мы изучали, – т.е. для того чтобы образовались благодаря этому новые небо и земля.

«И в тени руки Своей укрою тебя»[193] – имеется в виду облачение, исходящее от небосвода и облачающее и укрывающее ступень мохин. И это облачение является свойством «тень», которая укрывает мохин и скрывает их от чужого глаза, и они никому не известны, кроме самого Творца. И это необходимо для того, чтобы скрыть эти большие ступени от ангелов-служителей, чтобы они не завидовали ему (этому человеку).

Причина этой зависти ангелов заключается в том, что будучи чистыми в основе своей, когда смотрят на праведника, они обнаруживают в нем кажущиеся недостатки, по причине зависти к той высокой ступени, которой он удостоился. А затем обвинители цепляются за те недостатки, которые открыли в нем ангелы. И поэтому, когда облачается ступень в одеяние этого небосвода, это одеяние определяет для него величину ступени, чтобы не получить от него больше, чем только во имя блага высшего. Таким образом, праведник защищен от зависти ангелов, поскольку он при этом может быть полностью защищен от нанесения ему вреда на этой ступени, наравне с ангелами.

И сказано: «Любое слово, укрытое от глаз, поднимается во имя высшего блага» – это намек, что «глаз видит, а сердце желает». И он не может уберечься, чтобы мысль его была чиста и направлена лишь на доставление наслаждения Создателю своему, но получает также и ради собственной выгоды. Но когда это укрыто от глаз, т.е. при облачении в одеяние небосвода, он уверен, что не получит больше, чем восходящее во благо высшему. И поэтому сказано: «И укрыто оно и скрыто от глаз именно во имя высшего блага».

67) «И сказать Циону: "Ты – Мой народ"»¹⁸² – т.е. сказать тем вратам и словам, где одни краше других, т.е. этим открытиям в Торе: «Ты – Мой народ». Читай не: «Ты – Мой народ (ами́ עמי)», где «айн ע» имеет знак огласовки «патах», а читай: «Ты со Мной (ими́) עמי», где «айн ע» имеет знак огласовки «хирик», что означает – «быть в сотрудничестве со Мной». Как Я «создал небо и землю» речениями Своими, как сказано: «Словом Творца небеса сотворены»¹⁸³, и ты так же – чтобы твоими речениями мудрости ты создал новые «небо» и «землю». Счастливы прилагающие усердие в Торе.

Получение называется вратами, которые открыты для получения. Отдача посредством МАН называется словами. И сказано, что «одни краше других» – т.е. они облачаются друг в друга и благодаря этому становятся краше.

68) Можно утверждать, что слово обновления каждого человека создает это, даже того, кто не знает, что говорит. Но следует знать, что тот, кто не направил путь свой к тайнам Торы, и обновил слова, не зная их истинного значения, как должно, это обновленное слово поднимается, и к этому слову выходит из расщелины великой бездны человек коварный¹⁹⁴, искусный во лжи. И он преодолевает пятьсот парсаот, чтобы получить это слово, и забирает его, и уходит с этим словом в свою расщелину, и создает в ней обманный небосвод, называемый «хаос».

Пояснение сказанного. МАН, который поднимают праведники, чтобы доставить наслаждение Создателю, т.е. во имя высшего блага, называется «заново открытыми словами Торы». Ибо они открываются заново вследствие высшего зивуга, и благодаря им ЗОН получают новые мохин, пока не удостаиваются посредством этого «устроить небеса и основать землю». И становятся сотрудниками Творца, потому что «небо и земля» обновляются с помощью их слов.

Но «тот, кто не направил путь свой к тайнам Торы» – т.е. несведущ в путях Творца и не умеет оберечь себя, чтобы не нанести вред высшим ступеням. И хотя он говорит сам себе, что намерен действовать во имя высшего блага, однако вводит

---

¹⁹⁴ Писания, Притчи, 16:28. «Человек коварный распространяет раздор, а ропщущий отвергает Властелина».

себя в заблуждение. И он не будет знать, что намеревается получить личную выгоду, – но ведь в душе своей он должен знать это точно. Таким образом, вина его очень велика, потому что дает он силы клипот убивать людей.

Поэтому сказано: «И обновил слова, не зная их достоверного значения, как подобает» – т.е. поднимает МАН для высшего зивуга, но не знает с полной достоверностью, что делается это именно так. И тогда получается, что он «человек коварный, искусный во лжи, и он преодолевает пятьсот парсаот, чтобы получить это слово».

«Выходит из расщелины великой бездны человек коварный, искусный во лжи» – потому что у клипот тоже есть захар и нуква. Захар называется обманом, а нуква называется ложью. Дело в том, что захар клипы не так уж плох, как нуква. И когда он сам по себе, он не вводит людей в заблуждение именем Творца, а даже наоборот, говорит хорошее, на первый взгляд. Но только он недоброжелателен, как сказано: «Не вкушай хлеба недоброжелателя. "Ешь и пей!" – скажет он тебе, а сердце его не с тобою»[195]. И каждый, попавший в его сети, произносит имя Творца напрасно[196] – потому что он отделен от Творца и не может получить никакого наполнения.

Как сказано: «О каждом гордеце говорит Творец: "Не можем Я и он пребывать в одном и том же месте"»[197]. Ведь поскольку он намерен получить личную выгоду, похваляться, кичиться и тому подобное, то попадает в руки недоброжелателя. И получается, что поднимаемый им МАН не притягивает никакого наполнения свыше, и он произносит имя Творца напрасно. Поэтому захар клипы называется обманом – ведь Творец не может быть связан с таким человеком и пребывать с ним в том же месте.

А нуква клипы называется ложью. Ибо после того, как этот человек попался в сети захара, называемого обманом, у того есть сила произвести зивуг со своей нуквой – клипой, несущей зло и горечь, которая подделывает имя Творца и пользуется

---

[195] Писания, Притчи, 23:6,7.
[196] Тора, Шмот, 20:7. «Не произноси имени Творца, Всесильного твоего, напрасно!»
[197] Вавилонский Талмуд, трактат Сота, лист 5:1.

им для обмана. И тогда она, опускаясь, совращает человека, а поднимаясь наверх, обвиняет и забирает душу у него.

Поэтому называется он человеком коварным. Ведь вначале «"Ешь и пей!" – скажет он тебе»[195] – т.е. чтобы человек поднял МАН к Творцу, и вызвал наполнение для возвышенной цели, и предстает ему словно со стороны святости, а затем, благодаря силе своего обмана, производит зивуг с нуквой великой бездны, и с помощью ее лжи забирает душу и убивает его.

И поэтому сказано: «Выходит из расщелины (нуквы) великой бездны человек коварный, искусный во лжи» – так как становится он искусным во лжи только с помощью нуквы великой бездны, совместно с которой он действует, но не благодаря собственному свойству.

«И он преодолевает пятьсот парсаот, чтобы получить это слово». ЗОН нечистоты со стороны своего корня имеют только ВАК и точку, противостоящие ВАК и точке парцуфа ЗОН святости. И у них вообще нет ни места, ни сил, чтобы удерживаться в Бине. Однако с помощью этого слова, т.е. подъема МАН нижним, захар нечистоты получает силы преодолеть ЗАТ Бины, нисходящие к ЗОН святости и представляющие в основе своей только пять сфирот ХАГАТ Нецах Ход, называемые «пятьсот парсаот», так как сфирот Бины исчисляются «сотнями».

И сказано, что он «преодолевает пятьсот парсаот, чтобы получить это слово» – поскольку сразу же, в момент подъема МАН, он получил силы перейти не в свое место – в пять нижних сфирот ХАГАТ Нецах Ход Бины, называемых «пятьсот парсаот», чтобы получить это слово, МАН, который поднял человек, не знавший достоверно, является ли его намерением доставление наслаждения Создателю его.

«И уходит с этим словом в свою расщелину (нукву), и создает в ней обманный небосвод, называемый "хаос"». Иными словами, он совершает со своей нуквой великой бездны зивуг на эти МАН, и притягивает к себе света святости, в свой удел и в свое строение, подобное новым небесам святости, созданным посредством МАН святости. И эти небеса, которые он притянул своим зивугом, относительно захара называются обманным небосводом, а относительно совместного действия с нуквой великой бездны, называются небосводом хаоса. Потому что «хаос» – это мужское имя, а имя нуквы – «бездна». И сказано, что «создал обманный небосвод» – с помощью собственного свойства, «называемого хаос» – в результате совместных действий с бездной, т.е. нуквой.

69) Этот коварный человек пролетает по обманному небосводу шесть тысяч парсаот за один раз. И как только этот обманный небосвод устанавливается, тут же выходит блудница и захватывает этот обманный небосвод, и действует вместе с ним. И выйдя оттуда, она убивает многие тысячи и десятки тысяч. Ибо в тот час, когда она находится на этом небосводе, ей предоставлено право и возможность воспарить и мгновенно пересечь весь мир.

Объяснение. Мохин, которые нисходят к нему на этом небосводе, относятся к ситре ахра, противостоящей Хохме святости, сфирот которой исчисляются «тысячами». И он «пролетает по этому небосводу» – удерживаясь в нем, «шесть тысяч парсаот за один раз» – шесть сфирот ХАГАТ НЕХИ Хохмы, называемые «шесть тысяч парсаот», так как они относятся к Хохме.

«И как только этот обманный небосвод устанавливается, тут же выходит блудница и захватывает этот обманный небосвод, и действует вместе с ним». Иными словами, после того, как восполняются новые небеса клипы захара, зовущиеся всего лишь обманными, показывает свою силу нуква великой бездны. И сила ее захватывает этот небосвод, пользуясь именем Творца с целью обмана, и она парит по небосводу, и тогда небосвод называется «хаос».

«И выйдя оттуда, она убивает многие тысячи и десятки тысяч. Ибо в тот час, когда она находится на этом небосводе, ей предоставлено право и возможность воспарить и мгновенно пересечь весь мир». И поскольку она действует вместе с ним на этом небосводе, она усиливается и разрастается еще больше, чем ступень захара, ведь захар вырастает только до уровня ВАК Хохмы, называемых «шесть тысяч парсаот», а нуква благодаря ему вырастает до десяти полных сфирот, т.е. до целого мира.

«И ей предоставлено право и возможность воспарить и в одно мгновение пересечь весь мир» – весь мир в десять сфирот.

«В одно мгновение» – как сказано: «И каков гнев Его? Одно мгновение»[198]. Поэтому велика сила ее, чтобы губить людей тысячами и десятками тысяч, как сказано: «Ибо многих погубила она»[199].

И так же, как благодаря подъему МАН праведниками выстраиваются всегда новые «земля и небо» в святости, так же из-за подъема МАН теми, кто не умеет истинно служить Творцу, все время выстраиваются «небо и земля» клипот. Как сказано: «Одно против другого создал Творец»[200].

70) И об этом сказано: «Горе вам, влекущие грех вервями обмана, и вину – как канатами тележными»[201]. «Грех» – захар, «вина» – некева, т.е. та самая блудница. Грешащий «влечет грех» – т.е. захара, этими «вервями обмана». А затем сказано: «И вину – как канатами тележными» – т.е. он привлекает некеву, называемую «вина», и она усиливается там, чтобы воспарять и губить людей. Поэтому сказано: «Ибо многих погубила она». Кто погубил? Именно эта вина, губящая людей. И кто вызвал это? Ученик мудрого, который не постиг учения, и обучает.

Объяснение. Уже говорилось, что «захар клипы не так уж плох, как нуква»[202] – поскольку он уподобляет себя святости. Как сказано: «"Ешь и пей!" – скажет он тебе, а сердце его не с тобою»[195]. И поэтому он называется обманом. Но вследствие этого, он обладает самой большой силой захватывать людей в свои сети. И после того, как человек попал в его сети, он приступает к зивугу со своей нуквой, и тогда «вину (влечет) – как канатами тележными», и она утягивает его в великую бездну. Потому что обман только связывает его вервями, завладевая им, как сказано: «Горе вам, влекущие грех вервями обмана». Но затем этого человека он повергает перед своей нуквой. И тогда: «И вину (влечет) – как канатами тележными» – и эта вина повергает его в великую бездну и убивает его. Поэтому сказано, что это та самая вина, которая губит людей.

---

[198] Вавилонский Талмуд, трактат Брахот, лист 7:1.
[199] Писания, Притчи, 7:26. «Не блуждай по стезям ее, ибо многих погубила она».
[200] Писания, Коэлет, 7:14.
[201] Пророки, Йешаяу, 5:18.
[202] См. п. 68.

71) Сказал рабби Шимон товарищам: «Прошу я вас, не возвещайте устами вашими слово Торы, которого вы не постигли и не услышали, как следует, от великого Древа. Дабы вам не было поставлено в вину напрасное уничтожение множества людей». Все в один голос воскликнули: «Да спасет нас Милосердный!»

Иными словами: «Если вы сами постигли, то хорошо, а если нет – вы должны услышать от великого Древа, как служить подобающим образом Творцу» – т.е. от великого человека, на которого можно положиться, чтобы вам не было поставлено в вину напрасное уничтожение множества людей.

72) Торой создал Творец мир. Мы уже выясняли, что выражение: «И была я у Него питомицею, и была радостью каждый день»[203] – подразумевает Тору, которая была наслаждением для Творца две тысячи лет, прежде чем был создан мир[204]. И Он смотрел в нее раз, и два, и три, и четыре раза, а затем сообщил им, и в конце произвел ею действие, чтобы обучить людей, как не заблуждаться в ней. Как сказано: «Тогда Он увидел (мудрость) и установил ее, утвердил, еще и испытал»[205]. И здесь: «увидел» – в первый раз, «установил» – во второй раз, «утвердил» – в третий раз, «еще и испытал» – в четвертый раз. «А затем сообщил им» – т.е. как сказано: «И передал человеку».

73) И за эти четыре раза, которым соответствует сказанное: «Тогда Он увидел (мудрость) и установил ее, утвердил, еще и испытал» – Творец создал то, что создал. И пока Он не произвел своего действия, Он привел вначале четыре слова: «Вначале (берешит) создал (бара) Всесильный (Элоким) эт» – итого четыре, а затем сказано: «Небо». И им соответствуют те четыре раза, когда Творец смотрел в Тору, прежде чем привел свое действие к исполнению.

«Четыре раза» – это ХУБ (Хохма и Бина) ТУМ (Тиферет и Малхут). «Тогда Он увидел» – Хохма, «и установил ее» – Бина, «утвердил» – Зеир Анпин, «еще и испытал» – Малхут. А после этих четырех облачений Творец создал то, что создал. И на них

---

[203] Писания, Притчи, 8:30.
[204] См. п. 22.
[205] Писания, Йов, 28:27.

же указывают четыре первых слова в Торе: «берешит» – Хохма, «бара» – Бина, «Элоким» – Зеир Анпин, «эт» – Малхут. А после этих четырех облачений было создано небо.

Погонщик ослов

74) «Рабби Эльазар отправился повидать рабби Йоси, сына рабби Шимона бен Лакуния, своего тестя. И вместе с ним – рабби Аба. И следовал за ними один человек, погоняющий их ослов» – т.е. направлял их ослов. «Сказал рабби Аба: "Откроем врата Торы, именно сейчас настало время исправить наш путь"».

«Погоняющий» означает «покалывающий». И так называют «погонщика ослов», потому что обычно он покалывает ослов острием палки, чтобы те поторапливались при ходьбе.

75) Начал говорить рабби Эльазар: «Субботы Мои храните»[206]. Открывается постигающему: шесть дней создавал Творец мир, и каждому дню Он раскрывал Свое деяние и давал Свою силу в этот день. Когда Он раскрыл Свое деяние и дал Свою силу? В день четвертый. Поскольку первые три дня были полностью скрыты и не раскрывались. А когда наступил четвертый день, Он проявил действие и силу всех вместе.

Объяснение. «В этот день» – означает «в день субботний». «Шесть дней» – это ХАГАТ НЕХИ. И они раскрывают совершенство произведенной в них работы и свою силу в день субботний, т.е. в Малхут.

И говорит: «Когда Он раскрыл Свое деяние и дал Свою силу? В день четвертый» – но раньше он сказал, что «каждому дню Он раскрывал Свое деяние» в день субботний. Почему же здесь говорит, что это было только в четвертый день?

Дело в том, что Малхут называется четвертой и седьмой: четвертая она относительно праотцев, т.е. сфирот ХАГАТ, а седьмая – относительно сыновей, сфирот НЕХИ. Но раньше рабби Шимон сказал[207], что «ростки» – т.е. ХАГАТ, «показались на земле» – в третий день, и «время обрезания ветвей наступило» – это четвертый день. И тогда сократилась Малхут

---

[206] Тора, Ваикра, 19:30. «Субботы Мои храните и святыни Моей страшитесь. Я Творец».
[207] См. выше, статью «Ростки», п. 4.

и поднялась для второго зарождения (ибур). Отсюда видно, что Малхут была создана от ХАГАТ в третий день, и была исправлена в четвертый день – с помощью Нецаха Зеир Анпина, называемого четвертым днем. И поэтому она в этом состоянии называется четвертой относительно праотцев.

А затем он говорит[207]: «"На земле нашей" – это день субботний, который подобен земле жизни». И отсюда видно, что Малхут, называемая «земля», является свойством «день субботний», и она «седьмая» относительно сыновей. И эти понятия, «четвертая» и «седьмая», выясняются здесь.

Поэтому (рабби Эльазар) говорит: «Поскольку первые три дня были полностью скрыты и не раскрывались» – так как всё то время, пока ступени недостает Малхут, она считается скрытой и непознанной, а при достижении ею Малхут, она обретает свое совершенство. И это означает – шесть дней творения и суббота. Ибо, на первый взгляд, шесть дней творения должны быть важнее субботнего дня – ведь ХАГАТ НЕХИ, т.е. шесть дней творения, важнее Малхут, субботнего дня.

Но дело в том, что каждая неделя – это ступень сама по себе, и в будние дни ей недостает Малхут. И потому эта ступень скрыта, и нет в ней святости – потому что при отсутствии Малхут недостает также ГАР светов. И только с раскрытием Малхут этой ступени, т.е. с наступлением субботнего дня, раскрывается святость всей ступени, т.е. также и шести дней творения, и святость пребывает во всей неделе.

И то же самое в шесть дней начала творения. Когда были созданы три первых дня, т.е. ХАГАТ, прежде чем раскрылась эта Малхут, они были скрыты, и святость не проявлялась в них. Но после создания Малхут, в четвертый день, раскрылась святость всех четырех дней. И поэтому говорит: «А когда наступил четвертый день, Он проявил действие и силу всех вместе» – т.е. раскрылась святость произведенной работы и силы всех четырех дней, потому что Малхут довершает эту ступень.

76) «Поскольку огонь, вода и воздух» – ХАГАТ, называемые тремя первыми днями, «хотя они и являются тремя высшими основами» – тремя сфирот ХАГАТ, «все они оставались в состоянии ожидания, и создание их не раскрывалось до тех

пор, пока земля» – т.е. Малхут, «не выявила их». «Тогда стала известна работа по созданию каждого из них».

77) «Но ведь о третьем дне сказано: "Да произрастит земля поросль"[208], "и извлекла земля поросль"[209]». Разве не произошло раскрытие действия земли, т.е. Малхут, на третий день? «Однако, хотя это и сказано о третьем дне» – свойстве Тиферет, «всё же это был четвертый день» – т.е. Малхут, «и он включился в третий день, чтобы стали они» – Тиферет и Малхут, «единым целым, без разделения». «А затем четвертый день раскрыл деяние его, чтобы проявил Создатель работу свою по созданию Им каждого», из ХАГАТ, «ибо четвертый день является четвертой опорой высшего престола» – Бины, и четырьмя опорами его являются ХАГАТ и Малхут.

Объяснение. Поскольку Малхут раскрывает святость трех дней, она поднимается и включается в третий день, чтобы раскрыть над ними единство, чтобы Тиферет и Малхут «стали единым целым, без разделения».

И говорит: «А затем четвертый день» – потому что в четвертый день Малхут лишь довершила три первых дня. А затем выходят еще три дня – Нецах, Ход, Есод (НЕХИ).

И поэтому говорит: «А затем четвертый день раскрыл деяние его, чтобы проявил Создатель работу свою по созданию Им каждого». Ибо после того, как раскрылась святость над первыми тремя днями, т.е. ХАГАТ, которые называются «праотцы» и являются основой Зеир Анпина, Зеир Анпин, называемый Создателем, приступает к своей работе, и создаются сыновья, Нецах-Ход-Есод (НЕХИ), т.е. три последних дня шести дней творения. «Ибо четвертый день является четвертой опорой высшего престола». Зеир Анпин называется престолом Бины. И так же как престол не считается завершенным прежде, чем заканчивается четвертая опора, так же и Зеир Анпин не завершается прежде, чем раскрывается в нем Малхут в четвертый день. И он не мог произвести три дня, НЕХИ, прежде, чем она завершилась.

---

[208] Тора, Берешит, 1:11.
[209] Тора, Берешит, 1:12.

78) «Сотворение их всех, как трех первых дней» – ХАГАТ, «так и трех последних дней» – НЕХИ, «зависело от субботнего дня» – т.е. Малхут в свойстве ГАР и в полном совершенстве. «Об этом сказано: "И завершил Творец в седьмой день"[210] – это суббота, и это четвертая опора престола». То есть и суббота и четвертый день, оба они являются свойством Малхут. Но только четвертый день – это Малхут, включенная в Зеир Анпин, в его сфиру Тиферет выше хазе, а день субботний – это Малхут, находящаяся в зивуге с Зеир Анпином паним бе-паним.

Объяснение. Хотя три первых дня и были довершены в четвертый день, всё же не были довершены в нем окончательно и ждали наступления субботнего дня. Таким образом, в субботний день были довершены как первые дни, ХАГАТ, так и последние дни, НЕХИ. Как сказано: «И завершил Творец в седьмой день всю произведенную Им работу» – все шесть дней, включая три первых дня.

Поэтому говорит: «Это суббота, и это четвертая опора престола». «Седьмой день» – это суббота, т.е. седьмой относительно сыновей, и она также «четвертая опора престола», т.е. восполняющая также и праотцев, и относительно них суббота является четвертой. Дело в том, что три дня, ХАГАТ, не были завершены во всем своем исправлении в четвертый день и нуждаются в субботнем дне для своего завершения, поскольку было в четвертый день сокращение Малхут, называемое «ущербом луны», и поэтому она снова приходит к состоянию зарождения (ибур), во второй раз, и раскрывается совершенство ее в день субботний. Таким образом, субботний день довершает также и три первых дня.

79) «Если это так» – т.е. если суббота это Малхут, «почему сказано: "Субботы Мои храните"[206], что их две?» «Дело в том, что между субботой, относящейся к ночи субботы» – Малхут, «и субботой, относящейся непосредственно ко дню» – Зеир Анпином, который светит субботе, Малхут, «нет разделения между ними» – потому что они соединены в состоянии «паним бе-паним», и они называются двумя субботами.

---

[210] Тора, Берешит, 2:2.

Погонщик ослов

Объяснение. Согласно первому мнению, что есть две Малхут, четвертый и седьмой (дни), и каждая совершенна сама по себе, совершенно очевидно, что отрывок «субботы Мои храните»[206] указывает на две – четвертый и седьмой (дни). Однако если четвертый (день) не завершается прежде, чем включается в седьмой, они в таком случае являются только одной субботой. Так почему же говорится в отрывке: «Субботы Мои», т.е. две? И он объясняет, что имеются в виду Зеир Анпин и Нуква, которые светят святостью субботы, так как день субботний – это захар, а канун субботы – это нуква. И это две субботы, включенные в «Субботы Мои», поскольку, на самом деле, они являются единым целым, без разделения. Поэтому Зеир Анпин тоже называется субботой.

80) Спросил их погонщик ослов, следовавший за ними: «Что же означает сказанное: "И святыни Моей страшитесь"[206]?» Один ответил: «Это святость субботы». Спросил у него: «Что такое святость субботы»? Ответил ему: «Это святость, нисходящая свыше» – от Абы ве-Имы. Спросил у него: «Как же тогда может считаться суббота святой, если сама она не святость, а святость находится над ней свыше?» – от Абы ве-Имы. Сказал рабби Аба: «Так и написано: "И назовешь субботу отрадой, святыню Творца – почитаемой"[211] – здесь упоминается отдельно суббота, и отдельно святыня Творца». Спросил у него: «В таком случае, что означает "святыня Творца"?» Ответил ему: «Это святость, нисходящая свыше» – от Абы ве-Имы, «и царящая над субботой». Сказал ему погонщик ослов: «Если почитаемой называется святость, нисходящая свыше, то выходит, что сама суббота не является почитаемой? Но сказано: "Должен почитать ее"[211]» – т.е. почитается и сама суббота. Сказал рабби Эльазар рабби Абе: «Оставь этого человека – он изрекает мудрость, которой мы не знаем». Обратился к нему: «Поведай нам ее».

Объяснение. Спросил его: «Что же означает сказанное: "И святыни Моей страшитесь"[206]?» – если суббота является свойством ЗОН, почему же в этом отрывке они называются святостью, ведь только Аба ве-Има называются святостью? И поэтому сказал: «Здесь упоминается отдельно суббота, и отдельно святыня Творца» – указывает ему этим, что сама суббота является

---

[211] Пророки, Йешаяу, 58:13. «Если удержишь в субботу ногу свою, удержишься от исполнения дел твоих в святой день Мой, и назовешь субботу отрадой, святыню Творца – почитаемой».

свойством ЗОН, то есть сама по себе она не называется святостью, но лишь когда к ней нисходит святость свыше, от высших Абы ве-Имы, называемых святостью. И притяжение от Абы ве-Имы называется «святыней Творца», о которой сказано: «Святыню Творца (назовешь) почитаемой».

81) Заговорил тот, сказав: «"(Эт) субботы Мои". "Эт" – указывает на включение предела субботы, две тысячи ама в каждую сторону, поэтому Писание добавляет слово "эт". "Субботы Мои" – множественное число, высшая суббота и нижняя суббота. То есть обе они соединены вместе и скрыты вместе».

Объяснение. «"Эт" – указывает на включение предела субботы». Хотя и сказано: «Да не выйдет человек из места своего в день седьмой»[212], Писание включает посредством слова «эт» две тысячи в каждую сторону, за пределами этого места. «Эт (את)» – это Малхут, и благодаря ее зивугу выходят мохин Абы ве-Имы, светящие в субботу дополнительно к свечению ЗОН. А числовое значение Аба ве-Има – это «две тысячи». И об этом он говорит: «Поэтому Писание добавляет слово "эт"» – указывающее на это включение.

«"Субботы Мои" – высшая суббота и нижняя суббота». «Высшая суббота» – Твуна, «нижняя суббота» – Малхут, Нуква Зеир Анпина, называемые МИ (кто) и МА (что), высший мир и нижний мир, соединенные вместе[213]. «Соединены вместе» – потому что в субботу ЗОН поднимаются и облачают Абу ве-Иму, и тогда Твуна с Малхут включаются друг в друга, становясь как одно целое, так как нижний, поднимающийся к высшему, становится как и он. «И скрыты вместе» – однако, вместе с тем, Малхут не становится самой Твуной, без различия между ними, поскольку Малхут может получить мохин Твуны лишь наверху, в месте Твуны. Но на месте самой Малхут, внизу, у нее нет этих мохин. И в этой мере Малхут считается скрытой.

И также Твуна страдает от скрытия Малхут, так как «их мохин соединены вместе и скрыты вместе». И хотя Твуна, становясь в субботу одним парцуфом с высшей Имой, сама по себе не пребывает ни в каком скрытии, все же, поскольку ее мохин

---
[212] Тора, Шмот, 16:29.
[213] См. выше, статью «Кто создал их», п. 8.

светят вместе с мохин Малхут, скрытие Малхут ощущается также и в мохин Твуны.

82) Осталась другая суббота, которая не была упомянута и испытывала стыд. Обратилась к Нему: «Владыка мира! С того дня, как Ты создал меня, я называюсь субботой, и нет дня без ночи». Ответил ей: «Дочь Моя! Суббота ты, и субботой Я назвал тебя. Но теперь Я венчаю тебя самым высшим украшением». И провозгласил: «И святыни Моей страшитесь»[214] – это суббота, относящаяся к ночи субботы, т.е. свойство «страх», и в ней присутствует страх. А что же он собой представляет? Творец соединился вместе (с ней) и сказал: «Я Творец»[214], где «Я» – это Малхут, ночь субботы, «Творец» – Зеир Анпин. А в словах «Я Творец» – они соединены вместе.

Я слышал это от своего отца, который сказал так и уточнил: «Слово "эт" указывает на включение предела субботы. "Субботы Мои"» – сказано во множественном числе, «это "круг" и "квадрат" в нем, т.е. два понятия» – две субботы. «И в соответствие этим двум понятиям есть две святости, о которых стоит напомнить: одна – "и завершены были небо и земля"[215], другая – освящение. В благословении "и завершены" содержится тридцать пять слов. И в освящении, произносимом нами, содержится тридцать пять слов. И вместе они составляют семьдесят имен, которыми украшаются Творец и Кнессет Исраэль.

83) И поскольку эти «круг» и «квадрат» – это «субботы Мои», оба они включены в заповедь «храни», как сказано: «Субботы Мои храните»[214]. Однако высшая суббота включена не в заповедь «храни», а в «помни», потому что высший Царь, Бина, восполняется посредством «помни». Поэтому называется Бина Царем, которому принадлежит установление мира, потому что Его мир находится в свойстве «помни». И поэтому не бывает разногласия наверху.

Объяснение. «Осталась другая суббота, которая не была упомянута» – т.е. Малхут де-Малхут, называемая центральной точкой, не получающая мохин даже в субботний день, поскольку

---

[214] Тора, Ваикра, 19:30. «Субботы Мои храните и святыни Моей страшитесь. Я Творец».
[215] Тора, Берешит, 2:1.

сама она является свойством «манула (замок)», а все мохин приходят только с помощью свойства «мифтеха (ключ)», т.е. Есода де-Малхут[216]. И из-за того, что не получила мохин, она испытывала чувство стыда.

Поэтому говорит: «Осталась другая суббота, которая не была упомянута» – центральная точка, не получившая мохин и ощущавшая стыд. «Обратилась к Нему», т.е. она выразила недоумение: «Ведь с того дня, как Ты создал меня» – т.е. с начала создания меня в мире Адам Кадмон (АК), «я называюсь субботой» – все мохин были получены с моей помощью. Потому что в АК не было другой Малхут, а только центральная точка. И она уменьшилась только во время второго сокращения, по отношению к миру Ацилут.

И привела еще один довод: «Ведь нет в мире дня без ночи». Это восходит к очень высокому состоянию, потому что она задала вопрос о том, что даже о первом дне (творения) сказано: «И был вечер, и было утро, день один»[217] – т.е. единство раскрывается над днем и ночью вместе. Почему же тогда ночь не упомянута в субботе начала творения – ведь в описании седьмого дня начала творения нет слова «ночь»? Ответил ей Творец: «Суббота ты» – в будущем, в седьмом тысячелетии, в день, который полностью – суббота. «И субботой Я назвал тебя» – с момента создания тебя, в мире Адам Кадмон.

«Но теперь Я венчаю тебя самым высшим украшением» – другими словами, Творец возвысил ее, чтобы она служила свойству ГАР парцуфов[218]. Ведь она устанавливается в виде Малхут высших Абы ве-Имы, в свойстве «воздух (авир), который непознаваем». Высшие Аба ве-Има называются «святая святых», и она тогда тоже находится в высшей святости. Об этом сказано: «И провозгласил: "И святыни Моей страшитесь"[214]» – потому что благодаря ее исправлению в высших Абе ве-Име она становится святостью, о которой сказано: «И святыни Моей страшитесь»[214].

В результате, Малхут теперь удостаивается высшего украшения – еще превосходней того, что было у нее в мире АК. Ибо

---

[216] См. выше, статью «Манула и мифтеха (замок и ключ)», п. 42.
[217] Тора, Берешит, 1:5.
[218] См. выше, статью «Манула и мифтеха (замок и ключ)», п. 41.

там она действовала в окончании сфирот, на своем месте, а сейчас поднялась и действует в месте ГАР высших Аба ве-Има, называемых «святая святых». И поэтому сказано: «Но теперь Я венчаю тебя самым высшим украшением».

Поэтому он говорит: «Это суббота, относящаяся к ночи субботы, т.е. свойство "страх", и в ней присутствует страх». Малхут называется «страх», потому что на нее было сделано сокращение, чтобы не получала наполнение в свое свойство. И она не используется в своем собственном свойстве для получения прямого света сверху вниз, но только для создания отраженного света, так как приобрела экран «в трепете и тревоге», чтобы свет не прошел от экрана и ниже[219].

А теперь, при подъеме ее в высшую святость Абы ве-Имы, «в ней присутствует высший страх», потому что высшее имя АВАЯ Абы ве-Имы находится в ней. И это – состояние ночи субботнего дня, в котором возникло недоумение: «Ведь нет дня без ночи». Это означают слова «суббота, относящаяся к ночи субботы». И свойство ночи тоже включено в день субботний. А страх присутствует в ней потому, что «Творец соединился вместе (с ней) и сказал: "Я Творец"[214]» – т.е. высшее АВАЯ Абы ве-Имы включилось в нее, сказав: «Я Творец (АВАЯ)»[214]. И для того, чтобы объяснить это, (погонщик) приводит высказывание, услышанное им от своего отца.

Пояснение сказанного. Форма круга указывает на то, что свет там в любом месте светит равномерно, и там нет никакого суда, способного хоть как-то изменить меру этого свечения. А форма четырехугольника указывает на то, что там присутствуют суды, приводящие к необходимости различать между правой стороной и левой, и между востоком и западом. И поэтому говорится, что рош (голова) имеет круглую форму, по сравнению с гуф (телом), имеющим квадратную форму, так как в ГАР, называемых рош, нет судов. Однако в гуф присутствуют суды, ставшие причиной того, что в гуф имеется правая сторона и левая, лицевая и обратная (паним ве-ахор).

Субботой называется состояние, когда ЗОН поднимаются и облачают Абу ве-Иму, становясь «высшей субботой и нижней

---

[219] См. выше, статью «Видение рабби Хия», п. 56, со слов «И все они».

субботой, соединенными вместе». Высшая суббота, т.е. парцуф Аба ве-Има, относится к свойству «круг», а нижняя суббота, т.е. ЗОН, принадлежащие гуф, относится к свойству «квадрат». Поэтому ЗОН, находящиеся в свойстве «квадрат», поднимаются в субботу и включаются в Абу ве-Иму, которые находятся в свойстве «круг». Поэтому он говорит: «"Субботы Мои" – это "круг" и "квадрат" в нем, т.е. два понятия». И сказано в Писании «субботы Мои», что включает две субботы: высшая суббота – это «круг», и «квадрат внутри него» – это нижняя суббота, которая поднялась и включилась в нее.

Мохин Хохмы называются «семьдесят имен» или «семьдесят украшений», потому что «семьдесят (айн)» указывает на Хохму. И поскольку эти мохин раскрываются только вследствие подъема нижней субботы в высшую, они делятся надвое: половина их относится к высшей субботе, а половина – к нижней субботе. И поэтому есть в благословении «и завершены» тридцать пять слов, и это половина мохин, относящихся высшей субботе. И в самом освящении тоже есть тридцать пять слов, и это половина мохин, относящихся к нижней субботе, и это те мохин, которыми украшается Кнессет Исраэль, т.е. Малхут, называемая субботой.

И поскольку эти круг и квадрат включены вместе в «субботы Мои», мохин круга тоже находятся в свойстве «храни», как и квадрат. И хотя «храни» является свойством суда и ограничения, от которого необходимо хранить себя, а в высшей субботе, относящейся к кругу, нет суда, все же вследствие соединения ее вместе с субботой, относящейся к квадрату, в круге тоже имеется свойство «храни».

Но сама высшая суббота включена в заповедь «помни», а не «храни», «потому что высший Царь, Бина, восполняется посредством "помни"», и нет в нем никакого суда, чтобы можно было сказать о нем: «Храни», так как свойство «храни» имеется лишь в Нукве. Однако относительно включения высшей субботы в нижнюю, свойство «храни» содержится в обеих вместе, но не в высшей субботе самой по себе.

«Поэтому называется Царем, которому принадлежит установление мира, потому что Его мир находится в свойстве "помни". И поэтому не бывает разногласия наверху». Высший Царь – это

Бина, МИ (מי), которая завершается буквой «йуд י», т.е. облачениями свойства «захар»[220]. И это признак того, что там не бывает разногласия, т.е. отсутствует всякий суд, и поэтому она относится к свойству «круг». Однако нижняя суббота – это свойство МА (מה), которое завершается буквой «хэй ה», и поэтому в ней есть разногласие, т.е. правая и левая стороны, и она относится к свойству «квадрат».

84) Внизу есть два состояния «мир (шалом)»: один – Яаков, Тиферет, и один – Йосеф, Есод. И поэтому приветствие «мир (шалом)» написано дважды: «Мир, мир далекому и близкому»[221]. «Далекому» – это Яаков, «и близкому» – это Йосеф. «Далекому» – как сказано: «Издалека Творец являлся мне»[222], а также: «И стала сестра его вдали»[223]. А о «близком» сказано: «Новым, из близи появившимся»[224].

Объяснение. «Внизу есть два состояния "мир (шалом)"». «Внизу» – т.е. в ЗОН, в котором есть свойство Яаков, Тиферет, и Йосеф, Есод. Это указывает на два вида зивуга в ЗОН, потому что «мир (шалом)» означает зивуг. И в нем есть высший зивуг для притяжения ступени Хохма и нижний зивуг для притяжения хасадим: высший происходит в свойстве Яаков, а нижний – в свойстве Йосеф.

И мы уже выяснили[225], что поскольку ЗАТ не могут получить ступень Хохмы без хасадим, ступень Хохмы в ЗОН далека от них, ведь они могут получить ее только облачившись в хасадим. И поэтому сказано: «Издалека Творец являлся мне»[222] – так как ступень Хохмы далека от него, и он нуждается в облачении, чтобы получить ее. Поэтому мир (шалом) Яакова называется «далеким». А зивуг нижнего, мир (шалом) Йосефа, называется «близким», поскольку он принимается им без облачения, и

---

[220] См. выше, статью «Мать одалживает свои одежды дочери», п. 17.
[221] Пророки, Йешаяу, 57:19.
[222] Пророки, Йермияу, 31:2. «Издалека Творец являлся мне: «Любовью вечной возлюбил Я тебя, и потому привлек Я тебя милостью!»
[223] Тора, Шмот, 2:4.
[224] Тора, Дварим, 32:17. «Жертвы приносили бесам, не Всесильному, богам, которых не знали они, новым, из близи появившимся, не страшились их отцы ваши».
[225] См. выше, статью «"Кто создал их", по Элияу», п. 14.

кроме того, благодаря его ступени хасадим он может получить также и Хохму[225].

И это внутренний смысл слов приветствия: «Мир, мир далекому и близкому» – т.е. два «мира (шалом)», Яакова и Йосефа, всегда присутствующие в зивуге большого состояния (гадлут) ЗОН. И эти два мира, имеющиеся в ЗОН, относятся к свойству «квадрат», поскольку в них присутствует разногласие, и они завершаются буквой «хэй ה», т.е. свойством Нуквы. Тогда как у высшего Царя, у свойств Бины, МИ (מי), завершающихся буквой «йуд י», т.е. свойством захар, нет разногласия. И даже понятия «далекий» и «близкий» не имеют места в самой Бине, так как она является свойством ГАР, а ГАР могут получать Хохму «близко», т.е. вовсе не нуждаются в облачении хасадим. И они получают Хохму без хасадим. И нет в высшем Царе двух состояний «мир», как в ЗОН, ибо Он – Царь, который устанавливает мир.

85) «Издалека» – это высшая точка, расположенная в Храме Его. И о ней сказано: «Храните» – т.е. она включена в свойство «храни». «И святыни Моей страшитесь»[214] – это точка, расположенная в центре, перед которой испытывают самый большой страх, так как ее наказание – это смерть. Как сказано: «Оскверняющий ее будет предан смерти»[226].

«Оскверняющий ее» – тот, кто входит внутрь пространства круга и квадрата, в место, где эта точка находится, и портит ее, – «будет предан смерти». И об этом сказано: «Страшитесь». Эта центральная точка называется «Я», и над ней пребывает то высшее скрытие, которое не раскрывается, т.е. АВАЯ. А «Я» и АВАЯ – это одно целое.

Сошли рабби Эльазар и рабби Аба со своих ослов и поцеловали погонщика. Сказали: «Сколь же велика мудрость, которой ты владеешь, – а ты погоняешь наших ослов! Кто ты?!» Ответил им: «Не спрашивайте, кто я, но лучше мы с вами пойдем и будем заниматься Торой. И каждый произнесет речения мудрости, чтобы осветить этот путь».

---

[226] Тора, Шмот, 31:14. «И соблюдайте субботу, ибо святыня она для вас. Оскверняющий ее будет предан смерти».

Объяснение. «"Издалека" – это высшая точка, установленная в Храме Его» – свойство «мифтеха (ключ)», с помощью которого передается Хохма тридцати двух путей[227]. «Точка в Храме Его» – это буква «бэт ב» в слове «берешит (בראשית вначале)». И оттуда передается ступень Хохмы парцуфу ЗОН в то время, когда ЗОН поднимаются и облачают высшие Абу ве-Иму. Ибо тогда соединяются вместе две субботы – высшая суббота и нижняя суббота. И о них сказано: «Издалека Творец являлся мне»[222] – потому что ЗОН могут получить Хохму лишь в облачении хасадим.

Поэтому говорит: «"Издалека" – это высшая точка, установленная в Храме Его» – это ХУБ (Хохма и Бина), называемые далекими по отношению к ЗОН, и ЗОН нуждается в облачении хасадим нижнего мира, МА, которые завершаются в Нукве[228]. И поскольку он нуждается в нижнем зивуге МА, завершающемся в Нукве, называемой «храни», то и ступень Хохма включает в себя «храни», и поэтому сказано о них: «Субботы Мои храните»[214].

И также высшая суббота, включенная в ЗОН, включена в свойство «храни», а не «помни», так как они обязательно должны заканчиваться в Нукве, чтобы получить ступень хасадим. И только высший Царь, т.е. ХУБ (Хохма и Бина) сами по себе, получающие Хохму вблизи, без облачения хасадим, завершаются свойством «помни» и называются «помни», а не «храни».

«Точка, расположенная в центре» – это свойство самой «манулы (замка)», установившейся в высших Аба ве-Има, в «воздухе (авир)», который непознаваем. Центральная точка действует только в мире Адам Кадмон, но не в мире Ацилут, и поэтому невозможно постигнуть высшие Абу ве-Иму, которые являются свойством ГАР Бины. И вся Хохма, передаваемая миром Ацилут, исходит лишь от семи нижних сфирот (ЗАТ) Бины, называемых ИШСУТ, и там действует «мифтеха», называемая «точка в Храме Его». И поскольку она установилась в высших Аба ве-Има, она называется «святыня Моя». И поэтому

---

[227] См. выше, статью «Манула и мифтеха (замок и ключ)», п. 42.
[228] См. выше, статью «Мать одалживает свои одежды дочери», п. 16, со слов «И после того, как».

там присутствует страх. Как сказано: «И святыни Моей страшитесь»[214] – т.е. точки, находящейся в центре.

«"Оскверняющий ее"[226] – тот, кто входит внутрь пространства круга и квадрата, в место, где эта точка находится, и портит ее». Круг – это Аба ве-Има, квадрат – это ЗОН, которые облачают Абу ве-Иму и включены в круг, а Малхут Абы ве-Имы – это точка, находящаяся внутри них. И есть в этой Малхут два свойства – «манула» и «мифтеха». «Мифтеха (ключ)» называется «точка в Храме Его», и это – только Есод в Малхут. И она применяется только в парцуфе ИШСУТ. «Манула (замок)» – это Малхут в Малхут, сама центральная точка. И она применяется только в высших Абе ве-Име.

«Тот, кто входит внутрь пространства круга и квадрата» – т.е. в Малхут Абы ве-Имы, являющейся пространством свойства «воздух, который не познаваем», «в место, где эта точка находится» – в место этой центральной точки, «и портит ее» – т.е. желает притянуть свет внутрь ее пространства, «будет предан смерти»[226] – потому что запрещено притягивать в нее какой бы то ни было свет. «И об этом сказано: "Страшитесь"» – т.е. об этой центральной точке сказано: «И святыни Моей страшитесь»[214].

Эта центральная точка по сути называется «Я». А Аба ве-Има – это имя АВАЯ, пребывающее над этой точкой, и поэтому они «то высшее скрытие, которое не раскрывается» – так как мысль вообще не способна постичь их. И это означает «Я Творец (АВАЯ)»[214]. «И всё это – одно целое» – т.е. они считаются одним целым, ведь поэтому точка тоже называется именем Аба ве-Има, как сказано: «И святыни Моей страшитесь»[214]. Ибо суть точки считается такой же святостью, как Аба ве-Има, так как они – одно целое.

«Сошли рабби Эльазар и рабби Аба со своих ослов и поцеловали погонщика». Для дальнейшего пояснения этой статьи, необходимо подробнее рассказать, что представляет собой этот погонщик. И знай, что путь, по которому идут рабби Эльазар и рабби Аба, не так уж прост, и сказано о нем: «Путь праведных – как светило лучезарное, которое светит всё ярче, пока не наступит день»²²⁹. И сказано, что «рабби Эльазар отправился повидать рабби Йоси, сына рабби Шимона бен Лакуния, тестя его» – здесь косвенно указан уровень ступени, на которой они тогда находились.

Ведь у Зеир Анпина есть свои Аба ве-Има, т.е. высшие Аба ве-Има, и у него есть также Аба ве-Има его супруги, и это – ИШСУТ. И сначала Зеир Анпин постигает Абу ве-Иму своей Нуквы, т.е. ИШСУТ, называемые мохин де-нешама. А затем он поднимается на более высокую ступень и постигает свои Абу ве-Иму, т.е. высшие Абу ве-Иму, называемые мохин де-хая. И вот, эти праведники, восходящие по ступеням, образуют строение (меркава) Зеир Анпина. И поскольку путь, по которому идут рабби Эльазар и рабби Аба, находится в мохин де-нешама, скрытый намек на это содержится в сказанном, что рабби Эльазар отправился повидать своего тестя – т.е. Абу ве-Иму своей Нуквы, мохин де-нешама.

Все дело в том, что погонщик ослов, идущий за ними, – это помощь душам этих праведников, посылаемая им с высочайшего уровня, чтобы поднимать их со ступени на ступень. И без этой помощи, которую Творец посылает праведникам, они не могли бы оставить свою ступень и подняться еще выше. Поэтому, соответственно величине и ступени каждого праведника, Творец посылает ему возвышенную душу с высочайшего уровня, помогающую ему в пути.

И вот, в начале праведник вовсе не знает этой души, и кажется ему, что это очень низкая душа, которая присоединилась к нему в пути. И это называется зарождением (ибур) души праведника – т.е. эта высшая душа еще не закончила свою помощь, и поэтому совершенно неизвестно, кто это. Но после того, как уже оказала свою помощь и привела праведника к желаемой ступени, она становится известной ему, и он видит, насколько она возвышенна. И это называется раскрытием души праведника.

И эта душа, пришедшая помочь рабби Эльазару и рабби Аба, была душой рабби Амнона Сабы, и это очень высокая душа, и нет предела возвышенности ее. И относится она к свету

---
²²⁹ Писания, Притчи, 4:18.

ехида. Но вначале она приходит к ним посредством зарождения (ибур), и они познали ее только как погонщика ослов, т.е. просто как владельца ослов, занятием которого является перевозка путников на его ослах с места на место, а сам он идет пешком впереди своих ослов и ведет их. И поэтому называется погонщиком (досл. проводником) ослов.

«Сказал рабби Аба: "Откроем врата Торы, именно сейчас настало время исправить наш путь"»[230] – т.е. открыть источники души с помощью раскрытия врат тайн Торы для того, чтобы они исправились на пути Творца, по которому они шли. И рабби Эльазар объяснил высказывание: «Субботы Мои храните»[214] по отношению к той ступени, на которой он находился, т.е. относительно мохин де-ИШСУТ, что и называется «повидать своего тестя».

И поэтому пояснил, что сама суббота является свойством ЗОН, которые еще не являются святостью, но они притягивают святость, т.е. мохин де-ИШСУТ, которые ЗОН притягивают в день субботы. И в свете этих мохин они истолковали сказанное: «И святыни Моей страшитесь» – что при нисхождении в ЗОН Хохмы в виде нижних мохин де-ИШСУТ, в них имеется страх[231], так как они еще ждут вопроса, и потому в этой святости присутствует страх.

И здесь помог им погонщик ослов и раскрыл в них свойство мохин де-хая, ибо «субботы Мои храните»[214] он разъяснил относительно высшей субботы и нижней субботы, приходящих вместе благодаря подъему ЗОН в Абу ве-Иму, и тогда ЗОН сами становятся святостью, т.е. свойством «квадрат», включенным в «круг»[232]. И о них не сказано: «Страшитесь», но только: «Храните». Потому что мохин де-хая отталкивают все внешние свойства, и все суды устраняются от нее в день субботы, и в этом отношении там нет страха. А сказанное: «И святыни Моей страшитесь» он пояснил им относительно центральной точки, используемой в ГАР де-Аба ве-Има, т.е. ГАР мохин де-хая, в которой нет никакого постижения, и в ней присутствует страх.

---

[230] См. выше, п. 74.
[231] См. выше, статью «Кто создал их», п. 7, со слов: «И поэтому сказано...»
[232] См. п. 82.

И тем самым эта душа выполнила свою миссию, поскольку привела их к постижению мохин де-хая. И тогда они удостоились явления души праведника, ибо теперь они познали значительность этой души. И поэтому сошли рабби Эльазар и рабби Аба и поцеловали погонщика ослов, так как постижение этой ступени выявляется посредством действия, называемого «нешика (поцелуй)». Но на самом деле миссия этой души еще не завершилась, так как она должна была помочь им в постижении света ехида. Однако, поскольку даже постижение света хая само по себе является совершенной ступенью, поэтому считается, что эта душа уже раскрылась им в данной мере.

И поэтому они думали, что это сын рава Амнона Сабы, а не сам рав Амнона Саба. Ведь рав Амнона Саба – это свойство ехида, а сын его – свойство хая. И поскольку сейчас достигли только лишь свойства хая, то еще ошибочно думали, что это сын рава Амнона. Однако в дальнейшем, после того, как он сообщит им скрытый смысл сказанного о Бнайяу бен Йеояда, и это раскрытие ступени ехида, он откроется им полностью, и они увидят, что это сам рав Амнона Саба.

И это означает сказанное им: «Не спрашивайте, кто я» – так как они сами почувствовали, что еще не раскрыли его окончательно, поскольку еще не завершилась миссия помощи этой души. И поэтому просили его открыть свое имя. Но он ответил им, чтобы не спрашивали имени его, потому что они еще нуждаются в раскрытиях тайн Торы, иначе говоря, что этот путь еще полностью не исправлен. И поэтому сказал им: «Но лучше пойдем с вами заниматься Торой» – ведь вам пока еще нужна моя помощь в занятиях Торой. «И каждый произнесет речения мудрости, чтобы осветить этот путь» – они должны выяснить этот путь, поскольку не достигли еще желанной цели.

86) Обратились к нему: «Кто направил тебя сюда погонять ослов?» Сказал им: «Буква "йуд ּי" вела войну с двумя буквами, "каф ּכ" и "самэх ּס", чтобы они пришли соединиться со мной. "Каф ּכ" не хотела уходить со своего места и соединяться со мной из-за того, что она даже на мгновение не может оставить его, т.е. трон²³³, а "самэх ּס" не хотела покидать своего места,

---

²³³ См. выше, статью «Буквы рабби Амнона Сабы», п. 31.

потому что должна поддерживать тех, кто падает²³⁴, ибо они не могут быть без "самэх ס"».

87) «Йуд י» пришла ко мне одна. Поцеловала меня, обняла меня и, плача вместе со мной, сказала мне: «Сын мой, чем я могу помочь тебе? Но вот я временно удаляюсь, чтобы наполниться множеством хороших вещей и высшими скрытыми почитаемыми буквами, а затем вернусь к тебе и стану помощницей твоей. И я дам тебе во владение две буквы, которые выше тех, что ушли. И это "йуд-шин יש" – высшая "йуд י" и высшая "шин ש". И они станут для тебя сокровищницами, наполненными всем. И поэтому, сын мой, отправляйся и стань погонщиком ослов». И вот я иду этим путем.

Мы уже знаем, что погонщик ослов – это зарождение (ибур) души праведника, которая является идущему путями Творца, чтобы помочь ему оставить свою ступень и подняться на более важную ступень. И это подобно погонщикам ослов, которые помогают людям пройти путь из одного места в другое на ослах. И вот в этот момент праведник тоже падает со своей предыдущей ступени и приходит к зарождению новой ступени, такой же как и свойство души, которая приходит помочь ему. И зарождение означает исчезновение мохин. И это они хотели узнать у него: «Как Творец подстроил так, что ты пришел к нам как состояние зарождения, из-за чего у нас произошло исчезновение мохин?!» И в этом смысл вопроса: «Кто направил тебя сюда погонять ослов?»

Сказал им: «Буква "йуд י" вела войну с двумя буквами, "каф כ" и "самэх ס", чтобы они пришли соединиться со мной. "Йуд י" – это Хохма, а ступень мохин де-нешама называется троном (кес כס), и означает "трон величия", потому что мохин Хохмы приходят к ней в облачении и скрытии, и не раскрываются. И когда наступило время постижения мохин де-хая, "йуд י" де-АВАЯ, и это та ступень, которой я пришел удостоить вас, Хохма действительно хотела соединить со мной и мохин трона (кес כס), т.е. мохин де-нешама, которые были в вас прежде этого, и "йуд י" вела с ними войну. Однако "каф כ" не хотела уходить со своего места и соединяться со мной из-за того, что она даже на мгновение не может оставить его».

---

²³⁴ См. статью «Буквы рабби Амнона Сабы», п. 28.

Объяснение. «Каф כ» – это Малхут высшего, облаченная в нижнего[235]. И сказано поэтому, что в тот момент, когда буква «каф כ» хотела спуститься с трона, «содрогнулся трон, и все миры содрогнулись, боясь низвергнуться»[236] – так как вся связь ступеней друг с другом, от рош мира Ацилут и до соф мира Асия, устанавливается посредством Малхут высшего, облачающейся в нижнего. Поэтому она не может сойти со своего места, со ступени ИШСУТ, являющейся ступенью нешама, даже на краткий миг, поскольку нельзя создавать разрыва между ступенями.

«А "самэх ס" не хотела покидать своего места, потому что должна поддерживать тех, кто падает, ибо они не могут быть без "самэх ס"»[237]. Потому что «самэх ס» является сутью тех мохин, которые эта душа получает от ХАБАД ХАГАТ Абы ве-Имы, и они передают их ЗОН во время малого состояния (катнут) и поддерживают (сомхим) их, чтобы те не упали вниз, оказавшись за пределами мира Ацилут[238]. И поэтому она должна постоянно находиться на своем месте без всяких изменений.

Дело в том, что ступени постоянны, и только души получают изменения во время своего продвижения от ступени к ступени. Поэтому мохин де-нешама не хотели соединяться с «йуд י», т.е. ступенью Хохмы, и соединиться с душой рава Амнона Сабы, нисходящей в этот момент, чтобы помочь рабби Эльазару и рабби Аба. Ибо они нуждались в построении и притяжении мохин во всем их порядке заново, начиная с зарождения и далее, до уровня хая.

Поэтому сказано, что буква «йуд י» пришла к нему одна, т.е. пришла к нему без мохин ХАБАД ХАГАТ Абы ве-Имы, называемых «самэх ס». И известно, что облачение ступени Хохмы не может произойти без ступени хасадим, нисходящей от этой «самэх ס». И поскольку «йуд י» пришла одна, без ступени хасадим, поэтому сказано: «Поцеловала меня, обняла меня и, плача вместе со мной, сказала мне: «Сын мой, чем я могу помочь тебе?» – т.е. поцеловала и обняла его, поскольку желала

---

[235] См. выше, статью «Буквы рабби Амнона Сабы», п. 31, со слов: «И поэтому...»
[236] См. п. 31.
[237] См. п. 86.
[238] См. п. 28, со слов: «А в то время, когда ЗОН...»

облачиться без хасадим, и поэтому плакала вместе с ним, обратившись к нему: «Сын мой, чем я могу помочь тебе?» – дескать, нет у меня никакой возможности облачиться в тебя.

«Но вот я временно удаляюсь, чтобы наполниться множеством хороших вещей и высшими скрытыми почитаемыми буквами». Словом, поэтому я обязана уйти сейчас, а ты войдешь в состояние зарождения, чтобы построить себя во всех свойствах ибур-еника-мохин заново. И тогда я вернусь к тебе с совершенными мохин, полными всего.

И знай, что так происходит на каждой новой ступени, потому что всякий раз, когда человек должен приобрести новую ступень, он должен прийти к тому, что предыдущие мохин уходят, как будто не было у него никакой ступени никогда, и начать заново, приобретая сначала свойство нефеш, называемое зарождением (ибур), а затем свет руах, называемый вскармливанием (еника). И это означает сказанное: «И поэтому, сын мой, отправляйся и стань погонщиком ослов» – поскольку ничего нельзя привлечь от предыдущей ступени, и поэтому ты должен пройти новое зарождение, называемое «погонщик ослов».

«И я дам тебе во владение две буквы, которые выше тех, что ушли. И это "йуд-шин ש"». Мохин де-хая называются владением Абы ве-Имы и называются «йуд-шин ש». Ибо «йуд י» – Хохма, а «шин ש» – Бина. И они, конечно же, важнее, чем мохин де-нешама, которые ушли. «И будут тебе сокровищницами, наполненными всем». Как сказано: «Чтобы дать сущее (еш, йуд-шин ש) во владение любящим меня, и сокровищницы их наполню»[239].

88) Возрадовались рабби Эльазар и рабби Аба, заплакали и сказали: «Садись ты верхом на осла, а мы будем погонять за тобой» – т.е. чтобы он ехал верхом, а они поведут осла. Ответил им: «Разве не сказал я вам, что такова воля Царя, пока не придет тот погонщик ослов». Намекает этим на Машиаха, о котором сказано: «Беден и восседает на осле»[240]. Сказали ему: «Но ты ведь еще не открыл нам имени своего, и где место

---
[239] Писания, Притчи, 8:21.
[240] Пророки, Захария, 9:9. «Возликуй, дом Циона, издавай крики радости, дочь Йерушалаима: вот царь твой придет к тебе, праведник и спасенный он, беден и восседает на осле».

твоего обитания?» Ответил он: «Место моего обитания прекрасно и очень дорого мне. Есть одна башня, парящая в воздухе, большая и величественная. А проживают в этой башне только Творец и один бедняк. Это место моего обитания. Мне же пришлось удалиться оттуда и отправиться погонять ослов». Внимали ему рабби Аба и рабби Эльазар, и в его словах они ощущали наслаждение, подобное манне и меду. Сказали ему: «Если ты назовешь нам имя отца твоего, мы будем целовать прах у ног твоих». Ответил им: «Зачем это, не в моих правилах возноситься в Торе».

Объяснение. Теперь, познав величие его ступени, они не могли вытерпеть, что ради них он должен войти в состояние зарождения (ибур). И поэтому сказали ему, что теперь, когда они достигли мохин, довольно с него, и он может выйти из состояния зарождения. А если им вдруг придется что-то восполнить, они и сами смогут находиться в состоянии зарождения, – зачем же ему страдать из-за них? Поэтому сказали: «Садись ты верхом на осла, а мы будем погонять за тобой».

Ответил им: «Разве не сказал я вам, что такова воля Царя, пока не придет тот погонщик ослов». Имеется в виду сказанное им раньше, чтобы не спрашивали имени его, ведь они еще нуждаются в раскрытиях тайн Торы. Кроме того, намекнул им здесь, что речь идет о недостающем им свете ехида, означающем приход царя Машиаха[241]. Это значение слов: «Пока не придет тот погонщик ослов» – т.е. царь Машиах, о котором сказано: «Беден и восседает на осле». И поэтому сказано: «Что такова воля Царя, пока не придет тот погонщик ослов» – поскольку на него возложена заповедь Царя: помогать им, пока они не удостоятся света ехида.

И поэтому сказали ему: «Ты ведь не открыл нам своего имени» – т.е. поскольку мы еще не постигли от тебя всё то, что нам необходимо постичь, может быть, ты все же скажешь нам, «где место твоего обитания» – т.е. место твоей ступени, благодаря чему мы всё-таки узнаем, чего нам недостает постичь от тебя. Ответил им: «Место обитания моего прекрасно и очень дорого мне» – т.е. место ступени моей прекрасно и возвышенно по сравнению с той ступенью, на которой я нахожусь теперь,

---

[241] См. выше, п. 85, со слов: «И тем самым...»

ибо теперь она для меня самого чрезвычайно высока, чтобы постичь ее.

И это означает сказанное: «Есть одна башня, парящая в воздухе». Башня эта – за́мок Машиаха. «А проживают в этой башне только Творец и один бедняк» – потому что о Машиахе сказано: «Беден и восседает на осле». И он называет эту башню «большой и величественной», так как просто «башня, парящая в воздухе» – это Бина. Но здесь, поскольку она стоит над за́мком Машиаха, он называет ее особым именем «башня, парящая в воздухе, большая и величественная». И поэтому говорит: «Это место моего обитания. И мне пришлось удалиться оттуда и отправиться погонять ослов» – дескать: «место моего обитания в башне, но сейчас оно чрезвычайно высоко для меня», как он уже сказал прежде.

89) «Но место проживания моего отца было в великом море, и он был одной-единственной рыбой, пересекавшей это море во всех направлениях, от края до края. Он был большим и величественным, был стар и насыщался днями[242], пока не проглотил всех остальных рыб моря. А затем выпустил их из себя живых и невредимых, наполненных всеми благами мира. Благодаря своей силе он проплывал всё море в одно мгновение. И произвел он меня, выпустив словно стрелу, направленную рукой воина. И доставил он меня в то место, о котором я рассказал вам, – в башню, парящую в воздухе. И вернувшись на место свое, он скрылся в этом море».

Пояснение сказанного. Скрытый зивуг называется «одна рыба», и это намек на «пятидесятые врата». А «великое море» – это Малхут. И все зивуги, которые ниже парцуфа Атик мира Ацилут, не включают всё великое море, т.е. все сфирот Малхут, а только лишь девять первых сфирот Малхут. Но Малхут де-Малхут не включается в этот зивуг[243], ибо она остается в свойстве «тропа, неведомая даже ястребу»[244]. Однако в парцуфе Атик Йомин есть зивуг также и на эту Малхут, и он раскроется только в конце исправления.

---

[242] Писания, Диврей а-ямим 1, 23:1. «И состарился Давид, и насытился днями, и поставил царем над Исраэлем Шломо, сына своего».
[243] См. выше, статью «Манула и мифтеха (замок и ключ)», п. 43, со слов: «И они были отмечены...»
[244] Писания, Йов, 28:7.

И рав Амнона вышел из этого «скрытого зивуга», совершаемого в парцуфе Атик Йомин. Поэтому он называет его «мой отец» и говорит: «Место проживания моего отца было в великом море» – т.е. он производил зивуг с Малхут, называемой «великое море». Здесь можно возразить, что все парцуфы производят зивуг на Малхут. И поэтому говорит: «Он был одной-единственной рыбой, пересекавшей это море во всех направлениях, от края до края». Иначе говоря, это зивуг, относящийся к «пятидесятым вратам» – т.е. он совершает зивуг с «великим морем» во всех его свойствах, от Кетера до Малхут, «от края до края», включая также Малхут де-Малхут. «И он был большим и величественным, был стар (атик) и насыщался днями (йомин)» – так как имя его Атик Йомин. И ниже его уровня этот большой зивуг не существует.

И сказано, что он «проглотил всех остальных рыб моря», потому что этот большой зивуг вбирает в себя все зивуги и души, находящиеся абсолютно во всех мирах, поскольку все они включаются в него и аннулируются в нем, как свеча перед факелом. И вследствие этого включения, все они называются именем «нун» (на арам. – рыба). «А затем выпустил их из себя живых и невредимых, наполненных всеми благами мира» – т.е. после тех больших исправлений, которые наступают вследствие этого зивуга, он снова порождает все те света и души, которые поглотил во время зивуга. И они живут и существуют вечно, так как в силу того, что он поглотил их, они уже наполнились всеми благами мира посредством его большого зивуга.

«Он проплывал всё море в одно мгновение». Все зивуги, совершаемые ниже Атика Йомина, происходят в виде облачения сфирот друг в друга, и эти облачения определяются как прерывания зивуга, пока капля не пройдет в Есоды захара и нуквы. Тогда как большой зивуг Атика Йомина происходит без всякого облачения, и поэтому говорится, что этот зивуг происходит «в одно мгновение».

Поэтому говорит: «Он проплывал всё море в одно мгновение» – без всякого облачения. «Благодаря своей силе» – т.е. вследствие многочисленных гвурот, включенных в этот зивуг. «И произвел он меня, выпустив словно стрелу, направленную рукой воина» – однако эти гвурот совершенно не похожи на гвурот, действующие в зивугах ниже Атика Йомина. И о них сказано: «Глаз не видел Всесильного, кроме Тебя»[245]. Но, конечно же, не может быть рождения без гвурот, «ибо семя, не выпущенное словно стрела, не может породить»[246]. И поэтому сказано: «И произвел он меня, выпустив словно стрелу, направленную рукой воина».

«И доставил он меня в то место, о котором я рассказал вам» – т.е. «в башню, большую и величественную, в которой живут Творец и один бедняк». «И вернувшись на место свое, он скрылся в этом море» – т.е. после того, как он породил его и скрыл его в башне, большой и величественной, он вернулся к своему зивугу в скрытии на месте своем, как и прежде.

90) Рабби Эльазар, внимательно следивший за его речью, обратился к нему: «Ты – сын великого светила, ты – сын рава Амнона-старца, ты – сын светила Торы, и ты погоняешь за нами наших ослов?!» Заплакали вместе и, поцеловав его, отправились дальше. Снова спросили его: «Не будет ли угодно нашему господину сообщить нам имя свое?»

Объяснение. Дело в том, что они еще не полностью постигли его слова, и их постижение происходило только в мохин де-хая. Поэтому они думали, что он – сын рава Амнона Саба, потому что сам рав Амнона относится к свойству мохин де-ехида. «Сообщить нам имя свое» – т.е. получить его ступень, так как постижение его имени означает «постижение его ступени».

91) Сказал он в ответ: «И Бнайяу, сын Йеояды бен Иш Хай, Рав Пэалим, Микавцеэль»[247] – это высказывание приводится, чтобы обратить наше внимание на высшие тайны Торы. И имя Бнайяу, сына Йеояды, указывает на скрытую мудрость. Это указывает на скрытие, которое вызвано этим именем. «Бен Иш Хай (сын человека живого)» – это праведник, оживляющий миры. «Рав Пэалим (многодействующий)» – т.е. он Властелин всех деяний и всех высших воинств, так как все они исходят от него. Он называется «Творец воинств», будучи знамением во всех Его воинствах, – знаменит Он и величественней всех.

---

[245] Пророки, Йешаяу, 64:3.
[246] Вавилонский Талмуд, трактат Хагига, лист 15:1.
[247] Пророки, Шмуэль 2, 23:20. «И Бнайяу, сын Йеояды бен Иш Хай, величественный в деяниях, из Кавцеэля. И он сразил двух доблестных воинов Моава, и сошел он, и поразил льва во рву в снежный день».

Это высказывание показывает и раскрывает здесь высшие тайны Торы. «И имя Бнайяу, сына Йеояды, указывает на скрытую мудрость» – потому что святое имя Йео-яда (יהו-ידע) – это знание, указывающее на тайну этой мудрости. Оно является скрытой, очень возвышенной тайной, и имя Йео-яда (יהו-ידע) приводит к тому, что оно будет скрыто.

Пояснение сказанного. Кетер мира Ацилут, называемый РАДЛА (רדל"א) и Атик Йомин, охватывает пять парцуфов Ацилута: Арих Анпин, Абу ве-Иму и ЗОН. И называется «рош непознанный и непознаваемый (рейша де-ло яда ве-ло этъяда, РАДЛА)». «Рош непознанный (рейша де-ло яда)» – так как нет там зивуга даже на его собственном месте. «И непознаваемый (ве-ло этъяда)» – так как нет нисхождения мохин к ступеням, находящимся ниже него. И также Арих Анпин Ацилута скрыт от нижних и поэтому называется «скрытая Хохма (Хохма стимаа)». Но не называется «непознанный (ло яда)», как РАДЛА, так как у него есть зивуг на его собственном месте, и он только «непознаваемый (ло этъяда)», поскольку нет нисхождения мохин от него и ниже. И все мохин, познаваемые в мирах в течение шести тысяч лет, исходят только от Абы ве-Имы и ИШСУТ, называемых «Хохма тридцати двух путей», или «тридцать два имени Элоким действия начала творения».

И это скрытый смысл сказанного: «Откуда придет мудрость (хохма), и где место разума (бина), и скрыта она от глаз всего живого... Всесильный (Элоким) понимает путь ее, и Он знает место ее»[248]. И поясняется[249]: «"Всесильный (Элоким) понимает путь ее" – истинный путь», потому что Элоким, Зеир Анпин, знает путь распространения Хохмы тридцати двух путей к нижней Хохме, однако «"и Он" – святой Атик, "знает место ее" – истинное место», т.е. суть высшей Хохмы, парцуфа Аба ве-Има. «И тем более – ту Хохму, которая скрыта в святом Атике», поскольку это его собственный моах (разум).

«Понимает путь ее» – имеется в виду только Хохма тридцати двух путей, т.е. тридцать два имени Элоким действия начала творения. Поэтому сказано: «Всесильный (Элоким) понимает путь ее» – т.е. Хохмы относительно Бины, поскольку говорится:

---
[248] Писания, Йов, 28:20–23.
[249] См. Зоар, главу Аазину, раздел Идра зута, п. 72.

«понимает (мевин[250]) путь ее». Ведь эта Хохма по сути своей является всего лишь Биной, но она стала Хохмой благодаря ее подъему в рош Арих Анпина, где она получает наполнение от скрытой Хохмы и передает его вниз.

И получается, что эта Хохма раскрывается только путем Бины, во время ее подъема в скрытую Хохму Арих Анпина. Поэтому сказано: «Всесильный (Элоким)» – Бина, «понимает путь ее» – наполнения Хохмы. И это означает «истинный путь» – только тот путь, который несет наполнение Хохмы. Но сама она – Бина, а не Хохма.

«И Он знает место ее» – относится к Арих Анпину, потому что имя «Он» указывает на того, кто скрыт и недоступен нижним, т.е. на Арих Анпин, называемый «Атика Кадиша (святой Атик)». И о нем говорится, что «Он знает место» Хохмы тридцати двух путей, поскольку «Он» по сути своей является Хохмой, передающий наполнение Бине. Поэтому говорится, что (знает) «ее истинное место, и тем более – путь ее» – поскольку, будучи местом передачи этой Хохмы, Он тем более знает и путь Хохмы, по которому она облачается в Бину.

И сказано дополнительно: «И тем более – ту Хохму, которая скрыта в святом Атике». То есть, тем более Он знает собственное свойство скрытой Хохмы, но тоже в свойстве «и Он знает место ее», потому что только на его собственном месте раскрывается этот зивуг, но от него и ниже он вовсе не передается.

Таким образом, моах Арих Анпина является «познанным (яда)» на его собственном месте, но он «непознаваем (ло этъяда)» от него и ниже. И только мохин Абы ве-Имы, представляющие собой мохин тридцати двух путей Хохмы, находятся в свойстве «познанные (яда)», как сказано: «Всесильный (Элоким) понимает путь его». Но высший рош, находящийся выше Арих Анпина, рош Атика Йомина, – это свойство «непознанный и непознаваемый (ло яда ве-ло этъяда)», когда нет зивуга даже на его собственном месте, и нет никакого распространения мохин от него к нижним.

---

[250] В иврите слово «мевин (понимает)» – того же корня, что и слово Бина.

И всё это сказано лишь о душах и мирах в общем. Однако в отношении внутренних особенностей душ, есть высокие души, которые после своего исхода удостоились стать свойством МАН для большого зивуга этого рош Атика Йомина и получить в высшем мире ступень ехида, приходящую вследствие этого зивуга. И это – души Бнайяу, сына Йеояды, и рава Амнона Сабы, и другие. И эти высокие души раскрываются праведникам в этом мире, и тогда праведники тоже удостаиваются увидеть свет ехида, светящий в этих высоких душах.

«И имя Бнайяу, сына Йеояды, указывает на скрытую мудрость» – эта душа, называемая «Бнайяу, сын Йеояды», исходит от внутренней сути Хохмы, т.е. Хохмы Атика Йомина. «Это указывает на скрытие» – свечение этой души находится в скрытии, «которое вызвано этим именем» – так как имя «Йео-яда» привело к тому, чтобы свечение души (нешама) было скрытым. И означает оно, что «"йуд-хэй-вав" знает (йео-ядá יהי-ידע)», но оно не будет познано другими, и поэтому остается скрытым на своем собственном месте. И вот, вначале он выясняет высокие качества этого зивуга и достоинства ступени большого света, исходящего от этого зивуга в рош Атика Йомина, которые выясняются из сказанного: «Бен Иш Хай, Рав Пэалим, Микавцеэль (сын человека живого, многодействующий, из Кавцеэля)». А затем выясняет действие скрытия, произведенное на свечение этой души. И это выясняется в сказанном: «И он сразил двух доблестных воинов Моава»[247].

И поэтому сказано: «Бен Иш Хай, Рав Пэалим, Микавцеэль»[247]. И как было уже выяснено, этот зивуг является зивугом конца исправления, который включает все зивуги и ступени, вышедшие друг за другом в течение шести тысяч лет. И все эти света собираются (миткабцим) в нем одновременно. И таким же образом свойство МАН, поднимающихся к этому зивугу, включает в себя все страдания и наказания, которые раскрывались друг за другом в течение шести тысяч лет. Поэтому нет предела величию ступени, выходящей в этом зивуге. И она устраняет клипот и ситру ахра навечно. А Есод, который передает МАД, включающие все света, вышедшие за шесть тысяч лет, называется «Иш Хай (человек живой), Рав Пэалим (многодействующий)». А Малхут, заключающая в себе все МАН и страдания, раскрывшиеся в течение шести тысяч лет, называется «Микавцеэль» – собирающей.

Поэтому он говорит: «"Бен Иш Хай (сын человека живого)" – это праведник, оживляющий миры», так как это имя указывает всегда на Есод, дающий наполнение Нукве. И у него нет места получения для собственных нужд. И это рассматривается, словно он не живет нигде, а только в мире, в Нукве, так как дает ей наполнение. И поэтому называется «праведник, живущий в мирах». Но в своем зивуге он отмечен именем «Рав Пэалим (многодействующий)» – т.е. он Властелин всех деяний и всех высших воинств. И он заключает сейчас в своих МАД все добрые деяния и все высшие ступени, которые раскрылись друг за другом в течение шести тысяч лет. И все они собираются (миткабцим) в нем сейчас одновременно, обновляясь в высшем свете, и выходят из него все вместе к Нукве. И поэтому называется именем «Рав Пэалим (многодействующий)».

Поэтому сказал: «Так как все исходят от него» – т.е. все они вместе выходят к Нукве. «Он называется "Творец воинств", будучи знамением во всех Его воинствах, – знаменит Он и величественней всех» – потому что теперь раскрылось в нем святое имя «Творец воинств» во всем его высоком совершенстве. Ибо теперь Он является «знамением во всех воинствах Его» – поскольку записан во всех этих действиях и во всех высших воинствах, и он возвышается и поднимается в свечении своем над ними всеми.

92) «Рав Пэалим он, Микавцеэль»[247]. Это большое и величественное Древо, самое большое из всех, – откуда берется оно, от какой ступени исходит? И поясняет Писание ко всему перечисленному: «Микавцеэль (из Кавцеэля)», т.е. от высшей скрытой ступени, называемой: «Глаз не видел Всесильного, кроме Тебя»[245] – ступени, в которой есть всё. И она вбирает в себя всё, исходящее от высшего света, и от нее исходит всё.

Пояснение сказанного. Нуква называется сейчас именем «Микавцеэль (מקבצאל)». И сказано: «Рав Пэалим он, Микавцеэль ([247]«מקבצאל, так как Нуква собирает (мекабецет מקבצת) в себе одновременно все света от Есода, называемого поэтому «Рав Пэалим (многодействующий)». И говорится, что ступень, выходящая на этот зивуг, называется «Древо большое и величественное», которое выходит из Есода и приходит к Нукве. И чтобы показать нам качества этой высокой ступени, – откуда она выходит и куда приходит, – добавляет ему Писание еще и имя «Микавцеэль», когда высший свет собирает (мекабец) их в Есоде и передает их Нукве. И оба они вместе называются Микавцеэль.

Это «высшая и скрытая ступень, называемая "глаз не видел Всесильного, кроме Тебя"» – т.е. та ступень, которая порождается этим зивугом, носит название «глаз не видел Всесильного, кроме Тебя». И говорится, что на этой ступени находится всё исправление во время окончательного совершенства. Поэтому он считается «ступенью, в которой всё» – поскольку он собрал в ней те блага и высшие свечения, которые исходят от высшего света за все шесть тысяч лет, все вместе. И возобновил их в высшем свете. Поэтому сказано: «И от нее исходит всё» – ибо вследствие этого выходит и раскрывается сейчас всё желанное совершенство.

93) Это высший скрытый чертог, в котором собираются и скрываются все ступени. В здании этого чертога находятся все миры, и все святые воинства питаются от него и получают свое становление.

Объяснение. Это указывает на рош самого Атика Йомина. И сказано, что это святой скрытый чертог, в котором собираются и скрываются все ступени абсолютно всех миров. Здесь выясняется, каким образом возникает и становится возможным этот большой зивуг конца исправления, который будет включать в себя все ступени и уровни, вышедшие друг за другом в течение шести тысяч лет. И он выйдет заново и будет произведен единовременно.

И сказано, что рош Атика Йомина «это высший скрытый чертог, в котором собираются и скрываются все ступени» – т.е. на протяжении тех дней в мире, когда эти ступени находятся в подъеме и нисхождении, так как после своего раскрытия, ступень снова уходит из-за прегрешения нижних. И во время исхождения этой ступени она не теряется, а поднимается наверх, в рош Атика, и скрывается там. И он, таким образом, постоянно собирает в себе любой уровень и любую ступень, раскрывшиеся в мирах. И те приходят туда одна за другой, собираясь и скрываясь в нем, пока не наступит время конца исправления, и тогда он возобновляет их и выводит все сразу.

«В здании этого чертога находятся все миры» – ведь этот святой и скрытый чертог, называемый рош Атика Йомина, считается на протяжении этих шести тысяч лет «непознанным и непознаваемым». Поэтому, хотя он все время и собирает в себе все света, раскрывающиеся в мирах, ничто из них не раскрывается до завершения исправления. И каждая ступень остается за скрывающим ее облачением из-за несовершенства нижних, так как она поднялась в рош Атика и скрылась там, ибо все ступени собираются и скрываются в нем.

Однако гуф Атика Йомина, от пэ его рош и ниже, облачен во все пять парцуфов Ацилута, и светит с их помощью всем мирам. И любое свечение, будь оно малым или большим, приходит только лишь от гуф Атика Йомина.

И «в здании (гуф) этого чертога находятся все миры», потому что гуф Атика Йомина облачается во все парцуфы АБЕА. И все миры без исключения оказываются облаченными на него, и они держатся на нем, так как всё существующее в них и всё их свечение исходит от него.

«И все святые воинства питаются от него и получают свое становление» – как света, приходящие наполнить жизнью миры, называемые «питанием», так и света, приходящие в мохин большого состояния (гадлут), все они нисходят от гуф Атика Йомина. И о том, что соответствует наполнению жизнью миров, говорится: «Питаются от него», и это «питание». А о том, что соответствует мохин гадлута, сказано: «Получают свое становление», поскольку мохин в каждом парцуфе устанавливаются согласно его уровню.

94) «И он сразил двух доблестных воинов Моава»[251]. Два Храма существовали и получали жизненные силы благодаря ему: Первый Храм и Второй Храм. После того, как он удалился, прекратилось распространение, нисходившее свыше. И считается, словно он сокрушил, разрушил и уничтожил их.

Объяснение. После того, как удалилось свечение гуф Атика Йомина, прекратилось наполнение свыше, исходившее от

---

[251] Пророки, Шмуэль 2, 23:20. «И Бнайяу, сын Йеояды бен Иш Хай, величественный в деяниях, из Кавцеэля. И он сразил двух доблестных воинов Моава».

него. Поэтому были разрушены два Храма. Получается, «словно он сокрушил, разрушил и уничтожил их». Это очень глубокие понятия. Ведь отсюда следует, что из-за раскрытия большой ступени зивуга рош Атика Йомина, удалилось свечение гуф Атика Йомина из всех миров, что привело к разрушению Храмов, и все света, которые светили Исраэлю, все они померкли. И это крайне удивительно.

Дело в том, что все исправления основываются только на четвертой стадии, называемой Малхут и Нуква Зеир Анпина, или парцуф БОН, поскольку из-за нее произошло разбиение келим, а также нарушение запрета Древа познания. И вся работа праведников в течение шести тысяч лет заключается лишь в исправлении ее заново, так, чтобы она стала такой же, как до разбиения келим и до грехопадения Адама Ришона. А затем раскроется большой зивуг в рош Атика Йомина, уничтожающий клипу и ситру ахра навеки, как сказано: «Уничтожит Он смерть навеки»[252]. И поскольку БОН уже исправлен «навеки» и не нуждается больше ни в каких исправлениях, то БОН снова тогда станет свойством САГ, и на этом завершается всё исправление.

Но пока что, после большого зивуга Атика Йомина, прежде чем БОН снова станет свойством САГ, происходит удаление свечения гуф Атика, и вследствие его удаления разрушаются два Храма, два вида мохин, светящие в двух Храмах: мохин высших Абы ве-Имы, светящие в Первом Храме, и мохин ИШСУТ, светящие во Втором Храме. И все света Исраэля нарушаются и удаляются. То есть все эти разрушения являются последними исправлениями, помогающими БОН стать свойством САГ, что и является желанной целью.

И тогда, с помощью небес, отстроятся заново два Храма, в свойстве экрана второй стадии, т.е. экрана Бины. Иначе говоря, так же, как и в свойстве экрана САГ де-АК, который был перед вторым сокращением и считается свободным от всякого сокращения. Но лишь «с помощью небес», как сказано: «Ибо желает милости (хесед) Он»[253]. И тогда два Храма будут существовать

---

[252] Пророки, Йешаяу, 25:8.
[253] Пророки, Миха, 7:18. «Кто Творец, как Ты, прощает грех и не вменяет в вину преступления остатку наследия Своего, не держит вечно гнева Своего, ибо желает милости Он».

вовеки. «И будет свет луны как свет солнца»[254] – т.е. как высшей Бины, которая стала сейчас светом Зеир Анпина, солнца. «А свет солнца станет семикратным, как свет семи дней»[254] – как ЗАТ Атика Йомина, от которых исходит свет к Абе ве-Име, породивших семь дней начала творения. Ибо Зеир Анпин, солнце, снова станет свойством АБ, так как внутри него находится свет де-гуф Атика.

И причина удаления гуфа Атика прежде этих исправлений в том, что в десяти сфирот есть только лишь эти две Нуквы – Бина и Малхут, называемые САГ и БОН. Таким образом, после большого зивуга Атика Йомина, когда аннулируется БОН, аннулируется вместе с ним также и экран де-САГ. Это происходит благодаря исправлению, совершающемуся в гуф Атика, – соединить друг с другом Бину и Малхут посредством совмещения меры суда и меры милосердия. И вследствие этого совмещения был произведен парцуф Арих Анпин мира Ацилут, и все парцуфы АБЕА были произведены и воплощены только благодаря этой Малхут, совмещенной со свойством милосердия, Биной, и подслащенной им.

Поэтому после того, как аннулировался экран БОН, аннулировался вместе с ним и экран второй стадии, т.е. экран де-САГ, поскольку они связаны вместе, как одно целое. И после того, как аннулировались свойство Нуквы и экран, прекратился также и зивуг (слияние) с высшим светом, и поэтому всё свечение гуф Атика, нисходящее к экрану, совмещенному со свойством милосердия, окончательно удалилось. И, конечно же, нарушилось свечение всех светов, находящихся ниже экрана и нисходивших от гуф Атика.

И об этом сказано: «"И он сразил двух доблестных воинов Моава". Два Храма существовали и получали жизненные силы благодаря ему: Первый Храм и Второй Храм. После того, как он удалился, прекратилось распространение, нисходившее свыше». Ибо вследствие того, что из-за большого зивуга Атика Йомина аннулировался БОН, аннулировался вместе с ним также и САГ, экран самóй второй стадии. И поскольку этот экран непригоден к зивугу, прекратился высший свет. То есть, было распространение, нисходившее свыше, и оно прекратилось

---

[254] Пророки, Йешаяу, 30:26.

из-за аннулирования экрана. Таким образом, вследствие большого зивуга, произведенного в рош Атика Йомина, прекратилось и аннулировалось наполнение света от гуф Атика Йомина, так как этот зивуг в рош аннулировал экран БОН. И поскольку до сих пор экран БОН был соединен как одно целое с экраном САГ в гуф Атика Йомина, аннулировался также и экран САГ. И вследствие того, что нет экрана для зивуга де-акаа, нет там места для наполнения высшим светом.

95) И святой трон, т.е. Малхут, пал. И об этом сказано: «И я среди изгнанников»[255] – т.е. та ступень, которая называется «я», Малхут, находится «среди изгнанников». «При реке Квар»[255] – проистекающей и выходящей издавна (ми-квар), а теперь иссякли воды ее и истоки ее, и она уже не выходит, как вначале. Об этом сказано: «И река иссякнет и высохнет»[256]. «Иссякнет» – в Первом Храме, «и высохнет» – во Втором Храме. И поэтому сказано: «И он сразил двух доблестных воинов Моава». «Моава» – означает «от Отца (ме-ав) небесного». И они были поражены и уничтожены во имя Него. «И все света, которые светили Исраэлю, все они померкли».

Объяснение. «Трон» указывает на подслащение Малхут в Бине, и это трон милосердия, с помощью которого передаются все мохин в течение шести тысяч лет во все парцуфы АБЕА. Поэтому сказано: «И святой трон, т.е. Малхут, пал» – т.е., вследствие аннулирования экрана БОН, аннулировался и пал также экран САГ, называемый «трон». И об этом сказано: «И я среди изгнанников» – т.е. та ступень, которая называется «я», находится «среди изгнанников». «Я» – это Малхут высшего, ставшая Кетером для нижнего, потому что в слове «ани (אני я)» те же буквы, что и в слове «эйн (אין нет)», и этим именем называется Кетер.

Известно, что Малхут высшего – это вся связь, имеющаяся между парцуфами. Каждый высший производит зивуг на свою Малхут, производящую отраженный свет, облачающий прямой свет высшего. А затем опускается эта Малхут высшего

---

[255] Пророки, Йехезкель, 1:1. «И было, на тридцатый год, в пятый день четвертого месяца, – и я среди изгнанников при реке Квар, – открылись небеса и увидел я видения, посланные мне Творцом».
[256] Пророки, Йешаяу, 19:5. «И высохнут воды моря; и река (Нил) иссякнет и высохнет».

с десятью сфирот ее отраженного света, в которые включена ступень прямого света, и облачается в нижнего. И получается теперь, что эта ступень, называемая «Я», находится «среди изгнанников», потому что аннулировался ее зивуг с высшим светом, и прекратился высший свет во всех парцуфах.

«"При реке Квар" – образовавшейся и текущей издавна (ми-квар), а теперь иссякли воды ее, и истоки ее» – когда в ней установлен экран, она называется рекой, образовавшейся и текущей, поскольку высший свет с ее помощью простирается к нижнему, подобно водам реки, простирающимся и текущим непрерывно. Однако теперь, когда аннулировался экран, эта река называется «река Квар», так как издавна (ми-квар) считалась рекой, но не сейчас. А сейчас иссякли воды ее и истоки ее.

«Воды ее» – высший свет, который распространялся с ее помощью. «И истоки ее» – когда в ней устанавливался экран, он назывался «истоком», потому что наполнение было связано с ним и непрерывно истекало из него. А сейчас прекратилось всё это, и не изливается, как вначале, т.е. высший свет не исходит от него, как прежде.

«Как сказано: "И река иссякнет и высохнет"[256]. "Иссякнет" – в Первом Храме, "и высохнет" – во Втором Храме». Има называется Первым Храмом, а Твуна называется Вторым Храмом. И о Первом Храме сказано: «иссякнет», так как в нем прекратился зивуг, поскольку исток его, т.е. экран, иссяк. И поскольку нет зивуга высшей Имы, Твуна полностью высыхает. Поэтому о Твуне сказано: «И высохнет».

Поэтому сказано: «"Моава" – означает "от Отца (ме-ав) небесного"», поскольку корень мохин двух Храмов исходит от Абы, и Он – Отец (ав) небесный, т.е. светящий Зеир Анпину, называемому «небеса». Света его (Аба) подняли ЗОН в ИШСУТ, во второй Храм, и в высшие Аба ве-Има, в первый Храм. И они нарушены теперь и померкли, поскольку прекратилось наполнение, получаемое от гуф Атика Йомина. «И все света, которые светили Исраэлю, все они померкли» – т.е. померкли не только большие мохин двух Храмов, а все света, которые светили Исраэлю, прекратились, даже света ВАК и света АБЕА.

96) «Сошел он, и поразил льва во рву»²⁵⁷. В прежние времена, когда эта река несла свои воды вниз, Исраэль пребывали в совершенстве, потому что возлагали на жертвенник приношения и жертвы, чтобы искупить свои души. И тогда опускался сверху образ одного (огненного) льва, и видели его на жертвеннике накидывающимся на добычу свою и уничтожающим эти жертвы подобно мужественному воину, и тогда все (огненные) псы, т.е. обвинители, прятались при виде его и не высовывались наружу, чтобы обвинять.

Пояснение сказанного. Высший огонь, опускавшийся на храмовый жертвенник, накидывался словно лев, и сжигал жертвы, возлагаемые на него сыновьями Исраэля²⁵⁸. Поэтому сказано: «В прежние времена, когда эта река несла свои воды вниз, Исраэль пребывали в совершенстве» – поскольку прежде чем аннулировалось свечение Атика, и высшие света нисходили к Исраэлю подобно реке, воды которой непрерывно стекают сверху вниз, Исраэль находились во всем своем совершенстве.

«Потому что возлагали на жертвенник приношения и жертвы, чтобы искупить свои души» – т.е. вместе с приносимыми жертвами они поднимали МАН для высшего зивуга, производимого на этот экран. И нисходили МАД, т.е. мохин, и благодаря этому они приближались в великом слиянии к Отцу небесному, и все клипот убегали и удалялись от них. И это означают слова: «Чтобы искупить свои души» – потому что отдаление клипот от душ считается искуплением. Подобно одежде, запятнанной грязью, когда с помощью стирки удаляются и очищаются все пятна с одежды.

Поэтому называются жертвоприношениями, которые приближают Исраэль к Отцу небесному. И поскольку находились в совершенстве и поднимали МАН только для доставления радости Создателю своему, этот МАН поднимался до Бины, и там этот свет хасадим и наполнение были в образе льва, Хеседа. И определяется, что этот «лев» Бины принял хорошие деяния и МАН, который вознесли сыновья Исраэля. И видели, как МАН их является добычей для высшей Бины, и свет хасадим Бины

---

²⁵⁷ Пророки, Шмуэль 2, 23:20. «И Бнайяу, сын Йеояды бен Иш Хай, величественный в деяниях, из Кавцеэля. И он сразил двух доблестных воинов Моава, и сошел он, и поразил льва во рву в снежный день».
²⁵⁸ Вавилонский Талмуд, трактат Йома, лист 21:2.

нисходил в виде прямого света на этот МАН, и этот прямой свет накидывался на добычу, т.е. МАН, и пожирал ее.

И понятие «уничтожение львом жертвы» заключается в следующем. Основа жертвоприношения – это МАН, возносимый для укрепления экрана и подъема отраженного света. И поскольку мера величины прямого света определяется мерой отраженного света, поднимающегося над экраном, то считается, что прямой свет питается МАНом и растет, и получает силы с его помощью. Подобно живому существу, которое получает силы и растет благодаря получаемой пище. И все жизненные силы живущего в материальном зависят от получаемого питания, прекращение которого ведет к смерти. Так же и высший свет зависит от отраженного света, поднимающегося от экрана, и прекращение отраженного света приводит к исчезновению высшего света у нижнего.

Поэтому сказано, что «опускался сверху образ одного (огненного) льва» – свет Бины, нисходящий сверху вниз в виде прямого света, воспринимался в образе льва, т.е. в форме отдачи, свойственной Бине. «И видели его на жертвеннике накидывающимся на добычу свою» – т.е. видели прямой свет, который облачался и опускался в отраженный свет, поднимающийся от жертвы и являющийся его добычей и пищей.

«И уничтожающим эти жертвы подобно мужественному воину» – т.е. он уничтожает жертвы и благодаря им набирает силы, как мужественный воин. И поскольку «Исраэль пребывали в совершенстве», то и мера отдачи, т.е. подъем МАН и отраженный свет, производилась снизу вверх с большим мужеством. Ведь ступень отраженного света определяется мерой отражения экрана, отталкивающего высший свет снизу вверх «в трепете и тревоге»[259]. И в зависимости от того, каков уровень подъема отраженного света, таков же уровень прямого света, распространяющегося в нем. Поэтому, если ступень отраженного света поднимается с большим мужеством, то говорится, что лев уничтожает жертвы как отважный воин, стойко и мужественно, так как благодаря мужеству усиливается и растет ступень его[260].

---

[259] Вавилонский Талмуд, трактат Брахот, лист 22:1.
[260] См. «Введение в науку Каббала», п. 14.

И сказано, что «все (огненные) псы, т.е. обвинители, прятались при виде его и не высовывались наружу, чтобы обвинять», потому что клипа получения для себя носит название «пёс». И так же истолковано в Зоаре сказанное: «У пиявки две дочери – "дай!", "дай!"»[261] – т.е. они бранятся, подобно псу, и говорят: «Дай нам от счастья этого мира, и дай нам от счастья мира будущего». И это самая сильная клипа. И самое сильное ее удержание проявляется против света ехида, как сказано: «Спаси от меча душу мою, от пса – единственную мою (ехидати)»[262].

И эта клипа противостоит льву, пожирающему упомянутые жертвы. Ведь так же как этот лев, символизирующий Хесед, стремится лишь отдавать и ничего не получать, подобно свойству праведника (хасид), о котором сказано: «Моё – твоё и твоё – твоё»[263], так и клипа «пёс» – алчет только лишь всё получать и ничего не отдавать. И о праведниках (хасидах) народов мира сказано: «Всё их самопожертвование – только ради самих себя»[264], потому что связаны они с клипой «пёс».

Поэтому сказано, что когда Исраэль пребывали в совершенстве и удостаивались свойства «лев, пожирающий жертвы», то тогда и «все псы прятались при виде его и не высовывались наружу». Ибо поднимали МАН с большим мужеством, придавая тем самым силы экрану, стоящему в Малхут, отталкивать высший свет от него и выше с большой силой. И вследствие этого также и мера отраженного света, созданного этой ступенью, оказывается очень высокой. Как сказано: «Уничтожающий эти жертвы подобно мужественному воину». И поэтому также и эти тяжелые клипот, называемые «псы», бежали и прятались все от страха перед могуществом этого льва, боясь высунуться наружу из своего укрытия.

97) Прегрешения привели к тому, что «сошел он (Бнайяу)»[247] внутрь нижних ступеней и убил этого льва. Из-за того, что не захотел давать ему добычу его, как в начале, считается, словно он убил его. Именно так – «поразил он льва во рву»[247] на глазах у другой стороны, (стороны) зла. После того, как

---

[261] Писания, Притчи, 30:15.
[262] Писания, Псалмы, 22:21.
[263] Мишна, трактат Авот, раздел 5, мишна (закон) 10.
[264] Вавилонский Талмуд, трактат Бава Батра, лист 10:2.

увидела это другая сторона, она обрела силу и послала одного пса пожирать жертвы на жертвеннике вместо льва. И кто этот лев? Уриэль имя его, и лик его – лик льва. А как зовут этого пса? Баладан имя его, от слова «бал-адам (досл. нечеловек)», где буква «мэм» меняется на «нун»; ибо не человек он вовсе, а пёс, и облик его – облик пса.

Объяснение. Вследствие того, что аннулировались экраны БОН и САГ, также и Исраэль внизу не могут поднимать больше МАН, которые были пищей льва. И прекратился этот зивуг, и высший свет, называемый «лев», исчез. И считается, словно он убил этого льва, ибо тот поднялся к своему корню, скрывшись от нижних.

Поэтому сказано: «"Во рву" – на глазах у другой стороны, стороны зла». Ведь корень получения ради себя – в свойстве «эйнаим (глаза)», как сказано: «Глаз видит, а сердце вожделеет»[265]. Это получение называется «яма». «А яма эта пустая, нет в ней воды»[266], – т.е. высший свет не доходит туда, как сказано: «Не можем Я и он пребывать в одном месте»[267]. «И поразил льва во рву" – на глазах у другой стороны, стороны зла» – потому что поражение этого льва происходило под злобным взором ситры ахра, называемой «яма». И это – «водоемы пробитые, которые не держат воды»[268], и они вышли теперь, явившись из своих укрытий, получив большую власть. «И послала одного пса пожирать жертвы на жертвеннике» – ведь в противоположность льву пожирает жертвы тот самый пёс, который всегда бранится «дай-дай!».

«И кто этот лев? Уриэль имя его, и лик его – лик льва». «Эль» – это имя, указывающее на свойство Хесед, правую сторону. И этот лев – это свет Хеседа, называемый Ури-эль, т.е. свет, исходящий от имени «Эль». И лик его относится к правой

---

[265] «Сердце и глаза являются "соглядатаями" тела и служат посредниками в совершении грехов: глаз видит, а сердце вожделеет, и тело совершает грех». Комментарий Раши, Бемидбар, 15:39, недельная глава «Шлах».
[266] Тора, Берешит, 37:24.
[267] Вавилонский Талмуд, трактат Сота, лист 5:1.
[268] Пророки, Йермияу, 2:13. «Ибо два зла совершил народ Мой: Меня, источник живой воды, оставили они и высекли себе водоемы, водоемы пробитые, которые не держат воды».

стороне, т.е. к свойству отдачи, как сказано: «А лик льва справа у всех четырех»[269].

«А как зовут этого пса? Баладан имя его, ибо не человек он вовсе, а пёс, и облик его – облик пса». Зеир Анпин называется Адам, в то время, когда есть в нем мохин от Бины, что означает: «Адам в гематрии МА (45)». Бина это свойство отдачи. Поэтому сказали мудрецы: «Вы называетесь человек (адам), а не народы мира называются человек (адам)»[270], поскольку «все их пожертвования – только ради самих себя»[264]. Поэтому называется Баладан, от слова «бал-адам (нечеловек)», поскольку «мэм» меняется на «нун».

98) «И поразил льва во рву в снежный день» – в тот день, когда прегрешения привели к тому, что свыше был вынесен приговор верховного суда. Поэтому сказано: «Не будет она бояться за дом свой при снеге»[271] – т.е. высшего суда, называемого снегом. И сказано, что она не боится, «ибо весь дом ее облачен в багрянец»[271], поэтому она может терпеть сильный огонь.

Объяснение. Суды, относящиеся к захару, называются «снег». И поэтому говорится, что они исходят от верховного суда, и эти суды очень суровы вначале, однако в конце они смягчаются, так как получают подслащение лишь в конце, т.е. в Нукве. И к этим судам относится сказанное Нуквой: «Подкрепите меня сладостями (ашишот אשישות)»[272]. Здесь содержится намек на два огня (эшиот אישה) – высший огонь, Бина, и ее собственный огонь.

И когда у нее есть эти два огня, она смягчает холод исходящих от снега судов, потому что огонь ее прогоняет их стужу. Поэтому сказано: «Не будет она бояться за дом свой при снеге»[271] – это высший суд, т.е. суровые суды захара. И она не боится, «ибо весь дом ее облачен в багрянец»[271]. «Багрянец» – это два огня. И поскольку ее дом «облачен» в эти два

---

[269] Пророки, Йехезкель, 1:10.
[270] Вавилонский Талмуд, трактат Йевамот, лист 61:1.
[271] Писания, Притчи, 31:21. «Не будет она бояться за дом свой при снеге, ибо весь дом ее облачен в багрянец».
[272] Писания, Песнь песней, 2:5.

огня, поэтому «не будет она бояться за дом свой при снеге». И более того, этот снег становится сладостен посреди ее огней.

Поэтому сказано, что «она может терпеть сильный огонь» – так как этот снег помогает ей вытерпеть огни ее. Это дает нам понять, что теперь, после того, как отменились экраны и зивуги САГ и БОН, и отменились эти два огня, суды, относящиеся к снегу, снова обрели силу. И то, что было сказано до сих пор, раскрылось сразу же после зивуга Атика Йомина, а далее Писание рассказывает нам, что последовало за этим.

99) Написано после этого: «И он убил одного египтянина, человека видного, сразив того его же собственным копьем»[273]. Это указывает на то, что каждый раз, когда грешили Исраэль, он удалялся, и исчезало у них всё благо, и все света, которые светили им. «Он убил одного египтянина» – это свет, который светил Исраэлю, и это Моше, о котором написано: «И сказали они: "Какой-то египтянин спас нас от руки пастухов"»[274]. Ведь он родился в Египте и там вырос, и там поднялся к высшему свету.

Объяснение. Не имеется в виду сам человек, а свет. Но поскольку он отменил и скрыл этот свет, то считается, будто он убил его. Сказанное: «Это свет, который светил Исраэлю, и это Моше» – означает, что он (Моше) отменил этот большой свет свечения Моше Исраэлю. И зовется он египтянином, потому что родился в Египте и там вырос, как сказано: «И вырос Моше, и вышел к братьям своим»[275]. И там он удостоился высшего света – избавления Исраэля из Египта.

100) «Человека видного»[273]. «Видного (маръэ)», как сказано: «И явно (маръэ), а не загадками»[276]. «Человека», как сказано: «Человек Всесильного (Элоким)»[277] – он словно обладающий «обликом величия Творца», т.е. Малхут. Ведь он удостоился управлять этой ступенью на земле во всем желании своем, чего не удостоился другой человек.

---

[273] Пророки, Шмуэль 2, 23:21.
[274] Тора, Шмот, 2:19.
[275] Тора, Шмот, 2:11.
[276] Тора, Бемидбар, 12:8.
[277] Тора, Дварим, 33:1. «И вот благословение, которым благословил Моше, человек Всесильного, сынов Исраэля перед смертью своей».

Объяснение. Отличие Моше от других пророков в том, что Моше был носителем (свойств) Зеир Анпина, и, передавая Нукве наполнение от Зеир Анпина, он строил ее. Тогда как остальные пророки были носителями (свойств) Нуквы, и они получали наполнение от Нуквы. Поэтому сказано: «Человек Всесильного (Элоким)»[256] – обладающий этим «обликом», т.е. Нуквой, называемой «величие Творца». И он называется «обладателем Шхины», поскольку удостоился управлять этой ступенью, так как он является носителем (свойств) Зеир Анпина, и он строит Нукву, наполняя ее и управляя ею. «Чего не удостоился другой человек» – потому что все остальные пророки были носителями (свойств) Нуквы. Нуква наполняла их, и они, таким образом, являются нижними по отношению к ней и управляемы ею. Отсюда видно, что ни один человек в мире не удостоился уровня Моше.

101) «И в руке египтянина копье»[273] – это посох Творца, врученный ему (Моше). Как сказано: «И посох Творца в руке моей»[278]. И это посох, который был сотворен накануне субботы, в сумерках, и вырезаны на нем святая надпись, святое имя. Этим посохом он согрешил, ударив по скале, как сказано: «И ударил по скале своим посохом дважды»[279]. Сказал ему Творец: «Моше, не для того Я тебе дал Свой посох. Клянусь, отныне и впредь он больше не будет в твоих руках».

Пояснение сказанного. «В сумерках» – это большое подслащение Малхут в Бине, так что невозможно по ней распознать, это Малхут или Бина. Ведь в субботу Малхут поднимается в Абу ве-Иму, становясь Биной. А накануне субботы, в сумерках, она еще не стала в точности Биной, но уже и не распознается как свойство Малхут. И это десять вещей, созданных в сумерках, и невозможно увидеть, происходят они от Бины или от Малхут, так как даже в самой Нукве уже нет отличия.

«И это посох, который был сотворен накануне субботы, в сумерках», и поэтому «вырезаны на нем святая надпись, святое имя». Вырезано «святое имя» – указывает на свойство Бины, от которой исходит эта святость. А «святая надпись» – указывает

---

[278] Тора, Шмот, 17:9.
[279] Тора, Бемидбар, 20:11.

на Малхут, являющуюся лишь записью для получения святого имени.

И два этих начертания содержались в посохе как одно свойство, без отличия между ними, поскольку он был сотворен накануне субботы, в сумерках. И поэтому в нем содержалась сила, способная притягивать для Исраэля все света, все чудеса и знамения, представляющие собой притяжение светов Бины в Малхут. И благодаря ему удостоился Моше высшей Бины и свойства «человек Всесильного (Элоким)». И называется он «посох Всесильного (Элоким)», по имени Бины, и называется «копьё», и это – «вав» де-АВАЯ, производящая зивуг с нижней «хэй».

И вот эта Малхут называется «утес», а в свойстве Бины она называется «скала». Внутренний зивуг ЗОН, т.е. в то время, когда он поднимается в Абу ве-Иму, и Нуква пользуется одеяниями Имы[280], такой зивуг называется «речь». Внешний зивуг ЗОН на их собственном месте называется зивуг де-акаа (ударное слияние).

И об этом было сказано Моше: «А ты ударишь по утесу, и выйдет из него вода»[281]. Ибо «утес» – это Малхут, в которой используется удар (акаа́). Но ему было указано также: «И скажите скале на глазах у всех, и даст она воды свои»[282] – так как в свойстве «скала», относящемся к месту Бины, этот зивуг называется речью. И грех Моше заключается в том, что он воспользовался своим посохом дважды. Ведь кроме того, что ударил им по утесу, ударил также и по скале, т.е. дважды. Таким образом, «он согрешил, ударив по скале», поскольку там действует не «удар», а только «речь»[283].

И поэтому сказано: «Этим посохом он согрешил, ударив по скале» – поскольку из-за того, что невозможно было отличить, относится посох Творца к Малхут или к Бине, случилось так, что он применил его также и к скале. Как сказано: «И ударил по скале своим посохом дважды»[279] – по утесу и по скале. «Сказал

---

[280] См. выше, статью «Мать одалживает свои одежды дочери», п. 17.
[281] Тора, Шмот, 17:6.
[282] Тора, Бемидбар, 20:8.
[283] См. Зоар, главу Ки Теце, п. 76.

ему Творец: "Моше, не для того Я тебе дал Свой посох"» – чтобы ты применял его также и в свойстве «скала».

102) Сразу же: «И набросился на него с палкой»²⁷³ – т.е. обрушился суровым судом. «И вырвал копье из руки египтянина»²⁷³ – поскольку с этого момента тот лишился посоха, называемого здесь копьем, и никогда больше не держал его в своих руках. «Сразив того его же копьем»²⁷³ – так как из-за своего греха, удара посохом по скале, он умер, не ступив на святую землю. И свет этот удалился от Исраэля.

Для того чтобы это понять, нужно вспомнить всё, сказанное выше²⁸⁴. Ведь под воздействием большого зивуга Атика Йомина, САГ вообще не должен был аннулироваться, а только БОН. И тогда БОН сразу бы поднялся и навсегда стал свойством САГ. Однако вследствие того, что САГ и БОН были соединены вместе, аннулировался также и САГ вместе с БОН. И поэтому в течение этого времени происходит крушение Храмов. И по той же причине аннулировалось свечение Моше сыновьям Исраэля, поскольку более всего он прегрешил в отношении соединения БОН и САГ, ударив по скале.

И поэтому «набросился на него с палкой»²⁷³ – т.е. обрушился суровым судом, так как аннулирование САГ сопровождается суровым судом, ведь у него нет на самом деле никакого соединения с БОН, и аннулирование БОН никак к нему не относится. И об этом сказано в отрывке: «Подобно тому, кто заносит топор над зарослями деревьев. И ныне все украшения его молотом и топором разбивают»²⁸⁵ – потому что вследствие возвышения и подслащения Малхут, и подъема ее в Бину, он (БОН) теперь подобен «тому, кто заносит топор над зарослями деревьев», поскольку и САГ аннулировался в результате этого подъема, что и значит «молотом и топором разбивают».

Сказано: «"И вырвал копье из руки египтянина"²⁷³, поскольку с этого момента тот лишился посоха, называемого здесь копьем, и никогда больше не держал его в своих руках» – потому что копье действительно относилось к БОН. И поэтому навсегда отменилось его свечение, так как сам БОН затем

---

²⁸⁴ См. выше, п. 94, со слов: «И причина удаления...»
²⁸⁵ Писания, Псалмы, 74:5-6.

возобновился и навсегда стал свойством САГ. Поэтому посох больше не используется для нанесения им удара.

И поэтому сказано: «"Сразив того его же копьем" – так как из-за своего греха, удара посохом по скале, он умер». Ведь, если бы он остерегся, нанеся удар только по утесу, а не по скале, то САГ не аннулировался бы вместе с БОН, и он бы не умер, а тотчас поднялся бы в САГ.

«Не ступив на святую землю». Земля Исраэля – это подъем БОН в САГ. И поэтому она называется святой землей, так как мохин Бины, светящие тогда в ней, называются святостью. А до конца исправления, поскольку есть подъемы и падения, происходят разрушения и изгнания. Однако в конце исправления БОН навечно останется в САГ, став землей Исраэля. И не будет больше никаких изгнаний.

103) Сказано: «Был самым знатным из тридцати, но с тремя не сравнялся. И поставил его Давид исполнителем своих приказаний»[286] – это тридцать высших лет, от которых он получал наполнение и передавал вниз. И от них он получал наполнение и сближался с ними. «Но с тремя не сравнялся»[286] – они, нисходя к нему, давали ему наполнение по желанию сердца, но он с ними «не сравнялся».

Объяснение. ГАР, ХАБАД, называются «тридцатью», и это три сферы, каждая из которых состоит из десяти. И они являются совокупностью мохин, светящих в течение шести тысяч лет. А душа Бнайяу исходит от большого зивуга Атика Йомина, собирающего все зивуги шести тысяч лет в зивуг «Рав Пэалим, Мекавцеэль (многодействующий, собирающий)» на одной ступени – Бнайяу бен Йеояда. Таким образом, он удостаивается ступени получения от всех этих тридцати высших лет. То есть он получал от мохин этих «тридцати лет», и они нисходили вниз к душе его, находящейся в конце их всех. «И от них он получал наполнение и сближался с ними» – потому что вся его ступень представляет собой лишь то, что он получил и собрал от их зивугов, вышедших друг за другом.

---

[286] Пророки, Шмуэль 2, 23:23.

И вместе с тем «"с тремя не сравнялся"²⁸⁶ – они, нисходя к нему, давали ему по желанию сердца, но он с ними не сравнялся». Хотя они и давали ему все возвышенные достоинства «по желанию сердца», он все же не может сблизиться с ними после этого и получить от них больше. Ведь из-за отмены экрана БОН, отменился также экран САГ, и он остался без экрана. Поэтому он не мог сблизиться с ними, чтобы поднять МАН и получить от них больше.

104) Хотя он не входил в их состав и счет, вместе с тем сказано: «И поставил его Давид исполнителем своих приказаний»²⁸⁶ – и тот все время был в его сердце, ведь они были неразлучны всегда. Сердце Давида было расположено к нему, но его сердце не было расположено к Давиду. Поскольку этими восхвалениями, песнопениями и добродетелью, которые луна посвящает солнцу, она притягивает его к себе, чтобы находиться вместе с ним. И это означает: «И поставил его Давид исполнителем своих приказаний»²⁸⁶.

Объяснение. Давид – это свойство Малхут, четвертая опора ГАР. И хотя она не может достичь тридцати высших лет, т.е. ГАР, все же: «И поставил его Давид исполнителем своих приказаний»²⁸⁶ – т.е. тот прилепился к нему, и не отходил от помыслов сердца его никогда. Поскольку всё совершенство, имеющееся в Малхут, раскрывается в нем, так как он происходит от большого зивуга Атика Йомина, устраняющего все клипот от имени БОН, как сказано: «Уничтожит Он смерть навеки»²⁵².

Поэтому сказано, что «сердце Давида было расположено к нему», «и тот все время был в его сердце» – потому что в нем было всё его совершенство. Но сердце Бнайяу бен Йеояда, «не было расположено к Давиду» – потому что Давид является четвертой опорой по отношению к ГАР. И так же, как он не может получить от ГАР, он не может получить и от Давида, и поэтому сердце не было расположено к нему.

«Поскольку этими восхвалениями, песнопениями и добродетелью, которые луна посвящает солнцу, она притягивает его к себе, чтобы находиться вместе с ним» – т.е. с помощью МАН, которые Малхут, луна, поднимает к Зеир Анпину, солнцу, она притягивает к себе свечение души Бнайяу бен Йеояда, являющееся ее окончательным совершенством, чтобы находиться вместе с ним, дабы он слился с ней навечно.

105) Пали ниц рабби Эльазар и рабби Аба перед ним, и пока что перестали видеть его. Поднявшись, посмотрели во все стороны, но не увидели его. Сели, заплакав, и не могли разговаривать друг с другом.

Сказал рабби Аба: «Это, безусловно, то, что мы изучали: на любом пути, по которому идут праведники, обмениваясь между собой речениями Торы, приходят к ним праведники из мира того, чтобы раскрыть им речения Торы. Конечно же, это рав Амнона Саба пришел к нам из мира того, раскрыв нам эти речения, и прежде, чем мы успели узнать его, исчез, оставив нас». Поднявшись, они хотели повести своих ослов, но те не захотели сдвинуться с места. Снова попытались повести их, но те не сдвинулись. Испугались они и оставили этих ослов. И по сей день это место называется «местом ослов».

Дело в том, что они не могли вытерпеть тот большой свет, который открылся им во время раскрытия этих тайн, и пали ниц перед ним. Поэтому сказано: «Пали ниц рабби Эльазар и рабби Аба перед ним, и пока что перестали видеть его» – после того, как удостоились получить от него большую и вознесенную ступень его, он сразу же скрылся от них, и они больше не могли обнаружить и постичь его. И «сели, заплакав, и не могли разговаривать друг с другом» – потому что велико было их горе.

И поэтому он сказал: «Это рав Амнона Саба», так как теперь они постигли его ступень – что это сам рав Амнона Саба, а не сын рава Амнона, как они думали до сих пор. «Поднявшись, они хотели повести своих ослов». «Ослы» – это силы, которые душа рава Амнона Сабы дала им, чтобы они смогли поднять МАН с просьбой о достижении ступеней хая и ехида, которые постигали с его помощью. Именно поэтому сказано, что он посадил их верхом на ослов, и шел перед ними, чтобы освещать им путь праведников[287].

А теперь, после того, как закончилась его миссия, и он скрылся от них, они снова захотели подняться и сесть верхом

---

[287] См. выше, п. 85, со слов: «Сошли рабби Эльазар и рабби Аба».

на его ослов, т.е. вновь поднять МАН, чтобы постичь его еще раз. Но когда они попытались повести их, те не сдвинулись, – потому что теперь они уже не могли снова получить от ослов силу поднять МАН. И поэтому испугались, оставив ослов в том месте, где рав Амнона Саба скрылся от них, и нарекли это место «местом ослов», т.е. в связи со случившимся, поскольку не могли более пользоваться ими.

106) Заговорил рабби Эльазар, произнеся: «Как велико благо Твое, которое укрыл Ты для боящихся Тебя, сделал тем, кто уповает на Тебя, под стать сынам человеческим»[288]. Насколько же возвышено и величественно то благо, которое Творец сделает в будущем для сыновей человеческих, для этих высших праведников, боящихся прегрешений и занимающихся Торой, когда они войдут в тот мир. Сказано не просто «благо Твое», а «велико благо Твое», как и в отрывке: «Память о великом благе Твоем возгласят»[289]. И это – «отрада жизни», исходящая из мира будущего к «дающему жизнь мирам», который называется «память о великом благе Твоем». И, безусловно, о нем сказано: «Велико благо для дома Исраэлева»[290].

Объяснение. Слово «великий» всегда указывает на состояние «гадлут». «Велико благо» – указывает на «отраду жизни», т.е. мохин де-ГАР. Ибо основа парцуфа, дающая ему жизнь – это мохин де-ВАК, получаемые от зивуга Аба ве-Има для ниспослания жизни мирам. Но есть также дополнительные мохин, несущие отраду жизни, т.е. мохин де-ГАР. И они называются «велико благо Твое» и «отрада жизни».

И об этом сказано: «Исходящая из мира будущего к дающему жизнь мирам» – потому что мохин де-ГАР, являющиеся Хохмой, нисходят из Бины, называющейся будущим миром, и облачаются в возвышенное одеяние хасадим, исходящее от зивуга Есодов, который называется «дающий жизнь мирам». А оттуда приходят мохин к праведникам, боящимся греха.

---

[288] Писания, Псалмы, 31:20. «Как велико благо Твое, которое укрыл Ты для боящихся Тебя, сделал тем, кто уповает на Тебя, под стать сынам человеческим».
[289] Писания, Псалмы, 145:7.
[290] Пророки, Йешаяу, 63:7.

107) «И еще необходимо объяснить слова: "Как велико благо Твое"²⁸⁸, так как здесь отпечаталась тайна мудрости, и все тайны заключены здесь. "Как (МА)" – мы уже изучали²⁹¹. "Велико" – это дерево великое и сильное» – т.е. Зеир Анпин, «поскольку есть дерево меньше него» – т.е. Малхут, «а это» – Зеир Анпин, «называется великим». «И возносит его к вершине небосводов».

Объяснение. Кроме того, что уже выяснено из этого отрывка, как достигаются мохин де-ГАР, следует еще дополнительно разъяснить его, так как в нем записана внутренняя суть Хохмы, и все тайны заключены в этом отрывке. Слова «тайна мудрости (хохмы)» указывают на зивуг Атика. Слова «и все тайны» указывают на окончание общего исправления.

«Как (МА)» – нижний мир. «Велико» – указывает на «дерево великое и сильное», т.е. на Зеир Анпин во время облачения им парцуфа АБ. И тогда он называется «дерево великое» – благодаря Хохме, «и сильное» – в своем собственном свойстве. Однако в то время, когда Зеир Анпин находится на своем месте, называется просто «дерево». Поэтому сказано: «Поскольку есть дерево меньше его» – т.е. Малхут, которая тоже называется «дерево», «а это называется великим» – а когда облачает ступень АБ, называется «великим».

«И возносит его к вершине небосводов» – парцуф АБ возносит Зеир Анпин «к вершине небосводов», потому что вершина АБ достигает Кетера, называемого «вершиной небосводов». И ступень АБ облачается на парцуф Кетер, поэтому АБ поднимает Зеир Анпин «к вершине небосводов».

108) «Благо Твое»²⁸⁸ – это свет, созданный в первый день начала творения, «которое укрыл Ты для боящихся Тебя»²⁸⁸ – т.е. ради того, чтобы он (свет) был укрыт для праведников в том мире. «Сделал» – это высший Эденский сад, как сказано: «В месте, которое для пребывания Своего сделал Ты, Творец»²⁹², что и означает «сделал тем, кто уповает на Тебя»²⁸⁸.

---

²⁹¹ См. выше, статью «Мать одалживает свои одежды дочери», п. 19.
²⁹² Тора, Шмот, 15:17. «Введешь их и расселишь в горах удела твоего, в месте, которое для пребывания Своего сделал Ты, Творец».

Объяснение. Свет, который создан в первый день, это тот свет, в котором Адам Ришон видел «от края мира и до края его»[293]. И это – «свет», упомянутый пять раз в описании первого дня начала творения. «Для праведников в том мире» – в будущем мире, потому что этот свет упрятан в Есодах (основах), т.е. в свойствах «праведник» и «праведность» Абы ве-Имы, называемых будущим миром. И эти «праведник» и «праведность» называются «боящиеся Тебя», благодаря силе скрытия, которая есть у них. И от них этот свет передается праведникам.

«"Сделал" – это высший Эденский сад». До этого сказано: «Которое укрыл Ты», и это означает, что мохин приходят в возвышенном облачении «праведника» и «праведности» в скрытии, укрытые этими облачениями. А здесь сказано: «Сделал», что означает – явное действие без этого скрытия. И приводится подтверждение из отрывка: «В месте, которое для пребывания Своего сделал Ты, Творец»[292] – т.е. произвел действие полное и явное. И поясняет (рабби Эльазар), что «сделал» сказано о высшем Эденском саде, так как он был сделан и вышел из всех предыдущих мохин, о которых говорится в этом отрывке, выходящих в течение всех шести тысяч лет. Таким образом, слова «как велико благо Твое, которое укрыл Ты для боящихся Тебя» указывают на все мохин, вышедшие в течение шести тысяч лет, и все их Ты «сделал» с помощью большого зивуга Атика Йомина «тем, кто уповает на Тебя». То есть из этих мохин был сделан и вышел высший Эденский сад, в котором пребывают совершенные праведники, уповающие на Творца, – такие души, как Бнайяу бен Йеояда и подобные ему, которые удостоились получать от большого зивуга Атика, собранного из всех этих мохин шести тысяч лет.

И знай, что место покоя этих душ называется Эденским садом. И есть земной Эденский сад, который тоже называется Эденским садом, (но) нижним, и является свойством ВАК. А есть высший Эденский сад, являющийся свойством ГАР Эденского сада. И все души пребывают только в нижнем Эденском саду. Однако в новомесячье и субботы они поднимаются в высший Эденский сад, а затем возвращаются на свое место. Но есть избранники, место которых – в высшем Эденском саду. И о

---

[293] Вавилонский Талмуд, трактат Хагига, лист 12:1.

нем упоминает рабби Шимон, говоря: «Видел я восходящих, немногочисленны они».

109) «Под стать сынам человеческим»[288]. Это нижний Эденский сад, и там пребывают все праведники в духе (руах), облачающемся в возвышенное одеяние, подобное тому виду и облику, в которых они находились в этом мире. И это означают слова: «Под стать сынам человеческим» – т.е. в облике, соответствующем людям этого мира. И они пребывают там, и воспаряют оттуда в воздух, поднимаясь в небесное собрание, находящееся в высшем Эденском саду. И они летают по нему и умываются росой потоков чистого Афарсемона, а спускаясь, пребывают внизу, в нижнем Эденском саду.

Пояснение сказанного. Основное различие между ГАР и ЗАТ, как в парцуфах, так и в душах, заключается в том, что ГАР могут получать свет Хохмы таким, каков он есть, и не нуждаются в том, чтобы Хохма облачалась у них в одеяние света хасадим. Тогда как парцуфы ВАК, а также души, рожденные от ЗОН, основой которых являются ВАК, могут получить свет Хохмы только путем облачения в свет хасадим.

И поэтому сказано: «Это нижний Эденский сад, и там пребывают все праведники в духе (руах), облачающемся в возвышенное одеяние, подобное тому виду и облику, в которых они находились в этом мире» – потому что дух (руах) всех праведников нижнего Эденского сада облачается в возвышенное одеяние света хасадим, как и души людей этого мира. И с помощью этого возвышенного одеяния, называемого «авир (воздух)», они могут подняться в высший Эденский сад и получить оттуда свет Хохмы. А затем они возвращаются на свое место в нижний Эденский сад.

«И они пребывают там» – их основное постоянное место находится в нижнем Эденском саду, «и воспаряют оттуда в воздух, поднимаясь в небесное собрание, находящееся в высшем Эденском саду» – с помощью этого воздуха (авир), т.е. света хасадим, они взлетают и поднимаются в высший Эденский сад, чтобы получить Хохму.

«И они летают по нему и умываются росой потоков чистого Афарсемона» – потому что свет Хохмы, который они получают там, в Эденском саду, называется тринадцатью потоками чистого Афарсемона. Ведь Хохма называется «елей», а число «тринадцать» указывает на Хохму тридцати двух путей[294].

А затем, «спускаясь, пребывают внизу» – т.е. не могут задерживаться там и тотчас, после получения ими Хохмы в возвышенное свое одеяние, спускаются из высшего Эденского сада на свое место в нижний Эденский сад. И поскольку они должны получить Хохму в одеяние хасадим, подобно душам людей этого мира, говорится в отрывке, что они тоже «под стать сынам человеческим»[288] – т.е. в облике, соответствующем людям этого мира, потому что нуждаются в одеянии хасадим, так же как и они.

110) А иногда эти праведники выглядят «под стать сынам человеческим», чтобы являть им чудеса, как высшие ангелы, подобно тому, как мы видели теперь свет высшего светила, но не удостоились более глубокого созерцания и постижения тайн этой мудрости.

Имеются в виду избранники, пребывающие в высшем Эденском саду. И хотя их ступень настолько возвышена, что даже души нижнего Эденского сада, поднимающиеся к ним в новомесячья и субботы, не могут задерживаться там и тотчас спускаются на свое место, все же они иногда выглядят «под стать сынам человеческим», то есть они спускаются из высшего Эденского сада в этот мир, и являются людям как ангелы высшего (сада), нисходящие иногда в этот мир. «Подобно тому, как мы видели теперь свет высшего светила» – так же как он видел сейчас свет высшего светила, т.е. рава Амнона Сабы, который сошел к ним со своей высочайшей ступени, из высшего Эденского сада, и открылся их взору в этом мире.

У выражения «под стать сынам человеческим» есть два объяснения:

1. Относительно душ нижнего Эденского сада. Они пребывают в облике людей, и «сделал Он» для них возвышенные света, находящиеся в высшем Эденском саду, чтобы они могли

---

[294] См. выше, статью «Роза», обозрение Сулам, со слов: «Итак, выяснилась разница...»

их получать оттуда путем подъема в новомесячья и субботы. И тогда они удостаиваются увидеть облик душ высшего Эденского сада и снова сойти на свое место.

2. «Под стать сынам человеческим» – т.е. действительно живущим в этом мире. И эти души, которые пребывают в высшем Эденском саду, иногда нисходят в этот мир как высшие ангелы и предстают взору праведников.

И поэтому он говорит: «Но не удостоились более глубокого видения и постижения тайн этой мудрости» – т.е. сетует на то, что (погонщик) внезапно покинул их, и с этого времени он не удостоился большего постижения тайн Торы по сей день.

111) Заговорил рабби Аба, провозгласив: «И сказал Маноах жене своей: "Мы непременно умрем – ведь Всесильного видели мы"»[295]. «И хотя Маноах не знал, каковы деяния Его, – ведь сказано: "Ибо не знал Маноах, что это ангел Творца"[296], – все же подумал, что поскольку сказано: "Не может человек увидеть Меня и остаться в живых"[297], а они-то видели, "мы непременно умрем"[295]. И мы видели и удостоились этого света, он сопровождал нас, но все же мы остались в живых, потому что Творец послал его к нам поведать о тайнах мудрости, которые он раскрыл. Благословен наш удел».

Объяснение. Когда ангел Творца явился Маноаху, постижение им ангела не было полным – именно поэтому тот не пожелал открыть ему имя свое. Тем не менее, он испытывал страх, ведь сказано: «Не может человек увидеть Меня и остаться в живых»[297]. А мы удостоились полного постижения, поскольку узнали имя его – рав Амнона Саба, и все же мы остались в живых и существуем в этом мире. Отсюда пойми, что явление лика ступени рава Амнона – это свойство «дай мне узреть славу Твою»[298], о котором просил Моше у Творца. И Творец ответил ему на это: «Ты не сможешь увидеть лик Мой, ибо не может человек увидеть Меня и остаться в живых»[297]. Отсюда видно, что их постижение было более высоким, чем постижение Моше.

---

[295] Пророки, Шофтим, 13:22.
[296] Пророки, Шофтим, 13:16.
[297] Тора, Шмот, 33:20.
[298] Тора, Шмот, 33:18.

Об этом сказано: «Не может подняться пророк, подобный Моше, но мудрец – может»[299], а также: «Мудрец предпочтительнее пророка»[300]. И этим успокоили себя: «Мы видели и удостоились этого света, о котором сказано, что "не может человек увидеть Меня и остаться в живых" – он сопровождал нас, а мы продолжаем жить в этом мире.

112) Пошли они и пришли к одной горе, когда садилось солнце. От дерева, растущего на горе, начал доноситься стук ветвей, ударяющихся друг о друга и возносящих песнь. Пока шли, услышали могучий голос, призывавший: «Святые сыны Всесильного, рассеянные среди живущих в этом мире, несущие свет членам собрания, сходитесь в место ваше, чтобы насладиться Торой вместе с Господином вашим». Испугались, тут же встали на месте, и сели.

Объяснение. «Пошли они и пришли к одной горе» – к той горе, о которой царь Давид сказал: «Кто взойдет на гору Творца, и кто станет в месте Его святом?»[301]. «А когда поднялись на гору, зашло солнце» – содержится намек на то, что исчезло их свечение. «Ветви деревьев издавали стук, ударяясь друг о друга» – так деревья переговариваются. «И услышали песнь, доносившуюся от них», как сказано: «Тогда запоют все деревья лесные»[302].

«Услышали могучий голос» – означает, что они услышали сильный голос, призывавший их вернуться на свое место, чтобы наслаждаться Творцом и Торой Его, т.е. чтобы спустились с горы. И называет их «святыми сынами Всесильного» из-за их возвышенной ступени, но дал им понять, что люди этого мира недостойны пребывать вместе с ними. И на это он намекнул, сказав: «Рассеянные среди живущих в этом мире» – т.е. что люди этого мира не достойны их, поскольку не смогут терпеть друг друга. Поэтому сказано, что напал на них страх, но всё же они не спустились с горы, а встали, сели, но со своего места не сдвинулись.

---

[299] Тора, Дварим, 34:10. Конец Ялкут Реувени.
[300] Вавилонский Талмуд, трактат Бава Батра, лист 12:1.
[301] Писания, Псалмы, 24:3.
[302] Писания, Псалмы, 96:12.

113) Между тем, раздался тот же голос, что и вначале: «Могучие скалы, вознесенные молоты – вот Властелин красок, выявляющийся в картинах, стоит на престоле. Войдите и соберитесь». В этот момент услышали голос ветвей деревьев, великий и могучий. Говорили они: «Голос Творца сокрушает кедры»[303]. Упали на лица свои рабби Эльазар и рабби Аба, и напал на них сильный страх. Встали они поспешно и ушли, и ничего более не слышали. Спустились они с горы, пошли дальше.

Объяснение. Сначала выяснилось, что они не могли направить своих ослов. Это означает, что не могли поднять более МАН, поскольку рав Амнона Саба уже завершил свою миссию в оказании им помощи. И поэтому исчезла сила его ослов, и они не могли использовать их, чтобы поднять МАН и удостоиться более высокой ступени. Поэтому рабби Эльазар сказал, что они не удостоились более глубокого видения и постижения тайн этой мудрости.

Необходимо понять, что означает постижение мохин и потеря сил в подъеме МАН. Дело в том, что после постижения ими ступени ехида, т.е. раскрытия души Бнайяу бен Йеояда с помощью рава Амнона Сабы, случилось с ними то, что уже выяснялось с душой Бнайяу бен Йеояда: после того, как аннулировался у них экран БОН, аннулировался вместе с ним также экран САГ, и поэтому они не смогли больше поднять МАН и оставили своих ослов[304]. И выяснилось, что любое прекращение светов гуф Атика происходило с целью придать им силы выявить заново экран САГ. И тогда БОН снова станет свойством САГ, и они опять поднимут МАН и начнут завоевывать новые высоты[305].

Поэтому и рабби Эльазар с рабби Аба оставили с тех пор своих ослов и шли до сих пор своим путем, успев побывать во всех этих приключениях. И обнаружили в себе силу вновь поднять МАН с просьбой, чтобы БОН опять стал свойством САГ. И поэтому сказано: «Раздался тот же голос, что и вначале: "Могучие скалы, вознесенные молоты"» – этот голос дал

---

[303] Писания, Псалмы, 29:5.
[304] См.выше, п. 105, со слов: «Поднявшись, они захотели направить ослов своих».
[305] Писания, Псалмы, 84:8. «Они покоряют одну высоту за другой, чтобы в Ционе предстать перед Творцом».

им понять, что они «могучие скалы» и «вознесенные молоты», так как выстояли до сих пор во всех этих трудных испытаниях. И они овладели этой силой, остановив ее перед собой, словно могучие скалы. И также преодолевали все препятствия, пока не разбили их, словно гигантским молотом, обрушенным вниз с огромной высоты.

И этим привели к тому, что вот «Властелин красок, выявляющийся в картинах, стоит на престоле». Бина называется «Властелином красок», так как у нее самой нет никакого цвета, и вся она – лишь милосердие. Но все цвета порождаются и выходят из нее. И благодаря их стойкости, когда они, словно могучая скала, выдержали все эти испытания, выявилась теперь Бина во всех этих картинах заново. И поэтому называется Бина «Властелин красок, выявляющийся в картинах», так как она получила силу, чтобы установиться в экране, на который выходят новые ступени и уровни, называемые «картины». И она «стоит на престоле», т.е. на троне, потому что теперь Бина установилась на троне, как и раньше. Поэтому сказано: «Войдите и соберитесь» – т.е. настало ваше время взойти на свое место святости, как и раньше.

«В этот момент услышали голос ветвей деревьев, великий и могучий. Говорили они: "Голос Творца сокрушает кедры"» – т.е. вместе с голосом, сообщившим им о том, что уже установился экран Бины и «трон», услышали также голос ветвей деревьев, говоривших: «Голос Творца сокрушает кедры»[283]. Он давал им понять, что уже сокрушены все кедры, которые были препятствием на их пути к святости. «Спустились они с горы» – так как овладели теперь силой сойти с горы и продолжить свой путь в святости, как и раньше.

114) Когда они достигли дома рабби Йоси, сына рабби Шимона бен Лакуния, увидели там рабби Шимона бен Йохая и обрадовались. Возрадовался рабби Шимон, сказал им: «Вы, несомненно, прошли путь высших чудес и знамений. Ведь сейчас я спал и видел вас и Бнайяу бен Йеояда, посылающего вам две короны с одним старцем, чтобы увенчать вас. Несомненно, на этом пути находился Творец, еще и потому, что я вижу, насколько изменились ваши лица». Сказал рабби Йоси: «Правильно вы сказали, что мудрец предпочтительнее пророка».

Подошел рабби Эльазар и положил голову на колени отца своего, рабби Шимона, и рассказал ему о случившемся.

Здесь подразумеваются два состояния:
1. Они удостоились снова достичь мохин де-САГ, свойства тестя рабби Эльазара, называемого «рабби Йоси, сын рабби Шимона бен Лакуния».
2. Теперь соединился у них САГ с парцуфом АБ, вместе, в непрекращающемся зивуге, поскольку под рабби Шимоном, отцом рабби Эльазара, подразумеваются мохин де-АБ. Поэтому сказано: «Когда они достигли дома рабби Йоси, сына рабби Шимона бен Лакуния, увидели там рабби Шимона бен Йохая» – так как теперь удостоились возвышенного свойства, когда их БОН снова становятся свойством САГ, уже навсегда, к тому же, в непрерывном зивуге с парцуфом АБ.

Поэтому сказал им: «Я видел вас и Бнайяу бен Йеояда, посылающего вам две короны с одним старцем (саба)» – дает им понять, что Бнайяу бен Йеояда послал им с равом Амноном Саба две короны:
1. Мохин де-ехида, свойство самого Бнайяу бен Йеояда.
2. Новые мохин АБ-САГ, постигнутые ими теперь, которые тоже были притянуты с помощью Бнайяу бен Йеояда.

То есть, косвенно указал им этим: «Продолжение испытаний и приключений, произошедших с вами, благодаря которым вы удостоились нынешней ступени, тоже ведь является непосредственным продолжением высокого света его души». Таким образом, эти две короны послал им Бнайяу бен Йеояда с равом Амноном Саба. Поэтому сказал им: «Несомненно, на этом пути находился Творец» – т.е. все те падения, которые произошли с вами, не являются недостатками, но это сам Творец провел вас к вашей нынешней высокой ступени.

«Так как вижу я, насколько изменились ваши лица» – в дополнение к достигнутому вами, я вижу ваши лица в высшей степени сияющими, вследствие пройденного вами пути. И если бы был в нем какой-либо недостаток, то вы, разумеется, не удостоились бы такого сияния лиц, которое исходит от вас.

Сказал рабби Йоси: «Правильно вы сказали, что мудрец предпочтительнее пророка». Они думали, что все эти приключения случились с ними потому, что они вознеслись в своем самомнении над Моше Рабейну, т.е. думали о себе, что «мудрец предпочтительней пророка», поскольку сказали: «И мы видели и удостоились этого света – он сопровождал нас, и мы живы в этом мире». И поэтому успокоил их рабби Йоси: «Правильно вы сказали, что мудрец предпочтительнее пророка» – беспорочны слова ваши.

115) Устрашился рабби Шимон и заплакал. Воскликнул: «"Творец, услышал я весть Твою, испугался"[306]. Эти слова произнес Хавакук в час, когда познал смерть, а Элиша вернул его к жизни. И дано ему имя Хавакук, как сказано: "Ровно через год, в это же время, ты будешь обнимать (ховекет) сына"[307]. Ведь он, Хавакук, был сыном шунамитянки. И было два объятия (хибуким): одно – его матери, а другое – Элиши, как сказано: "Приложил он уста свои к его устам"[308]».

Пояснение сказанного. На первый взгляд удивительно, как такое возможно, чтобы Элиша, пророк, вызвал своим благословением у шунамитянки семя, не способное существовать? Но дело в том, что Элиша был выше всех пророков, кроме Моше. И он удостоился уровня душ высшего Эденского сада, у которых свойство БОН уже было в окончательном очищении и совершенстве, как и в грядущем будущем. И поэтому в то время, когда вызвал у нее рождение сына, он не остерегся, чтобы связать его с миром захар. Ведь он сказал ей: «Ты будешь обнимать (ховекет) сына»[306] – и связал это объятие только со стороной Нуквы. А поскольку Нуква, т.е. БОН, близка к клипот и ситре ахра, поэтому пристала к нему ситра ахра, и он умер.

И получается, что причиной смерти была очень высокая ступень пророка, так как его собственный БОН уже очищен от любой связи с ситрой ахра и смертью. И поэтому удивился пророк: «А Творец скрыл это от меня и не рассказал мне!»[309] Иначе говоря, у него не было даже мысли, что тот может умереть из-за связи его только с БОН. И поэтому был вынужден

---

[306] Пророки, Хавакук, 3:2. «Творец, услышал я весть Твою, испугался! Творец, деяние Твое, которое Ты сделал для меня посреди лет, пусть живет оно! Посреди лет сообщи – в гневе о милосердии вспомни!»

[307] Пророки, Мелахим 2, 4:16.

[308] Пророки, Мелахим 2, 4:34.

[309] Пророки, Мелахим 2, 4:27.

вернуться и оживить его, связав с высшим миром посредством возрождения из мертвых.

Суть духовного объятия заключается в следующем. Основой плода является «ловен (семя белого цвета)», полученное от Абы (досл. отца), т.е. от Хохмы, потому что Хохма носит название «ловен». Как сказано: «Ты все их в мудрости (хохма) создал»[310]. Однако необходимо облачение хасадим, так как Хохма не может существовать без облачения хасадим. И поэтому необходим «одем (яйцеклетка красного цвета)» Имы, т.е. экран, притягивающий хасадим для того, чтобы облачить Хохму. И установлено, что благодаря заключению Хохмы в объятие хасадим, плод зарождается и получает жизнь. И поэтому сказано: «Ведь он, Хавакук, был сыном этой шунамитянки – т.е. заключением Хохмы в объятие хасадим, совершенное над плодом, и оно было полностью со стороны матери его, шунамитянки, со стороны только лишь БОН.

«И было у него два объятия: одно – его матери, а другое – Элиши» – поскольку, оживляя его, он заново привлек для него «ловен» и «одем». Таким образом, Элиша совершил для него второе объятие.

116) «Обнаружил я в книге царя Шломо, что имя, образованное из семидесяти двух имен, Элиша начертал над Хавакуком в виде слов, и каждое слово состоит из трех букв. Ибо буквы алфавита, начертанные его отцом вначале, исчезли во время его смерти. А теперь, когда Элиша заключил его в объятие, то начертал в нем все буквы, принадлежащие семидесяти двум именам. И в этих семидесяти двух именах есть двести шестнадцать (РИЮ ריו) начертанных букв, по три буквы в каждом имени».

Объяснение. Есть двести шестнадцать букв, образующих плод, и они представляют собой свечение Хохмы, исходящее от ИШСУТ. И тогда говорится, что у плода есть двести шестнадцать букв, составляющие в гематрии слово «реия́ (ראיה видение)», т.е. свет «эйнаим (глаз)», Хохма. А во время большого состояния (гадлут), когда он получает облачение хасадим от высшего мира, от Абы ве-Имы, и двести шестнадцать букв

---

[310] Писания, Псалмы, 104:24.

облачаются в них, тогда они называются «семьдесят два слова», где каждые три буквы из них соединяются в одно слово, всего – семьдесят два слова.

И когда нет у него хасадим для облачения, а только лишь от нижнего мира, он называется «двести шестнадцать букв». А когда достигает «айн-бэт (семидесяти двух)» свойства захар, т.е. свойства хасадим от высшего мира, то соединяются каждые три буквы в одно слово, и семьдесят два этих слова представляют собой имя «айн-бэт (72)».

И это «имя, образованное из семидесяти двух имен, Элиша начертал над Хавакуком в виде слов». Когда Элиша оживлял сына шунамитянки, Хавакука, он начертал в нем семьдесят два слова из двухсот шестнадцати букв, потому что привлек к нему хасадим высшего мира, называемые «айн-бэт (72)» свойства захар, выстраивающие двести шестнадцать букв в исправлении линий каждой тройки букв, в каждом слове. И когда буквы облачаются в них, они образуют имя «айн-бэт (72)», мохин де-Хохма в совершенстве.

Но до этого, когда у него были только хасадим Нуквы, им еще недоставало соединения в семьдесят два слова. Иначе говоря, в них нет слов, т.е. келим для облачения Хохмы, и они называются лишь «двести шестнадцать букв», так как в них еще присутствует удержание ситры ахра. И поэтому мохин Хохмы не могут облачиться в них.

Поэтому сказано: «Ибо буквы алфавита, начертанные его отцом вначале, исчезли во время его смерти» – так как эти двести шестнадцать букв, которые были у Хавакука с момента рождения, отдалились от него в час смерти. И поэтому он должен был заново притянуть к себе двести шестнадцать букв и семьдесят два имени. Поэтому сказано, что «все эти буквы начертал Элиша в душе (руах) Хавакука для того, чтобы оживить его с помощью букв семидесяти двух имен»[311] – поскольку он должен был заново начертать в нем двести шестнадцать букв для того, чтобы соединить двести шестнадцать букв в семьдесят два слова с помощью высших хасадим, и тогда они становятся семьюдесятью двумя именами.

---

[311] См. ниже, п. 172.

117) «И все эти буквы начертал Элиша в душе (руах) Хавакука для того, чтобы оживить его с помощью букв семидесяти двух имен. И назвал его Хавакук. Ибо это имя, которое довершает все стороны» – и указывает на них, «так как оно довершает два объятия» – и указывает на них, «а также довершает двести шестнадцать букв святого имени» – и указывает на них. Потому что Хавакук (חבקוק) в гематрии – двести шестнадцать, из которых образуются семьдесят два имени. Семьюдесятью двумя «словами оживил и вернул его дух (руах), а» двумястами шестнадцатью «буквами возродил все его тело к жизни». Поэтому он называется Хавакук.

Объяснение. Имя Хавакук указывает на два объятия (хибуким), так как он довершает эти объятия. И Хавакук (חבקוק) также в гематрии двести шестнадцать, т.е. довершает двести шестнадцать букв. Дело в том, что Хохма называется тайной, раскрывающейся в двухстах шестнадцати буквах, однако необходимо «объятие» – облачение хасадим. И в первом объятии, произведенном со стороны Има, Хохма еще не могла раскрыться в двухстах шестнадцати буквах, потому что ситра ахра удерживалась в свойстве «одем» его матери (имы). Но теперь, когда Элиша привлек объятие хасадим высшего мира, Абы ве-Имы, буквы соединились в слова, и мохин Хохмы уже постоянно облачены в эти слова, потому что в хасадим высшего мира нет удержания ситры ахра.

Имя Хавакук означает два объятия: объятие матери (имы) и дополнительное объятие – от Элиши. И тогда оно довершается Хохмой и хасадим во всем совершенстве. И поэтому сказано, что «довершает два объятия и указывает на них, и довершает двести шестнадцать букв и указывает на них». «Объятия» – это хасадим Абы ве-Имы, а «двести шестнадцать букв» – это Хохма.

Поэтому сказано: «Семьюдесятью двумя словами оживил и вернул его дух (руах), а двумястами шестнадцатью буквами возродил все его тело к жизни» – так как слова, которые соединились из двухсот шестнадцати букв, образовались вследствие второго объятия, Элиши, благодаря которому Хавакук возродился к жизни. «Объятия» – это нисхождение хасадим из высшего мира, в которых нет удержания ситры ахра, несущей смерть. А с помощью двухсот шестнадцати букв в нем установилась Хохма, и это – «возрождение всего его тела к жизни», потому что мохин Хохмы наполняют тело всем желанным совершенством.

Однако двести шестнадцать букв, которые были у него от рождения, отдалились от него в момент смерти. В таком случае, почему он называется Хавакук, что указывает на два объятия (хибуким), – разве объятие матери (имы) не отдалилось от него в момент смерти, и нет в нем лишь объятия Элиши? Однако, Элиша не привлек к нему, на самом деле, ничего нового во время его оживления, кроме самого объятия, притянутого к нему от высшей Имы, САГ, совершающей оживление мертвых. Но двести шестнадцать букв, а также свойство объятия его Имы, от БОН, лишь вернулись к жизни. И они – те же двести шестнадцать букв и БОН, которые были у него с момента рождения, иначе он был бы целиком и полностью новой душой, и тогда это не называлось бы оживлением его.

Таким образом, у него действительно есть сейчас два объятия, ведь и первое объятие его матери (имы) вернулось к жизни. Однако, это БОН поднялся и облачил САГ, и поскольку БОН находится на месте САГ, эти хасадим считаются относящимися к высшему миру, и нет в них удержания ситры ахра, несущей смерть. Поэтому он называется Хавакук, что указывает на два этих объятия (хибуким).

118) «Сказал он: "Творец, услышал я весть Твою, испугался"[312], что означает: "Услышал я то, что было у меня, услышал я из того мира"» – т.е. во время его смерти, прежде чем Элиша оживил его. «"И испугался" – начал просить о милосердии к душе своей. И сказал: "Творец, деяние Твое, которое Ты сделал для меня посреди лет, пусть живет оно"[312], поскольку "пусть живет оно (חייהו)" означает – "оживи его (חייהו)". И каждый, кто связывается с этими предшествующими годами» – со сфирот Атика, «соединяется с жизнью». «"Посреди этих лет сообщи"[312] означает – придать жизнь той ступени, у которой нет жизни» – т.е. Малхут де-Малхут, потому что «сообщи» означает – придай.

Объяснение. Страх его относится к прошлому времени, так как он стал уже совершенным со всех сторон, и страх теперь

---

[312] Пророки, Хавакук, 3:2. «Творец, услышал я весть Твою, испугался! Творец, деяние Твое, которое Ты сделал для меня посреди лет, пусть живет оно! Посреди лет сообщи – в гневе о милосердии вспомни!»

не имеет места в нем, но это страх от того, что произошло с ним в момент его ухода из этого мира. Поэтому сказано: «Услышал я то, что было у меня, услышал я из того мира» – т.е. после его смерти, но прежде чем Элиша оживил его, и оттуда он и сейчас привлекает страх, чтобы у него был экран для подъема МАН. Поэтому он начал просить о милосердии к душе его – т.е. в силу страха из прошлого времени начал поднимать МАН, т.е. просить о милосердии к себе.

И таким будет экран в будущем, т.е. после того, как БОН снова станет свойством САГ, ибо тогда «уничтожит Он смерть навеки»[313]. Ведь не будет никакой силы, способной вызвать страх, и благодаря этому он сможет удерживать себя в чистоте и оберегать себя от любого удержания (ситры ахра). И тогда весь страх будет относительно прошлого времени, поскольку решимот его останутся в БОН даже после того, как он станет свойством САГ. А необходимо это потому, что без страха не может быть исправлен экран. Именно это дал им понять рабби Шимон, объясняя высказывание Хавакука и обучая их тому, что они тоже приобретут страх вследствие прохождения ими пути высших чудес и знамений, – т.е. как и Хавакук, который использовал этот страх согласно своей ступени.

Поэтому сказал: «Творец, деяние Твое, которое Ты сделал для меня посреди лет, пусть живет оно» – так как годы его делятся на два периода: годы, прожитые им до смерти, и годы после возрождения к жизни, между которыми он отошел в мир истины. И о времени, когда он был в том мире, о годах посреди этих двух периодов времени, он говорит: «Творец, деяние Твое, которое Ты сделал для меня»[312] – в них «пусть живет оно». Иными словами: «Благодаря тому, что я помню время смерти моей, посреди этих лет, я соединяюсь с жизнью высшего мира, и в них возродил меня Элиша». Поэтому сказано: «Услышал я то, что было у меня, услышал я из того мира, и испугался».

ЗАТ (семь нижних сфирот) Атика называются «предшествующие годы», поскольку Малхут мира Адам Кадмон облачается в них. И они предшествующие – относящиеся к первому сокращению, как и Адам Кадмон (досл. предшествующий). И они не светят в течение шести тысяч лет, а только по завершении

---

[313] Пророки, Йешаяу, 25:8.

исправления. Ибо в течение шести тысяч лет ЗАТ Атика светят в свойстве исправления, относящегося ко второму сокращению, в свойстве малой «хэй ה» слова «бе-ибара́м (בְּהִבָּרְאָם при создании их)»[314]. Однако Хавакука смерть очистила полностью, как и в конечном исправлении, и поэтому он удостоился соединиться с этими «предшествующими годами» Атика с помощью объятия и возрождения из мертвых, которых удостоился благодаря Элише.

«Деяние Твое, которое Ты сделал для меня посреди лет»[312] – т.е. очищение и страх, которых он удостоился «посреди лет», во время своей смерти, «оживи его» – т.е. с помощью этого страха он удостоится соединения с этими предшествующими годами Атика, и такая жизнь называется вечной жизнью. И поэтому сказано: «Каждый, кто связывается с этими предшествующими годами, соединяется с жизнью» – потому что жизнь соединяется с ним навечно.

«"Посреди этих лет сообщи" означает – придать жизнь той ступени, у которой нет жизни», так как благодаря очищению, которого он удостоился вследствие своей смерти, БОН получил свое полное исправление и, поднявшись, стал свойством САГ во время его смерти. И тогда он находится на той ступени, на которой нет никакой жизни, т.е. Малхут де-Малхут, на которую нет никакого зивуга до завершения исправления. Но теперь эта ступень тоже обретает жизнь.

119) Заплакал рабби Шимон и сказал: «И я тоже устрашился перед Творцом из-за услышанного мною». Вознес он руки над своей головой, сказав: «Ведь рав Амнона Саба – это свет Торы, вы удостоились увидеть его лицом к лицу, а я не удостоился его». Пал он ниц (досл. на лицо свое) и увидел того, кто уничтожает горы и зажигает свечи в чертоге царя Машиаха. Сказал ему рав Амнона Саба: «Рабби, в том мире вы будете наряду с главами собраний перед Творцом». Отныне и далее называл он рабби Эльазара, сына своего, и рабби Аба – «Пниэль (лик Творца)», как сказано: «Ибо видел я Творца лицом к лицу»[315].

---

[314] Тора, Берешит, 2:4. «Вот порождения неба и земли при сотворении их, в день созидания Творцом Всесильным земли и неба».
[315] Тора, Берешит, 32:31.

Объяснение. Возвысил себя – ведь и он пользуется тем же страхом, что и пророк Хавакук, т.е. в отношении услышанного им в минувшее время, как сказано: «Услышал я весть Твою, испугался»[316].

Однако в чертоге царя Машиаха уже давно готовы все исправления, которые должны раскрыться по завершении исправления с приходом царя Машиаха, – нет недостатка даже в самом малом. И те души, которые пребывают в чертоге царя Машиаха, – это все те, кто уже удостоился окончательного исправления, исходящего из корня их души.

Поэтому сказано: «И увидел того, кто уничтожает горы и зажигает свечи в чертоге царя Машиаха», так как рав Амнона Саба является обладателем тех исправлений, которые уготованы в чертоге Машиаха. Он «уничтожает горы» ситры ахра, которая представляется праведникам высокой горой[317], «и он зажигает свечи» – т.е. устанавливает новый экран в свойстве САГ, чтобы поднимать МАН после завершения исправления.

МАН называются «источники огня», как сказано: «Свеча Творца – душа человека»[318]. Свет солнца указывает на нисхождение МАД, подобно тому, как свет солнца нисходит к нам сверху вниз. А «источники огня» – это отраженный свет, поднимающийся снизу вверх, как пламя, поднимающееся от свечи. И это два исправления:
1. Устранение ситры ахра.
2. Вознесение свечей и зажигание их в чертоге царя Машиаха.

Находятся они в руках рава Амнона Сабы, а те законченные праведники, которым нужны эти два исправления, удостаиваются их благодаря раскрытию души рава Амнона Сабы. И он сообщил ему, что и он, и его ученики, рабби Эльазар и рабби Аба, удостоятся после своей кончины служить в чертоге царя Машиаха, и будут там наряду с ним. И будут там главами собраний перед Творцом.

---

[316] См. выше, п. 118, «Объяснение».
[317] Вавилонский Талмуд, трактат Сукка, лист 52:1.
[318] Писания, Притчи, 20:27.

Две точки

120) «Берешит». Заговорил рабби Хия и провозгласил: «Начало мудрости – страх Творца. Разум добрый у всех, кто исполняет их (заповеди), слава Его пребудет вовек»[319]. «Начало мудрости». Разве в этом высказывании не надо было сказать: «Окончание мудрости – страх Творца», ведь страх Творца – это Малхут, являющаяся окончанием Хохмы? Однако эта Малхут должна первой войти в постижение ступени высшей Хохмы. Как сказано: «Откройте мне врата праведности»[320] – врата Малхут, которая называется праведностью. «Это – врата Творца»[321] – разумеется, и если (человек) не войдёт в эти врата, то никогда не войдёт к высшему Царю, который вознесён и скрыт, и упрятан, и создал врата к Себе, одни над другими.

Пояснение сказанного. Вопрос его заключается в следующем: Если «страх Творца» – это сфира Малхут, находящаяся в конце десяти сфирот, то ведь, в таком случае, надо было сказать: «Окончание мудрости – страх Творца»?

И говорит: «К Царю, который вознесён и скрыт, и упрятан, и создал врата к Себе, одни над другими» – это не иносказание, а непосредственный смысл. Ведь именно потому, что Он «Царь, который вознесён и скрыт, и упрятан», и никакая мысль не может охватить Его, построил Он многочисленные эти ворота, одни над другими, создав возможность приблизиться с их помощью к лику Его. Как сказано: «Откройте мне врата праведности»[320] – это врата, которые создал Творец, дав возможность праведникам предстать перед ликом Его, пройдя эти врата.

«А в конце всех ворот сделал Он одни врата с множеством замко́в»[322] – врата, которые называются Малхут де-Малхут и являются точкой окончания всех высших ворот. И эти последние врата являются первыми к высшей Хохме. Другими словами, невозможно удостоиться высшей Хохмы иначе как после

---

[319] Писания, Псалмы, 111:10.
[320] Писания, Псалмы, 118:19. «Откройте мне врата праведности, я войду в них и возблагодарю Творца».
[321] Писания, Псалмы, 118:20. «Вот врата Творца – праведники войдут в них».
[322] См. далее, п. 121.

достижения именно этих последних ворот, потому что это первые врата для постижения высшей Хохмы. И поэтому сказано: «Начало мудрости – страх Творца»²⁹⁹ – поскольку страхом Творца называются как раз последние ворота, являющиеся первыми к мудрости (хохма) Творца.

121) А в конце всех ворот сделал Он одни врата с множеством замко́в, множеством входов, множеством чертогов, одни над другими. И сказал: «Для каждого, желающего войти ко Мне, эти врата будут первыми ко Мне. (Лишь) вошедший в эти врата войдет». Также и здесь, первые врата к высшей Хохме – это страх Творца, т.е. Малхут. Именно они называются первыми.

Объяснение. Необходимо хорошо понять, что такое «замки», что такое «входы», и что такое «чертоги». Знай же, что это три формы, проявляющиеся одна за другой на одной материи. И это очень глубокое понятие, требующее тщательного пояснения, чтобы хоть в малой мере понять дальнейший текст Зоара. Следует знать, хотя это и так понятно, что никакая мысль не может постичь Его. И верно, что замыслом творения является наслаждение творений, однако ни одно наслаждение не может быть постигнуто творением, когда оно отделено от Творца. Кроме того, мы изучаем, что Творец страстно желает пребывать в нижних.

Осмысление этих двух противоречащих друг другу понятий является идентичным осознанию того, что мир создан в полной противоположности Творцу, от края до края, во всех «ста точках». Ведь этот мир создан в желании получать, являющемся формой полной противоположности Творцу, в котором нет совершенно ничего от этого желания. Как сказано: «Подобным дикому ослу рождается человек»³²³.

В этой связи всё, касающееся Его управления этим миром, находится в полном противоречии с высокой целью замысла творения – «лишь только наслаждать Свои творения», поскольку таким оно представляется желанию получать в нас, являющемуся основой наших ощущений и идеалов.

---
³²³ Писания, Йов, 11:12.

И это является сутью «замко́в», запирающих эти «ворота». И хотя всё множество несовместимых с Его единством противоречий, испытываемых нами в этом мире, в начале своем и отделяют нас от Творца, но когда мы прилагаем усилия в выполнении Торы и заповедей с любовью, всей душой и сутью своей, как и заповедано нам, чтобы доставить отраду Создавшему нас, то все эти силы разделения не способны даже в малейшей степени уменьшить хоть в чем-то нашу любовь к Творцу всей своей душой и сутью, и тогда каждое преодолеваемое нами противоречие становится вратами постижения Его мудрости.

Ибо в каждом противоречии заложена удивительная возможность раскрыть особую ступень постижения Его. И те, кто заслужил удостоиться этого, обращают тьму в свет, а горькое в сладкое, так как все силы разделения, вызывавшие затмение разума и горечь тела, стали для них вратами постижения возвышенных ступеней, и преобразилась тогда тьма в огромный свет, а горечь стала сладостью.

Так что именно в той мере, в какой до этого проявились у них на всех путях высшего управления силы разделения, преобразовались теперь все они в силу единства. И они стали теперь склоняющими весь мир целиком на чашу заслуг. Ведь теперь каждая сила используется ими как «врата праведности», через которые пройдут они, получив от Творца всё, чем Он собирался насладить их в замысле творения. И это означает: «Вот врата к Творцу, праведники войдут в них»[321].

Однако, прежде чем удостаиваются, с помощью Торы и заповедей, преобразовать содержащееся в нас желание получать на получение ради отдачи, крепкие замки запирают эти ворота к Творцу. Ведь тогда и назначение их противоположно – отдалить нас от Творца. Поэтому называются силы разделения «замка́ми», так как запирают ворота к сближению, отдаляя нас от Творца.

Но если мы преодолеваем их так, что они не могут повлиять на любовь в нашем сердце, охлаждая ее, преображаются тогда эти «замки», становясь «входами», и тьма превращается в свет, а горечь обращается сладостью. Поскольку каждый «замо́к» позволяет нам достигнуть особую ступень управления Творца, и становятся они «входами» к ступеням Его постижения. И те ступени, которые мы приобретаем на этих «входах», образуют «чертоги» мудрости.

Стало быть, «замки́», «входы» и «чертоги» – это три формы, поочередно отображающиеся на одной нашей материи, на имеющемся в нас желании получать. И прежде, чем мы преобразуем его в получение ради доставления отрады Творцу, обращает эта наша материя, согласно ощущаемому нами, свет во тьму, а сладость в горечь, потому что все пути Его управления отдаляют нас от Него. И в это время образуются из имеющегося в нас желания получать «замки́». А после нашего возвращения, когда мы удостаиваемся получения ради отдачи, превращаются все эти «замки» во «входы», а «входы» затем становятся «чертогами». Это необходимо твердо запомнить и принять во внимание в дальнейшем, потому что нельзя каждый раз повторять то же объяснение.

И сказал: «Для каждого, желающего войти ко Мне, эти врата будут первыми ко Мне» – т.е. окончание всех ворот, последнее свойство в них, ничтожнее которого нет, и можно назвать его Малхут де-Малхут. И он говорит: «Для того, чтобы удостоиться высшей мудрости, стали эти самые последние врата первыми вратами к чертогу высшей мудрости (хохмы)».

Ведь на самом деле все эти «врата» являются «входами» и «чертогами» высшей мудрости Творца. Однако высшую мудрость невозможно постичь иначе, как достигнув именно этих последних ворот, так как они – первые на пути к высшей мудрости. «И это – то, что называется "начало (решит)"» – т.е. слово «берешит», которым открывается Тора, потому что «берешит» указывает на «страх Творца», как на последние врата, являющиеся началом постижения высшей мудрости (хохма).

122) Буква «бэт ב» слова «берешит (בראשית вначале)» указывает, что обе они соединяются вместе, в Малхут. И это две точки. Одна – упрятана и скрыта, а другая – открыта. И поскольку нет у них разделения, называются они «начало (решит)» – только одно, а не два. Ведь тот, кто берет одну, берет также и другую. И всё это – одно целое, потому что «Он и имя Его

едины»³²⁴, как сказано: «И познáют, что Ты, имя Твоё – Творец единый»³²⁵.

Пояснение сказанного. Эти две точки являются подслащением свойства суда в свойстве милосердия – т.е. Малхут поднялась в Бину, свойство милосердия, и подсластилась в ней. Как сказано: «И пойдут обе вместе»³²⁶ – Бина и Малхут. Таким образом, экран, установившийся в Малхут, содержит их обе. И поэтому имеются там «две точки», соединенные как одна.

И сказано: «Одна упрятана и скрыта, а другая – открыта» – так как свойство суда, содержащееся в точке Малхут, упрятано и скрыто, и только милосердие точки Бины – открыто. Ведь без этого мир не мог бы существовать. Как мы изучаем: «Вначале был создан мир свойством суда – увидел Он, что мир так не может существовать, и соединил его со свойством милосердия»³²⁷.

«И поскольку нет у них разделения, называются они "начало (решит)"» – только одно, а не два. Ведь тот, кто берет одну, берет также и другую». Иначе говоря, хотя свойство суда и скрыто, это не означает, что на него не происходит зивуг, так как эти две точки действительно становятся одной, и точка Малхут тоже получает зивуг вместе с точкой Бины, но в скрытии, а не открыто. И на это указывает название «решит (начало)» в единственном числе, т.е. обе являются одним.

«И всё это – одно целое, потому что "Он и имя Его едины"». «Он» указывает на Бину, а «имя Его» указывает на Малхут. И говорит, что в состоянии «Он и имя Его едины» обе они обязаны быть единым целым, ведь когда они едины, Малхут тоже получает высший зивуг вместе с Биной, и в результате этого, само по себе подслащается в конце исправления и свойство суда, и «в этот день будут Он и имя Его едины»³²⁴.

Относительно этого свойства суда, включенного в букву «бэт» слова «берешит», она называется «первая (решит)

---

[324] Пророки, Захария, 14:9.
[325] Писания, Псалмы, 83:19. «И познáют, что Ты, имя Твоё – Творец единый, Всевышний над всей землею».
[326] Писания, Рут, 1:19.
[327] Берешит Раба, раздел 1.

относительно Хохмы (мудрости)». И исправление ее произойдет в конце всего исправления. Тогда раскроется высшая Хохма (мудрость), как сказано: «И наполнится земля знанием Творца»[328]. И эти последние врата являются первыми на пути к высшей Хохме. Как сказано: «И познáют, что Ты, имя Твоё – Творец единый»[325] – ибо тогда раскроется знание по всей земле.

123) «Начало мудрости – страх Творца. Разум добрый у всех, кто исполняет их (заповеди)»[329]. Почему Малхут называется страхом Творца? Так как Малхут – это Древо познания добра и зла, если удостоился человек – стало добром, а если не удостоился – то злом. И потому в этом месте пребывает страх, и это врата, ведущие ко всему добру в мире. «Разум добрый»[329] – двое ворот, т.е. две точки, ставшие словно одно целое. Сказал рабби Йоси: «Разум добрый – это Древо жизни, и это "разум добрый", в котором нет никакого зла. И поскольку зло не пребывает в нем, он – "разум добрый", без зла».

Объяснение. Последние врата носят название «страх Творца», о котором сказано: «Начало мудрости – страх Творца»[329]. Ибо это – Древо познания, относительно которого прегрешил Адам Ришон. Ведь за эту точку он был наказан тем, что стал смертен, и вызывает большой страх – как бы не затронуть ее. А в конце исправления, когда эта точка будет полностью исправлена и будет во всем совершенстве, исполнится сказанное: «Уничтожит он смерть навеки»[252]. И поэтому называется «страх Творца».

«И потому в этом месте пребывает страх, и это врата, ведущие ко всему добру в мире» – так как раскрытие высшей мудрости (хохма) и является всем добром мира, заключенным в замысле творения. И поскольку страх Творца – это первые врата к высшей мудрости, он является вратами ко всему добру в мире.

«"Разум добрый"[329] – двое ворот, две точки, ставшие словно одно целое» – две точки вместе, так же, как они были включены в букву «бэт ב» слова «берешит (בראשית вначале)». И

---
[328] Пророки, Йешаяу, 11:9.
[329] Писания, Псалмы, 111:10. «Начало мудрости – страх Творца. Разум добрый у всех, кто исполняет их (заповеди), слава Его пребудет вовек».

говорится не «две точки», а «двое ворот» потому, что имеется в виду состояние после исправления БОН. Ведь тогда «две точки» называются «двое ворот» – потому что обе они тогда представляют собой добро, в котором нет никакого зла. И поэтому становится возможным сказанное: «Разум добрый», тогда как прежде окончательного исправления они называются «Древо познания добра и зла».

Рабби Йоси сказал: «Разум добрый – это Древо жизни, и это "разум добрый", в котором нет никакого зла». Рабби Йоси не противоречит рабби Хия. Однако рабби Хия поясняет состояние после исправления БОН, когда становятся две точки двумя вратами, и нет в них зла, и тогда они «разум добрый», в котором нет никакого зла. А пояснение рабби Йоси относится к состоянию до завершения исправления, когда они являются свойством «Древо познания добра и зла». И поэтому он говорит: «"Разум добрый" – это Древо жизни» – Зеир Анпин с мохин де-Има, называемый «Древо жизни», который полностью добро, без всякого зла, также и до завершения исправления. Тогда как две точки до завершения исправления находятся в свойстве «добро и зло», и из-за них Малхут называется «Древо познания добра и зла».

124) «У всех, кто выполняет их»[329] – это верные благодеяния (хасадим) Давида, поддерживающие Тору. И те, кто поддерживает Тору, они словно создают ее. Все те, кто занимается Торой, – в них нет деяния в то время, когда они занимаются ею. Но те, кто поддерживают ее, есть в них деяние. И в силу этого осуществляется сказанное: «Слава Его пребудет вовек»[307]. И тогда трон установлен так, как подобает.

Пояснение сказанного. Врата «страха Творца» – это последние из ворот, являющиеся первыми к высшей мудрости. Таким образом, у всех занимающихся Торой, кто уже исправил последние врата, обращаются эти две точки в двое ворот, являющихся «разумом добрым», без зла. И тогда определяется, что нет в них деяния, т.е. свойства «Древо познания добра и зла». Но у тех, кто еще не удостоились окончательного исправления, называющихся «поддерживающие Тору», в них есть деяние, т.е. «добро и зло», так как они еще не исправили прегрешение относительно «Древа познания».

«И те, кто поддерживают Тору, они словно создают ее» – так как все эти силы разделения преобразуются, становясь «вратами», и каждый «замо́к» становится «входом», а каждый «вход» становится «чертогом» мудрости. И благодаря поддерживающим Тору, раскрываются и постигаются все возвышенные ступени, включенные в замысел творения «насладить Свои создания».

Таким образом, вся мудрость (хохма) и вся Тора не могут полностью раскрыться иначе как с помощью тех, кто поддерживает Тору, и в них есть деяние, т.е. в них происходит раскрытие «добра и зла». И поэтому они называются поддерживающими Тору, так как только с их помощью она раскрывается. И Писание называет их «выполняющими их (заповеди)», потому что они словно создают Тору. Ведь, если бы не скрытия, становящиеся «вратами» благодаря их преодолению, Тора не пришла бы к состоянию раскрытия.

Поэтому сказано: «И те, кто поддерживают Тору, они словно создают ее» – т.е. считаются словно создателями ее, раскрывающими ее. И «словно» говорится потому, что Тора существовала еще до (существования) мира, и создал ее, конечно же, Творец. Но если бы не добрые деяния тех, кто поддерживает Тору, она бы никогда не пришла к состоянию раскрытия, поэтому считаются они трудящимися в Торе и создающими ее.

И поэтому сказано: «Слава Его пребудет вовек»[307] – т.е. в силу поддерживающих Тору пребывает слава Его. И она – вся мудрость (хохма) и вся Тора, пребывающая вовек, навечно. То есть, это включает также состояние после конца исправления, потому что и тогда они будут нуждаться в «страхе Творца». А после исправления «Древа познания» не будет у них, откуда взять страх Творца, кроме как из прошлого, из свойства «поддерживающие Тору»[330]. И получается, что они устанавливают славу Творца навсегда и на веки вечные. Поэтому сказано: «И тогда трон установлен так, как подобает» – т.е. благодаря этому устанавливается трон Творца, как подобает, навеки.

---

[330] См.выше, п.118.

Ночь невесты

125) Рабби Шимон сидел и занимался Торой в ту ночь, когда невеста, т.е. Малхут, соединяется со своим мужем. И все друзья, называемые сынами чертога невесты, должны в эту ночь – после которой, в день Шавуот, невесте назначено быть под хупой (свадебным пологом) со своим мужем – находиться с ней всю эту ночь и вместе с ней радоваться исправлениям, которые совершаются в ней благодаря им. И это значит: заниматься Торой, а после Торы Пророками, а после Пророков – Писаниями, и толкованиями Писания, и тайнами мудрости, потому что это исправления ее и украшения. И появляется невеста со своими служанками и возвышается над их головами, и исправляется благодаря им, и радуется с ними всю эту ночь. А на следующий день, в день Шавуот, она идет к хупе только вместе с ними. И они, т.е. друзья, которые всю эту ночь занимаются Торой, называются сыновьями хупы. А когда она подходит к хупе, Творец спрашивает о них и благословляет их, и украшает их украшениями невесты. Счастлив их удел.

Пояснение сказанного. Существует два толкования, которые дополняют друг друга:

1. Времена изгнания называются «ночь», поскольку это время скрытия лика Творца от сынов Исраэля. И в это время все силы раздора господствуют над служителями Творца. Но вместе с тем, именно в это время невеста соединяется со своим мужем благодаря Торе и заповедям праведников, которые в этот момент называются поддерживающими Тору. И все возвышенные ступени, называемые «тайны Торы», раскрываются ими. Ведь поэтому они называются созидающими их, т.е. они словно создают Тору[331]. И получается, что время изгнания называется «ночь, когда невеста соединяется со своим мужем». А все друзья, называемые сынами чертога невесты, – это те, кто поддерживает Тору.

А после окончательного исправления и полного избавления, как сказано: «И будет день один – известен будет он Творцу:

---

[331] См. выше, статью «Две точки», п. 124.

не день и не ночь. И при наступлении вечера будет свет»³³². И об этом он говорит, что «на следующий день невеста должна быть под хупой со своим мужем», поскольку БОН тогда снова станет свойством САГ, а МА станет свойством АБ. И поэтому считается следующим днем и новой хупой.

А праведники в этот момент называются сынами хупы, и тогда они – занимающиеся Торой, в которых нет деяния. Ведь об этом времени сказано: «И наполнится земля знанием Творца»³³³. И поскольку эти праведники своими добрыми деяниями, благодаря притяжению страха от прошлого времени, поднимут БОН, чтобы он стал САГ, считается, что они делают эту новую хупу, и поэтому они называются сынами хупы.

2. Ночью Шавуот называется «ночь, когда невеста соединяется со своим мужем», поскольку «на следующий день она должна быть под хупой со своим мужем» – т.е. в день Шавуот, день получения Торы. Но это то же самое, что и первое объяснение. Ведь в день получения Торы уже наступит состояние окончательного исправления, о котором сказано: «Уничтожит Он смерть навеки, и смахнет Творец Всесильный слезу с лица всех»³³⁴. Как истолковывают мудрецы отрывок: «Высечено на скрижалях»³³⁵, – читай не «высечено (харут)», а «свобода (херут)», потому что наступает свобода от ангела смерти.

Но из-за греха поклонения золотому тельцу (сыны Исраэля) снова испортили это исправление. Ведь день получения Торы и окончательное исправление являются одним понятием. И выходит, что в день перед получением Торы закончились у нее все зивуги времени скрытия, и поэтому эта ночь считается ночью, когда невеста соединяется со своим мужем. А на следующий день она должна быть под хупой вместе со своим мужем, – и это праздник Шавуот, когда исправление завершается свободой от

---

³³² Пророки, Захария, 14:7. «И будет день один – известен будет он Творцу: не день и не ночь. И при наступлении вечера будет свет».

³³³ Пророки, Йешаяу, 11:9. «Не будут делать зла и не будут губить на всей Моей святой горе, и наполнится земля знанием Творца, как полно море водами».

³³⁴ Пророки, Йешаяу, 25:8. «Уничтожит Он смерть навеки, и смахнет Творец Всесильный слезу с лица всех, и позор народа Своего устранит Он на всей земле, ибо (так) сказал Творец».

³³⁵ Тора, Шмот, 32:16. «А скрижали, они деяние Всесильного; и письмо, оно письмо Всесильного, высечено на скрижалях».

ангела смерти, и это время, когда праведники своими добрыми делами делают невесте новую хупу. И мне удобнее продолжить объяснение, опираясь на первое толкование, а читатель сможет сам сопоставить сказанное с днем Шавуот, поскольку это то же самое.

И все эти друзья, «поддерживающие Тору», которые называются сынами чертога невесты, должны быть соединены со святой Шхиной, зовущейся «невеста», в течение всей этой ночи изгнания. Ведь во время изгнания она исправляется поддерживающими Тору, с помощью всех добрых деяний и Торы, и заповедей, которые они совершают, пока не исправится она в свойстве добра и зла. И будет она готова для тех, кто занимается Торой, в которых совсем нет никакого деяния, поскольку вся она – только добро, без всякого зла[336].

И поэтому поддерживающие Тору, называемые сынами чертога невесты, должны радоваться вместе с ней тому великому исправлению, которое совершилось в невесте благодаря им. «И вместе с ней радоваться исправлениям, которые совершаются в ней благодаря им, заниматься Торой» – т.е. исправлениями, которые нам предстоит совершить, «от Торы к Пророкам, а от Пророков – к Писаниям, и толкованиям Писания, и тайнам мудрости» – и заниматься ими нужно в радости.

Выясняется, что все ступени и раскрытие тайн Торы, возводящие Шхину к ее окончательному исправлению, образуются только благодаря поддерживающим Тору во времена изгнания. И поэтому все ступени и уровни, которые выходят во время изгнания, называются исправлениями невесты и ее украшениями. И далее он называет их: «От Торы к Пророкам, а от Пророков – к Писаниям, и к толкованиям Писаний, и к тайнам мудрости».

ХАГАТ – это Тора. Нецах и Ход – Пророки. Малхут – Писания. Мохин де-ВАК, которые притягивают в нее, – толкования Писания. Мохин де-ГАР, которые притягивают в нее, – тайны мудрости. Ибо все эти исправления надо притянуть к невесте в эту ночь, и благодаря им невеста полностью подготавливается к окончательному исправлению, которое называется днем хупы.

---

[336] См. выше, п. 123, со слов: «Разум добрый...»

«И появляется невеста со своими служанками и возвышается над их головами, и исправляется благодаря им, и радуется с ними всю эту ночь». Ангелы, в которых облачаются келим де-ахораим Малхут в первом состоянии, называются «служанки, прислуживающие Шхине». «И она возвышается над их головами» – Шхина возвышается над головами поддерживающих Тору, как сказано: «И над головой моей Шхина Творца»[337]. И с ней вместе служанки, прислуживающие ей. «И радуется с ними» – ведь благодаря им она непрерывно исправляется. И потому сказано: «И радуется с ними всю эту ночь» – т.е. на протяжении всего времени исправления, называемого «ночь». «А на следующий день она идет к хупе только с ними вместе» – т.е. в день окончательного исправления, в день хупы, она сможет войти под хупу только вместе с теми поддерживающими Тору, которые возвели и исправили ее полностью, «от Торы к Пророкам, а от Пророков – к Писаниям, и к толкованиям Писаний и к тайнам мудрости» – и поэтому они называются сынами хупы ее.

Известно, что окончательное исправление не принесет с собой ничего нового, но благодаря высшему свету парцуфа Атик Йомин соберутся все МАН и МАД, и все зивуги, и все ступени, вышедшие друг за другом в течение шести тысяч лет, в единый зивуг и в единую ступень, большую и величественную[338]. И благодаря этому всё исправится. И тогда невеста войдет под хупу. «И Творец спрашивает о них», – о каждом, кто хоть раз поднял МАН для высшего зивуга. Ведь Он словно сидит и ждет, пока не соберутся все. И получается, что Он о каждом спрашивает и ждет его. И после того как они соберутся, произойдет зивуг «рав пэалим ве-мекавцеэль (досл. многодействующий и собирающий)»[339], «и благословляет их, и украшает их» – т.е. они благословляются и украшаются все сразу. И тогда завершается исправление, называемое «украшения невесты».

126) Рабби Шимон и все товарищи были наполнены радостью Торы, и каждый из них открывал новое в речениях Торы. И рабби Шимон был счастлив, и также все остальные товарищи.

---

[337] Порядок произнесения «Шма» на ложе.
[338] См. выше, статью «Погонщик ослов», п. 91, со слов: «И поэтому сказано: "Бен Иш Хай, Рав Пэалим, Мекавцеэль"».
[339] Пророки, Шмуэль 2, 23:20. «И Бнайяу, сын Йеояды бен Иш Хай, величественный в деяниях, из Кавцеэля. И он сразил двух доблестных воинов Моава, и сошел он, и поразил льва во рву в снежный день».

Сказал им рабби Шимон: «Сыновья мои! Благословен ваш удел! Ведь завтра невеста войдет под хупу ни с кем иным как с вами, потому что все, кто производит исправления невесты в эту ночь и радуется с ней, будут записаны и внесены в памятную книгу, и Творец благословляет их семьюдесятью благословениями и коронами высшего мира».

Пояснение сказанного. О памятной книге написано так: «Сказали вы: "Тщетно служить Творцу! Какая польза, что исполняли мы службу Его... и устроились делающие нечестие, и Творца испытали, и спаслись"»[340]. И написано: «Тогда говорили друг с другом боящиеся Творца; и внимал Творец, и выслушал, и написана была памятная книга пред Ним для боящихся Творца и чтущих имя Его»[341]. «И будут они для Меня, – сказал Властелин воинств, – для того дня, когда Я совершу чудо (сгула)»[342]. И нужно понять эти слова. Если обсуждая между собой, они выражали свое пренебрежение, говоря: «Тщетно служить Творцу! Какая польза, что исполняли мы службу Его?!», как же сказал о них пророк: «Тогда говорили друг с другом боящиеся Творца»? И мало того, они еще будут вписаны «в памятную книгу пред Ним для боящихся Творца и чтущих имя Его».

Но дело в том, что в конце дней, когда раскроется большой зивуг Атика Йомина, называемый «рав пэалим мекавцеэль», во всех мирах раскроется великий свет. И благодаря этому обратится всякая плоть к полному возвращению от любви. А мы знаем, что «для удостоившегося возвращения от любви, все злодеяния словно обращаются в заслуги»[343].

И поэтому пророк говорит о тех грешниках, которые позволяли себе ругань и поношения, говоря между собой: «Тщетно

---

[340] Пророки, Малахи, 3:14-15. «И скажете вы: "Что говорили мы о Тебе?" Сказали вы: "Тщетно служить Творцу! Какая польза, что исполняли мы службу Его и пребывали в смирении пред Властелином воинств? А теперь считаем мы счастливыми нечестивых: и устроились делающие нечестие, и Творца испытали, и спаслись"».

[341] Пророки, Малахи, 3:16. «Тогда говорили друг с другом боящиеся Творца; и внимал Творец, и выслушал, и написана была памятная книга пред Ним для боящихся Творца и чтущих имя Его».

[342] Пророки, Малахи, 3:17. «И будут они для Меня, – сказал Властелин воинств, – для того дня, когда Я совершу чудо, и помилую Я их, как милует человек сына своего, трудящегося для него».

[343] Вавилонский Талмуд, трактат Йома, лист 86:2.

служить Творцу! Какая польза, что исполняли мы службу Его?!», что в великий день окончательного исправления, когда раскроется свет возвращения от любви, даже злодеяния, хуже которых нет, превратятся в заслуги, и сказавшие такое будут считаться боящимися Творца.

Имеется в виду конец исправления, как сказал пророк: «И будут они для Меня, – сказал Властелин воинств, – для того дня, когда Я совершу чудо» – т.е. в день окончательного исправления. И поэтому перед Ним обязательно есть памятная книга о злодеяниях и прегрешениях, происходящих в мире, ведь они нужны ему для того дня, когда Он совершит чудо. Ибо тогда они превратятся в заслуги, и присоединятся, и дополнят уровень света окончательного исправления.

Поэтому сказано: «И написана была памятная книга пред Ним для боящихся Творца и чтущих имя Его»[341], «и будут они для Меня, – сказал Властелин воинств, – для того дня, когда Я совершу чудо»[342], – потому что «тогда они будут нужны Мне, чтобы восполнить этот уровень». И поэтому пророк заканчивает: «И помилую Я их, как милует человек сына своего, трудящегося для него»[342] – потому что «тогда они станут дороги Мне и милы так, словно были из числа служащих Мне».

«И все они будут записаны и внесены в памятную книгу» – т.е. даже злодеяния, совершенные ими, будут записаны и внесены в памятную книгу. И запишет их Творец, словно они были заслугами и средством служения Ему, как сказал пророк.

Число «семьдесят» указывает на мохин Хохмы и ГАР, которые называются «короны». А «благословение» указывает на свет хасадим, ведь мир был создан буквой «бэт ב», свойством благословения (браха ברכה), как сказано: «Мир милостью (хесед) устроен»[344] – т.е. свойством ВАК. И он говорит, что в конце исправления свет хасадим тоже будет в свойстве «семьдесят корон», как и Хохма, поскольку МА и БОН поднимутся в АБ САГ. И поэтому сказано, что «Творец благословляет их семьюдесятью благословениями и коронами высшего

---

[344] Писания, Псалмы, 89:3. «Ибо думал я: мир милостью устроен, в небесах – там утвердил Ты верность Свою».

мира» – относящимися к АБ САГ. И поэтому считается тогда, что и число благословений тоже семьдесят.

127) Начал рабби Шимон, провозгласив: «"Небеса рассказывают о славе Творца"[345] – это речение я уже объяснял, однако в то время, когда невеста пробуждается, чтобы назавтра войти под хупу, она исправляется, и светится в своих украшениях вместе с товарищами, которые радовались вместе с ней всю эту ночь, и она радуется с ними вместе».

128) А назавтра многочисленные толпы, воинства и станы собираются к ней. И она, и все они, все эти воинства и станы, ждут каждого из тех, кто исправлял ее, занимаясь Торой в эту ночь. Когда соединились вместе Зеир Анпин и Малхут, и Малхут видит мужа своего, Зеир Анпина, написано: «Небеса рассказывают о славе Творца»[345]. «Небеса» – жених, который входит под хупу, т.е. Зеир Анпин, называемый «небеса». «Рассказывают» (месаприм) – т.е. светятся подобно сиянию сапфира (сапира), который светится и сияет от края мира и до края его.

Пояснение сказанного. День окончательного исправления называется завтрашним днем, как написано: «Сегодня совершить их, а завтра получить за них вознаграждение»[346]. «Толпы» – это народы земли, не служащие Творцу. «Воинства» – это служащие Творцу. «И станы» – указывает на высшие станы, т.е. на ангелов, которые сопровождают души, как написано: «Потому что ангелам Своим Он заповедает о тебе – хранить тебя на всех путях твоих»[347].

«И она, и все они ждут каждого» – так же как Творец спрашивает о каждом, так же и Шхина ожидает каждого. И поэтому сказано: «Когда соединились вместе Зеир Анпин и Малхут, и Малхут видит мужа своего» – потому что не сможет она увидеть мужа своего, прежде чем соберутся все они. И одно зависит от другого.

---

[345] Писания, Псалмы, 19:2. «Небеса рассказывают о славе Творца, о делах рук Его повествует небосвод».
[346] Вавилонский Талмуд, трактат Эрувин, лист 22:1.
[347] Писания, Псалмы, 91:11. «Потому что ангелам Своим Он заповедает о тебе – хранить тебя на всех путях твоих».

«"Небеса" – это жених, который входит под хупу». Он разъясняет это относительно окончательного исправления, о котором сказано: «И будет свет луны, как свет солнца»[348]. И говорит: «"Небеса" – это жених, который входит под хупу», потому что Творец называется небесами, а в момент окончательного исправления Он называется женихом, как сказано: «И как радуется жених невесте, обрадуется тебе Творец твой»[349].

Объяснение. Везде, где сказано, что Творец нисходит, речь идет о суде или преодолении (гвура), так как это указывает на понижение Его высоты и Его уровня, тогда как мощь и радость на месте Его. Однако в конце исправления, когда все изъяны и злодеяния обратятся в заслуги, поскольку выяснится, что все эти спуски были лишь подъемами, Творец будет называться женихом, а святая Шхина – невестой.

Слово «невеста (кала́)» указывает на завершение исправления (гмар тикун), как сказано: «И было в день, когда завершил (кало́т) Моше возводить Скинию»[350] – т.е. он закончил всю работу по изготовлению Скинии и ее возведению. А слово жених (хатан) указывает также и на нисхождение, как сказано: «Опустился на ступень и взял себе жену»[351]. Однако нисхождение это больше всех предшествующих подъемов, поскольку это нисхождение к невесте, Шхине, в момент завершения исправления.

Хупа – это собрание и сосредоточение всего отраженного света, который вышел благодаря подъему МАН праведниками во всех слияниях (зивугим) Творца и Его Шхины, которые раскрылись одно за другим, во все дни и времена за шесть тысяч лет. Ведь все они стали сейчас единым большим светом, содержащим в себе отраженный свет, поднимающийся и покрывающий Творца и Шхину Его, которые называются теперь

---

[348] Пророки, Йешаяу, 30:26. «И будет свет луны, как свет солнца, и свет солнца станет семикратным, как свет семи дней, в день, когда Творец исцелит народ Свой от бедствия и рану его от удара излечит».

[349] Пророки, Йешаяу, 62:5. «Как сочетается юноша с девушкой, сочетаться будут с тобой сыновья твои, и (как) радуется жених невесте, обрадуется тебе Творец твой».

[350] Тора, Бемидбар, 7:1. «И было в день, когда завершил Моше возводить Скинию и помазал ее, и освятил ее и все ее принадлежности, и жертвенник и все его принадлежности, и помазал он их, и освятил их».

[351] Вавилонский Талмуд, трактат Йевамот, лист 63:1.

женихом и невестой. И этот отраженный свет покрывает их сверху подобно хупе (свадебному пологу).

И поэтому праведники называются в этот момент сынами хупы, потому что у каждого есть доля в этой хупе, соответствующая величине МАНа, который он поднял в экран Малхут для восхождения отраженного света. Поэтому сказано, что «"небеса" – это жених, который входит под хупу». Имеется в виду время завершения исправления, когда Творец называется женихом, который входит в этот момент под свою хупу.

И сказано: «"Рассказывают" (месаприм) – т.е. светятся сиянием сапфира (сапира), который светится и сияет от края мира и до края его». «Рассказывают» – имеется в виду большой зивуг, который произойдет в будущем, как в выражении «жена соединяется (месаперет) со своим мужем». А «сапфир» – это название святой Шхины, как сказано: «И под ногами Его словно изделие из сапфирового камня»[352]. «Сияние сапфира» – т.е. отраженный свет, который она поднимает снизу вверх. «Светится» означает прямой свет. «Сияет» означает отраженный свет. И он говорит, что благодаря этому большому слиянию (зивугу), который происходит в конце исправления и является собранием всех зивугов, прямой свет и отраженный свет этого зивуга «светится» и «сияет» от края мира и до края его. И это означает: «Небеса рассказывают».

129) Величие Творца (Эль) – это величие невесты, т.е. Малхут, которая называется Эль. Написано: «Творец (Эль) гневается каждый день»[353]. Во все дни года она называется Эль. А сейчас, в праздник Шавуот, когда она уже вошла под хупу, она называется величием и называется Эль. И это указывает на восславление над восславлением, свечение над свечением, и правление над правлением.

Объяснение. Имя «Эль» – это имя великой милости (хесед). Но написано: «Творец (Эль) гневается каждый день», – и выходит, что это, вроде бы, противоположно милости. А дело в том, что это внутренний смысл речения: «И был вечер, и было утро:

---

[352] Тора, Шмот, 24:10. «И узрели они Всесильного Исраэля, и под ногами Его словно изделие из сапфирового камня и как само небо по чистоте».
[353] Писания, Псалмы, 7:12. «Творец – судья справедливый, и Творец гневается (на нечестивых) каждый день».

день один»[354]. Ведь святая Шхина – это малое светило для ночного правления, называемого «страх небесный», потому что праведники должны поднять МАН посредством своего пробуждения снизу и исправить ее с помощью экрана, поднимающего отраженный свет. И тогда наполнение нисходит сверху вниз, но не иначе.

Как написано: «И Всесильный сделал так, чтобы испытывали страх перед Ним»[355] – потому что не может быть пробуждения снизу и подъема МАН без страха. И поэтому сказано, что он господствует ночью, поскольку в результате отсутствия света, т.е. состояния ночи, которая включает в себя все суды и страдания, противоположные свойству дня, Хесед, возникает страх пред Ним. И если бы не страх, не раскрылось бы свойство дня и утра.

И это означает: «И был вечер, и было утро: день один». Поскольку ночь тоже включается в утро, ведь если бы не ночь, не было бы утра, по-другому не может быть. И поэтому написано: «Творец (Эль) гневается каждый день» – так как свойство милости, называемое Эль, раскрывается лишь с помощью ночи, ощущаемой как гнев. И поэтому гнев тоже считается милостью, ибо невозможно, чтобы милость раскрылась иным путем. И в этом смысле святая Шхина тоже называется именем Эль.

И поэтому он говорит: «Величие Творца (Эль) – это величие невесты, Малхут, которая называется Эль» – т.е. в отношении отрывка «Творец (Эль) гневается каждый день», означающего, что не может быть дня без гнева ночи. «Во все дни года она называется Эль». Ведь так было в шесть дней творения, о каждом из которых сказано: «И был вечер, и было утро: день один», или день второй, и т.д. И получается, что ночь включена в понятие «день». И поэтому называется она тогда в течение шести дней начала творения и также в течение шести тысяч лет именем Эль, которым зовется милость (хесед).

---

[354] Тора, Берешит, 1:5. «И назвал Всесильный свет днем, а тьму назвал Он ночью. И был вечер, и было утро: день один».
[355] Писания, Коэлет, 3:14. «Узнал я: все что Всесильный создает, пребудет вовек, к тому нельзя прибавить и от того нельзя убавить; и Всесильный сделал так, чтобы испытывали страх перед Ним».

«А сейчас, в праздник Шавуот, когда она уже вошла под хупу, она называется величием, и называется Эль» – потому что во время большого зивуга конца исправления свет луны будет подобен свету солнца, как написано: «И при наступлении вечера будет свет»[356]. И получается, что ступени ее удваиваются, ведь и в течение шести тысяч лет она была светом луны, как сказано: «И был вечер, и было утро». А сейчас, когда она сама увеличилась, как солнце, т.е. Зеир Анпин, называемый величием, у нее есть величие над величием, потому что по сути своей она сама сейчас становится величием, увеличившись до уровня Зеир Анпина. А «величие» означает «восславление». Поэтому сказано: «восславление над восславлением».

И так же «свечение над свечением» – поскольку и в течение шести тысяч она была включена в свет утра, как сказано: «И был вечер, и было утро: день один». Но сейчас, когда она увеличилась, как солнце, она сама по сути своей стала светом. И выходит, что у нее есть собственное свечение над свечением вследствие включения, которое было у нее до этого.

И так же «правление над правлением» – потому что в течение шести тысяч лет у нее было правление только в свойстве малого светила для правления ночью. А сейчас к нему прибавилось также и правление дня, поскольку она выросла, став как свет солнца, служащего правлению дня. И этим он дает нам понять, что не следует ошибаться, говоря, что когда она выросла, став как свет солнца, упраздняются ее собственные ступени, которые были у нее в течение шести тысяч лет. Поскольку это не так, и здесь есть только прибавление к ее собственным ступеням так, что у нее есть «восславление над восславлением».

130) И в тот час, когда небеса, т.е. Зеир Анпин, входит под хупу и начинает светить ей, все те друзья, которые исправляли ее, занимаясь Торой в эту ночь, все они известны там по именам их, как написано: «О деле рук Его повествует небосвод»[357]. «Дело рук Его» – это обладатели знака союза, называемые делом рук Его. Подобно тому, как мы говорим: «И дело рук

---

[356] Пророки, Зехария, 14:7. «И будет день один – известен будет он Творцу: не день и не ночь. И при наступлении вечера будет свет».
[357] Писания, Псалмы, 19:2. «Небеса рассказывают о величии Творца, о деле рук Его повествует небосвод».

наших утверди»³⁵⁸. И это знак союза, запечатленный на плоти человека.

Объяснение. Друзья – это поддерживающие Тору, в которой есть деяние, т.е. добро и зло. И даже те части, которые все еще были их злом без исправления, тоже известны по святым именам своим. Как написано: «О деле рук Его повествует небосвод»³⁵⁷. Ведь небосвод – это памятная книга, свет большого зивуга, который приводит их к возвращению от любви, когда злодеяния становятся для них как заслуги³⁵⁹. И даже о тех, кто отверз уста, чтобы произносить ругательства, сказано: «Тогда говорили друг с другом боящиеся Творца»³⁶⁰.

Таким образом, это действие, называемое «поддерживающие Тору», в котором есть добро и зло, «для удостоившегося – добро, а для неудостоившегося – зло», сейчас поднялось, чтобы стать всецело святостью, и обращается в «деяние рук Его». Ведь даже о тех, кто не удостоился, повествует небосвод: «Тогда говорили друг с другом боящиеся Творца». И получается, что все ее друзья делали только лишь святую работу, поскольку исправляли ее для хупы, и все они известны по именам своим.

«И дело рук наших утверди»³⁵⁸. На первый взгляд, цитируемая фраза кажется противоречием. Ведь Писание говорит «дело рук наших», а не «дело рук Его». Но этот отрывок приводится только как доказательство того, что знак союза называется «делом рук наших», потому что «утверди его»³⁵⁸ – это Есод (основа), служащий опорой и основанием для всего здания. А исправлением Есода является союз обрезания (брит мила). И поэтому знак союза называется делом рук наших, ведь мы удаляем крайнюю плоть с Есода, и это «дело рук наших». Но это – только до завершения исправления.

Однако по завершении исправления всё раскроется как «дело рук Творца», и Он сам устранит крайнюю плоть. И

---

³⁵⁸ Писания, Псалмы, 90:17. «И да будет милость Творца Всесильного нашего на нас, и дело рук наших утверди для нас, и дело рук наших утверди».

³⁵⁹ Вавилонский Талмуд, трактат Йома, лист 86:2.

³⁶⁰ Пророки, Малахи, 3:16. «Тогда говорили друг с другом боящиеся Творца; и внимал Творец, и выслушал, и написана была памятная книга пред Ним для боящихся Творца и чтущих имя Его».

поэтому сказано: «"Дело рук Его" – это обладатели знака союза». Ведь тогда Творец сам устранит крайнюю плоть, как написано: «О деле рук Его повествует небосвод»[357]. И об исправлении союза, который называется сейчас делом рук наших, приводится доказательство из Писания: «Дело рук наших утверди»[358].

131) Рав Амнона Саба сказал: «Не давай устам своим вводить в грех плоть свою». Иными словами, человек не должен позволять своим устам вызвать возникновение дурной мысли – ведь она станет причиной вовлечения в грех святой плоти, отмеченной знаком святого союза. И если он поступает таким образом, его влекут в ад. А над адом назначен правитель по имени Думá, и вместе с ним тьма-тьмущая ангелов-губителей. И он стоит на пороге ада. Но ко всем тем, кто соблюдал святой союз в этом мире, у него нет права приближаться.

«Возникновение дурной мысли» – это предостережение каждому человеку следить за своими устами, и тогда с помощью Торы и молитвы он должен поднять МАН с просьбой находиться в абсолютной чистоте. Ведь если будет возможность у ситры ахра хоть к чему-то прицепиться в нем, ситра ахра получит его МАН, и тем самым она приведет его к сомнениям в Творце, т.е. к чуждым мыслям. И тогда «станут они причиной вовлечения в грех святой плоти, отмеченной знаком святого союза», – поскольку этими сомнениями он привлекает крайнюю плоть к святому союзу, и святая душа попадает в плен ситры ахра. И тогда ситра ахра утягивает его душу в ад. И это подобно сказанному рабби Эльазаром: «Если человек пользуется словом, не зная его достоверного значения, он создает ложный небосвод, называемый "тоху (хаос)", и попадает в руки Лилит»[361]. Однако здесь говорится главным образом о нарушении святого союза.

И поэтому он говорит о «вовлечении в грех святой плоти, отмеченной знаком святого союза» – имеется в виду святая душа, которая соединяется со святым союзом и оберегается им. Как написано: «Из плоти своей я постигну Творца (Элока)»[362]. Именно «из плоти», ведь всё то время, когда в человеке

---

[361] См. выше, статью «Со Мной ты в сотрудничестве», п. 68.
[362] Писания, Йов, 19:26. «И под кожей моей вырезано это, и из плоти своей я постигну Творца».

запечатлена святая запись этого союза, он видит из нее Творца, именно из нее, и святая душа держится за него, за знак союза. А если не удостоился – т.е. не сберег этого знака, о нем написано: «От дыхания Творца (Элока) исчезают они»³⁶³.

И потому сказано здесь: «И станут они причиной вовлечения в грех святой плоти» – так как вследствие этих сомнений крайняя плоть, т.е. ситра ахра, опять начинает касаться святого союза, и из-за этого божественная душа тотчас оставляет его. И поэтому сказано в Зоаре, что закричало дерево: «Не касайся меня, злодей!»³⁶⁴. Ведь дерево – это Есод, а атэрет Есод (венец Есода) – это Древо познания добра и зла.

«А над адом назначен правитель по имени Дума» – он зовется именем Дума (דומה), которое происходит от слова «дмама́ (безмолвие)», так как забирает у него душу жизни и оставляет его безмолвным, т.е. безжизненным. Но можно и по-другому объяснить: потому что это ангел, приносящий грешнику сомнения и делающий мысли Творца подобными (домэ́ דומה) мыслям рожденного женщиной. Ведь до тех пор, пока человек осознает, что «наши мысли – не Его мысли, и пути наши – не Его пути», т.е. мысль никоим образом не может объять Творца, ни в замыслах Его, ни в управлении Его, у него не может возникнуть даже малейшего сомнения в Творце.

Но вследствие прегрешения присоединяется к нему ангел Дума и вселяет в него дух глупости, говорящий, что рожденный женщиной подобен Творцу в знании и разуме. И тогда уже человек подвержен всевозможным сомнениям, и тот утягивает его в ад. Ведь вся сила его в имени «Дума́ (דומה)», как сказано: «Кто может сравнится с Тобой, Владеющий силой (гвурот), и кто подобен (домэ́ דומה) Тебе, Царь умерщвляющий и оживляющий»³⁶⁵. И если не справился с пониманием «кто подобен Тебе», там находится смерть. А в понимании того, что нет подобных Ему, заключена жизнь.

Поэтому сказано: «И вместе с ним тьма-тьмущая ангелов-губителей» – т.е. сомнений, которые он приносит человеку,

---

³⁶³ Писания, Йов, 4:9. «От дыхания Творца исчезают они и от дуновения ноздрей Его погибают».
³⁶⁴ Пиркей де-рабби Натан, 81.
³⁶⁵ Отрывок из молитвы «Амида».

тьма-тьмущая, и нет им конца. «И он стоит на пороге ада» – и все они находятся при входе в ад. Иначе говоря, это тот самый вход, через который человека влекут в ад, но сам он еще не является адом.

«Но ко всем тем, кто соблюдал святой союз в этом мире, у него нет права приближаться». Иначе говоря, несмотря на то, что они не совсем чисты, и в них все еще есть действие по выявлению «добра» и «зла», тем не менее, если они оберегают святой союз так, что человек никогда не впадает в сомнение, нет позволения у ангела Думы утянуть его в ад.

132) Царь Давид, в час, когда произошел с ним тот самый случай, испугался. Тотчас поднялся Думá, представ перед Творцом, и сказал Ему: «Владыка мира, сказано в Торе: "Всякий, кто будет прелюбодействовать с женою замужней... смерти предан будет"[366], а также сказано: "И с женою ближнего твоего не ложись"[367]. Давид, осквернивший союз свой прелюбодеянием, кто он?» Сказал ему Творец: «Давид – праведник, и святой союз остался ненарушенным, ибо открыто Мне, что Бат-Шева предназначена ему со дня сотворения мира».

Объяснение. Хоть и не согрешил он, как написано: «Говорящий, что Давид согрешил, не иначе как ошибается»[368], – все же на него напал страх из-за обвинения Думы, словно он и в самом деле согрешил. Сказано в Торе: «Всякий, кто будет прелюбодействовать с женою замужней... смерти предан будет». И написано: «И с женою ближнего твоего не ложись». Зоар приводит два отрывка – один о наказании, другой о предостережении.

И отвечал ему Творец, что у Давида не было грешных мыслей, так как Бат-Шева – супруга его от сотворения мира[369]. И в таком случае, он не испортил своего союза, «и святой союз остался ненарушенным». И когда возжелал он, то желал своего. А причина, по которой Урия взял ее до Давида, заключается в

---

[366] Тора, Ваикра, 20:10. «Всякий, кто будет прелюбодействовать с женою замужней, кто будет прелюбодействовать с женой ближнего своего, смерти предан будет прелюбодей и прелюбодейка».
[367] Тора, Ваикра, 18:20. «И с женою ближнего твоего не ложись, чтобы не излить семя и не оскверниться с нею».
[368] Вавилонский Талмуд, трактат Шаббат, лист 56:1.
[369] Вавилонский Талмуд, трактат Санедрин, лист 107:1.

том, что Урия взял ее из милосердия, хотя она и не принадлежала ему, и следует понять это[370]. Ведь захар и нуква (мужская и женская часть) – это две половинки «тела (гуф)», и в таком случае, если она представляет собой половину «тела (гуф)» царя Давида, как же взял ее Урия, не имеющей к ней никакого отношения?

Но дело в том, что Бат-Шева на самом деле является нуквой Давида со дня сотворения мира. Ведь Давид – это захар (мужская часть) в Малхут, а Бат-Шева – нуква (женская часть) в Малхут. Но так же, как во время исправления Малхут для рождения миров произошел подъем Малхут в Бину, чтобы подсластить ее свойством милосердия, так же и Бат-Шева нуждалась в этом подслащении в ГАР, поскольку без этого подслащения она вообще не была способна родить душу царя Шломо. А Урия-хитиец был очень высокой душой, потому что он целиком относился к свойству ГАР. И его имя служит доказательством этого: «Ор йуд-хэй (אור יה, свет Творца)», – поскольку не было в нем ничего от свойства ВАК, т.е. «вав-хэй וה». И поэтому, чтобы подсластить Бат-Шеву свойством рахамим, взял ее Урия, т.е. ГАР, и благодаря ему подсластилась она. И после этого она стала достойна царства исраэлева. И поэтому сказано, что «Урия взял ее из милосердия»[370] – чтобы подсластить ее милосердием, т.е. именем «йуд-хэй יה» в Урии (אוריה). И потому взял он ее, хоть и не принадлежала она ему.

133) Сказал Ему Дума: «Хотя перед Тобой это открыто, перед ним не открыто». Сказал ему Творец: «И кроме того, всё, что произошло, было сделано по праву. Ведь идущие на войну, не выходят, не дав разводное письмо своей жене». Сказал Ему Дума: «В таком случае, он должен был ждать три месяца, а он не подождал». Сказал ему Творец: «О чем это сказано? Только о случае, когда мы опасаемся, что она, может быть, беременна. Но открыто Мне, что Урия никогда не приближался к ней, ведь имя Мое запечатлено на нем как свидетельство. Ведь пишется "Урия (אוריה)"» – буквы «ор йуд-хэй אור יה свет Творца)», «и пишется "Урияу (אוריהו)"» – буквы «ор йуд-хэй-вав (אור יהו)». «Имя Мое запечатлено на нем как свидетельство, что не сходился он с ней никогда».

---

[370] См. Зоар, главу Ахарей Мот, п. 395.

Пояснение сказанного. Каким образом имя «йуд-хэй (יה)», содержащееся в имени Урии (אוריה), может свидетельствовать о том, что он никогда не касался Бат-Шевы? И это выясняется с помощью притчи пророка Натана[371], который уподобляет Давида богатому, Урию – бедному, Бат-Шеву – овце бедного, а ситру ахра – страннику. И он говорит, что у бедного нет ничего, кроме одной маленькой овечки.

Но все дело в том, что Урия относился к свойству ГАР, которому недостает ВАК. И потому уточняется в Зоаре: «Ведь пишется "Урия (אוריה)" и пишется "Урияу (אוריהו)"». И когда пишется «Урияу (אוריהו)»[372], в нем есть «йуд-хэй-вав יהו», где «йуд-хэй יה» – это ГАР, а «вав ו» – это ВАК. Но здесь написано только «Урия (אוריה)» – без «вав ו», чтобы показать, что не было в нем ничего от свойства ВАК, а только Хохма, которой недостает хасадим. И поэтому считается он бедняком, «без всего», поскольку под словом «всё» подразумевается свет хасадим.

Поэтому сказано: «Кроме одной маленькой овечки, которую он купил и выкормил»[373], – имеется в виду Бат-Шева, которую он взял себе. Этим указывается, что она не является частью его души, а он лишь взял себе ее, чтобы давать ей жизненные силы и исправлять милосердием. И это смысл слов: «Которую он купил и выкормил». И говорит еще: «И она выросла у него вместе с его сыновьями»[373] – это означает, что он передал ей своё величие (гадлут), так же как и сыновьям своим, т.е. в том виде, как описано: «Один кусок хлеба она с ним ела и из чаши его пила, и на груди его спала»[373]. Но не надо заблуждаться, думая, что он еще и приближался к ней. И поэтому отрывок завершается словами: «И была для него, как дочь»[373], – но не как женщина.

Таким образом, сказанное свидетельствует, что Урия не приближался к ней. Но Зоар объясняет причину, по которой он не приближался к ней, и потому сказано: «Ведь пишется "Урия (אוריה)" и пишется "Урияу (אוריהו)" – имя Моё запечатлено на

---

[371] Пророки, Шмуэль 2, 12:1-4.
[372] Пророки, Йермияу, 26:20.
[373] Пророки, Шмуэль 2, 12:3. «А у бедного не было ничего, кроме одной маленькой овечки, которую он купил и выкормил; и она выросла у него вместе с его сыновьями; один кусок хлеба она с ним ела и из чаши его пила, и на груди его спала, и была для него, как дочь».

нем как свидетельство, что не сходился он с ней никогда». Иначе говоря, имя «йуд-хэй יה» – без «вав ו», что указывает на недостаток хасадим, т.е. «вав ו», и потому он не может приближаться к ней, так как не может быть зивуга без света хасадим. И получается, что имя «йуд-хэй יה», запечатленное в его имени, свидетельствует о нем, что он вообще не мог совершить с ней зивуг.

134) Сказал Ему: «Владыка мира! Я именно об этом и говорю. Если пред Тобой и открыто, что Урия не ложился с ней, – кому же это открыто? Он должен был подождать три месяца. И кроме того, если скажешь Ты, что Давид знал, что тот никогда не ложился с ней, зачем послал его Давид, повелев ему сойтись со своей женой, как написано: "Приди в дом свой и омой ноги свои"[374]»?

135) Сказал Он ему: «Нет сомнения, что не знал он. Однако ждал он более трех месяцев, ведь прошло четыре месяца». Пятнадцатого нисана провозгласил Давид по всему Исраэлю указ идти на войну. Седьмого сивана, под началом Йоава, они пошли и истребили страну аммонитян. И оставались они там сиван, тамуз, ав и элуль. А двадцать четвертого элуля с Бат-Шевой произошло то, что произошло. И в День искупления Творец простил ему этот грех. Но некоторые говорят, что он провозгласил указ седьмого адара, и собрались они пятнадцатого ияра, а пятнадцатого элуля с Бат-Шевой произошло то, что произошло, и в День искупления стало это известно, как написано: «И Творец снял грех твой – ты не умрешь»[375]. Что значит «не умрешь»? Не умрешь от руки Думы́.

Пояснение сказанного. Дума назначен ответственным за прелюбодеяния. Но грех этот был прощен ему (Давиду) в День искупления. И получается, что он не умрет от руки Думы. Однако смерть его была за прегрешение с Урией, которого убил он мечом аммонитян. Как написано: «Ибо Давид делал праведное в глазах Творца и не отступал во все дни жизни своей от всего

---

[374] Пророки, Шмуэль 2, 11:8. «И сказал Давид Урии: приди в дом свой и омой ноги свои. И вышел Урия из дома царя, и последовал за ним дар от царя».
[375] Пророки, Шмуэль 2, 12:13. «И сказал Давид Натану: согрешил я пред Творцом... И сказал Натан Давиду: и Творец снял грех твой – ты не умрешь».

того, что заповедал Он ему, кроме случая с Урией-хитийцем»[376]. И это означает сказанное ему пророком: «Ты не умрешь»[375] – от руки Думы, который наказывает за прелюбодеяния, а только за произошедшее с Урией-хитийцем.

136) Сказал Дума: «Властелин мира! Один вопрос есть у меня относительно него. Ведь он своими же устами произнес: "Как жив Творец, человек, сделавший это, достоин смерти!"[377], и этим обрек себя на смерть. Поэтому я властен над ним» – чтобы предать его смерти. Сказал ему Творец: «Нет у тебя права предать его смерти, ибо покаялся он предо Мной, сказав: "Согрешил я пред Творцом"[375], – хотя и не согрешил. Но за грех его в убиении Урии, записал Я ему наказание, и он получил его». Тут же вернулся Дума на свое место в сильной досаде.

Пояснение сказанного. Заповедь обрезания связана со знаком союза имени Творца (Элока)[378]. И вот, в букве «хэй ה» имени Элока (אלוה), т.е. в Малхут, заключены две точки – суд и милосердие[379]. И всё исправление союза состоит в том, чтобы сила суда была спрятана и скрыта, а милосердие раскрыто, и тогда пребывает над ним имя Элока. Ведь, несмотря на то, что есть там также и Малхут, на которую было произведено первое сокращение, и она является свойством суда, от которого питаются все внешние (желания), все же, поскольку она была скрыта и исчезла, и раскрыто только свойство милосердия, исходящее от Бины, у внешних (желаний) нет силы соединиться с ней.

«Но ко всем тем, кто соблюдал святой союз в этом мире, у него нет права приближаться»[378]. Но тот, кто нарушает этот союз, раскрывает свойство суда в Малхут, т.е. в букве «хэй ה» имени Элока (אלוה), и тут же приближаются к ней все внешние (желания), чтобы питаться от нее. Ибо она их удел и всё питание их. И потому тотчас уходит святая душа, т.е. имя Элока.

---

[376] Пророки, Мелахим 1, 15:5. «Ибо Давид делал праведное в глазах Творца и не отступал во все дни жизни своей от всего того, что заповедал Он ему, кроме случая с Урией-хитийцем».

[377] Пророки, Шмуэль 2, 12:5-7. «И сильно разгневался Давид на этого человека, и сказал он Натану: (как) жив Творец, человек, сделавший это, достоин смерти!» ...И сказал Натан Давиду: «Ты тот человек!»

[378] См. п. 131.

[379] См. выше, статью «Две точки», пп. 120-124.

Давид относился к Малхут, подслащенной свойством милосердия, и поэтому должен был соблюдать особую осторожность, чтобы не раскрылось в нем свойство суда, имеющееся в Малхут. И поскольку сказал: «Как жив Творец, человек, сделавший это, достоин смерти!»[377], и сам вынес приговор нарушившему союз и давшему овечку бедняка страннику, т.е. иной стороне (ситре ахра), что тот достоин смерти, то раскрылось теперь, что он сам должен предстать перед судом ситры ахра, т.е. ангела Думы, и поэтому он хотел завладеть душой Давида. Ведь из-за этих слов раскрылась сила суда, которая была незаметна и скрывалась в нем.

И это смысл слов ангела Думы: «Один вопрос есть у меня относительно него. Ведь он своими же устами произнес: "Как жив Творец, человек, сделавший это, достоин смерти!"[380], и этим обрек себя на смерть», – словами, обрекающими на смерть нарушившего союз. И получается, что он приговорил себя к смерти, поскольку тем самым раскрылось свойство суда, скрытое и затаенное в душе его. «Поэтому я властен над ним» – т.е. у меня есть власть над ним, позволяющая питаться от его души.

И это смысл сказанного ему Творцом: «Нет у тебя права предать его смерти, ибо покаялся он предо Мной, сказав: "Согрешил я пред Творцом"[375], – хотя и не согрешил». Своими же словами, которыми обрек себя на смерть, он раскрыл свойство суда относительно ситры ахра, подобно нарушающему свой союз. И ангел Дума захотел завладеть его душой и утянуть ее в ад. Сказал Творец, что покаялся он уже и раскаялся в прелюбодеянии, хоть и не совершал в этом никакого греха. Таким образом, это раскаяние выручило его, несмотря на то, что он обрек себя на смерть. И потому «нет у тебя права» приближаться к нему.

«Но за грех его в убиении Урии, записал Я ему наказание, и он получил его» – т.е. «за грех убиения Урии мечом аммонитян, он уже получил от Меня свое наказание, и тебе здесь нечего делать. Ведь ты отвечаешь только за прелюбодеяние». «Тут же вернулся Дума на свое место в сильной досаде» – т.е. на место свое при входе в ад.

---

[380] Пророки, Шмуэль 2, 12:5-7. «И сильно разгневался Давид на этого человека, и сказал он Натану: (как) жив Творец, человек, сделавший это, достоин смерти!» ...И сказал Натан Давиду: «Ты тот человек!»

137) И об этом сказал Давид: «Если бы Творец не помог мне, то совсем немного – и была бы душа моя безмолвной»³⁸¹. «Если бы Творец не помог мне» – т.е. если бы Он не стал моим стражем и попечителем против ангела Думы, «то совсем немного – и была бы душа моя безмолвной». «Совсем немного» – т.е. величиной с тонкую нить, которая пролегает между мной и иной стороной, для того чтобы не была «душа моя безмолвной (думá)» – т.е. с ангелом Думá в аду.

Пояснение сказанного. Давид – это Малхут, и сказано о ней: «Ноги ее нисходят к смерти»³⁸². Ведь она представляет собой окончание святости, от которой питаются ситра ахра и клипот, как сказано: «И царство (малхут) Его над всем властвует»³⁸³. Однако когда Малхут исправлена свойством милосердия³⁸⁴, она считается двумя точками – точка суда от нее самой и точка милосердия, которую она получила от Бины, и суд в ней незаметен и скрыт, и только милосердие в ней находится в раскрытии.

И благодаря этому исправлению у ситры ахра есть всего лишь слабое мерцание от свечения Малхут, и это только свойство «шореш (корень)», достаточное для существования клипот. Однако у них нет никакой силы распространения. И этот корень также носит название «тонкая нить», означающее, что у грехов – тонкий корень. Как сказали мудрецы: «Вначале он подобен паутине, а в конце становится словно оглобли тележные»³⁸⁵. И тонким он называется потому, что суд незаметен и скрыт в точке милосердия.

Однако тот, кто нарушает Его союз, вызывает раскрытие точки суда в Малхут. И тогда клипот приближаются к ней и, вобрав в себя вдоволь от ее изобилия, получают силы для широкого распространения. А человек, делающий это, собственными руками губит душу свою, как сказано: «От дыхания Творца

---

³⁸¹ Писания, Псалмы, 94:17. «Если бы Творец не помог мне, то совсем немного – и была бы душа моя в безмолвии».
³⁸² Писания, Притчи, 5:5. «Ноги ее нисходят к смерти, на преисподнюю опираются стопы ее».
³⁸³ Писания, Псалмы, 103:19. «Творец в небесах утвердил престол Свой, и царство Его над всем властвует».
³⁸⁴ См. выше, статью «Две точки», п. 122.
³⁸⁵ Вавилонский Талмуд, трактат Сукка, лист 52:1.

исчезают они»³⁶³. Но когда он удостаивается, то совершает возвращение и вновь производит исправление Малхут свойством милосердия. И это называется «возвращение (тшува́ תשובה)», от слов «ташув хэй תשוב ה (возврати хэй)», т.е. он возвращает ее на свое место в свойстве милосердия, и сила суда снова прячется внутри нее и проявляется лишь в виде слабого мерцания.

«"Если бы Творец не помог мне"³⁸¹ – если бы Он не стал моим стражем и попечителем» – т.е. Он принял его раскаяние и удалил ангела Думу на свое место, так как Он снова вернул Малхут на свое место, в свойство милосердия, а от свойства суда оставил только слабое мерцание. «"Совсем немного"³⁸¹ – т.е. величиной с тонкую нить, которая пролегает между мной и иной стороной» – т.е. только в той небольшой мере, которая обязана оставаться между Малхут и ситрой ахра, чтобы обеспечить ее существование с помощью слабого свечения, называемого тонкой нитью, «т.е. величиной с тонкую нить, которая пролегает между мной и иной стороной, для того чтобы не была "душа моя безмолвной (дума́)"». И эта мера спасла Давида от того, чтобы не попал он в руки ангела Думы. Другими словами, если бы сила суда в Малхут не стала снова величиной с тонкую нить, был бы он уже в руках Думы.

138) Поэтому человек должен остерегаться говорить подобное тому, что сказал Давид. Ведь он не может сказать ангелу Думе: «Это ошибка»³⁸⁶, как в случае с Давидом, когда Творец выиграл суд у него (у Думы). «Зачем тебе гневить Творца голосом своим»³⁸⁶ – голосом, произнесшим это, «и губить дело рук твоих»³⁸⁶ – иначе говоря, святую плоть, т.е. святой союз, который он нарушил, и утягивается в ад ангелом Думой.

Пояснение сказанного. Существует два вида возвращения:
1. Возвращение от страха, когда злодеяния для него становятся подобными заблуждениям³⁸⁷.
2. Возвращение от любви, когда злодеяния для него становятся подобными заслугам³⁸⁷.

---

³⁸⁶ Писания, Коэлет, 5:5. «Не давай устам твоим вводить в грех плоть твою, и не говори перед ангелом: "Это ошибка!" Зачем тебе гневить Творца голосом своим и губить дело рук твоих?»
³⁸⁷ Вавилонский Талмуд, трактат Йома, лист 86:2.

Дело в том, что до окончательного исправления, пока еще нужна в мире сила суда, как написано: «А Творец сделал так, чтобы боялись Его»[388], Малхут, что бы то ни было, обязана поддерживать существование ситры ахра в мере слабого свечения, чтобы не исчезли клипот и ситра ахра. И поэтому всё исправление Малхут в двух точках – милосердия и суда. Только суд спрятан и скрыт, а милосердие раскрыто. И потому есть в ней страх, так как она относится к свойству «Древо познания добра и зла»: если удостаивается человек – становится добром, а если нет – то злом.

И получается, что возвращение, которое мы совершаем в течение шести тысяч лет, это только «возвращение от страха, когда злодеяния для него становятся подобными заблуждениям». Ведь благодаря возвращению мы снова приводим Малхут к свойству милосердия, и суд таится в ней как «слабое мерцание» и «тонкая нить», поскольку Малхут всё еще обязана оставаться в свойстве страха. И поэтому называется это возвращением от страха.

И эта тонкая нить, которая обязана оставаться, называется «заблуждения», поскольку заблуждающийся не сам совершает этот грех, а заблуждения приводят человека к прегрешениям по злому умыслу. Ведь человек не совершит грех по злому умыслу, если до этого он не впал в какое-либо заблуждение. И это именно та тонкая нить, которая остается в Малхут. Ведь, хотя она на самом деле осталась, это не грех, и только по той причине, что этот суд скрыт, мы приходим к злодеяниям. И поэтому сказали мудрецы: «Вначале он подобен волосу», – т.е. как эта тоненькая нить, а потом, если не берегут союза как подобает, «он становится словно оглобли тележные»[385] – потому что раскрывается свойство суда в Малхут.

И это означает, что Дума «стоит на пороге в ад», потому что он представляет собой силу этой тонкой нити, являющейся только порогом, о котором говорится, что «вначале он подобен волосу». И потому называется такой вид нашего возвращения как бы искуплением наших грехов и превращением их в заблуждения, так как остается тонкая нить, способная привести нас

---

[388] Писания, Коэлет, 3:14. «Я узнал: все, что создает Творец, – это будет вовек: Нельзя ничего прибавить, и нельзя ничего отнять, А Творец сделал так, чтобы боялись Его».

к злому умыслу. А второй вид возвращения, от любви, приводит к тому, что злодеяния становятся заслугами[389].

«Поэтому человек должен остерегаться говорить подобное тому, что сказал Давид» – т.е. он не должен говорить того, что приводит к раскрытию свойства суда в Малхут, как сделал Давид, поскольку не может он сказать ангелу Думе, что «это ошибка». Ведь он не уверен, что сможет сейчас же совершить возвращение, чтобы прегрешение было прощено ему, словно являлось заблуждением, как это произошло с Давидом, «когда Творец выиграл суд у него (у Думы)».

Ведь поскольку Давид «делал праведное в глазах Творца»[390], и не было у него ни одного прегрешения «во все дни жизни его»[390], «кроме случая с Урией»[390], то Творец стал «его стражем и попечителем» и сразу же помог ему совершить возвращение. И был искуплен его грех, став полностью подобным заблуждению, как сказано: «Если бы Творец не помог мне, то совсем немного – и была бы душа моя безмолвной»[381]. Однако другим людям следует бояться, ведь не смогут они сказать перед ангелом, что «это ошибка», и попадут в руки Думы в аду.

«"И губить дело рук твоих" – иначе говоря, святую плоть, т.е. святой союз, который он нарушил, и утягивается в ад ангелом Думой». Исправление святого союза называется делом рук наших, как написано: «И дело рук наших утверди»[391]. А святая душа называется святой плотью, как сказано: «Из плоти своей я постигну Творца»[392], потому что из-за раскрытия суда в Малхут нарушается исправление союза, и душа его утягивается в ад Думой.

---

[389] См. выше, п. 126.
[390] Пророки, Мелахим 1, 15:5. «Ибо Давид делал праведное в глазах Творца и не отступал во все дни жизни своей от всего того, что заповедал Он ему, кроме случая с Урией-хитийцем».
[391] Писания, Псалмы, 90:17. «И да будет милость Творца Всесильного нашего на нас, и дело рук наших утверди для нас, и дело рук наших утверди».
[392] Писания, Йов, 19:26. «И под кожей моей вырезано это, и из плоти своей я постигну Творца».

«И поэтому: "О деле рук Его повествует небосвод"[393]». Слова «И поэтому» указывают на всё сказанное равом Амнона Саба далее[394]. Ведь после того, как там подробно объясняется исправление союза, как с помощью вознаграждения, так и с помощью наказания, и что по этой причине исправление союза называется делом рук наших, он выясняет окончательное исправление в тот день, когда небеса становятся женихом, входящим под свою хупу с невестой. И поэтому, говорится здесь о конце исправления: «О деле рук Его повествует небосвод». Ведь тогда раскроется, что все эти исправления – не дело рук наших, а дело рук Его. И об этом повествует небосвод, на который был произведен большой зивуг «рав пэалим, мекавцеэль (многодействующий, собирающий)»[395]. И «повествует» – это раскрытие нисхождения блага.

И знай, что в этом всё отличие, которое имеется между этим миром до исправления и состоянием окончательного его исправления. Ведь до своего окончательного исправления Малхут называется Древом познания добра и зла, потому что Малхут – это управление Творца, проявляющееся в этом мире. А до тех пор, пока получающие не достигли завершения исправления, когда они смогут получить совершенное благо, задуманное для нас Творцом в замысле творения, управление должно осуществляться посредством добра и зла, вознаграждения и наказания. Ведь наши принимающие желания все еще загрязнены получением ради себя, которое помимо того, что очень ограничено по своим свойствам, еще и отделяет нас от Творца.

А совершенное благо, в безграничной мере, задуманной для нас Творцом, возможно получить только в отдаче, являющейся наслаждением без всякого ограничения и сокращения. Тогда как получение ради себя очень ограничено и кратковременно, потому что пресыщение тотчас гасит наслаждение. Поэтому сказано: «Все сделал Творец ради Себя»[396] – то есть все действия, происходящие в мире, изначально были сотворены лишь с целью доставить Ему наслаждение.

---

[393] Писания, Псалмы, 19:2. «Небеса рассказывают о величии Творца, о деле рук Его повествует небосвод».
[394] В п. 139.
[395] См. выше, статью «Погонщик ослов», п. 92.
[396] Писания, Притчи, 16:4. «Все сделал Творец ради Себя, и даже нечестивого оберегает Он в день бедствия».

И становится очевидным, что люди в мирских делах действуют совершенно противоположно тому, ради чего они были изначально созданы. Творец говорит: «Весь мир создан для Меня», – как написано: «Все сделал Творец ради Себя»[396]. И также: «Каждого, названного именем Моим, для славы Моей сотворил Я его»[397].

Но наше отношение полностью противоположно. Мы заявляем, что весь мир создан только для нас. И мы хотим наполнить чрево свое, поглотив все блага мира ради собственного удовольствия и тщеславия. Поэтому не удивительно, что мы еще не достойны получать Его совершенное благо. И поэтому нам дано изведать управление добром и злом, осуществляемое посредством вознаграждения и наказания. Ведь одно зависит от другого, т.е. вознаграждение и наказание определяются добром и злом. Ибо поскольку мы пользуемся получающими келим противоположно их прямому назначению, мы обязательно ощущаем действия управления, как зло относительно нас.

И закон таков, что творение не может принять от Творца зло в явном виде. Ведь если творение будет воспринимать Его как творящего зло, это нанесет ущерб величию Творца, так как не подобает такое совершенному Действующему. Поэтому, когда человек ощущает зло, в той же мере довлеет над ним отрицание управления Творца, и скрывается от него Действующий свыше. И это самое большое из всех наказаний в мире.

Таким образом, ощущение добра и зла в управлении Творца определяет ощущение вознаграждения и наказания. Ведь прилагающий усилия, чтобы не потерять веру в Творца, хотя и ощущает управление, как недоброе, обретает вознаграждение. А если не желает прилагать усилий, то получает наказание, так как он расстался с верой в Творца.

И получается, что хотя один лишь Творец совершал, совершает и будет совершать все эти деяния, это остается скрытым от ощущающих добро и зло, ибо в час, когда приходит зло, ситре ахра дается сила скрывать Его управление и веру в Него, и они подвергаются тяжелому наказанию отделением, и

---

[397] Пророки, Йешаяу, 43:7. «Каждого, названного именем Моим, для славы Моей сотворил Я его, создал Я его и сделал Я его».

их переполняют сомнения в вере. А когда они совершают возвращение, то соответственно этому получают вознаграждение и могут снова слиться с Творцом.

Однако путем управления вознаграждением и наказанием, уготованного Творцом, мы в конечном счете удостаиваемся окончательного исправления. Потому что все люди придут к исправлению принимающих желаний (келим), чтобы доставлять наслаждение своему Создателю, в мере написанного: «Все сделал Творец ради Себя», – как и были они сотворены с самого начала. Тогда раскроется большой зивуг парцуфа Атик Йомин, и мы придем к возвращению от любви, когда все злодеяния обращаются в заслуги, а все беды – в великие благодеяния.

И тогда во всем мире раскроется личное управление Творца, чтобы все видели, что только Он один совершал, совершает и будет совершать все эти деяния и действия, предшествующие им. Ибо теперь, после того как зло и наказание уже превратились в благодеяния и заслуги, дается возможность постичь Вершащего их, так как они уже подобают делу рук Его. И теперь они будут восхвалять и благословлять Его за те беды и наказания, которые представлялись им в свое время.

И это центральная точка данной статьи. Ведь до этого момента исправления тоже считались делом рук наших, и поэтому мы получали за них вознаграждение и наказание. Однако в большом зивуге (слиянии) конечного исправления раскроется, что всё, и исправления, и наказания, являются только делом Его рук, как написано: «О деле рук Его повествует небосвод»[393] – потому что большой зивуг на небосводе сообщит, что всё это «дело рук Его», и только лишь Он один совершал, совершает и будет совершать все эти деяния.

139) И поэтому: «О деле рук Его повествует небосвод»[393] – это те товарищи, которые благодаря занятиям Торой в ночь Шавуот образовали одно целое с невестой, Малхут. И о них, обладателях знака ее союза, называемых «дело рук Его»[398], он «повествует» и записывает каждого из них. «Небосвод» – это небосвод, на котором солнце и луна, и звезды, и созвездия, и он называется памятной книгой, повествующей и пишущей о

---

[398] См. выше, п. 130.

них, и записывающей их, чтобы были они сынами Его чертога, и чтобы желание их всегда исполнялось.

Пояснение сказанного. Есод Зеир Анпина, в котором происходит зивуг для раскрытия всех высших уровней и ступеней, т.е. «солнца и луны, и звезд и созвездий», называется небосводом. Как написано: «"И поместил их Творец на своде небесном"[399], – и когда все они находятся на нем, они пребывают в радости друг с другом, при этом луна уменьшает себя перед солнцем. И с этого времени всё, что получает солнце, используется для свечения Нукве, а не для себя. И об этом сказано: "Чтобы светить над землей"[399]»[400].

Объяснение. Все высшие светила были помещены на «своде небесном», т.е. в Есоде Зеир Анпина, «и все они находятся на нем». И он соединяется в радости с Нуквой, называемой «земля», и дарует ей все эти светила, как сказано: «Чтобы светить над землей». И тогда считается, что Малхут меньше солнца, т.е. Зеир Анпина. Однако о завершении исправления сказано: «И будет свет луны, как свет солнца, а свет солнца станет семикратным, как свет семи дней»[401] – т.е. Малхут тогда не будет меньше Зеир Анпина, а достигнет уровня Зеир Анпина в состоянии шести дней начала творения. А сам Зеир Анпин вырастет семикратно по сравнению с шестью днями начала творения.

И это будет в то время, о котором написано: «Уничтожит Он смерть навеки»[402]. И об этом времени написано: «В тот день будет Творец (АВАЯ) един, и имя Его – едино»[403]. Ибо небосвод, т.е. Зеир Анпин, – это АВАЯ, называемое «солнце», а имя Его – это Нуква, получающая от Него и называемая «луна». И в течение шести тысяч лет, которые получают наполнение от шести дней начала творения, не раскрылось им, что «Он и имя Его

---

[399] Тора, Берешит, 1:17. «И поместил их Всесильный на своде небесном, чтобы светить на землю»

[400] См. Зоар, главу Берешит, часть 1, п. 402.

[401] Пророки, Йешаю, 30:26. «И будет свет луны, как свет солнца, и свет солнца станет семикратным, как свет семи дней, в день, когда Творец исцелит народ Свой от бедствия и рану его от удара излечит».

[402] Пророки, Йешаю, 25:8. «Уничтожит Он смерть навеки, и отрет Создатель слезы со всех лиц, и позор народа Своего устранит Он на всей земле, ибо так сказал Творец».

[403] Пророки, Зехария, 14:5. «И будет Творец царем на всей земле, в тот день будет Творец един, и имя Его – едино».

едины», так как луна меньше солнца, т.е. Зеир Анпина, называемого АВАЯ. И малое состояние (катнут) означает, что Малхут исправлена путем управления, в котором есть добро и зло, вознаграждение и наказание. И существует огромная разница между Ним и именем Его, поскольку в имени Его, т.е. в Малхут, зивуги (слияния) следуют один за другим, и они пребывают то в соединении, то в разделении. Однако о конце исправления, когда «уничтожит Он смерть навеки», сказано, что «будет Творец (АВАЯ) един, и имя Его – едино», потому что имя Его, т.е. Нуква, снова станет как свет Зеир Анпина, т.е. целиком будет добро, без всякого зла. И в ней раскроется частное управление, о котором сказано: «И будет свет луны, как свет солнца».

И поэтому Нуква в это время будет называться «памятная книга», потому что Малхут называется книгой, так как в нее записываются все деяния людей, а Есод Зеир Анпина называется памятью, так как он помнит деяния мира[404] и исследует все прежние создания[405], ведь все они получают наполнение от него. Но в течение шести тысяч лет, до окончательного исправления, книга – отдельно, и память – отдельно, т.е. иногда они находятся в соединении, а иногда в разделении. Однако в конце исправления две эти ступени становятся одной, как сказано: «Творец (АВАЯ) един, и имя Его едино». И тогда Малхут сама называется памятной книгой, так как они на самом деле представляют собой одно целое, ведь свет луны стал как свет солнца.

И сказанное: «"Небосвод" – это небосвод, на котором солнце и луна, и звезды, и созвездия» указывает на Есод Зеир Анпина, в котором рождаются все светила в мире, и в нем они существуют. И он передает их Малхут, когда она меньше него и еще не находится в свойстве «Творец един, и имя Его едино». «И он называется памятной книгой» – и сам он тоже станет свойством Малхут конца исправления, и именно поэтому она будет называться памятной книгой. Ведь тогда Малхут получит всё свойство Зеир Анпина. И этот небосвод, называемый памятью, будет называться тогда памятной книгой, т.е. свойством самой Малхут, называемой «книга», а «память», т.е. сам небосвод,

---

[404] «Маасей олам» – от слова «асия».
[405] «Ецурей кедем» – от слова «ецира».

будет с ней на самом деле одним целым, как написано: «В этот день будет Творец един, и имя Его – едино».

140) «День дню передает речение, и ночь ночи открывает знание»[406]. Иначе говоря, «святой день из тех высших дней Царя» – т.е. сфирот Зеир Анпина, называемых днями, «которые несут славу товарищам» – занимавшимся Торой в ночь Шавуот, «и каждый передает другому речение, произнесенное им». И это означает, что «"день дню передает речение" – и восхваляет его», «"и ночь ночи" – всякая ступень, господствующая ночью», – т.е. сфирот Малхут, которая властвует ночью, восхваляет друг другу то знание, которое каждая из них получает от другой. И благодаря большому совершенству они становятся для них друзьями и любящими.

Пояснение сказанного. После того как было выяснено, что «о деле рук Его повествует небосвод» – это «памятная книга», объясняется отрывок: «Сказали вы: "Тщетно служить Творцу! Какая польза, что исполняли мы службу Его и пребывали в смирении пред Властелином воинств? А теперь считаем мы счастливыми нечестивых: и устроились делающие нечестие, и Творца испытали, и спаслись". Тогда говорили друг с другом боящиеся Творца, и внимал Творец, и выслушал, и написана была памятная книга пред Ним для боящихся Творца и чтущих имя Его. "И будут они для Меня, – сказал Властелин воинств, – для того дня, когда Я совершу чудо, и помилую Я их, как милует человек сына своего, трудящегося для него"»[407]. И мы видим, что каждый передает другому произнесенное им речение: «Тщетно служить Творцу! Какая польза, что исполняли мы службу Его?», и они записываются в памятную книгу «для боящихся Творца и чтущих имя Его». Ибо Творец помилует их, «как милует человек сына своего, трудящегося для него», т.е. только «для того дня, когда Я совершу чудо», – и это день окончательного исправления.

Дело в том, что до завершения исправления, прежде чем мы подготовили наши принимающие келим только к тому, чтобы доставлять наслаждение нашему Создателю, а не получать

---

[406] Писания, Псалмы, 19:3. «День дню передает речение, ночь ночи открывает знание».
[407] Пророки, Малахи, 3:14-17.

личную выгоду, Малхут называется Древом познания добра и зла. Ведь Малхут – это управление миром согласно человеческим деяниям. И поскольку мы не готовы принять по вышеупомянутой причине все наслаждения и блага, которые задумал для нас Творец в замысле творения, мы обязаны принимать от Малхут управление добром и злом, и это управление готовит нас к тому, чтобы мы в конце концов исправили наши принимающие желания (келим) на получение во имя отдачи и удостоились получить всё добро и наслаждение, которое Он задумал для нас.

Ведь ощущение нами добра и зла определяет также вознаграждение и наказание. Ибо ощущение зла приводит к отделению от веры в Творца. И получается, что если человек прилагает усилия во время ощущения зла, чтобы не нарушить этим свою веру и иметь возможность соблюдать Тору и заповеди в полной мере, он получает вознаграждение. А если случается, что он не выдерживает испытания и отделяется, то наполняется дурными мыслями.

Но известно, что за эти мысли Творец наказывает, как за действия, и об этом сказано: «Чтобы понял дом Исраэля сердцем своим»[408]. Также известно, что: «Праведность праведника не спасет его в день преступления его»[409], хотя это касается лишь того, кто сомневается в основах. Однако иногда сомнения одолевают человека до такой степени, что он начинает сомневаться во множестве добрых дел, которые он совершил, говоря: «Какая польза, что исполняли мы службу Его и пребывали в смирении пред Властелином воинств?»[340] Ведь тогда он становится законченным грешником, так как сомневается в основах. И из-за этой дурной мысли он утрачивает все добрые дела, которые он совершил. Как написано: «Праведность праведника не спасет его в день преступления его»[409]. И все же раскаяние поможет ему. Однако в этом случае он считается, как начинающий служить Творцу с самого начала, подобно

---

[408] Пророки, Йехезкель, 14:5. «Чтобы понял дом Исраэля сердцем своим, что сделались они все чужими для Меня чрез идолов своих».

[409] Пророки, Йехезкель, 33:12. «И ты, сын человеческий, скажи сынам народа твоего: праведность праведника не спасет его в день преступления его, и нечестие нечестивого не будет преткновением ему в день (возвращения) его от беззакония его; и праведник не сможет жить ею (былой праведностью) в день греха его».

только что родившемуся ребенку, потому что вся его прошлая праведность исчезает, словно ее и не было.

И потому управление добром и злом вызывает у нас многочисленные подъемы и падения. У каждого – согласно его уровню. И знай, что каждый подъем считается поэтому отдельным днем. Ведь из-за глубокого падения, которое было у него в то время, когда он сомневался в основах, он подобен во время подъема только что родившемуся ребенку, потому что в каждом подъеме он как будто начинает служить Творцу с самого начала. Поэтому каждый подъем считается отдельным днем, и соответственно, каждое падение считается отдельной ночью.

Поэтому сказано: «"День дню передает речение"[383] – это святой день из тех высших дней Царя». То есть в каждом подъеме, который был у человека, когда он соединялся с высшими днями Творца, «которые несут славу товарищам, и каждый передает другому речение, произнесенное им». Ибо благодаря большому зивугу (слиянию), происходящему в конце исправления, они удостоятся возвращения от любви, ведь завершат исправление получающих келим, сделав их только доставляющими наслаждение Творцу. И раскроется нам в этом соединении все великое благо и наслаждение замысла творения.

И тогда станет явным, что все те наказания, которым мы подвергались во время падения, до такой степени, что приходили к мыслям о сомнении в самих основах, очищали нас и стали непосредственной причиной всего счастья и блага, приходящих к нам в момент окончательного исправления. Ведь если бы не эти ужасные наказания, мы бы никогда не пришли к такому наслаждению и благу, и получается, что теперь эти злодеяния действительно обернулись заслугами.

И это означает: «День дню передает речение», т.е. каждый подъем до завершения исправления – это один день из тех «высших дней Царя, которые несут славу товарищам». И выходит теперь, что он вновь раскрывается во всей полноте совершенства, принадлежащего этому дню, и несет славу товарищам, поддерживающим Тору, тем самым речением, которое каждый сказал другим, а именно: «Тщетно служить Творцу! Какая польза, что исполняли мы службу Его», приведшем их тогда к великим наказаниям.

Ведь сейчас они превратились в заслуги, так как совершенство и счастье этого дня не могли бы сейчас раскрыться во всей своей красе и великолепии, если бы не эти наказания. И поэтому говорящие эти слова стали считаться «боящимися Творца и чтущими имя Его», как будто и впрямь это добрые деяния. Поэтому также и о них сказано: «И помилую Я их, как милует человек сына своего, трудящегося для него»[407].

И поэтому сказано: «"День дню передает речение" – и восхваляет его». Ведь все эти ночи, т.е. падения, страдания и наказания, прерывали слияние с Творцом настолько, что возникло множество дней, идущих друг за другом. А сейчас, после того как ночи и тьма, разделяющие их, тоже стали заслугами и добрыми деяниями, «и ночь как день светить будет, а тьма – как свет», между ними снова нет разделений. И тогда все шесть тысяч лет соединяются в один великий день.

И выходит, что все слияния, которые выходили друг за другом и раскрыли подъемы и ступени, отделенные друг от друга, собрались теперь в одну возвышенную и вознесенную ступень слияния, озаряющую весь мир – от края до края. И это означает: «День дню передает речение», – поскольку речение, отделявшее один день от другого, сейчас стало величайшей похвалой, «и восславляет его», – так как стало оно заслугой. И потому стали все они одним днем для Творца.

И это смысл сказанного: «"И ночь ночи", – т.е. каждая ступень, господствующая ночью, восхваляет одна другой то знание, которое каждая из них получает от другой». Ибо все эти речения и страдания, называемые ночами, ставшие причиной образования всех этих отделенных ступеней, одна за другой, сейчас все они тоже будут светить как день, вследствие того, что все они собрались, став единым вместилищем для великого знания, наполняющего всю землю постижением Творца. И выходит, что каждая ночь в отдельности оставалась бы во тьме, если бы она сейчас не стала единой совокупностью со всеми остальными ночами. Ведь каждая ночь получает свою долю в знании только лишь из соединения с остальными ночами. И потому считается, что каждая ночь «открывает знание» другой. Ведь она не была бы способна обрести знание, не соединившись с другой.

И это означает, что «каждая ступень, господствующая ночью» – т.е. каждая ночь, которая сейчас завершилась, чтобы быть вместилищем знания Творца, «восхваляет одна другой» – иначе говоря, каждая восхваляет другую, используя «то знание, которое каждая из них получает от другой», то есть та часть знания, которую получила каждая, взята от другой благодаря соединению с ней в эту ночь. Ведь она не получила бы ее, не соединившись с другой, – и только лишь собравшись все вместе, они стали способны получить это великое знание. И потому сказано: «И благодаря большому совершенству они становятся для них друзьями и любящими» – так как благодаря большому совершенству, которое они получили вместе, все ночи стали друзьями, любящими друг друга.

141) «Нет речения, и нет слов»[410] – т.е. речения и слов, относящихся к остальным словам мира, которые не слышны перед святым Царем, и которые Он не желает слышать. Но эти слова – «по всей земле проходит линия их»[411], т.е. эти слова проводят линию от обитающих наверху и обитающих внизу. Из этих слов образуются небосводы, и из этих слов, из этого восславления, образуется земля. А если скажешь ты, что эти слова разносятся по миру, в одном месте, то Писание говорит: «И до края вселенной – слова их»[411].

Пояснение сказанного. Ведь до сих пор мы говорили о самых страшных наказаниях и страданиях, т.е. об отделении от веры в Творца. И сказано здесь, что даже наказания и страдания за всё остальное, произнесенное в мире, т.е. за частные прегрешения и за адские страдания, и телесные страдания, и тому подобное, наполняющие весь этот мир, тоже собираются и включаются в это большое слияние, как написано: «И так же как радовался за вас Творец, делая вам добро и умножая вас, будет радоваться за вас Творец, неся вам погибель и уничтожая вас»[412].

---

[410] Писания, Псалмы, 19:4. «Нет речения, и нет слов – не слышен голос их».

[411] Писания, Псалмы, 19:5. «По всей земле проходит линия их, до края вселенной – слова их; солнцу поставил Он шатер в них».

[412] Тора, Дварим, 28:63. «И так же как радовался за вас Творец, делая вам добро и умножая вас, будет радоваться за вас Творец, неся вам погибель и уничтожая вас, и вы будете отторгнуты от земли, на которую ты вступаешь для овладения ею».

Ведь все они собираются и становятся великим светом, и превращаются в огромную радость и веселие. И это означает сказанное: «"Нет речения, и нет слов"[410], относящихся к остальным словам мира» – т.е. все страдания этого мира, «которые не слышны перед святым Царем, и которые Он не желает слышать», так как они противоположны радости и веселию. «И которые Он не желает слышать» – т.е. Он не желает их слышать, ибо когда они превратятся в радость и веселие, святой Царь будет внимателен к ним и пожелает слушать их.

Иными словами, воспоминание о каждом страдании и боли прошедших дней вызовет сейчас, в конце исправления, радость и величайшее наслаждение. Сказано об этом: «В те дни и в то время... будут искать провинностей Исраэля, и не будет их»[413] – потому что в тот момент, когда они превратятся в заслуги, то доставят такое наслаждение, что будут искать провинности из прошлого с тем, чтобы посмеяться над ними, но не найдут их. Иными словами, нам будет казаться, что нет их больше в том истинном виде, какими они были в прошлом. Поэтому сказано: «И которые Он не желает слышать», – т.е. «нет речения, и нет слов»[410], которым Он не оказал бы внимания, очень желая и стремясь слышать их, поскольку все они сейчас стали светами святости и верности.

И эта высокая ступень, поднимающаяся благодаря большому зивугу (слиянию) в конце исправления от всех душ и от всех деяний, хороших и плохих вместе, называется линией и столбом света, который озаряет весь мир – от края до края. И это – то великое единство, о котором сказано: «Будет Творец един, и имя Его – едино»[414]. И это означает сказанное: «Но эти слова» – т.е. слова мира, «по всей земле проходит линия их»[411] – потому что ступень, которая выходит на эти слова, представляющие собой всевозможные страдания и наказания, «озаряет весь мир – от края до края», т.е. всю землю.

---

[413] Пророки, Йермияу, 50:20. «В те дни и в то время, – сказал Творец (АВАЯ), – (даже если) будут искать вины Исраэля, то не будет ее, и грехов Йегуды, – то не найдут их, ибо прощу Я тех, которых оставлю (в живых)».

[414] Пророки, Зехария, 14:9. «И будет Творец царем над всей землей, в этот день будет Творец един, и имя Его – едино».

А сказанное им: «От обитающих наверху и обитающих внизу», – это очень возвышенное понятие, и я постараюсь объяснить его насколько это возможно. Ведь следует знать, что в вечности нет порядка следования времен, как в нашем мире. И выходит, что когда Творец задумал сотворить мир, у Него уже сотворены все эти души со всеми их поступками до обретения ими полного совершенства, необходимого для получения всего наслаждения и блага, которые Он задумал для их наслаждения. Ведь для Него все, что будет, словно уже есть, и не бывает у Него будущего и прошлого.

И отсюда становятся понятны слова[415]: «Показал Творец каждое поколение и его мудрецов Адаму Ришону, а также – Моше»[416]. И на первый взгляд, вроде бы странно: как Он показал их, если они еще не были сотворены? Но, как сказано: все души и все поступки до окончательного их исправления уже предстали перед Ним в действительности, и все они уже находятся в высшем Эденском саду. И оттуда они спускаются и принимают облачение тел этого мира, каждая из них – в свое время. И оттуда Творец показал их Адаму Ришону и Моше, и всем, кто этого достоин. И вопрос этот требует долгого объяснения, которое не каждый мозг способен выдержать[417].

Сказано в Зоаре[418]: «Так же, как они (шесть окончаний, ВАК) соединяются в одно целое наверху, так же и она (Малхут) соединяется в одно целое внизу». Ведь эта ступень большого зивуга (слияния), происходящего в конце исправления, о котором сказано: «Будет Творец един, и имя Его – едино»[414], уже вышла наверху от всех душ и от всех деяний в мире, которые будут созданы до окончательного исправления, т.е. от свойства Его вечности, поскольку для Него все, что будет, словно уже есть. И получается, что этот столб света, озаряющий весь мир от края до края, который будет светить в конце исправления, уже стоит в высшем Эденском саду и светит пред Ним, как это раскроется нам в конце исправления.

---

[415] Вавилонский Талмуд, трактат Санедрин, 38:2.
[416] См. Зоар, главу Лех леха, п. 331, главу Ваехи, п. 369.
[417] См. комментарий «Паним масбирот» к книге «Эц Хаим», раздел 1.
[418] См. Зоар, главу Трума, п. 163.

И поэтому сказано там⁴¹⁸: «Быть единой, как и сам Единый, ведь Творец – един». Поскольку в момент окончательного исправления будут светить две эти ступени – «единая, как и сам Единый», и тогда «будет Творец един, и имя Его – едино». И поэтому сказано, что «эти слова проводят линию от обитающих наверху и обитающих внизу», – линию, которая светит «от обитающих наверху и обитающих внизу», что и означает: «Быть единой, как и сам Единый». Ведь эта ступень светит «от обитающих наверху» – т.е. от всех душ, находящихся в высшем Эденском саду, и светит «от обитающих внизу» – т.е. от всех душ, после того как они на самом деле совершили облачение в тело этого мира и пришли к окончательному исправлению. Иначе говоря, две эти ступени в конце исправления светят вместе, и тогда единство Его раскрывается в виде «Творец един, и имя Его едино».

Это объяснение помогает нам избежать ошибки, думая, что тот световой столб, который светит в высшем Эденском саду, нисходит и светит при завершении исправления в этом мире. Поэтому он говорит, что это не так, но «из этих слов образуются небосводы» – потому что эта ступень выходит на Есод Зеир Анпина, называемый «небосвод». И поэтому это различие пока еще имеется во всех зивугах: сначала выходит ступень от небосвода и выше, а потом светит она получающим от этого небосвода и ниже. И уровень, который выходит от небосвода и выше, называется «небо», а уровень, который получают от небосвода и ниже, называется «земля».

И в тот момент, когда соединяется линия света «от обитающих наверху и обитающих внизу», остается еще различие между высшим Эденским садом и обитателями этого мира, поскольку уровень зивуга, который выходит от небосвода и выше, получают обитатели высшего Эденского сада. Ведь «из этих слов образуются небосводы» – т.е. новые небеса для обитающих наверху, а обитающие внизу получают только сияние, которое проходит от небосвода и ниже, и называется оно новой землей⁴¹⁹. И поэтому в конце он говорит: «Из этого восславления» – т.е. обитающие внизу могут достичь лишь восславления и сияния, которое нисходит с неба на землю.

---

⁴¹⁹ См. выше, статью «Со мной ты в сотрудничестве», п. 64.

«А если скажешь ты, что эти слова разносятся в одном месте». После того как выяснилось, что этот зивуг происходил так же, как и все зивуги, т.е. от «небосвода и выше», и распространился в место «от небосвода и ниже», можно ошибиться, сказав, что это всего лишь тонкая линия, поднимающаяся в одном месте, о котором говорится в действии начала творения: «Да стекутся воды в единое место»[420] – т.е. только к внутренней части миров, доходящей только до свойства Исраэль, а не к внешней части миров. И указывается, что это не так, но они «разносятся по миру», т.е. свет расходится и наполняет мир от края до края. Как написано: «И до края вселенной – слова их»[411]. Иными словами, достигает даже внешней части миров, т.е. приходит также и к народам мира, как сказано: «Полна будет земля знанием Творца»[421].

142) И когда из них «образуются небосводы», кто пребывает в них? Возвращается (к этому вопросу) и уточняет: «Солнцу поставил Он шатер в них»[422] – то самое «святое солнце», т.е. Зеир Анпин, ставит свое жилище и обитель в них и украшается ими.

Объяснение. Если говорится, что световой столб выходит от небосвода и выше, а от небосвода и ниже от них (обитающих внизу) исходит лишь восславление, то возникает вопрос, кто же пользуется этим световым столбом? И поэтому спрашивает: «Кто пребывает в них?» И отвечает, что это Зеир Анпин, называемый «солнце», украшается и ставит свою обитель в этом столбе света. Ведь он украшается, пребывая в этом световом столбе, как под хупой, ибо «шатер» означает – хупа над ним. И это означает: «Солнцу поставил Он шатер в них».

143) Когда Зеир Анпин пребывает на этих небосводах и украшается ими, он «как жених выходит из-под свадебного балдахина»[423], радуется и пробегает по этим небосводам, и выходит

---

[420] Тора, Берешит, 1:9. «И сказал Всесильный: Да стекутся воды под небесами в одно место, и появится суша! И было так».

[421] Пророки, Йешаяу, 11:9. «Не будут делать зла и не будут губить на всей Моей святой горе, ибо полна будет земля знанием Творца, как полно море водами».

[422] Писания, Псалмы, 19:5. «По всей земле проходит линия их, до предела вселенной – слова их; солнцу поставил Он шатер в них».

[423] Писания, Псалмы, 19:6. «И оно, как жених, выходит из-под свадебного балдахина, радуется, как герой, пробегая путь».

из них, и войдя в другую башню, в другом месте, пробегает по ней. «От края небес восход его»[424], – он выходит из высшего мира и доходит до края небес наверху, т.е. до Бины. «Завершение его»[424] – это край небес внизу, т.е. Малхут, и это завершение года, которое определяет все окончания и устанавливает связь от небес до этого небосвода.

Объяснение. Имеется в виду невероятная тайна – выход солнца из своего укрытия, т.е. из-под хупы, ибо после того как произошел большой зивуг на этих небосводах, т.е. под хупой, оно выходит из этих небосводов «в одну другую башню, в другом месте», т.е. в месте Малхут, которая называется «несокрушимая башня – имя Творца»[425], поскольку Малхут поднимается тогда наверх и объединяется с ним в свойстве «единый».

Окончание Малхут называется «завершением года», и до исправления там держались клипот, которые называются «конец дней»[426]. А сейчас, после окончательного исправления, это свойство нужно исправить особо. И это происходит благодаря выходу солнца из своего укрытия, как сказано: «И оно как жених выходит из-под свадебного балдахина»[423], и светит, входя в одну башню, т.е. в Малхут. И тогда: «Радуется, как герой, пробегая путь»[423], так как оно (солнце) пробегает по этой башне и «завершение его до края их»[424]. Ведь оно светит от края небес наверху до всех окончаний в Малхут, чтобы исправить это «завершение года», относящееся к краю небес внизу. И потому сказано: «Которое определяет все окончания». «Окончания» – потому что это исправление завершает исправление всех окончаний, существующих в Малхут. И этим оно «устанавливает связь от небес до этого небосвода» – иными словами, Малхут получает свечение края небес – от верхней его части до этого небосвода Зеир Анпина.

144) «И ничто не сокрыто от тепла его»[424], вследствие завершения года и свечения солнца, приходящего со всех сторон. «И ничто не сокрыто», – означает, что нет ни одной высшей

---

[424] Писания, Псалмы, 19:7. «От края небес восход его, и завершение его до края их, и ничто не сокрыто от тепла его».

[425] Писания, Притчи, 18:10. «Несокрушимая башня – имя Творца, в ней укроется праведник и возвысится».

[426] См. Зоар, главу Бо, статью «И был день, когда и Сатан пришел с ними», п. 31.

ступени, которая скрылась бы от него, так как все они возвращаются к нему, и нет ни одной, которая бы скрылась от него. «От тепла его», – означает, что оно становится теплее и возвращается к ним, т.е. к товарищам, в момент совершения ими полного возвращения. Всё это восславление и всё это возвеличивание – благодаря Торе, которой они занимались, как сказано: «Тора Творца совершенна»[427].

Объяснение. После большого зивуга, происходит сокрытие и исчезновение всех высших светов[428]. И поэтому необходим этот новый зивуг, «в одной башне», как сказано: «И завершение его до края их»[424], – т.е. он снова раскрывает все высшие света, которые были скрыты из-за отмены БОН, до его подъема в САГ. И сказано: «"И ничто не скрыто от тепла его"[424], – вследствие завершения года и свечения солнца, приходящего со всех сторон» – поскольку это сочетание (зивуг) завершения года со свечением солнца исправляет все окончания Малхут со всех сторон, т.е. во всех отношениях, пока не станет достаточным для полного исправления, когда БОН поднимется и вновь станет свойством САГ, что является полным исправлением во всех отношениях. И после этого: «"И ничто не сокрыто" – означает, что нет ни одной высшей ступени, которая скрылась бы от него». Ведь все ступени и высшие света раскрываются на этот раз в окончательном их виде, так как все они возвращаются к нему, и нет ни одной ступени, которая скрылась бы от него» – поскольку все ступени и высшие света постепенно возвращаются к нему, пока не остается ничего скрытого от него.

И сказано: «"От тепла его" – означает, что оно становится теплее и возвращается к ним, т.е. к товарищам, в момент совершения ими полного возвращения». Иначе говоря, это раскрытие не происходит в одно мгновение, так как свечение солнца всё время усиливается, пока не достигает меры тепла, достаточной для прихода к состоянию полного возвращения, в котором грешники осуждаются, а праведники исцеляются. И тогда они удостаиваются того величайшего раскрытия, о котором мы говорили.

---

[427] Писания, Псалмы, 19:8. «Тора Творца совершенна, оживляет душу, свидетельство Творца верно, умудряет простака».
[428] См выше, статью «Погонщик ослов», п. 94.

145) Шесть раз написано здесь АВАЯ. От речения «Небеса рассказывают»[429] и до «Тора Творца совершенна»[427] имеется шесть речений. И об этом написано следующее: «Берешит (בראשית вначале)» – в этом слове есть шесть букв, «сотворил Всесильный небо и землю»[430] – и это шесть слов. Другие же речения – от «Тора Творца совершенна» до «Вожделенней золота»[431] – только соответствуют упомянутому в них шесть раз имени АВАЯ, но сами эти шесть речений не комментируются. Шесть речений – от «Небеса рассказывают» до «Тора Творца совершенна» – соответствуют шести буквам слова «Берешит (בראשית вначале)». Шесть имен соответствуют шести словам, которые здесь, и это: «Сотворил Творец небо и землю (бара Элоким эт а-шамаим ве-эт а-арец)».

Пояснение сказанного. Каждая ступень, раскрывающаяся в мирах, сначала появляется в виде букв, но в этот момент она еще неведома. А потом она появляется в виде сочетаний слов. И тогда ступень познается – то, что есть в ней, – в свойстве «двухсот шестнадцати (ריו РИЮ) букв» и «семидесяти двух (עב айн-бэт)» слов». И поэтому сказано: «"Берешит (בראשית вначале)" – в этом слове есть шесть букв», которые уже содержат в себе всё образование неба и земли в свойствах этих шести букв, – но они еще неведомы, и поэтому на них пока указывают только буквы, без каких-либо сочетаний слов.

А потом идут шесть слов: «Сотворил Всесильный небо и землю (бара Элоким эт а-шамаим ве-эт а-арец)». И тут в ней происходит полное раскрытие того, что заключено в слове «берешит (вначале)», что это – небо и земля, и наполнение их. И таким же образом следует понимать шесть речений – от «Небеса рассказывают» до «Тора Творца совершенна», – которые являются лишь началом раскрытия окончательного исправления, т.е. только в свойстве букв, как и шесть букв слова «берешит (בראשית вначале)». А окончательное раскрытие конца исправления начинается с «Тора Творца совершенна» и далее, где есть шесть имен, каждое из которых указывает на постижение. И это означает, что только после полного возвращения, о

---

[429] Писания, Псалмы, 19:2. «Небеса рассказывают о славе Творца, и о деянии рук Его повествует свод (небесный)».
[430] Тора, Берешит, 1:1. «Вначале сотворил Всесильный небо и землю».
[431] Писания, Псалмы, 19:11. «Вожделенней золота они и множества чистого золота, и слаще меда и сотового меда».

котором сказано: «И ничто не скрыто от тепла его»⁴²⁴, – раскрываются все сочетания слов, которые были в большом зивуге окончательного исправления, т.е. в шести именах.

«И об этом написано следующее: «Берешит (בראשית вначале)» – в этом слове есть шесть букв, «сотворил Всесильный небо и землю»⁴³² – и это шесть слов». На свойства шести речений и шести имен указывают шесть букв слова «Берешит (בראשית вначале)», написанного в Торе, в которых скрыты небо и земля. И раскрытие их происходит в шести словах: «Сотворил Всесильный небо и землю (бара Элоким эт а-шамаим ве-эт а-арец)». И так же в шести речениях – от «Небеса рассказывают» до «Тора Творца совершенна» – еще не раскрылся большой зивуг конца исправления во всей своей полноте. Но после слов: «И ничто не скрыто от тепла его» раскрываются шесть имен, и в этих шести именах приходит раскрытие окончательного исправления во всей его полноте и совершенстве.

И поэтому сказано: «Другие же речения – от "Тора Творца совершенна" до "Вожделенней золота" – только соответствуют упомянутому в них шесть раз имени АВАЯ», потому что отрывки, идущие после слов: «И ничто не скрыто от тепла его» и до конца псалма, указывают соответственно на шесть имен, которые написаны в них. И получается, что «шесть речений, которые здесь, соответствуют шести буквам, а шесть имен соответствуют шести словам».

Иными словами, как мы уже выяснили: «Шесть речений – от "Небеса рассказывают" до "Тора Творца совершенна" – соответствуют шести буквам слова "Берешит (בראשית вначале)"», которые не раскрыты в совершенстве. А «шесть имен соответствуют шести словам, которые здесь, и это: "Сотворил Всесильный небо и землю (бара Элоким эт а-шамаим ве-эт а-арец)"», и они явились в своем совершенстве. И это учит нас тому, что в шести речениях их ступень еще неведома, как и в шести буквах слова «берешит (בראשית вначале)». Однако после этих шести речений, в других речениях, где упомянуты шесть имен, они приходят к желанному раскрытию.

---

⁴³² Тора, Берешит, 1:1.

146) Пока они еще сидели, вошли его сын, рабби Эльазар, и рабби Аба. Сказал он им: «Нет сомнения, что вошел лик Шхины, и потому назвал я вас "Пниэль"[433], от слова "пней Эль" (лик Творца), – ведь вы видели лик Шхины лицом к лицу. А сейчас, когда вы знаете, и раскрыл он (погонщик ослов) вам речение Бнайяу бен Йеояда, нет сомнений, что это речение святого Атика, т.е. Кетера. И так же речение, следующее за ним: "Он же убил египтянина"[434], было изречено тем, кто является самым скрытым» – т.е. святым Атиком.

Объяснение. Это указывает на помощь погонщика ослов, который раскрыл им, рабби Эльазару и рабби Аба, душу Бнайяу бен Йеояда, и по этой причине рабби Шимон назвал их именем «Пниэль». Ведь душа Бнайяу бен Йеояда – это уровень, который должен раскрыться в конце исправления. И поэтому у них тоже произошло сокрытие и исчезновение всех высших светов, как сказано здесь[435] «вследствие сочетания (зивуга) завершения года со свечением солнца», пока не достигли (дома рабби Йоси, сына) рабби Шимона бен Лакуния, и не увидели там рабби Шимона бен Йохая, т.е. когда они вновь удостоились всех светов[436].

И поэтому говорит им рабби Шимон здесь: «А сейчас, когда вы знаете, и раскрыл он (погонщик ослов) вам речение Бнайяу бен Йеояда», так как это является для них намеком, что они уже удостоились шести речений «Небеса рассказывают» и находятся уже в шести именах речений, следующих за этими. Ведь когда они с помощью этого погонщика ослов постигли душу Бнайяу бен Йеояда, еще не было известно об их постижении, поскольку тогда они были лишь на уровне раскрытия шести речений. И потому им пришлось пройти весь этот путь чудес и знамений.

Однако сейчас душа Бнайяу раскрылась им явно. И поэтому говорит: «А сейчас, когда вы знаете, и раскрыл он (погонщик

---

[433] См. выше, статью «Погонщик ослов», п. 119.
[434] Писания, Диврей а-ямим 1, 11:23. «Он же убил египтянина, человека рослого, пяти локтей, а в руке египтянина копье, как ткацкий навой, и сошел он к нему с палкой, и вырвал копье из руки египтянина, и убил того его же копьем».
[435] См. выше, п. 144.
[436] См. выше, статью «Погонщик ослов», п. 114.

ослов) вам речение Бнайяу бен Йеояда». Ведь душа Бнайяу бен Йеояда это речение Атика, т.е. великий зивуг Атика Йомина, которое раскрыл он им прежде. Однако сейчас им стало известно, что и речение: «Он же убил египтянина»[434], следующее после: «Он сразил двух доблестных воинов Моава»[437], тоже принадлежит Атику, и оно «было изречено тем, кто является самым скрытым» – т.е. Атик Йомин, являющийся самым скрытым из всех.

147) И это речение: «Он же убил египтянина»[434], – выясняется в другом месте, т.е. на другой ступени. «Он же убил египтянина, человека рослого, пяти локтей»[434]. И всё это является единым понятием. «Египтянин» – это тот именитый, о котором написано: «Очень велик на земле Египта в глазах слуг Фараона»[438]. Ведь он велик и дорог, как раскрыл тот самый старец[439].

Объяснение. Это речение, которое поясняет рав Амнона Саба: «Он же убил египтянина, человека видного»[440], – выясняется на другой ступени, в другом виде, т.е. согласно тому, как это сказано в «Диврей а-ямим».

«"Он же убил египтянина человека рослого, пяти локтей"[434], и всё это является единым понятием». Два эти речения относятся к одному понятию. Ведь в одном месте сказано: «Он же убил египтянина, человека видного»[440], а в другом: «Он же убил египтянина, человека рослого, пяти локтей». И оба они представляют собой одно понятие и указывают на Моше. А почему они выражены по-разному, нам предстоит выяснить.

---

[437] Писания, Диврей а-ямим 1, 11:22. «Бнайяу, сын Йеояды, сын мужа доблестного, знаменитый подвигами, из Кавцеэля; он сразил двух доблестных воинов Моава, и сошел он и поразил льва во рву в снежный день». Пророки, Шмуэль 2, 23:20. «И Бнайяу, сын Йеояды бен Иш Хай, величественный в деяниях, из Кавцеэля. Он сразил двух доблестных воинов Моава, и он сошел и поразил льва во рву в снежный день».

[438] Тора, Шмот, 11:3. «И придал Творец милость народу в глазах египтян; также и муж Моше очень велик на земле Египта в глазах слуг Фараона и в глазах народа».

[439] См. выше, статью «Погонщик ослов», п. 99.

[440] Пророки, Шмуэль 2, 23:21. «Он же убил египтянина, человека видного; а в руке у того египтянина (было) копье, и подошел он к нему с палкой, и вырвал копье из руки египтянина, и убил того его же собственным копьем».

148) Это речение изучалось в высшем собрании. «Человека видного»⁴⁴⁰ и «человека рослого»⁴³⁴ – это одно и то же. Поскольку это суббота и предел субботы, как написано: «И отмерьте вне города»⁴⁴¹. И написано: «Не допускайте обмана в суде, в мере»⁴⁴². И поэтому сказано: «Человека рослого (досл. человека меры)». Именно «человека меры», так как он был размером «от одного края мира до другого»⁴⁴³. Таков был Адам Ришон. А если скажешь ты: «Ведь написано – пять локтей», – пять этих локтей были «от одного края мира до другого».

Объяснение. Это собрание Творца, о членах которого сказал рабби Шимон: «Видел я поднимающихся, но малочисленны они»⁴⁴⁴. А есть нижнее собрание – собрание Мата́та. И он говорит, что речение, которое пояснил Саба, изучалось в высшем собрании согласно тому, что он объясняет нам здесь.

«Человек видный» – это ступень Моше, о котором сказано: «И не восстал более пророк в Исраэле, подобный Моше»⁴⁴⁵. Как написано: «И (говорил с ним) явственно, а не загадками»⁴⁴⁶. И также человеком меры он называется потому, что он видный. А мера того, насколько он может быть видным, – «от одного края мира до другого».

Вид и меру можно сравнить с субботой и пределом субботы. Ведь предел субботы – это предельная мера субботы. Однако в течение шести тысяч лет предел субботы ограничен до меры в две тысячи локтей. Но после конца исправления предел субботы будет простираться от одного края мира до другого, и об этом сказано: «И будет Творец царем на всей земле»⁴⁴⁷.

---

⁴⁴¹ Тора, Бемидбар, 35:5. «И отмерьте вне города на восточной стороне две тысячи локтей, и на южной стороне две тысячи локтей, и на западной стороне две тысячи локтей, и на северной стороне две тысячи локтей, а город посередине; это будет им посадами городов».

⁴⁴² Тора, Ваикра, 19:35. «Не допускайте обмана в суде, в мере, в весе и в емкости».

⁴⁴³ Вавилонский Талмуд, трактат Хагига, 12:1.

⁴⁴⁴ Вавилонский Талмуд, трактат Сукка, лист 45:2.

⁴⁴⁵ Тора, Дварим, 34:10. «И не восстал более пророк в Исраэле как Моше, которого знал Творец лицом к лицу».

⁴⁴⁶ Тора, Бемидбар, 12:8. «Устами к устам говорю Я ему, и явственно, а не загадками, и облик Творца он зрит. Почему же не убоялись вы говорить против раба Моего, против Моше».

⁴⁴⁷ Пророки, Зехария, 14:9. «И будет Творец царем на всей земле, в день тот будет Творец един, и имя Его – едино».

И поэтому сказано: «"Человека видного" и "человека рослого" – это одно и то же, поскольку это суббота и предел ее. Как написано: "И отмерьте вне города". И написано: "Не допускайте обмана в суде, в мере"». Отсюда ясно, что мера – это предельная граница чего-либо. И «человек меры» указывает на предельную границу субботы после завершения исправления, простирающуюся «от одного края мира до другого».

Поэтому далее сказано: «Именно "человеком меры"». «Человеком меры» означает – быть обладателем именно такой меры, когда не мера управляет им, а он управляет мерой, строя ее по собственной воле и желанию. «Таков был Адам Ришон», – до нарушения им запрета Древа познания, когда он был размером «от одного края мира до другого» и светил «от одного края мира до другого», и это мера предела субботы после окончательного исправления. «Пять этих локтей были от одного края мира до другого». Ведь эти пять локтей – это десять сфирот, основой которых являются КАХАБ ТУМ, которые распространятся после окончательного исправления «от одного края мира до другого».

149) «А в руке у египтянина копье»[448]. И далее сказано: «Как ткацкий навой»[449] – это «посох Творца»[450], который был в руке у него. И он (посох) был украшен именем, вырезанным на нем и выявленным благодаря свечению сочетаний букв. И оно было вырезано Бецалелем и его собранием, называемым «ткач (орег)», как сказано: «Исполнил их мудростью сердца делать всякую работу резчика и парчевника, и вышивальщика по синете и пурпуру, и червленице, и виссону, и ткача»[451]. И на этом посохе имя, вырезанное со всех сторон, светилось свечением мудрецов, которые вырезали выявленное имя с

---

[448] Писания, Диврей а-ямим 1, 11:23. «Он же убил египтянина, человека рослого, пяти локтей, а в руке египтянина копье, как ткацкий навой, и сошел он к нему с палкой, и вырвал копье из руки египтянина, и убил того его же копьем».

[449] В ткацком станке – вал, на который навивают основу.

[450] Тора, Шмот, 4:20. «И взял Моше свою жену и своих сыновей, и посадил их на осла, и возвращался он в землю Египта. И взял Моше посох Творца в руку свою».

[451] Тора, Шмот, 35:35. «Исполнил их мудростью сердца делать всякую работу резчика и парчевника, и вышивальщика по синете и пурпуру, и червленице, и виссону, и ткача; они исполнители всякой работы и мыслители замыслов».

помощью сорока двух свойств. И начиная с этого места и далее, это речение объясняется, как объяснил его выше старец (саба). Счастлив удел его.

Объяснение. Сочетания букв для составления святых имен называются ткацкой работой. Подобно тому, как ткач изготавливает из нитей ткань для одежды, также и буквы сочетаются и соединяются в слова святых имен, т.е. в постижения святости. И говорит он, что на посохе Творца, который был в руке Моше, вырезаны те же сочетания букв выявленного имени, которые Бецалель и его собрание вырезали при возведении Скинии. И потому посох Творца называется ткацким навоем, в честь Бецалеля, который звался ткачом. «Навой (манор)» – подобно свету (маор), а ткач (орег) – это Бецалель. Имеется в виду, что свет от сочетаний букв выявленного имени был в свойстве света выявленного имени, вырезанного Бецалелем. И поэтому говорится: «Благодаря свечению сочетаний букв, которые вырезал Бецалель».

До завершения исправления этот посох не светил со всех сторон, поскольку в нем была разница между посохом Творца и посохом Моше. И о посохе Моше сказано: «Протяни твою руку и ухвати его за хвост... и стал тот посохом в его руке»[452] – т.е. он не светил еще со всех сторон. Однако после окончательного исправления он светит со всех сторон.

Поэтому сказано: «И на этом посохе имя, вырезанное со всех сторон, светилось свечением мудрецов, которые вырезали выявленное имя с помощью сорока двух свойств». Поскольку выявленное имя, которое было вырезано на посохе, светило во всех сторонах в свойстве: «Уничтожит Он смерть навеки»[453]. И поэтому он светил одинаково со всех сторон, а свет имени, которое было вырезано на посохе, был свечением Хохмы сорокадвухбуквенного имени.

---

[452] Тора, Шмот, 4:4. «И сказал Творец Моше: Протяни твою руку и ухвати его за хвост. И протянул он свою руку и схватил его, и стал тот посохом в его руке».

[453] Пророки, Йешаяу, 25:8. «Уничтожит Он смерть навеки, и отрет Творец Всесильный слезы со всех лиц, и позор народа Своего устранит Он на всей земле, ибо (так) сказал Творец».

150) Садитесь, дорогие! Садитесь, и мы возобновим исправление невесты в эту ночь, ибо каждый, кто соединяет себя с ней этой ночью, будет оберегаем в течение всего года, как наверху, так и внизу, и проживет свой год в мире. О них написано: «Стоит станом ангел Творца вокруг боящихся Его и спасает их»[454]. «Отведайте и узрите, как добр Творец»[455]. Есть два толкования этого, и когда они оба вместе, они истинны.

Поскольку день дарования Торы относится к свечению окончательного исправления, о котором сказано: «Уничтожит Он смерть навеки», и «свобода от ангела смерти», следует прилагать усилия, чтобы притягивать этот свет в соответствующее время в день Шавуот. Ведь светилам свойственно вновь появляться в определенный срок. И сейчас уже предопределено, что он проживет год свой в мире, и будет у него свобода от ангела смерти.

Говорится о самом времени окончательного исправления. И здесь слова «и проживет год свой в мире» объясняются следующим образом. Годом называется Малхут. И благодаря обновлению светил у поддерживающих Тору после окончательного исправления, будет обеспечено исправление года, т.е. Малхут, во всем совершенстве. Ведь состояние обновления светил у поддерживающих Тору называется исправлением ночи невесты, т.е. Малхут, именуемой «год». И благодаря этому «проживет год свой в мире», – проведет этот год в мире, в полном совершенстве.

---

[454] Писания, Псалмы, 34:8.
[455] Писания, Псалмы, 34:9. «Отведайте и узрите, как добр Творец. Счастлив человек, полагающийся на Него».

Небо и земля

151) Заговорил рабби Шимон, произнеся: «Вначале создал Всесильный»[456] – к этому речению надо относиться внимательно, ибо всякий, кто говорит, что есть другой бог, исчезнет из мира. Как сказано: «Так объявите им: "Божества, которые не сделали неба и земли, сгинут с земли и из-под небес этих (ЭЛЕ)"»[457] – потому что нет иных богов, кроме одного лишь Творца.

Пояснение. Он возвращается к сказанному: «Садитесь, и мы возобновим исправление невесты»[458]. И поэтому начал выяснять речение: «Вначале создал Всесильный»[456], поскольку оно является корнем для всех исправлений невесты в течение шести тысяч лет. «Всесильный (Элоким)» – это высшее имя Элоким, Бина. И называется Элоким (אלהים) согласно внутреннему смыслу сказанного: «Кто (МИ מי)[459] создал их (ЭЛЕ אלה)»[460]. «И так же, как соединились МИ с ЭЛЕ, так это имя соединяется всегда»[461], и благодаря этому укрепляется мир.

И тем самым он объясняет, что Всесильный (Элоким) – это Бина, называемая Элоким (אלהים), т.е. соединение букв МИ (מי) с ЭЛЕ (אלה) посредством облачения света Хохмы в одеяние величия, излучающее (свет) хасадим. И благодаря этому укрепляется мир. И поэтому «божества, которые не сделали неба и земли»[457], которые не могут положить основу существования мира, иные божества, отделяющие ЭЛЕ от МИ, несомненно, должны исчезнуть «из-под небес», которые исправляют соединение ЭЛЕ с МИ. Ведь силы их не могут дать основу для существования мира, а только разрушение. И поэтому подчеркивается в сказанном: «И из-под небес этих (ЭЛЕ)»[457]. И это речение написано на языке перевода[462], кроме самого слова ЭЛЕ, стоящего в конце речения – т.е. ЭЛЕ (эти) указывают на соединение МИ-ЭЛЕ.

---

[456] Тора, Берешит, 1:1.
[457] Пророки, Йермияу, 10:11.
[458] См. п. 150.
[459] См. выше, статью «"Кто создал их", по Элияу», п. 14.
[460] Пророки, Йешаяу, 40:26.
[461] См. выше, п. 15.
[462] Таргум – перевод с иврита на арамит.

152) «И это речение написано на языке перевода, кроме самого слова ЭЛЕ, стоящего в конце речения». Разве это сделано потому, что святые ангелы не слышат язык перевода и не знают его? В таком случае, наоборот, следовало произнести это речение на святом языке (иврит), дав возможность святым ангелам услышать и прислушаться, чтобы они могли отблагодарить за это.

Язык перевода действительно используется для того, чтобы святые ангелы не слышали его, и тогда они не будут завидовать человеку и причинять ему зло. Поскольку в это речение включены также и все святые ангелы в целом, так как и они называются «элоким» и включены в понятие «Элоким», но они «не создали неба и земли».

Пояснение сказанного. Хотя язык перевода и близок к святому языку, тем не менее ангелы не нуждаются в нем и не знают его, а в остальных языках народов мира они нуждаются и знают их. Дело в том, что язык перевода (арамит) является обратной стороной (ахораим), т.е. свойством ВАК языка святости (иврит). И ВАК называются обратной стороной и «сном», где отсутствуют «мохин (разум)», т.е. ГАР. И поэтому язык перевода (арамит) на самом деле очень близок к языку святости (ивриту). Однако здесь существует другая причина, почему ангелы не нуждаются в нем. «Язык святости» – это язык, который устанавливается посередине, т.е. язычок весов, устанавливающий перевес чаши заслуг над чашей долгов и возвращающий всё к святости, и поэтому он называется языком святости.

А что означают «весы», можно понять из речения, поясненного выше[463]: «Небеса и воинства их были созданы МА». И «вначале создал Всесильный (Элоким)»[456] – это высшее имя Элоким (אלהים), поскольку МА (מה) таким не является и выстраивается лишь в час, когда буквы ЭЛЕ (אלה) притягиваются сверху вниз, «и мать одалживает свои одежды дочери». «Вот я вспоминаю буквы ЭЛЕ (אלה), которые на устах моих, и я проливаю слезы о желании моей души (нефеш), для того, чтобы притянуть эти буквы ЭЛЕ»[464]. И тогда «сопровождал их»

---
[463] См. выше, статью «Мать одалживает свои одежды дочери», п. 16.
[464] См. п. 18.

Небо и земля

сверху, «до самого Храма Всесильного (Элоким)» – чтобы она (Малхут) называлась Элоким[465].

Но ведь на «небесах и земле», созданных МА, имя Элоким проявляется лишь благодаря притяжению букв ЭЛЕ от высшей Имы, с помощью подъема МАН и добрых деяний. Как сказано: «Вот я вспоминаю буквы ЭЛЕ, которые на устах моих, и проливаю слезы» – потому что мохин ГАР, называемые Элоким, не всегда находятся в «небесах» и на «земле», т.е. в ЗОН.

И в то время, когда их поднимают снизу, МА становится свойством МИ, и буквы ЭЛЕ (אלה) соединяются с МИ (מי), и образуется имя Элоким (אלהים), представляющее собой свойство мохин (разум) в «небесах» и на «земле». А если нижние портят свои деяния, уходят мохин из ЗОН, и остаются они с келим Кетер и Хохма и со светами нефеш-руах, называемыми МИ (מי) или МА (מה), а буквы ЭЛЕ (אלה) падают в клипот, потому что МИ – это гальгальта-эйнаим, а ЭЛЕ – АХАП (озен-хотэм-пэ).

Ведь всё исправление зависит от соединения букв ЭЛЕ с МИ с помощью подъема МАН. И поэтому это исправление называется святым языком. Это подобно язычку весов, который устанавливается посередине, и благодаря ему притягиваются мохин, называемые «святость», поскольку он притягивает святое имя Элоким в ЗОН, и склоняет буквы ЭЛЕ на чашу заслуг святости. И называются эти весы (мознаим) от слова «озен (ухо)», так как света АХАП (озен-хотэм-пэ) называются именем высшего свойства в них – «озен».

И противоположностью его является язык перевода, поскольку когда нижние не поднимают МАН в чистоте, считается, что они желают удерживаться только лишь в буквах ЭЛЕ, не соединяя их с именем МИ, Биной. И тогда раскрывается обратная сторона (ахораим) ЗОН, т.е. МА. И тогда снова возвращаются «небо и земля», т.е. ЗОН, к свойству ВАК. И это язык перевода. Отсюда становится понятным, что слово «сон (тардема תרדמה)» в гематрии «перевод (таргум תרגום)», и состоит из букв «опустится (теред תרד) МА (מה)». Ибо вследствие использования этого языка, лишенного чистоты, соответственно словам,

---

[465] См. комментарий Сулам к статье «Мать одалживает свои одежды дочери».

«которые на устах моих», показывается обратная сторона (ахораим), МА, что и означает «опустится (теред) МА», т.е. опускаются весы и перевешивает чаша вины.

И все это относится к ЗОН, т.е. «небесам и земле, созданным МА», потому что они происходят от зивуга (слияния) Есодов, называемого МА. Однако святые ангелы происходят от «зивуга нешикин (досл. слияния губ)» Абы ве-Имы, и в них нет ничего от МА, а только МИ – высший мир, Бина. И поэтому они, с одной стороны, находятся всегда в свойстве ВАК, без ГАР, но, с другой стороны, их ВАК тоже от света хасадим, высшей Бины, МИ, которые по важности своей равны самим ГАР. И они не нуждаются в Хохме, как и высшая Има, и они святы потому, что ГАР называются святостью.

И поэтому на ангелов вообще не влияет язык перевода, который раскрывает МА в ЗОН и возвращает ЗОН в состояние ВАК, по двум причинам:

Во-первых, даже когда у ЗОН есть ГАР языка святости, они не получают от него ГАР, поскольку стремятся только к свету хасадим, как и высшая Има.

Во-вторых, раскрытие обратной стороны (ахораим) МА не касается их, ведь в них нет ничего от МА.

И поэтому святые ангелы не слышат языка перевода, и не знают его. Они не нуждаются в нем, так как ничего не теряют из-за него. И ничего не выигрывают от его исчезновения, поскольку они и так находятся только в состоянии ВАК. И не знают его, потому что нет в них ничего от свойства МА[466].

«И не будут завидовать человеку и причинять ему зло» – ведь в этом речении[467] проклинаются иные божества, мешающие раскрытию мохин де-ГАР, нисходящих от Хохмы. Поэтому они должны исчезнуть «с земли и из-под небес этих (ЭЛЕ)»[457]. И поскольку у высших ангелов тоже нет ГАР Хохмы, а только ГАР хасадим, они будут ощущать вследствие этого низменность

---

[466] Это поможет понять сказанное в Зоаре, главе Лех леха, пп. 289-295.
[467] Пророки, Йермияу, 10:11. «Так объявите им: "Божества, которые не сделали неба и земли, сгинут с земли и из поднебесья этого"».

своей ступени и испытывать к нам чувство зависти потому, что мы слишком высоко себя ценим.

Поэтому сказано: «Так как и они называются "элоким" и включены в понятие "Элоким", но они "не создали неба и земли"». Они называются «элоким», потому что исходят от Имы, называемой «Элоким», и поэтому «они включены в понятие "Элоким"». И они «не создали неба и земли» – так как они тоже не могут основать небо и землю свойством ГАР Хохмы. И существование «неба и земли» для поселения людей, не прекращающих «сеяния и жатвы», возможно лишь с помощью мохин ГАР Хохмы. Получается, что и они «не создали неба и земли».

153) «И земли (арка)» – использовано название Арка вместо обычного Ара. Поскольку Арка (досл. пропасть) – это одна из семи земель внизу. И в этом месте есть потомки сыновей Каина, ибо после того, как он был изгнан с лица земли, он опустился туда и произвел порождения. И там его знание настолько запуталось, что он уже ничего не знал. И это двойная земля, сложившаяся из тьмы и света.

Объяснение. ЗАТ (семь нижних сфирот) взаимно включены друг в друга, и в каждой из них есть семь сфирот ХАГАТ НЕХИМ[468], которые содержатся также и в Малхут. И также в нижней земле есть семь видов земли: Эрец (поверхность земли), Адама (почва), Арка (пропасть), Гей (долина), Нешия (могильная земля), Ция (сушь), Тевель (земной мир). Наша земля – это Тевель (земной мир), самая высшая из семи этих земель. Арка (пропасть) – это третья из семи земель. А души Каина и Эвеля происходят от имени Элоким. Однако из-за нечистоты, внесенной змеем в Хаву, сначала появилась душа Каина от букв ЭЛЕ, а затем появился Эвель от букв МИ. И они должны были сначала соединиться друг с другом с помощью милосердия, и тогда пребывало бы имя Элоким над ними обоими вместе, как всегда соединяются буквы МИ (מי) и ЭЛЕ (אלה) в имени Элоким (אלהים).

Но сила нечистоты змея, которая явилась вместе с душой Каина, привела его к обвинению брата своего Эвеля, относящегося к свойству МИ имени Элоким, и тогда «восстал он на

---

[468] Хесед-Гвура-Тиферет-Нецах-Ход-Есод-Малхут.

него и убил его»⁴⁶⁹, так как привел к отдалению букв МИ от ЭЛЕ, что и называется «убийством Эвеля». А ЭЛЕ, являющиеся его собственными свойствами, упали в клипот. И он был изгнан с лица земли, потому что упал с уровня земли святости, опустившись оттуда в Арку – в место клипот. «И произвел порождения, и там его знание настолько запуталось, что он уже не знал ничего», поскольку создавал порождения под властью клипот. И поэтому смешался язык святости в устах его с языком перевода «так, что он уже не знал ничего» – потому что потерял разум (даат), ведь клипот лишены разума, так как мохин Хохмы и Бины в них – без Даат (разума).

И смысл убийства Эвеля заключается в следующем. Только с помощью МАН, поднимаемых в чистоте, притягиваются МИ в ЗОН, а затем притягиваются буквы ЭЛЕ, и восполняется имя Элоким в ЗОН так же, как в Абе ве-Име. Тогда и Нуква, так же как Има, оканчивается одеяниями захара вследствие ухода «хэй ה» и подъема «йуд י»⁴⁷⁰. Это не означает, что «хэй ה» свойства МА (מה) Нуквы уходит окончательно, но эта «хэй ה» входит в скрытом виде в Нукву, а извне проявляется «йуд י» свойства МИ (מי). И в таком виде святое имя Элоким находится также и в ЗОН, называемых «небо и земля».

Но Каин поднял МАН, не находясь в состоянии чистоты, и желал усилить буквы ЭЛЕ, относящиеся к его собственным свойствам, ради самонаслаждения. И это смысл сказанного: «И восстал Каин на Эвеля, брата своего»⁴⁶⁹ – так как поставил себя выше, обладая властью над МИ, т.е. Эвелем. И тогда сразу же раскрылись свойства «обратной стороны (ахораим)» Нуквы, т.е. «хэй ה» де-МА (מה), которая была скрыта, а имя МИ удалилось, оставив Нукву. И тогда душа Эвеля, которая происходила от МИ этой Нуквы, тоже удалилась наверх, поэтому сказано: «И убил его»⁴⁶⁹. И говорится в Зоаре, что Каин убил Эвеля, впившись в него зубами, подобно змею⁴⁷¹.

И поскольку нечистота этого змея была в нем, он захотел усилить буквы ЭЛЕ (אלה) и устранить МИ (מי), и подчинить его (Эвеля) себе. И поэтому открыл «ахораим (обратную сторону)»,

---

[469] Тора, Берешит, 4:8.
[470] См. выше, статью «Мать одалживает свои одежды дочери», п.17.
[471] См. Зоар, главу Берешит, часть 2, п. 341.

т.е. МА (מה), в Нукве, и удалились из нее МИ, оставив ее. Поэтому отдалилась душа Эвеля, происходящая от нее, «и убил его»[469]. А сам Каин, т.е. ЭЛЕ (אלה), попал под власть клипот, называемых Арка (пропасть), называемая в Писании землей Нод (скитания), как сказано: «И поселился он на земле Нод»[472].

Поэтому сказано: «И это двойная земля, сложившаяся из тьмы и света» – ибо свет и тьма используются там в смешении, без границ между ними, поскольку есть там два правителя, в равной мере властвующие на этой земле:
1. Правящий тьмой, и он вызывает там эту тьму.
2. Правящий светом, и он вызывает там свет.

154) Там властвуют два правителя, один правит тьмой, другой правит светом. И они враждовали между собой. Но в час, когда опустился туда Каин, они соединились друг с другом, придя к взаимному согласию. И все увидели, что это порождения Каина. И поэтому две головы у них, как две змеи. Кроме того времени, когда к власти приходит правящий светом – он овладевает своим, т.е. светом, и овладевает другим, т.е. правящим тьмой. И поэтому включились те, которые пребывают во тьме, в тех, что в свете, и стали одним целым.

Пояснение сказанного. При выходе святого имени Элоким (אלהים) вначале поднимаются буквы ЭЛЕ (אלה) и соединяются с МИ (מי), оставаясь скрытыми в имени, поскольку они лишены хасадим. Но святость, т.е. Хохма, не может облачиться в них без одеяния хасадим, поэтому они скрыты в имени Элоким. А затем происходит второй зивуг в МИ, для привлечения хасадим, и теперь Хохма облачается в хасадим, и восполняется имя Элоким. И сказанное: «Кто (МИ) создал это (ЭЛЕ)»[473] означает, что Он создал свет для Своего света, т.е. величественное одеяние хасадим, и облачился в него, и соединились ЭЛЕ (אלה) с МИ (מי), и восполнилось имя Элоким (אלהים).

Ибо в МИ, т.е. в Бине, есть ГАР, называемые «высшие Аба ве-Има», которые установились в свойстве «чистый воздух (авира дахья)», поскольку «желает милости (хафец хесед) Он»[474], и

---

[472] Тора, Берешит, 4:16. «И отошел Каин от лица Творца, и поселился он на земле Нод, восточнее Эдена».
[473] Пророки, Йешаяу, 49:26.
[474] Пророки, Миха, 7:18.

не получают Хохмы. И только ЗАТ де-МИ, называемые ИШСУТ, получают Хохму. Поэтому в начале подъема букв ЭЛЕ в МИ, они поднимаются в ЗАТ де-МИ, которые получают Хохму. И тогда они скрыты в имени Элоким. Но затем происходит второй зивуг, в ГАР де-МИ, в свойстве «чистый воздух (авира дахья)», они передают величественное одеяние, которое светит в ЭЛЕ. И тогда восполняется святое имя Элоким.

А душа Каина относится к свойству ЭЛЕ, в то время, когда они еще скрыты в имени, и поэтому святость, Хохма, была еще скрыта над ним из-за отсутствия облачения хасадим. И поэтому мало того, что он не поднял МАН, чтобы притянуть МИ де-хасадим, но еще и желал притянуть Хохму от свойства высших Абы ве-Имы, и этим убил Эвеля, поскольку обнажил «ахораим» Нуквы Зеир Анпина, и сам вверг душу свою в клипот, т.е. в ЭЛЕ. И место этих клипот – в земле Арка (пропасть).

И два правителя, властвующих там, относятся к ЭЛЕ де-клипот, поскольку «одно в противоположность другому создал Творец»[475]. Ведь в Нукве скрыты ахораим свойства МА, и раскрыты ахораим свойства МИ. И тогда она может излучать душам свет святого имени Элоким в полном совершенстве, потому что Хохма, принадлежащая буквам ЭЛЕ, которую они получили от ЗАТ де-МИ, облачается теперь в хасадим, принадлежащие ГАР де-МИ, и раскрывается святое имя.

Но в буквах ЭЛЕ ситры ахра, получающей всё питание от обратной стороны (ахораим) святости, МА, есть два недостатка:
1. В них полностью отсутствуют хасадим.
2. Даже Хохма, имеющаяся в ЭЛЕ, не может облачиться там из-за отсутствия хасадим де-МИ, и поэтому они пребывают во тьме, а не в свете.

И это – захар свойства ЭЛЕ клипы. Ведь его келим – это келим Хохмы, т.е. ЭЛЕ, но они лишены Хохмы из-за отсутствия хасадим де-МИ. И он, таким образом, является тьмой, лишенной как Хохмы, так и хасадим. И у него большое превосходство в келим, способных получить Хохму, если бы он мог получить одеяние хасадим. А нуква свойства ЭЛЕ клипы относится к ахораим де-МА нуквы святости, и она является кли хасадим.

---
[475] Писания, Коэлет, 7:14.

Небо и земля

Однако в клипе у нее есть очень большие недостатки – ведь она является корнем разделения, поскольку обманывает именем Царя, и есть у нее много имен нечистой стороны, соответствующих ее испорченности. Однако есть у нее тонкое свечение благодаря тому, что ее келим принадлежат обратной стороне (ахораим) де-МА, которые в корне своем – келим де-хасадим.

И мы должны знать, что захар и некева свойств ЭЛЕ клипы – это два правителя, властвующие в земле Арка. Захар правит тьмой, а некева – светом, имеющимся там. И обвиняют они друг друга потому, что противоположны друг другу. Захар, келим которого лишены света Хохмы букв ЭЛЕ, ненавидит силу обмана и разделения, имеющуюся в келим его нуквы, и предпочитает тьму, которая в нем. А некева, у которой есть слабое свечение хасадим, вовсе не желает света Хохмы, и уж тем более тьмы захара, и поэтому обвиняет его и избегает его.

И поэтому сказано: «Там властвуют два правителя, один правит тьмой, другой правит светом; и они враждовали между собой» – поскольку захар властвует во тьме, а нуква – в свете. И они обвиняют и ненавидят друг друга. И поскольку они отделены друг от друга, они не могут распространяться вовсе, и нет у них силы причинить вред.

Однако после того, как прегрешил Каин, ввергнув в клипот земли Арка буквы ЭЛЕ святости, содержащиеся в душе его, облачились его буквы ЭЛЕ, тоже закрытые от хасадим, в свет нуквы де-ЭЛЕ клипы, тем самым оживив слабые искры, оставшиеся в келим ЭЛЕ Каина, которые относятся к Хохме, потому что свет этой порочной клипы оживляет их подобно свету хасадим святости. И вследствие этого, также и захар де-ЭЛЕ клипы совершает зивуг с этой нуквой, облачившей свойства ЭЛЕ Каина, поскольку у него те же келим, что и у Каина. И благодаря этому зивугу Каин произвел порождения, исходящие от искр святости, оставшихся в его буквах ЭЛЕ, смешанных с келим свойств ЭЛЕ захара клипы, которые облачились в свет порочной нуквы клипы.

Поэтому сказано: «Но в час, когда опустился туда Каин, они соединились друг с другом, придя к взаимному согласию» – потому что искры Хохмы, оставшиеся в свойствах ЭЛЕ Каина, облачились в свет некевы клипот, в результате чего возжелал ее также и захар клипы, стремясь наполниться и насладиться искрами Хохмы, принадлежащими свойствам ЭЛЕ Каина. И тогда они совершили друг с другом зивуг (слияние), т.е. соединились вместе, наполняясь друг от друга словно одно целое. «И увидели все, что они – порождения Каина» – вследствие этого зивуга вышли порождения, образовавшиеся от этого облачения искр ЭЛЕ Каина в свет клипы. И в результате раскрылись искры Хохмы души Каина, «и увидели все, что они – порождения Каина», т.е. родились от этого порочного зивуга.

«И поэтому две головы у них, как две змеи». Из-за того, что они происходят от соединения захара и некевы свойств ЭЛЕ клипы, которые в корне своем противоположны друг другу, порождения, произведенные Каином посредством этого соединения, имеют две такие же головы, как у этих двух клипот:
1. Одна тянется в сторону тьмы, возникающей в келим Хохмы.
2. Вторая тянется к свету, содержащемуся в нечистых келим нуквы клипы.

И поэтому сказано, что они как две змеи, так как противостоят двум животным в меркаве (строении) – быку и орлу.

Две головы у них есть только во время власти захара, власти тьмы, потому что в результате его облачения в свет нуквы с целью насладиться искрами Хохмы Каина, он оказывается поневоле воплощающим также и власть своей нуквы, так как нуждается в свете Каина. Вследствие этого и потомство рождается с двумя головами, одна тянет в одну сторону, а вторая – в другую. В отличие от него, нуква клипы вообще не нуждается в своем захаре – ведь он совершенно ничего не может ей дать, являясь сплошной тьмой. Поэтому, когда власть у нуквы, и она стремится покорить своей нечистотой, у нее есть полное превосходство, и она уже ничего не оставляет от свойства захара, и тогда две головы у порождений Каина опять становятся одной.

И поэтому сказано: «Кроме того времени, когда к власти приходит правящий светом – он овладевает своим, т.е. светом, и овладевает другим, т.е. правящим тьмой» – т.е. в то время, когда властвует нуква клипот, и она владеет этим светом и укрепляется, чтобы овладеть захаром, вторым повелителем. «Овладевает своим» – т.е. овладевает своей силой, и также «овладевает другим» – овладевает также другим правителем, т.е. захаром. Ибо она овладевает захаром, полностью подчиняя его своей власти. «И поэтому включились те, которые пребывают во тьме, в тех, что в свете, и стали одним целым» – и поэтому включилась власть захара, т.е. тьмы, во власть некевы, света, и две головы становятся одной.

155) Имена этих двух правителей Африра и Кастимон, и с виду они похожи на святых ангелов с шестью крыльями. У одного из них лик быка, у другого лик орла, и когда они соединяются вместе, то становятся ликом человека.

Захар называется Кастимоном. Это имя происходит от слова «кустэй», означающего «разрушение», и зовется он так потому, что является тьмой и не пригоден для поселения людей. Некева называется Африрой, от слова «афар (прах)», который не пригоден для посева. Имя ее указывает на то, что даже когда есть в ней свет, его всё же недостаточно для посева и жатвы, чтобы питать людей. И с виду они похожи на шестикрылых ангелов, поскольку противостоят высшим ангелам, у которых есть шесть крыльев, соответственно букве «вав ו» имени АВАЯ (הויה), в отличие от святых животных, у которых есть всего лишь четыре крыла, соответственно буквам имени Адни (אדני). Это указывает на величину тех клипот, которые противостоят высшим святым ангелам.

У захара, Кастимона, – лик быка, поскольку он является первым облачением, в которое облекается ситра ахра. И сказано в Зоаре[476], что из осадков вина выходит один наговорщик и обвинитель, главный вредитель в мире, в облике человека, когда он приближается к святости. После того как он отходит от святости, и хочет опуститься вниз, чтобы облачиться в одеяние вредителя мира, он опускается вместе со своими строениями. Первое принимаемое им обличье – это лик быка. И самый первый из четырех имеющихся прообразов вредителей – это бык.

Объяснение. Высшие мохин называются «вино, радующее Творца и людей». И в их окончании есть непригодные остатки, называемые «осадки вина». Из этих отбросов выходит первый вредитель в мире. И поскольку он прилепился к святости, т.е.

---

[476] См. Зоар, главу Ки тиса, статью «И теперь оставь меня», п. 57.

к (ее) осадкам, у него облик человека. А когда он опускается, чтобы вредить людям, он принимает обличье быка. И поэтому бык является первым из четырех прообразов вредителей.

«Кастимон – это вредитель в облике быка» – указывает на то, что он начало всех вредителей, называемых «бык клипы», и он относится к отбросам высших мохин святого имени Элоким, к свойствам ЭЛЕ клипот, противостоящим свойствам ЭЛЕ имени Элоким, будучи отбросами и осадками, находящимися под ними. «И поскольку он прилепился к святости, т.е. к (ее) осадкам, у него облик человека», потому что эти мохин де-Элоким представляют собой образ (целем) человека, о котором сказано: «В образе (целем) Всесильного (Элоким) создал Он человека»[477]. Но когда отделяется от святости и опускается на свое место в Арке (пропасти), он принимает обличье быка.

А у некевы его в земле Арка облик орла (нéшер), поэтому ее задача – отнимать (ленашéр) души людей, попавших под ее власть. Ведь слово «орел (нешер)» близко по значению к «опаданию (нешира) листвы деревьев». Поскольку задача ее (некевы) состоит в том, чтобы рыскать по миру и доводить выбранных ею людей до «осквернения от ночной случайности», чтобы нарушить «союз святости», и вследствие этого нарушения падают вниз души людей, оторвавшись от них. «И когда они соединяются вместе, то становятся ликом человека» – если они снова соединяются со святостью, чтобы быть там «осадками, находящимися под вином», они снова принимают облик человека, такой же, какой был у них прежде, чем опустились в Арку, став вредителями[478].

156) Находясь во тьме, они преображаются в змея с двумя головами, и двигаются подобно змею. И они залетают внутрь бездны, омываясь в великом море. А когда достигают цепей Азы и Азаэля, они вызывают их гнев, и пробуждают их. Те пытаются выскочить из заточения в горах тьмы и думают, что Творец желает привлечь их к суду.

---

[477] Тора, Берешит, 9:6.
[478] См. Зоар, главу Ки тиса, статью «И теперь оставь меня», п. 57. И также Зоар, главу Насо, раздел Идра раба, статью «Общее свойство человека», п. 336.

Объяснение. Это связано со сказанным выше: «Кроме того времени, когда к власти приходит правящий светом – он овладевает своим, т.е. светом, и овладевает другим, т.е. правящим тьмой. И поэтому включились те, которые пребывают во тьме, в тех, что в свете, и стали одним целым» – т.е. во время правления нуквы, являющейся свойством света, две головы опять становятся одной.

Но «находясь во тьме» – во время правления захара Кастимона, «они преображаются в змея с двумя головами» – захар не может отменить власти нуквы, поскольку он должен облачиться в ее свет, и поэтому они похожи на змея с двумя головами. «И двигаются подобно змею» – другими словами, приносят вред путем, свойственным змею, т.е. тем путем, которым змей соблазнил Хаву отведать от Древа познания.

Под воздействием рош (головы) нуквы этой клипы «они залетают внутрь бездны» – туда, где находится корень клипот, называемый бездной. И это – падение, ниже которого не бывает, как сказано: «Взлетали до небес и падали в бездну»[479]. А под воздействием рош (головы) захара этой клипы «омываются в великом море» – в свойстве Хохмы этой клипы, потому что морем называется Хохма. Именно поэтому Арка (пропасть) называется землей Нод (скитаний). Поскольку они всегда мечутся под влиянием двух голов этих правителей, то поднимаясь в великое море, то опускаясь в бездны.

А теперь выясним, что представляют собой ангелы Аза и Азаэль. Нам надо знать, что Аза и Азаэль относятся к самым возвышенным ангелам. Ведь даже после того, как они упали с небес в этот мир, в горы тьмы, и были закованы в железные цепи, Билам с их помощью достиг всех ступеней своего пророчества. И к ним относится сказанное: «Кто видит явление Всемогущего»[480] – т.е. благодаря силе постижения его этих ангелов, он называется «падающим и прорицающим»[480].

---

[479] Писания, Псалмы, 107:26. «Взлетали до небес и падали в бездну, в бедствии изнемогала душа их!»

[480] Тора, Бемидбар, 24:4. «Вот речение Билама, сына Беора, мужа прозорливого – речение того, кто слышит речи Всесильного, знает мысль Всевышнего, видит явление Всемогущего, падает и прорицает».

Аза называется «падающим», из-за его падения с небес на землю. А Азаэль зовется «прорицающим», по сравнению с Азой, которому Творец бросает тьму в лицо. И если возразить, что невелика ступень пророчества Билама, ведь сказано: «И не восстал более в Исраэле пророк, подобный Моше»[481] – в Исраэле не «восстал», зато «восстал» среди народов мира, и это Билам.

Причиной их падения с неба на землю было обвинение человека во время его сотворения. Однако необходимо понять – ведь много ангелов обвиняли тогда, и спрашивают мудрецы: «Почему же Творец низринул (на землю) только Азу и Азаэля?»[482]

Но в час, когда у Творца возникло желание создать человека, Он созвал «станы высших ангелов» и, посадив их перед Собой, сказал: «Я хочу создать человека». Возразили Ему: «Что представляет собой человек, чтобы вспоминать о нем»[483] – т.е. чем особенен этот человек. Ответил им: «Человек создан по образу Нашему, и мудрость его превзойдет вашу мудрость».

Дело в том, что душа человека состоит из всех высших ангелов и ступеней так же, как тело его включает все создания этого мира. И поэтому во время создания души человека Он созвал всех высших ангелов, чтобы они включили себя в душу человека. Как сказано: «Создадим человека по образу и подобию Нашему»[484] – т.е. Он привлек всех ангелов, чтобы они были включены в «образ (целем) и подобие» человека. И они спросили у Творца: «Чем особенен этот человек?» – т.е. что мы выигрываем от того, что будем включены в него?

И Он ответил им: «Человек создан по образу Нашему, и мудрость его превзойдет вашу мудрость». Иными словами, Он заверил их: «Мудрость человека, который будет заключать в себе Наш образ, превысит вашу мудрость. Таким образом, и вы выиграете то великое постижение, которого вам недостает сейчас». Поскольку в грядущем будущем достоинства Исраэля

---

[481] Тора, Дварим, 34:10.
[482] Подробное объяснение этого вопроса найдешь в Зоаре, главе Балак, в статье «Аза и Азаэль, "падающий и прорицающий"», пп. 416-425.
[483] Писания, Псалмы, 8:5.
[484] Тора, Берешит, 1:26.

будут выше достоинств ангелов. И поэтому все они были привлечены к этому и включены в образ человека.

А после того, как Он создал человека, и тот прегрешил, явились к Нему Аза и Азаэль и сказали: «Мы имеем право сказать Тебе, что человек, созданный Тобою, согрешил пред Тобой». Ответил им: «Если бы вы были на его месте, были бы хуже него». И низринул их Творец со ступени святости, на которой они были, с небес. А когда низринул их Творец со ступени святости, они начали путаться с женщинами этого мира, и совращали жителей мира.

Пояснение сказанного. Отсюда видно, что не все ангелы пришли жаловаться Творцу после прегрешения человека, а только Аза и Азаэль, поскольку знали, что человек совершит возвращение. Однако знали Аза и Азаэль, что ущерб, причиненный прегрешением человека, не будет исправлен вследствие его возвращения. Мало того, им даже лучше, чтобы он вообще не совершал возвращения. Поэтому только они пожаловались на прегрешение человека. Ведь им представляется пороком то, что он не может исправиться, и недостатком, который невозможно учесть.

Дело в том, что разбиение келим и прегрешение Адама Ришона являются одним и тем же понятием. Только относительно миров это называется разбиением келим, а относительно душ это является следствием прегрешения Адама. И известно, что разбиение келим произошло во время «правления восьми царей (мелахим)»: мэлех Даат и ЗАТ – ХАГАТ НЕХИМ. И каждый из царей содержит сорок свойств, т.е. десять сфирот, в каждой из которых четыре свойства ХУБ ТУМ. Таким образом, восемь раз по сорок – это триста двадцать свойств. И называются они тремястами двадцатью искрами, которые рассеялись в каждой из сторон во время разбиения келим.

Смысл возвращения заключается в том, что с помощью подъема МАН мы снова поднимаем эти искры из клипот на их место в Ацилуте, как это было до грехопадения Адама Ришона. Однако у нас нет достаточно сил для того, чтобы выяснить свойства Малхут этих восьми царей, поскольку их недостатки полностью превосходят наши силы. Поэтому в нашем распоряжении есть только возможность выяснить двести восемьдесят восемь искр во время нашего возвращения, т.е. только девять раз по тридцать два. Но тридцати двух свойств Малхут в них даже запрещено касаться. И они называются «лев а-эвен (досл. каменное сердце)».

В силу этого были скрыты ГАР Абы ве-Имы, называемые «внутренние Аба ве-Има». Ведь эти тридцать две искры относятся к ним и нужны для восполнения десяти их сфирот, и всё то время, пока их недостает, в них не происходит зивуг (слияние). Но после того, как завершится выявление всех двухсот восьмидесяти восьми искр, выяснение «лев а-эвен» произойдет само собой, не требуя наших действий. Об этом сказано: «И удалю Я каменное сердце из вашей плоти»[485]. И тогда внутренние Аба ве-Има достигнут своих мохин. И это произойдет во время окончательного исправления. Однако до окончательного исправления не смогут ахораим Абы ве-Имы получить какое-либо исправление вследствие нашего возвращения.

И знай, что эти ангелы, Аза и Азаэль, относятся к ахораим Абы ве-Имы, которые были отменены во время разбиения келим. Но перед прегрешением Адама Ришона они по большей части опять исправились. А после прегрешения Адама Ришона снова аннулировались. И больше не могут исправиться до окончательного исправления. И поэтому пожаловались Аза и Азаэль Творцу на то, что они потеряли свои мохин из-за прегрешения человека, поскольку видели, что нет у них никакой надежды на то, что человек сможет исправить их посредством своего возвращения.

Мало того, они еще видели, что Адам Ришон своим возвращением сбросит их еще ниже с их ступени. Ведь всё возвращение должно осуществляться с помощью двухсот восьмидесяти восьми искр, без затрагивания свойств «лев а-эвен», относящихся к исправлению внутренних Абы ве-Имы, к которым относятся мохин этих ангелов. И всё действие по возвращению и подъему МАН заключается в том, чтобы удалить эти отбросы, тридцать две искры, из пищи, двухсот восьмидесяти восьми искр. Таким образом, Азу и Азаэля опускают из святости еще больше посредством окончательного устранения отбросов, т.е. «лев а-эвен». И поэтому они жаловались, не давая человеку

---

[485] Пророки, Йехезкель, 36:26.

произвести возвращение, поскольку его возвращение опускает их еще больше. Ведь тридцать две эти искры принадлежат их строению.

И поскольку видел Творец, что жалоба их ослабит человека, не позволяя ему совершить возвращение, сказал им: «Если бы вы оказались рядом с ними, были бы еще хуже него». Ведь Адам Ришон совершенно не испортил их своим прегрешением, и хотя есть у них святая ступень, так как они находятся на небесах, где нет связи с клипот, это не является полным совершенством, поскольку они не могут находиться в этом нашем мире, в месте клипот. Поэтому сказал им Творец: «Вы ничего не потеряли из-за прегрешения человека, ибо так или иначе вы ничем не лучше его, ведь всё ваше достоинство обусловлено лишь местом».

А речь Творца является действием. Тут же упали они с небес на нашу землю. «А когда низринул их Творец со ступени святости, они начали путаться с женщинами этого мира, и совращали жителей мира». Иными словами, когда они пришли в этот мир, начали выявлять то, что относится к свойству «лев а-эвен», содержащемуся в дочерях человеческих. Как сказано: «И увидели ангелы Творца дочерей человеческих, что хороши они, и брали их себе в жены, из всех, каких выбирали»[486] – потому что не хотели отделять отбросы, принадлежащие «лев а-эвен», выбирая только РАПАХ (288), но брали «из всех, каких выбирали», т.е. также и «лев а-эвен». И тогда они тоже попали под власть порочной нуквы Лилит, и хотели совратить мир своими порочными деяниями, ибо не желали, чтобы человек совершил возвращение, так как это противоположно их корню.

Что сделал Творец? «Увидев, что Аза и Азаэль совращают мир, Он заковал их в железные цепи в горах тьмы» – поскольку видел Творец, что если они обретут силы вернуться на небеса после этого прегрешения, вслед за ними оступятся все люди и не смогут совершить возвращение, так как власть их будет очень велика. Поэтому, несмотря на их очень возвышенный корень, Он дал власть корню клипот, называемому «барзель (железо)», как сказано: «Никакого железного орудия не было

---

[486] Тора, Берешит, 6:2.

слышно в Храме при возведении его»⁴⁸⁷. И поскольку эта клипа пристала к ним, они теперь словно железными цепями прикованы к ней в глубине гор тьмы, и не смогут подняться оттуда до конца исправления.

Поэтому сказано: «Когда достигают цепей Азы и Азаэля, они вызывают их гнев, и пробуждают их» – поскольку, омываясь в великом море, в свойстве Хохмы клипот, они получают силы соединиться с Азой и Азаэлем, пребывающими в горах тьмы, чтобы получить от них Хохму. И они пробуждали их, чтобы те дали им от своей Хохмы. «Они вызывают их гнев, и пробуждают их» – это пробуждение «четвертой стадии», являющейся большим желанием получить, называемым «гнев и ярость». Как сказано: «Ненасытность приводит к гневу». «Те пытаются выскочить из заточения в горах тьмы и думают, что Творец желает привлечь их к суду» – они не могли подняться к своему корню, чтобы получить для них Хохму, из-за железных цепей, в которые они закованы.

Поэтому говорится, что они пытались выскочить наверх и снова падали, и поэтому их заточили в еще более глубокое место в горах тьмы, и они думали, что Творец снова пожелал применить к ним силу суда в наказание за их попытки выскочить и получить от своего корня, и поэтому перестали выскакивать. Но, вместе с тем, «эти два правителя проплывают по великому морю»⁴⁸⁸ – т.е. хотя в действительности те ничего не могут им дать, ведь они только выскакивают и падают, вместе с тем, двум повелителям этого было вполне достаточно, чтобы получить от них Хохму и проплыть по великому морю. И сейчас появились у них силы проплыть там, в море Хохмы клипы, тогда как раньше у них были силы лишь только омыться там.

Дело в том, что у всех этих возвышенных клипот нет деяния. И все их действия завершаются лишь в мысли и желании, так как они являются силами разделения. И прежде чем они успевают достичь действия, святость уже оставляет их. И поэтому они никогда не смогут достичь действия. Поэтому и в поклонении иным богам Творец тоже обвиняет только за мысль или желание, как сказано: «Чтобы воспринял дом Исраэля сердцем

---

⁴⁸⁷ Пророки, Мелахим 1, 6:7.
⁴⁸⁸ См. п. 157.

своим»⁴⁸⁹. Как сказано: «Человек получает наказание за поклонение иным богам в сердце своем, как за действие». Поэтому достаточно было скачков Азы и Азаэля, чтобы получить их Хохму, хотя в действительности им ничего не давали.

157) И эти два правителя проплывают по великому морю, а затем, воспарив, направляются ночью к Нааме, матери демонов, которой были увлечены первые из божественного рода, и желают приблизиться к ней. Но она преодолевает прыжком шестьдесят тысяч парсаот, и преображается, принимая облики многих людей для того, чтобы увлечь за собой людей.

Объяснение. Ибо после того, как они получили силу от Азы и Азаэля, они могут предаться слиянию с Наамой. Первые ангелы, Аза и Азаэль, тоже поддались ее чарам. И вследствие этого слияния (зивуга) Наама порождает всех злых духов и демонов в мире. И поэтому сказано, что ею «были увлечены первые из божественного рода» – т.е. Аза и Азаэль, относящиеся к божественному роду, как сказано в Писании⁴⁹⁰.

И необходимо понять сказанное. Если они были высшими ангелами, как же они сделали ошибку, спутавшись с Наамой? И еще, почему Наама порождает в результате этого только демонов и духов, а не людей? Но дело в том, что высший мир, Аба ве-Има, создан с помощью «йуд», т.е. свойством захар, и нет в них ничего от «четвертой стадии». Однако ЗОН, представляющие собой нижний мир, созданы с помощью «хэй», содержащей в себе и «четвертую стадию». Аба ве-Има, т.е. свойства Бины, всегда жаждут света хасадим, потому что Бина вышла в таком виде вначале, в четырех стадиях прямого света.

Но ЗОН нуждаются в свете Хохмы, потому что в таком виде был создан Зеир Анпин прямого света – в свечении Хохмы внутри этих хасадим. И от зивуга Абы ве-Имы вышли ангелы, находящиеся, как и они, в окончании «йуд» и жаждущие тоже, как и они, только хасадим, а не Хохмы. А души людей происходят от нижнего мира, ЗОН, и оказываются души в окончании «хэй», на которую было произведено сокращение, чтобы не получать Хохму, из-за содержащейся в ней «четвертой стадии». И у них

---

⁴⁸⁹ Пророки, Йехезкель, 14:5.
⁴⁹⁰ Тора, Берешит, 6:4.

уже есть потребность и жажда получить Хохму, как и у ЗОН, поскольку они происходят от них.

В момент рождения Адама Ришона от ЗОН, ЗОН облачали высший мир, Абу ве-Иму, и тоже оканчивались в «йуд». Но эта «хэй» была скрыта в их ахораим. Поэтому ступень Адама Ришона была очень высокой. Ибо, находясь в ЗОН, поднявшихся в высший мир, и оканчиваясь в «йуд», он словно находился на той же ступени, что и высшие ангелы, рождающиеся от Абы ве-Имы. И вместе с тем получал высшую Хохму, относясь к ЗОН. И пребывало над ним имя Элоким, Хохма, в совершенстве высшего мира, поскольку в «йуд» отсутствуют сокращение и «четвертая стадия». И от этого свойства он породил Каина и Эвеля: Каина от ЭЛЕ, Эвеля от МИ. И в них обоих еще не проявилась нижняя «хэй», а только лишь «йуд», и поэтому была в них высшая Хохма. А основной носитель свойства Хохмы – это ЭЛЕ, ЗАТ Бины, иначе говоря, «душа» Каина.

Однако Каин возревновал к большему соответствию, которое скрыто в МИ, ибо в этой «йуд» находится в скрытии нижняя «хэй», и Каин желал произвести с ней зивуг, т.е. хотел притянуть свою Хохму в «четвертую стадию», скрытую в душе Эвеля, и этим убил Эвеля. Ведь после того, как раскрылась нижняя «хэй», раскрылось и сокращение, довлеющее над ней, – что запрещено пользоваться ею для получения высшего света. И поэтому имя Элоким отдалилось от них обоих. Однако МИ, являющееся свойством ГАР, удалилось наверх, и это называется «убийством Эвеля», а ЭЛЕ Каина, относящегося к свойству ЗАТ, упало в место клипот, называемое Арка. И хотя оно упало в клипот, всё же остались в келим немногочисленные искры Хохмы, и уж тем более, в его свойствах Бины, не понесших такого большого ущерба, осталось еще больше искр от Бины.

Наама, одна из дочерей Каина, была видом своим прекраснее всех дочерей человеческих. Ибо основная тяжесть греха легла на мужское потомство Каина (захарим), а не на женское (некевот), представляющее собой свойство «почва (карка) мира». И поэтому после того, как поверг Творец Азу и Азаэля в этот мир, созданный посредством «хэй», и они увидели Нааму, загорелось в них новое страстное желание, которого они никогда раньше не испытывали, – страсть к свету Хохмы, поскольку по своему корню они стремятся только к хасадим.

И один только вид Наамы породил в них новую страсть – привлечь свет Хохмы.

И поскольку в их собственном строении не содержится нижней сокращенной «хэй», также и в строении Наамы нижняя «хэй» не была проявлена, так как она происходит от свойств ЭЛЕ Каина, поэтому они ошибочно думали, что она достойна получения Хохмы, и произвели с ней зивуг (слияние). Они совершили двойную ошибку:

Во-первых, хотя и нет нижней «хэй» в их собственном строении, всё же место является определяющим. И поскольку они находятся в этом мире, нижняя «хэй» властвует над ними, и им нельзя было притягивать свет Хохмы.

Во-вторых, они думали, что и в строении Наамы нет нижней «хэй», так как ее нижняя «хэй» на самом деле находилась в скрытии, и поэтому вышли от их зивуга (слияния) все демоны и духи, вредящие миру.

Таким образом, становится понятным, почему демоны выглядят как полуангелы-полулюди. Со стороны своих прародителей, Азы и Азаэля, они напоминают ангелов, а со стороны праматери Наамы – напоминают людей. Однако она не могла родить людей, из-за того, что не было в ней мужского семени, а только лишь от ангелов. А вредителями они являются потому, что происходят от прелюбодеяния, относящегося к самому большому разделению в мире. Поэтому несут они с собой свою нечистоту, причиняя вред везде, где только возможно.

И сказано: «Направляются ночью к Нааме, матери демонов, которой были увлечены первые из божественного рода». Ведь когда они получают силы от этих ангелов, которые первыми совершили прелюбодеяние с этой Наамой, они тоже могут прелюбодействовать с ней, как и те. И сказано: «Направляются ночью» – поскольку сила Хохмы клипот властвует лишь только во тьме и ночью, когда преобладают суды, и также потому, что их корень – это Аза и Азаэль, закованные в цепи в горах тьмы.

«И желают приблизиться к ней. Но она преодолевает прыжком шестьдесят тысяч парсаот» – после того, как они предались блуду с ней, она преодолела прыжком шестьдесят тысяч парсаот, т.е. вознесла непотребность свою настолько, что желала отменить парсу, простирающуюся над ВАК Арих Анпина, каждая из сфирот которого исчисляется десятками тысяч (рибо). Таким образом, протяженность его ВАК составляет шестьдесят тысяч парсаот. Однако не говорится, что они «приблизились к ней», а только «желают приблизиться к ней». И не говорится, что она пролетает шестьдесят тысяч парсаот, а только «преодолевает прыжком шестьдесят тысяч парсаот».

Она только совершила прыжок, но тотчас же снова упала вниз, не коснувшись их. Поскольку в этих высоких клипот не происходит никакого действия. И все их пороки – только лишь в мысли и желании. Однако вместе с тем, у нее уже есть сила увлекать за собой людей. И хотя она и не приводит человека к совершению действия, а только к мысли и желанию, как и у нее самой, Творец в данном случае наказывает за мысль, как за действие. Как сказано: «Чтобы воспринял дом Исраэля сердцем своим»[489].

158) И эти два правителя воспаряют и слоняются по всему миру, и возвращаются на свое место. И они пробуждают потомков сыновей Каина духом нечестивых желаний продолжать свой род.

«И слоняются по всему миру» – чтобы вредить людям, так как приводят людей к осквернению от ночной случайности. А после того, как вводят в грех жителей этого мира, возвращаются на свое постоянное место, в землю Арка, и вынуждают там потомков сыновей Каина продолжать род в нечистоте своей. Это значит – кроме того, что они вводят в грех потомков Каина, в земле Арка, они еще летают по нашему, земному миру (Тевель), и вводят в грех живущих на этой земле.

159) Небеса, властвующие там, отличаются от наших небес. Они не дают силы земле, чтобы производить на ней сев и жатву, как у нас, и семена могут произрасти вновь лишь через долгий период, длящийся годы. И о них сказано: «Божества (элоким), которые не сделали неба и земли, сгинут с этой земли»[491] – с высшей земли, называемой Тевель, чтобы им не властвовать и не летать в ней, и не доводить людей до осквернения в

---

[491] Пророки, Йермияу, 10:11.

результате ночной случайности. И поэтому «сгинут с этой земли и из-под небес»[491] – созданных именем ЭЛЕ.

Объяснение. «Наши небеса» получают наполнение от Зеир Анпина, у которого есть мохин порождения. И поэтому «наша земля», получающая наполнение от его Нуквы, позволяет производить сев и жатву. Однако небеса земли Арка не обладают мохин порождения из-за власти имеющихся там клипот. Поэтому «не дают они силы земле, чтобы производить на ней сев и жатву, как у нас» – так как нет сил у этой земли, приняв семя, взрастить урожай и произвести жатву, как у нашей земли. «И семена могут произрасти вновь лишь через долгий период, длящийся годы» – поскольку не произрастет посаженное там семя иначе, как «через долгий период, длящийся годы».

И сказано об этих двух повелителях, Африроне и Кастимоне, что это «божества (элоким), которые не сделали неба и земли»[491] – т.е. они не могут исправить эти небеса и землю Арка, чтобы она стала пригодна производить плоды. И потому нет у них права слоняться и вводить в грех людей на нашей земле, Тевель. Ибо, находясь здесь, они разрушают нашу землю, превращая ее в «небеса и землю» такие же, как у них.

«"Сгинут с этой земли"[491] – с высшей земли, называемой Тевель» – т.е. сгинут с нашей земли, называемой Тевель, «чтобы им не властвовать и не летать в ней, и не доводить людей до осквернения от ночной случайности» – потому что своими блужданиями над нашей землей Тевель они приводят людей к осквернению от ночной случайности. И это – проклятие, пребывающее над Аркой из-за того, что они властвуют там.

«И из-под небес» наших, «созданных именем ЭЛЕ». Потому что наши небеса получают от исправленных ЗОН, «созданных именем ЭЛЕ». Как сказано: «Вначале создал Всесильный (Элоким אלהים)»[492] – т.е. МИ (מי) взаимодействуют с ЭЛЕ (אלה), поэтому и наша земля исправляется с помощью высшей святости. Ведь благодаря этому скрытию может существовать мир. И поэтому нет права у этих двух правителей слоняться здесь.

---

[492] Тора, Берешит, 1:1.

160) И это речение приведено на языке перевода, чтобы высшие ангелы не подумали, что говорится о них, и не враждовали с нами. Слово ЭЛЕ (אלה) является святым словом, и оно не меняется в языке перевода, поэтому всё речение написано на языке перевода, кроме слова ЭЛЕ (אלה). И сказано: «Сгинут с этой земли и из-под небес этих (ЭЛЕ)»[491], так как у этого слова нет перевода, потому что соединение ЭЛЕ с МИ притягивает высшие мохин Хохмы. И если они оскверняют буквы ЭЛЕ, подобно Каину, то падают в клипот, и даже святости перевода не остается в них, так, что не способны услышать язык перевода, представляющий собой ВАК святости[493].

---

[493] См. выше, п. 152.

Среди всех мудрецов народов нет подобных Тебе

161) Сказал рабби Эльазар: «Сказано: "Кто не убоится Тебя, Царь народов, как и подобает Тебе"⁴⁹⁴. Что это за хвала?» Сказал ему рабби Шимон: «Эльазар, сын мой, это изречение приведено в нескольких местах. Однако, конечно же, его смысл кроется не в буквальном понимании. Сказано: "Среди всех мудрецов народов и во всем их царстве нет подобных Тебе". Это дает повод высказываться нечестивцам – тем, кто думает, что Творец не знает об их сомнениях и мыслях.

А потому следует рассказать о глупости их. Однажды явился ко мне один философ из народов мира и сказал: "Вы говорите, что ваш Творец властвует во всей небесной вышине и все воинства и станы не постигают и не ведают места Его. Это не очень-то умножает славу Творца. Ведь сказано: "Среди всех мудрецов народов и во всем их царстве нет подобных Тебе". Что же это за сравнение с людьми, которые смертны?"»

Сказано об этом: «И говорят: "Откуда знает Творец? И есть ли знание у Всевышнего? Ведь грешащие и вечно беззаботные достигают успеха"»⁴⁹⁵. О том же говорит и философ. Этот философ был великим из мудрецов народов, и он пришел к рабби Шимону, чтобы высмеять мудрость Исраэля и нашу работу в полной вере, осуществляемой в величайшей чистоте, потому что мысль не постигает Его вовсе. Мудрец этот был из тех философов, которые утверждают, что главным в работе Творца является Его постижение, так как, по их мнению, они постигают Его. И пришел он, чтобы надсмеяться над нами.

И поэтому говорит: «Властвует во всей небесной вышине». Другими словами, Он возвышается над всяким человеческим разумом, будучи Властителем в этой вышине, и Он заповедал вам работать пред Ним в вере и чистоте, и не сомневаться в Нем вовсе. «Все воинства и станы не постигают...» – т.е. не только

---

⁴⁹⁴ Пророки, Йермияу, 10:7. «Кто не убоится Тебя, Царь народов, как и надлежит Тебе, ибо среди всех мудрецов народов и во всем их царстве нет подобных Тебе».
⁴⁹⁵ Писания, Псалмы, 73:11-12.

человеческий разум не постигает Его, но даже высшие рати и ангелы никогда не постигнут Его, «и не ведают места Его» – даже места Творца они не постигают. И поэтому они говорят: «Благословенна слава Творца с места Его»[496] – так как не знают, где Его место.

И он приводит свои доводы против этого, говоря, что это изречение не очень-то умножает славу Творца. Сказано: «Среди всех мудрецов народов и во всем их царстве нет подобных Тебе». Если это пророчество призвано восславить Творца Исраэля, и Он важнее богов, которых постигают мудрецы народов своими собственными силами и своей мудростью, это не очень-то умножает Его славу. То есть такая хвала не очень-то умножает Его славу. Ведь как можно соизмерять и сравнивать Творца с простыми смертными? Разве не кроется здесь большое презрение к вашему Творцу, если Его оценивают мерками мудрецов народов – людей смертных?

162) И еще сказал философ: «Вы истолковываете слова "не вставал более пророк в Исраэле, подобный Моше"[497] – не вставал в Исраэле, но вставал среди народов мира. Но ведь и я утверждаю то же самое – среди всех мудрецов народов нет подобных Ему, а среди мудрецов Исраэля есть подобные Ему. А раз так, Творец, подобных которому можно найти среди мудрецов Исраэля, не является высшим Властелином". Взгляни в Писание и увидишь, что я привел его с достаточной точностью».

Объяснение. Здесь он заговорил витиеватым языком: «Взгляни в Писание и увидишь, что я привел его с достаточной точностью» – так как он понял, что можно легко ответить на его вопрос. И сказанное означает, что «среди всех мудрецов народов и во всем их царстве» некому постичь Тебя, потому что «нет подобных Тебе». И это соответствует фразе: «Если бы я знал Его, то был бы Им». Но если мудрецы народов кичатся, что постигают Его, может быть, они подобны Ему?! И потому сказано, что ложь изрекали они и не подобны они Ему, так как не постигают Его, но лишь вводят себя в заблуждение.

---

[496] Пророки, Йехезкель, 3:12.
[497] Тора, Дварим, 34:10.

И поэтому он еще более усложнил свой вопрос: ведь отсюда следует, что только среди мудрецов народов нет подобных Ему, а среди мудрецов Исраэля есть подобные Ему? То есть они постигают Его! «А раз так, Творец, подобных которому можно найти среди мудрецов Исраэля, не является высшим Властелином». Иными словами, как вы можете говорить в таком случае, что мысль вовсе не может постичь Творца Исраэля, и что Он властвует над рабами Своими силой веры в Его возвышенность? Ведь сказано, что среди мудрецов Исраэля есть подобные Ему, что есть мудрецы в Исраэле, постигающие Его. Выходит, Писание противоречит вам?

163) «Я ответил ему: "Без сомнения, ты верно сказал, что есть среди Исраэля подобные Ему. Ведь кто воскрешает мертвых? Разве не сам Творец? Пришли Элияу и Элиша и оживили мертвых. Кто посылает дожди? Разве не сам Творец? Пришел Элияу и предотвратил их, и вызвал их своей молитвой. Кто создал небеса и землю? Разве не сам Творец? Пришел Авраам, и благодаря ему небо и земля обрели жизненные силы"».

Иначе говоря, рабби Шимон объяснил ему: «Ты верно сказал – среди Исраэля есть подобные Ему. В этом ты несомненно прав, и вместе с тем это вовсе не противоречит нашей искренней вере, и мы не постигаем Его совершенно. И Он властвует во всей небесной вышине – т.е. высшие ангелы тоже не постигают Его и не ведают места Его.

Однако, потому Он и дал нам Тору и заповеди, чтобы занимаясь Торой и заповедями во имя нее (лишма), Исраэль удостоились подлинного слияния с Ним, и Шхина Его облачается в них настолько, что они начинают совершать те же действия, которые совершает Творец. Они возрождают мертвых, вызывают дожди, поддерживают существование неба и земли. И в этом смысле они на самом деле подобны Ему, как сказано: "Из действий Твоих узнаем Тебя". Однако всё это они постигают лишь в совершенной и чистой вере, даже не помышляя постичь Его своей мудростью, как принято у мудрецов мира».

164) «Кто управляет солнцем? Разве не один лишь Творец? Пришел Йеошуа и усмирил его, и повелел ему стоять на месте, и оно усмирилось, как сказано: "Остановилось солнце, и луна

стояла"⁴⁹⁸. Творец выносит приговор – и Моше также вынес приговор, который исполнился. И еще: Творец дает повеления, а праведники Исраэля отменяют их, как сказано: "Праведник, властвующий богобоязненно"⁴⁹⁹. И еще: Творец заповедал им в точности следовать Его путям, уподобляясь Ему во всем. Пошел этот философ и учился мудрости веры в Кфар-Шахала́им, и назвали его "маленький Йоси". Он много изучал Тору и вошел в число мудрецов и праведников в том месте.

Разве из-за этого они не уменьшают в итоге силу своей искренней веры, удостаиваясь быть полностью подобными Ему? Однако они поступают так потому, что Он заповедал им делать это и постигать Его с помощью Его действий. То есть Творец заповедал им в точности следовать Его путям, как сказано: "Будешь ходить путями Его"⁵⁰⁰. И настолько эта истина поразила философа, что он перешел на сторону веры и принял на себя бремя Торы и заповедей».

165) «А теперь нам необходимо обратиться к Писанию, ведь сказано: "Все народы как ничто перед Ним". Так в чем же наше преимущество здесь? И отвечает – но ведь сказано: "Кто не убоится Тебя, Царь народов?!" Ведь Он – Царь народов, а не Царь Исраэля? Однако в любом месте Творец желает возвеличиться в Исраэле. И называется по имени только лишь над Исраэлем. Как сказано: "Творец (Элоким) Исраэля" – Творец евреев. И сказано: "Так сказал Творец, Царь Исраэля". Царь Исраэля, конечно. Сказали народы мира: "Другая защита есть у нас в небесах, потому что Царь ваш властвует только над вами, над нами же Он не властен"».

Объяснение. «А теперь» – т.е. в ту ночь, когда невеста готовится войти под хупу, находится там рабби Шимон и желает, чтобы теперь невеста нарядилась, одев свои украшения. Нам нужно по-новому взглянуть на сказанное: «Кто не убоится Тебя, Царь народов», и объяснить его относительно украшений невесты. И возвращается к началу написанного, где сказано: «Кто не убоится Тебя, Царь народов». Так в чем же наше преимущество здесь? Ведь сказано: «Все народы как ничто перед

---

⁴⁹⁸ Пророки, Йеошуа, 10:13.
⁴⁹⁹ Пророки, Шмуэль 2, 23:3.
⁵⁰⁰ Тора, Дварим, 28:9.

Ним». Что же нам хотят сказать этим? Сказали народы мира: «Другая защита есть у нас в небесах» – потому что эти народы притесняют Исраэль, говоря, что есть у них хороший защитник и управитель на небе, дающий им мудрость и власть. И Царь Исраэля не властен над ними.

166) Сказано в Писании: «Кто не убоится Тебя, Царь народов» – т.е. высший Царь над ними, призванный господствовать над ними и карать их, и поступать с ними по Своей воле. «Как и надлежит Тебе» – чтобы бояться Тебя наверху и внизу. «Ибо среди всех мудрецов народов» – тех, кто властвует и управляет наверху, тех, кто назначены над ними, «и во всех царствах их» – т.е. в том царстве (Малхут), которое наверху. Четыре правящих царства есть наверху, властвующих по воле Творца над всеми остальными народами, и вместе с тем, нет среди них того, кто сделал бы даже самую малость без того, чтобы Он повелел им, как сказано: «По воле своей поступает Он как с воинством небесным, так и с живущими на земле». «Мудрецы народов» – это ставленники и правители наверху, от которых исходит мудрость народов. «Во всех царствах их» – это Малхут, властвующая над ними. И это – простое толкование сказанного.

Пояснение сказанного. Это речение объясняет, как невеста готовится в дни изгнания войти под хупу в конце исправления. Ведь все силы народов направлены на то, чтобы поработить нас в изгнании, подчинив своей власти. И они добиваются этого с помощью своей мудрости (хохма) и господства (малхут), т.е. высших правителей, назначенных в небесах клипот и дающих им (народам) мудрость и власть. И с помощью своей мудрости они приводят нас к дурным мыслям – желать понять Творца во всех отношениях: Его самого и пути Его, и мысли Его, без всякого страха и без всякого прославления величия господства Его.

Из-за этих дурных мыслей мы полностью теряем всё святое наполнение, и наполнение переходит к их Малхут. Как сказано: «Цур наполняется лишь на опустошении Йерушалаима» – поскольку этим они достигают силы угнетать и бичевать нас, и подчинять своей воле. И это – основа этих четырех царств, порабощающих нас в четырех изгнаниях, под которыми подразумеваются четыре их свойства ХУБ ТУМ (Хохма и Бина, Тиферет и Малхут), и на которые указывает идол, приснившийся Нэвухаднецару, как сказано: «(Вот) идол этот: голова его из чистого золота, грудь и руки из серебра, чрево и бедра из меди, голени из железа, а ступни его частью из железа, а частью из глины»⁵⁰¹.

И во время власти этого идола они насмехаются над нами: «Есть у них другой защитник на небесах». Но обо всём этом сказано: «Творец содеял так, чтобы боялись Его»⁵⁰², потому что Шхина называется страхом Творца. Это говорит о том, что у нас нет никакой другой возможности слиться с Творцом навечно, как только с помощью великого страха Его величия, приняв на себя бремя Торы и заповедей в полной и чистой вере, ни в коем случае не сомневаясь в свойствах Его, чтобы ничто в мире не скрыло Его от нас.

Ибо тогда мы сливаемся с Ним навечно, в неразрывной связи, и тогда Творец тоже доставит нам благо во всём, в чем задумал насладить нас в замысле творения, и мы удостаиваемся полного избавления и конца исправления. Но до этого: «Каждый, кто нанимается, зарабатывает для дырявого кошелька»⁵⁰³ – потому что у ситры ахра всегда есть сила забрать наслаждения, получаемые нами в результате дурных мыслей, ею же и доставляемых, согласно правилу: «Цур наполняется лишь на опустошении Йерушалаима».

Однако, эти наказания вовсе не во зло нам, а для того, чтобы удостоить нас страха Творца с помощью многочисленных испытаний, постигающих нас в изгнании, пока мы не удостаиваемся принять веру Его в совершенстве и в страхе величия Его. Тогда сказано: «Вспомнит Он милость Свою и верность Свою дому Исраэля, и увидят все ничтожные на земле спасение от Творца Своего»⁵⁰⁴ – потому что в конце дней вспомнит для нас Творец все милости Свои, и проявит совершенство веры Его всем сразу.

И после того, как мы получили силу принять Его веру полностью, отстроится Йерушалаим на развалинах Цура, так как все те милости и наполнения, которые все правления ситры ахра

---

⁵⁰¹ Писания, Даниэль, 2:32,33.
⁵⁰² Писания, Коэлет, 3:14.
⁵⁰³ Пророки, Хагай, 1:6.
⁵⁰⁴ Писания, Псалмы, 98:3.

отняли у нас в дни изгнания, будут возвращены нам полностью после того, как станет совершенной вера наша, и не будет ощущения даже малейшего недостатка. И тогда «увидят все ничтожные на земле спасение от Творца Своего» – поскольку увидят все народы, что и до сих пор они беззаветно хранили наше богатство, чтобы вернуть нам его в нужное время.

И получается, что «когда человек властвует над человеком, это во зло ему»[505] – поскольку тяготы порабощения, охватившие нас в то время, когда властвует нечестивец над праведником, были лишь во зло этому нечестивцу, ведь благодаря этому мы ускорили достижение веры Творца, потребовав у него всё награбленное, отнятое им у нас.

И об этом времени сказал пророк: «Кто не убоится Тебя, Царь народов». И теперь раскрылось, что Ты Царь народов, «призванный господствовать над ними и карать их, и поступать с ними по своей воле». Ведь хотя и казалось нам раньше, что они угнетают нас, теперь раскрылось это в полной противоположности – что они служили нам и были нашими рабами, для того чтобы привести нас к полной вере. И хотя нам казалось при этом, что они притесняют нас, раскрылось теперь обратное, что они покарали самих себя, так как этим они лишь ускорили наш приход к совершенству и свое приближение к горькому концу.

Там, где казалось, что они восставали против Творца и совершали всё по своей воле и желанию, заставляя нас исполнять дурные желания, и думать, что нет правосудия и нет судящего, раскрылось теперь, что во всем выполняли только волю Творца, ведя нас к совершенству. Таким образом, выяснилось, что Ты Царь народов – с самого начала и до конца. Ведь Ты всегда правил ими, заставляя их выполнять свою волю, как Царь – рабов своих. А сейчас раскрылся страх перед величием Твоим у всех народов, как сказано: «Кто не убоится Тебя, Царь народов».

«Среди всех мудрецов народов» – имеются в виду властители и правители, назначенные над ними. И это – властители Африрон и Кастимон, правящие на земле, а также Аза и Азаэль, у которых черпают мудрецы народов свои знания. И притесняют Исраэль, как им заблагорассудится.

---

[505] Писания, Коэлет, 8:9.

Как сказано: «Во всех царствах их – четыре царства власти есть наверху. И властвуют они по воле Творца над всеми остальными народами. И на эти четыре царства указывают свойства, описанные в идоле, приснившемся Навухаднецару:

1. Голова его из чистого золота.
2. Грудь и руки из серебра.
3. Чрево и бедра из меди.
4. Голени из железа, а ступни его частью из железа, а частью из глины.

Эти четыре свойства соответствуют ХУБ ТУМ клипы, и они властвуют над всеми семьюдесятью народами, живущими в мире.

«И вместе с тем, нет среди них того, кто сделал бы даже самую малость без того, чтобы Он повелел им» – так как раскроется в конце дней, что все порабощения и притеснения, посредством которых они отдалили Исраэль от Отца их небесного, были не чем иным, как преданным служением, чтобы приблизить их (Исраэль) к Отцу небесному. Таким образом, делали они только то, что Ты повелел им. Как сказано: «По воле своей поступает Он как с воинством небесным, так и с живущими на земле».

И сделал Он это, чтобы привести нас к полной вере и удостоиться получения всех милостей Его, как сказано: «Вспомнит Он милость Свою и верность Свою дому Исраэля, и увидят все ничтожные на земле спасение от Творца Своего». И тогда был сокрушен идол, как сказано: «Пока ты смотрел, сорвался камень без помощи чьих-либо рук и ударил идола по ногам его из железа и глины и раздробил их. Тогда искрошились сразу железо, глина, медь, серебро и золото, и стали подобными мякине на летнем току, и унес их ветер, и не осталось от них следа. А камень, который разбил идола, превратился в гору и заполнил всю землю»[506].

Святая вера называется камнем, не нуждающемся в помощи чьих-либо рук. И после того, как вспомнил милость и веру Его, тогда «сорвался камень без помощи чьих-либо рук и ударил идола по ногам его из железа и глины и раздробил их». «И

---
[506] Писания, Даниэль 2: 34-35.

стали подобными мякине на летнем току, и унес их ветер, и не осталось от них следа». Как сказано: «И увидят все ничтожные на земле спасение от Творца своего». И этот «камень превратился в гору и заполнил всю землю». Как сказано: «Ибо наполнится земля знанием Творца, как полно море водами»[507].

167) «Все мудрецы народов и все царства их» – это высшие станы и воинства, и хотя они были назначены ответственными за происходящее в мире, и повелел Он каждому из них выполнять работу Его, кто может сделать ее, – кто из них может сравниться с Тобой? Ибо проявлены достоинства Твои, и проявлены деяния Твои над всем сущим. Это означает – «нет подобных Тебе, Творец!» Кто скрыт и свят наверху и внизу, чтобы совершал деяния, как Ты, и был подобен Тебе в каждом действии святого Царя на небесах и на земле?! «Но все они – пустота, а кумиры их – никчемны». О Творце сказано: «Вначале создал Всесильный небо и землю»[508]. Об их царствах сказано: «Земля же была – смятение и пустынность»[509].

168) Сказал рабби Шимон товарищам: «Вы участники этой свадьбы, и каждый из вас должен украсить одним украшением невесту». Сказал рабби Эльазару, сыну своему: «Эльазар, дай один подарок невесте, ведь завтра будет внимать Он» – Зеир Анпин, «войдя под свадебный полог, тем воспеваниям и восславлениям, которые преподнесут ей сыновья этого чертога, когда предстанет она перед Ним».

---

[507] Пророки, Йешаяу, 11:9.
[508] Тора, Берешит, 1:1.
[509] Тора, Берешит, 1:2.

Кто она

169) Провозгласил рабби Эльазар, сказав: «Кто она, восходящая из пустыни?»[510] «Кто она? (МИ ЗОТ)» – это совокупность двух видов святости, относящихся к двум мирам, Бине и Малхут, в едином соединении и в единой связи. «Восходящая» – которая действительно восходит к тому, чтобы стать святая святых, так как МИ, Бина, – это святая святых, и она соединилась с ЗОТ, с Малхут, для того чтобы Малхут стала «восходящей», т.е. свойством «святая святых». «Из пустыни» – потому что от «пустыни» переняла ЗОТ свойства, чтобы стать невестой и войти под хупу.

Объяснение. В речении «кто она, восходящая из пустыни, что льнёт к возлюбленному своему?»[510] – говорится об окончательном исправлении в тот час, когда невеста восходит к хупе. И здесь объясняется, что «кто она (МИ ЗОТ)» – указывает на Бину, называемую МИ, и на Малхут, называемую ЗОТ. И говорится, что тогда они станут «МИ ЗОТ», т.е. будут пребывать в едином соединении, соединении двух святостей. Ведь до окончательного исправления только Бина называется святостью, а Малхут, поднимающаяся к Бине, только получает святость от Бины. Но по завершении исправления будет также и сама Малхут святостью, как и Бина. И будет «кто она (МИ ЗОТ), восходящая» совокупностью двух видов святости, относящихся к двум мирам, Бине и Малхут, пребывающих в едином соединении и единой связи.

«Связь» – это узел жизни, т.е. окончание Малхут и экран, поднимающий отраженный свет и связывающий все сфирот в одно целое. И она всегда уже будет заканчиваться в «йуд», наравне с Биной. И это называется единой связью и единым соединением, потому что ступень света в Малхут будет соединена со ступенью Бины как одно целое. Ведь тогда она «действительно восходит к тому, чтобы стать святая святых» – т.е. Малхут поднимается, чтобы полностью стать святая святых, как и Бина.

---

[510] Писания, Песнь песней, 8:5. «Кто эта, восходящая из пустыни, что льнет к возлюбленному своему? Под яблоней я тебя пробудила, там тобой мучилась мать твоя, там в муках была твоя родительница».

«Действительно восходит (олá)» – как жертва всесожжения (олá), причисляемая к самым святым, так как МИ, Аба ве-Има, – это «самое святое», и эта МИ соединилась с ЗОТ, Малхут, для того чтобы Малхут стала как жертва всесожжения, относящаяся к самым святым. И тогда образуется соединение МИ с ЗОТ, для того, чтобы сделать саму ЗОТ святая святых. И после этого уже не может быть никакого уменьшения в Малхут, поскольку она сама стала свойством «святая святых», как и Бина. И об этом сказано: «Уничтожит Он смерть навеки»[511].

И поэтому сказано, что «от "пустыни" переняла ЗОТ свойства, чтобы стать невестой и войти под хупу». «Пустыня» – это место «змеев, аспидов и скорпионов»[512]. И считается, что те, кто поддерживает Тору, в основном и создают ее[513]. Таким образом, этот большой зивуг конца исправления исходит именно от «пустыни».

170) Из пустыни она восходит, как сказано: «Превосходна речь твоя»[514] – с помощью речи, произносимой шепотом губ, она восходит. Ибо «пустыня (мидбар)» означает «речь (дибур)». Как сказано: «(Кто спасет нас от руки) Творца всемогущего! Это Творец, покаравший египтян всякими карами в пустыне!»[515]. Разве то, что сделал для них Творец, было в пустыне, а не в месте поселения?

Однако «в пустыне (бе-мидбар)» означает «с помощью речи (бе-дибур)». Как сказано: «Превосходна речь твоя»[514]. И сказано: «От пустыни – возвышение»[516]. И также «восходящая из пустыни» – конечно же, «от речи», то есть благодаря слову, которое исходит из уст, Малхут поднимается и входит меж

---

[511] Пророки, Йешаяу, 25:8.
[512] Тора, Дварим, 8:15. «Когда будешь есть и насытишься,.. то надменным станет сердце твое, и забудешь Творца твоего,.. который вел тебя по пустыне великой и страшной, где змеи, аспиды и скорпионы, засуха и безводье, который извлекал для тебя воду из скалы кремнистой».
[513] См. выше, статью «Две точки», п. 124.
[514] Писания, Песнь песней, 4:3.
[515] Пророки, Шмуэль 1, 4:7-8. «И устрашились плиштим, ибо сказали они: "Творец прибыл в стан!" И сказали они: "Горе нам, ведь не было такого вчера и третьего дня! Горе нам, кто спасет нас от руки Творца всемогущего?! Это Творец, покаравший египтян всякими карами в пустыне!"»
[516] Писания, Псалмы, 75:7. «Ибо не с востока, и не с запада, и не от пустыни возвышение».

крыльев Имы, т.е. Бины. А затем, с помощью речи, Малхут нисходит и пребывает над главами святого народа.

Пояснение сказанного. До завершения исправления, когда Малхут называется Древом добра и зла, всё ее исправление происходит благодаря тем МАН, посредством которых праведники поднимают Малхут в Бину. И вследствие этого подъема, Малхут временно становится святой, как Бина. И эти МАН называются «молитва шепотом». Малхут называется речью. И речью доброй без всякого зла она может быть только в то время, когда «голос», произносящий эту «речь», исходит от Бины. И это – единство «голоса» и «речи», зивуг ЗОН в гадлуте, потому что Зеир Анпин получает «голос» Имы и передает его «речи», Малхут, и тогда эта «речь полностью добрая, без всякого зла», и она получает мохин святости.

Однако, без этого подслащения, получаемого от голоса Бины, голос Малхут относится к свойству «добро и зло», и в Малхут есть присасывание клипот, и она не может получать от святости. И поэтому МАН, которые праведники поднимают в молитве, производятся «шепотом губ», т.е. «речью без голоса». Как сказано: «Только губы ее шевелились, голос же ее не был слышен»[517]. Ибо тогда нет никакого присасывания в МАН, которые они возносят, и они могут поднять также и Малхут до Бины, для того, чтобы она получила «голос» от Бины. И тогда она становится святым строением и получает мохин в зивуге «голоса» и «речи», и святость ее «речи» пребывает над головами праведников, которые исправили их таким образом.

И поэтому говорится здесь: «Из пустыни она восходит, как сказано: "Превосходна речь твоя"[514]». Ведь невеста сейчас посвящена большому зивугу, восхождению к хупе путем подъема МАН праведниками. И об этом сказано: «Превосходна речь твоя»[514] – поскольку они привлекли к «речи» Малхут «голос» Имы. И благодаря этому она (невеста) преображается, становясь из «речи» Малхут превосходной и прекрасной, как Бина. Ибо все те зивуги, которые производились до этого, следуя один за другим, собрались сейчас в большой зивуг, вводящий ее в хупу. И «с помощью речи, производимой шепотом губ, она восходит» – с помощью МАН, которые поднимали раньше

---

[517] Пророки, Шмуэль 1, 1:13.

«шепотом губ», «речью без голоса». Ведь «голос» ее был еще в свойстве «добро и зло», и они притянули к ней «голос» Имы. И благодаря всем этим добрым деяниям, был произведен сейчас большой зивуг, чтобы она могла войти под хупу, поскольку сейчас и ее собственный «голос» тоже стал свойством «добро, в котором нет никакого зла». И стала она «святая святых», как и Има.

«Речь, произносимая шепотом», называется словом, исходящим из уст, – т.е. без участия нёба, горла, языка и зубов, а лишь посредством произнесения губами и ртом. Как сказано: «Голос же ее не был слышен»[517]. И поэтому «благодаря слову, которое исходит из уст, Малхут поднимается» – потому что таким путем поднимаются МАН. И тогда «входит меж крыльев Имы» – и она поднимается меж крыльев Бины, иначе говоря, приобретает «звучание» крыльев Имы в «речах» своих. А затем, благодаря приобретенной «речи», она опускается и пребывает над головами святого народа. Ведь после того, как приобрела «голос» свойства милосердия Имы, она стала такой же святостью, как и Има. И святость ее возвращается тем, кто исправил ее. И они тоже называются святым народом, как и она, потому что «речь» ее сейчас так же свята, как и «речь» Имы.

171) Как восходит Малхут в «речи» своей? Вначале, когда человек встает утром, он должен благословить Господина своего, в час, когда открывает глаза свои. Как он благословляет? Так поступали первые праведники: они ставили перед собой сосуд с водой, и в час, когда пробуждались ночью, совершали омовение рук, вставали и занимались Торой, благословляя на изучение ее. И в час, когда раздается крик петуха, возвещающий о наступлении полночи, собирается Творец с праведниками в Эденском саду. А утром запрещено благословлять, когда руки запачканы скверной. И так же – в любой час.

Пояснение сказанного. Если начало исправления Малхут должно производиться «шепотом губ», то как же в момент пробуждения ото сна мы благословляем в голос – ведь следовало бы благословлять шепотом, притянув сначала «голос» от Имы, чтобы возвысить Малхут в речи ее с помощью «голоса» Имы?

Первые праведники производили это исправление путем действия, потому что подъем МАН осуществляется с помощью действия или речи[518]. Ведь во время сна человека улетучивается дух святости, и дух нечистоты первородного змея пребывает над ним, потому что сон – это шестидесятая часть смерти[519]. А смерть берет свое начало от нечистоты первородного змея.

Поэтому во время его пробуждения от сна, этот злой дух еще не покинул его окончательно и пребывает над кончиками пальцев рук. Потому что к са́мому святому более всего пристает ситра ахра. А кончики пальцев обладают большей святостью, чем остальное тело, потому что там место пребывания Хохмы (мудрости), как сказано: «А всякая жена, мудрая сердцем, своими руками пряла»[520].

Поэтому ситра ахра, относящаяся к свойству «смерть», не уходит оттуда даже после пробуждения. И ему необходимо действие, называемое «омовение рук». Требуется подготовить два вида келим (сосудов):
1. Верхнее кли, называемое «натла»[521].
2. Нижнее кли, принимающее нечистоту.

Верхнее кли, называемое «натла», указывает на кли Бины: ведь поскольку ситра ахра убегает от света Бины, омовение пальцев водами Бины вынуждает ситру ахра бежать оттуда, избавляя Малхут от раскрывшегося в ней зла и оставляя только добро. И тогда можно заниматься Торой и благословлять на Тору. Таким образом, действие по «омовению рук» подобно подъему МАН к «крыльям» Имы, возносимому «шепотом губ».

«В момент, когда раздается крик петуха, возвещающий о наступлении полночи». Это относится к сказанному в Писании: «Светило большое – для правления днем, а светило малое – для правления ночью»[522], потому что святая Шхина, т.е. кли Малхут, уменьшилась до состояния «малое светило» и облачилась в клипот. Об этом сказано: «Ноги ее нисходят к смерти»[523].

---

[518] См. Зоар, главу Бехукотай, п. 5.
[519] Вавилонский Талмуд, трактат Брахот, лист 57:2.
[520] Тора, Шмот, 35:25.
[521] Натла – кружка для омовения рук.
[522] Тора, Берешит, 1:16.
[523] Писания, Притчи, 5:5.

То есть, к Древу добра и зла – «если удостоился человек, то (оно) – добро, если не удостоился – зло»[524].

Таким образом, есть в Малхут две половины: добро и зло. Половина, в которой удостаивается, и половина, в которой не удостаивается. Поэтому и правление ее (Малхут), называемое «ночь», тоже делится на две половины:
1. Первая половина ночи, относящаяся к свойству «если не удостоился – зло», как сказано: «Ты насылаешь тьму, и наступает ночь, когда весь лес кишит зверями»[525].
2. Вторая половина ночи, относящаяся к свойству «удостоился – добро».

И вот первое исправление для половины, относящейся к «добру», совершается именно в точке наступления полуночи, потому что Малхут тогда получает голос Бины. То есть Малхут, поднявшись, получает подслащение в Малхут де-Има, и суд, правящий в самой Малхут, становится судом святости, со стороны добра, без всякого зла. Достигается это тем, что суд всей своей тяжестью обращается на ситра ахра, но для Исраэля он становится милосердием.

И сказано в Зоаре: «Когда наступает полночь, из столпа Ицхака выходит пламя и стегает петуха, называемого "гевер (боец)", подобного высшему "геверу", находящемуся над ним»[526]. «Пламя столпа Ицхака» – суд Бины. Ангел Гавриэль, «петух, т.е. гевер (боец)» – это свойство Гвура, которое использует «гевер», находящийся выше него, Малхут мира Ацилут, называемая «малое светило». И суд Бины ударяет под крылья Гавриэля, и тогда Малхут с помощью него получает голос Бины.

«В час, когда издает призыв Гавриэль, издают крик все петухи в этом мире, и выходит от него другое пламя, настигая их ударом под крылья, и они издают клич»[527] – т.е. в час, когда Гавриэль возносит голос Бины к высшему «геверу», к Малхут, выходит пламя от Гавриэля и настигает всех петухов в этом мире, т.е. суды, действующие в пределах этого мира. И все

---

[524] См. выше, статью «Две точки», п. 123.
[525] Писания, Псалмы, 104:20.
[526] Зоар, глава Шлах леха, п. 267.
[527] Зоар, глава Шлах леха, п. 268.

они издают призыв, только голосом, подслащенным свойством милосердия, Бины, – так, что свойство «голос», являющееся судом Малхут, уже не властвует во второй половине ночи. И ее место занимает голос Бины, и на это указывает призыв, издаваемый петухами в этом мире. Поэтому сказано здесь: «В час, когда раздается крик петуха, возвещающий о наступлении полночи» – так как голос петуха указывает на то, что Малхут уже получила голос Бины. И тогда это точка наступления полуночи, в которой начинается половина ночи, являющаяся «добром без всякого зла».

А после того, как Малхут получает голос Бины, праведники поднимают МАН с помощью занятий Торой после полуночи. И они поднимают ее до гвурот высшей Имы, приносящих радость. Как сказано: «Встает она еще ночью»[528] – потому что раскрывается она тогда во всей своей красе и великолепии. Ведь святой Малхут свойственно раскрываться только ночью, как сказано: «И она уходит днем и появляется ночью, и делит пищу утром»[529].

И раскрытие ее происходит только в Эденском саду лишь для тех праведников, которые исправляют ее тем, что занимаются Торой, изучая ее после полуночи. Поэтому сказано, что Творец пребывает с праведниками в Эденском саду, потому что святая Шхина исправляется в Эденском саду, орошаемая рекой наслаждений, т.е. Хохмой, и радуется вместе с праведниками, включенными в ее МАН.

Поэтому сказано: «Запрещено благословлять утром, когда руки запачканы скверной, и также – в любой час» – поскольку дух нечистоты первородного змея пребывает на пальцах человека, даже когда он пробуждается ото сна. И эта скверна устраняется только лишь омовением из кли (сосуда). «И так же – в любой час» – не обязательно после сна, но вся скверна и грязь является местом прилипания ситры ахра. И благословлять разрешается только после омовения водой.

---

[528] Писания, Притчи, 31:15. «Встает она еще ночью, раздает пищу в доме своем и урок служанкам своим».
[529] Зоар, глава Пинхас, п. 675.

172) Поскольку в час, когда человек спит, воспаряет дух его. И когда этот дух воспаряет, нечистый дух поджидает его и пристает к его рукам, оскверняя их. И тогда запрещено благословлять без омовения рук. А днем, когда он не спит, дух не покидает его, и дух нечистоты не царит над ним, но все же, если побывал в уборной, он не может благословлять и изучать Тору, даже одно слово, пока не совершит омовение рук. И не потому, что они нечисты – ведь они ничем не испачканы?

173) Но горе тем живущим в мире, которые не чтят и не знают величия Господина своего, и не знают, на чем стоит мир. Ведь есть один дух в любом отхожем месте в мире, который пребывает и наслаждается от всей мерзости и нечистот. И тотчас он переходит на пальцы рук этого человека.

Радующийся в праздники, но не подающий бедным

174) Заговорил рабби Шимон, провозгласив: «Кто радуется в праздники, но не дает часть Творцу, того преследует недоброжелатель, Сатан, и обвиняет его, и уводит его из мира. Сколько же бед он причиняет ему, одну за другой».

Пояснение сказанного. У клипот есть захар и нуква, и захар не так испорчен, как нуква. Он не вводит в заблуждение людей, обманывая их именем Творца, и даже наоборот, пробуждает человека выполнять заповеди, но только не в чистоте, ради доставления отрады Создателю, а когда к этому примешано самонаслаждение. Как сказано: «Не вкушай хлеба недоброжелателя. "Ешь и пей!" – скажет он тебе, а сердце его не с тобою»[530], поскольку он не намерен наслаждать тебя. И получается, что эта заповедь лишена всякого вкуса, и нет в ней любви и страха, т.е. нет там сердца.

Но поскольку он уже привлек человека в свое владение, у него есть сила произвести зивуг со своей нуквой, великой бездной, клипой, несущей зло и горечь, обманывающей именем Творца, и тогда она забирает душу человека. Поэтому сказано: «Того преследует недоброжелатель, Сатан, и обвиняет его, и уводит его из мира». Ибо после того, как ввел человека в заблуждение относительно заповеди «радоваться в праздники», дескать, она не ради доставления отрады Создателю, и это видно по тому, как человек ест один, не заботясь о наслаждении бедных, – после этого он производит зивуг со своей нуквой и забирает душу его.

175) «Часть Творцу» – означает радовать бедных, насколько он может это делать. Ведь в эти дни, в праздники, Творец является, чтобы осмотреть разбитые келим Свои. Он заходит к ним и видит, что им не от чего радоваться. И Он плачет о них, и поднимается наверх, чтобы разрушить мир.

---

[530] Писания, Притчи, 23:6-7.

При сотворении мира, когда Он сказал ангелам: «Создадим человека по образу Нашему», Милосердие (хесед) согласилось: «Можно создать, потому что он проявляет милосердие». Правда сказала: «Нельзя создавать, ибо весь он – ложь». Справедливость сказала: «Можно создать, так как он действует по справедливости». Мир возразил: «Нельзя создавать, поскольку он – сплошные раздоры». Что же сделал Творец? Взял Он Правду и опустил ее на землю, как сказано: «И правда сброшена будет наземь»[531].

Известно, что человек должен всегда заниматься Торой и заповедями, даже «не ради нее (ло лишма)», потому что занимаясь «не ради нее (ло лишма)» он придет к занятиям «во имя нее (лишма)»[532]. Ведь из-за низменности своей, человек не может сразу же начать заниматься заповедями с целью доставления отрады своему Создателю, поскольку его природа не позволит ему сделать даже малейшее движение, если оно не ради собственной выгоды. Поэтому он вынужден вначале заниматься заповедями «ло лишма (не ради Торы)», исходя из собственной выгоды. Но вместе с тем, он притягивает наполнение святости посредством выполнения заповедей, и благодаря привлекаемому наполнению он придет в конце к выполнению заповедей «лишма (ради Торы)», т.е. для доставления отрады Создателю.

Поэтому Правда возражала против создания человека, сказав, что «весь он – ложь», потому что была возмущена – «как можно создавать человека, который с самого начала будет заниматься Торой и заповедями в полной лжи, т.е. "ло лишма (не ради Торы)"».

Но Милосердие (хесед) сказало: «Можно создать, потому что он проявляет милосердие». Поскольку выполняемая им заповедь «проявлять милосердие» является выясненным действием отдачи, и с помощью него он постепенно-постепенно исправляется, пока не научится выполнять все заповеди ради отдачи. И в этом случае он может быть уверен, что в конце достигнет своей цели – заниматься (Торой) «во имя нее (лишма)». И поэтому Милосердие (хесед) утверждало, что нужно создавать.

---

[531] Писания, Даниэль, 8:12.
[532] Вавилонский Талмуд, трактат Псахим, лист 50:2.

И также Мир возражал, потому что «он – сплошные раздоры». И поскольку не может выполнять заповеди ради отдачи, не примешивая к ней самонаслаждения, он находится из-за этого всегда в раздорах с Творцом, так как кажется себе законченным праведником, и вовсе не чувствует своих недостатков, т.е. не чувствует, что всё его занятие Торой и заповедями – «не во имя нее (ло лишма)». И начинает негодовать на Творца – почему Он не воздает ему добром так, как положено воздавать законченному праведнику?! Таким образом, он колеблется между двумя мнениями: он то в мире с Творцом, то в несогласии. Поэтому Мир утверждал, что нельзя создавать (человека).

Однако Справедливость сказала: «Можно создать, так как он действует по справедливости» – потому что благодаря соблюдению заповеди подаяния бедным, он постепенно-постепенно приближается к свойству отдачи, пока не приходит к выполнению «ли шма (ради Торы)» и удостаивается постоянного мира с Творцом. Поэтому – «можно создать».

Выслушав их доводы, Творец согласился с ангелами Милосердия и Справедливости, и опустил Правду на землю. Иными словами, Он разрешил заниматься заповедями вначале «ло лишма (не во имя Торы)», хотя это и является ложью. И Он опустил Правду на землю по той причине, что принял доводы Милосердия и Справедливости – что с помощью заповеди проявлять милосердие и заповеди подаяния бедным человек в конце концов придет к правде: служить Творцу только с целью доставления Ему отрады. Поскольку он в конце придет к «лишма (ради Торы)» и тогда Правда произрастет из земли.

И это было также причиной разбиения келим, произошедшего до сотворения мира. Ведь вследствие разбиения келим святости и падения их в миры БЕА разделения, упали вместе с ними в клипот и искры святости. И из-за этих келим попадают под власть клипот удовольствие и любовь всевозможных видов, потому что они передают эти искры человеку для получения и наслаждения. И они приводят тем самым ко всякого рода преступлениям, таким, как кража, грабеж и убийство.

Но вместе с тем, Он даровал нам Тору и заповеди. И даже если человек начинает заниматься ими «ло лишма», ради самонаслаждения, для наполнения своих низменных желаний, силы разбиения келим действуют так, что он, благодаря им, всё же придет в конце концов к «лишма», и удостоится цели творения – получить всё наслаждение и благо, уготованные в замысле творения, для доставления отрады Творцу.

И сказано: «Ведь в эти дни, в праздники, Творец является, чтобы осмотреть разбитые келим Свои». Потому что в праздники, когда человек выполняет заповедь «радоваться в праздники обилием блага, дарованным ему Творцом», Творец отправляется смотреть разбившиеся Его келим, с помощью которых человеку предоставлена возможность выполнять заповеди «ло лишма». И Он желает проверить, как они выполнили свою задачу – привести человека к состоянию «лишма». «И видит (Он), что им не от чего радоваться», этим разбитым келим. «И Он плачет о них» – поскольку видит, что в них еще не выявлено ничего, т.е. они нисколько не приблизили человека к состоянию «лишма», и он выполняет заповедь «радоваться праздникам» только ради самонаслаждения.

И тогда «Он плачет о них», т.е. как будто сожалеет о них – о том, что разбил их. Ведь Он разбил их и также опустил Правду на землю только ради человека, чтобы тот мог начать работу с «ло лишма», а затем прийти к «лишма». А когда Творец видит, что человек ни в чем не готов поступиться собственной выгодой, Он как будто разбил их напрасно, и тогда Он плачет о них.

«И поднимается наверх, чтобы разрушить мир» – как будто поднимается, чтобы удалить всё благо из мира и разрушить мир, потому что в то время, когда состояние «ло лишма» неспособно привести человека к «лишма», само благо обращается во зло ему. Ведь из-за него он еще глубже погрязает в клипе получения, и поэтому лучше для этого же человека – оторвать его от наслаждения, и окончательно уничтожить эту клипу.

176) Предстали перед Ним члены собрания и обратились к Нему: «Владыка мира! Ты зовешься милосердным и милостивым! Прояви милосердие к сыновьям Твоим!» Ответил им: «Разве не создал Я мир, основав его только на милосердии (хесед), когда Я сказал: "Милосердием будет возведен мир"[533], и на этом держится мир. А если они не поступают милосердно с

---

[533] Писания, Псалмы, 89:3.

бедными, Я уничтожу мир». Обратились к Нему высшие ангелы: «Владыка мира! Вот этот человек ел и пил вдоволь, и может оказать милосердие бедным, но ничего не дал им». Появляется обвинитель и, получив разрешение, начинает преследовать этого человека.

Объяснение. Высшие души, называемые членами собрания, обращаются с молитвой за нижних, чтобы не удалялось благо от них. И просят Его о милосердии к сыновьям Своим. И они пытаются оправдать их перед Ним, говоря, что выполнение ими Его заповедей в вере, дает им право называться «сыновьями Творца (досл. места)», и поэтому они заслуживают милосердия, «как милостив отец к сыновьям»[534].

Ответил им Творец: «Разве не создал Я мир, основав его только на милосердии? И мир держится только на милосердии». Иными словами, с помощью блага не придет к ним никакое исправление, если они не наслаждают бедных. Ведь сотворение мира основано на том, что Я согласился с ангелами Милосердия, и благодаря оказанию милости одним человеком другому будет существовать мир, и придут они к состоянию «лишма». А теперь, когда они не воздают милосердием, не выйдет из этого никакого исправления.

И тогда обратились к Нему высшие ангелы: «Владыка мира! Вот этот человек ел и пил вдоволь, и может оказать милосердие бедным, но ничего не дал им». Другими словами, также и высшие ангелы, ангелы Милосердия и Справедливости, и все те, кто был согласен с сотворением человека, начали обвинять его. Ведь они были согласны на действие творения путем «ло лишма» лишь для того, чтобы (люди), поступая милосердно и по справедливости, могли прийти с их помощью к «лишма».

Но теперь, когда люди этого не делают и не способны прийти к «лишма», ангелы жалеют о своем согласии и обвиняют человека. И тогда является обвинитель и начинает преследовать этого человека, получив разрешение на это. Ибо как только выясняется, что человек недостоин прийти к «лишма» со своими заповедями, обвинителю предоставляется право действовать по своему усмотрению.

---

[534] Писания, Псалмы, 103:13.

177) Нет в мире того, кто может сравниться с величием Авраама, который проявлял милосердие ко всем творениям. В день, когда он устроил пир, сказано: «Ребенок вырос и был отнят от груди, и устроил Авраам пир великий в день отнятия Ицхака от груди»[535]. «Устроил Авраам пир» и созвал всех великих людей поколения на эту трапезу. И на любой торжественной трапезе совершает осмотр обвинитель, оказал ли этот человек прежде всего милость бедным. И если есть бедные в этом доме, то обвинитель оставляет этот дом, не зайдя в него. А если нет, и обвинитель, войдя туда, видит веселое сборище, в котором нет бедных, и не оказана в первую очередь милость бедным, он возносится наверх и обвиняет этого человека.

178) Когда Авраам пригласил великих людей поколения, спустился обвинитель и встал у входа в облике нищего. Но никто даже не взглянул на него. Авраам обслуживал царей и правителей. Сара кормила грудью всех малюток, потому что никто не верил, что она родила, и сказали, что Ицхак – найденыш, и что подобрали его на рыночной площади. И поэтому привели своих малышей вместе с собой, а Сара взяла их и кормила их грудью при них. И об этом сказано: «Кто молвил Аврааму: "Кормить сыновей будет Сара"?!»[536]

Следовало сказать: «Кормить сына будет Сара». Но, конечно же, «сыновей» – сыновей всех гостей. И этот обвинитель стоял у входа. Сказала Сара: «Посмеялся надо мной Творец»[537]. Тут же вознесся обвинитель и предстал перед Творцом, сказав Ему: «Владыка мира! Ты говоришь: "Авраам, любящий Меня"[538]. Вот, он устроил трапезу, и не выделил ничего ни Тебе, ни бедным. И не принес в жертву Тебе даже одного голубя. А Сара, к тому же, говорит, что посмеялся Ты над ней».

Необходимо понять сказанное. Ведь Авраам, который главным образом отличался гостеприимством и милосердием, и все дни свои, стоя на перепутье, приглашал гостей[539] – как может быть, чтобы он допустил промах, не дав милостыни бедным? И кроме того, почему так усердствовал обвинитель, облачившись

---

[535] Тора, Берешит, 21:8.
[536] Тора, Берешит, 21:7.
[537] Тора, Берешит, 21:6.
[538] Пророки, Йешаяу, 41:8.
[539] См. Зоар, главу Эмор, статью «Праздник Суккот», п. 279.

в нищего, ведь по отношению к другим он не ведет себя так? Но здесь всё не так просто, и в этом месте кроется великая тайна, раскрывающаяся только достигшим высшей святости[540].

Дело в том, что окончательно уничтожить ситру ахра до завершения исправления не могут даже высшие святые праведники. И как бы ни старался праведник выполнить заповедь в чистоте, всё же остается сила ситры ахра (иной стороны) обвинять его и указать на место недостатка в заповеди. И поэтому Творец уготовил для праведников другой способ усмирить обвинителя, чтобы тот не выступал против: дать этому обвинителю малую долю от святости, которая осталась. И тогда он не может открыть рот для обвинения, чтобы не потерять долю святости, которую он получит благодаря этой заповеди. И поэтому в тфилин должен быть виден волос тельца, выступающий наружу. И с этим связана заповедь козла отпущения и красной телицы[541].

И сказано: «Спустился обвинитель и встал у входа в облике нищего. Но никто даже не взглянул на него». Разумеется, Авраам накормил всех нищих на своей трапезе, как и принято всегда поступать на приеме гостей. Однако отвадить этого обвинителя не способна никакая чистота, а только ничтожное наслаждение от святости. И он предстал здесь в облике нищего, так как хотел получить свою долю от святости. Но Авраам не хотел позволить ситре ахра даже в незначительной мере насладиться от святости, и намеревался прогнать его окончательно, подавив силу его. И вот тогда поднялся обвинитель и пожаловался. Потому сказано: «Спустился обвинитель и встал у входа в облике нищего» – так как на самом деле он не был нищим, но имеется в виду, что обвинитель притворился бедным и требовал ублажить его от праздничной трапезы Авраама.

Однако Авраам почувствовал, что тот относится к свойству ситра ахра, и поэтому ничего не пожелал дать ему, «даже одного голубя». В этих словах содержится превосходный намек. Ведь согласно порядку жертвоприношения можно приносить только двух голубей, что соответствует двум точкам,

---

[540] См. Зоар, главу Пкудей, статью «Волос в тфилин», п. 329.
[541] См. Зоар, главу Пкудей, статью «Волос в тфилин», п. 332, а также Зоар, главу Эмор, статью «День Искупления», п. 235.

включенным вместе в Малхут, подслащенную свойством милосердия. Это значит, что в ней имеются суд и милосердие одновременно, и суд в ней упрятан и скрыт, а милосердие находится в раскрытии. И без этого подслащения мир не мог бы существовать.

Поэтому можно приносить в жертву только двух голубей[542]. А «один голубь» косвенно указывает на голубя, которого Ноах выпустил из ковчега, «и тот уже более к нему не вернулся»[543], потому что «один голубь» – это намек на свойство суда в Малхут, не подслащенное свойством милосердия. Но поскольку Ноах не может произвести в нем никакого исправления, «тот уже более к нему не вернулся».

И уже выяснилось, что притязание обвинителя получить свою долю от трапезы Авраама в день отнятия сына от груди, является исправлением недостатка, который невозможно исправить иным образом до завершения исправления. И это – свойство суда в Малхут, с которым мир не может существовать. И оно должно находиться в скрытии, как и голубь, который больше не вернулся к Ноаху. Однако Авраам мог исправить его (этот недостаток), и на него было возложено исправление его таким образом, чтобы дать что-нибудь обвинителю, заставив его замолчать. И поскольку он ничего не дал обвинителю, тот вознесся и пожаловался.

Поэтому сказал обвинитель, что он (Авраам) «не дал ничего ни Ему, ни бедным», обвинив его тем самым, что на этой трапезе он ничего не исправил в свойстве суда Малхут, называемой «бедной», так как нет у нее ничего своего, а ведь это – часть Творца, поскольку она является сущностью сфиры Малхут Нуквы Зеир Анпина, т.е. Творца. И ведь Он подсластил ее свойством милосердия лишь для того, чтобы мир мог существовать. Поэтому мохин, притягиваемые свойством милосердия, считаются как бы долей жителей мира, и с помощью этого они исправят также и сущность Малхут, которая является частью одного лишь Творца.

---

[542] Тора, Бемидбар, 6:10.
[543] Тора, Берешит, 8:12.

И поскольку благодаря великому чуду Сара смогла кормить грудью сыновей, Авраам притянул все мохин, имеющиеся в свойстве милосердия, и тогда смог исправить свойство «бедная», относящееся к Малхут, которая является частью Творца. Поэтому жаловался обвинитель, что Авраам «не выделил ничего ни Тебе» – т.е. доли Творца, «ни бедным» – части сущности Малхут, пребывающей в бедности, поскольку жители мира не могут произвести исправление в ней. «И не принес в жертву Тебе даже одного голубя» – того голубя, которого Ноах не мог исправить.

«А Сара, к тому же, говорит, что посмеялся Ты над ней» – так как Сара олицетворяет свойство Бины и меру милосердия, светящую в Малхут. И сказав: «Посмеялся надо мной Творец, каждый услышавший будет насмехаться надо мной»[537], она притянула совершенный свет и настолько большое подслащение, что перестал проявляться хоть какой-либо недостаток в самом свойстве Малхут. Но вследствие этого возникло опасение, что это не даст возможности увидеть, как исправить саму Малхут. И это подобно толкованию сказанного: «Как бы не взял он от Древа жизни и не вкусил бы, и не стал бы жить вечно»[544] – т.е. как бы не перестал ощущать все недостатки, ведь тогда он не будет чувствовать необходимости исправить порок, содержащийся в Древе познания.

179) Сказал ему Творец: «Нет в мире подобного Аврааму». Но обвинитель не ушел оттуда, пока не разогнал всю эту радость. И Творец приказал принести в жертву Ицхака, и постановил, что Сара умрет, скорбя о сыне своем. И всё это несчастье он навлек тем, что не дал ничего бедным.

Объяснение. Жертвоприношение Ицхака было необходимо для исправления самой Малхут – того, что не было исправлено во время большого пира, в день отнятия от груди Ицхака. А смерть Сары наступила из-за больших светов, притянутых ее словами: «Посмеялся надо мной Творец», которые помешали исправлению Малхут.

---

[544] Тора, Берешит, 3:22.

Тора и молитва

180) Заговорил рабби Шимон, провозгласив: «Тогда обратил Хизкияу лицо свое к стене и молился Творцу»[545]. Посмотри, насколько велика сила Торы и насколько она превыше всего. Ведь каждый, занимающийся Торой, не боится ни высших, ни нижних, и не боится дурных болезней в мире, потому что связан с Древом жизни и учится у него каждый день.

181) И Тора обучает человека идти путем истины и дает ему наставление, как обратиться к лику Господина своего, чтобы отменить приговор. И даже если было принято решение о нем, что приговор не будет отменен, он тут же отменяется, и обвинение снимается с него и не пребывает над человеком в этом мире. Поэтому человек должен заниматься Торой днем и ночью, и не оставлять ее. Как сказано: «Изучай ее днем и ночью»[546]. И если он оставляет ее, или отстраняется от нее, он словно отстраняется от Древа жизни.

Пояснение сказанного. Он начал с молитвы, со сказанного: «Тогда обратил Хизкияу лицо свое к стене»[545], и истолковывает его только с помощью Торы. Сказано в другом месте[547], что молитва его была принята, потому, что не стало ничего разделяющего между ним и стеной, т.е. святой Шхиной. И поэтому он говорит здесь, что этот совет пришел к нему только благодаря силе Торы, с помощью которой он пришел к полному раскаянию, пока не стало ничего разделяющего между ним и стеной, святой Шхиной, и поэтому была принята его молитва и отменен смертный приговор. И заканчивает: «Поэтому» – поскольку мы видим, что сила Торы велика настолько, что способна отменить смертный приговор, «человек должен заниматься Торой днем и ночью, и не оставлять ее»[546].

182) Смотри же – вот совет человеку, когда он восходит ночью на ложе свое: он должен принять над собой высшее царство (Малхут) всем сердцем, и немедленно передать душу свою

---

[545] Пророки, Йешаяу, 38:2.
[546] Пророки, Йешаяу, 1:8.
[547] Зоар, глава Ваэтханан, п. 11.

в залог Творцу. Так он сразу же избавляется от всяких дурных болезней и злых духов, которые теперь не властны над ним.

Пояснение сказанного. «Назвал Творец свет – днем»[548] – это свет слияния и святости, получаемый нами от Творца. И это – «правление дня»[549]. А «тьму назвал – ночью»[548] – т.е. силы разделения, отдаляющие нас от света Его, это «правление ночи»[549]. Поэтому мы спим ночью, и это – одна шестидесятая часть смерти, являющаяся правлением иной стороны (ситры ахра). И из-за того, что есть два правления, мы не можем слиться с Творцом навеки, поскольку прерываем слияние с Ним под воздействием «правления ночи», которое всё время возвращается к нам, отрывая нас от служения Ему.

И чтобы исправить это, рабби Шимон дает совет – каждую ночь, прежде чем человек отходит ко сну, он должен принять на себя высшую Малхут всем сердцем. И только когда ночь исправлена так же, как в действии начала творения, о котором сказано: «И был вечер, и было утро: день один»[548], где ночь и день объединены вместе в единую сущность, став одним днем, тогда эта ночь называется правлением Малхут, и никакая клипа не может примешаться к ней.

Поэтому человек тоже должен принять на себя эту высшую Малхут всем сердцем, чтобы не было ничего разделяющего между ним и Малхут. Иначе говоря, он должен принять над собой небесное царство (Малхут) – даже если это вопрос жизни и смерти. И ничто в мире не заставит его отойти и отдалиться от высшей Малхут. Как сказано: «Возлюби Творца твоего всем сердцем своим, всей душой своей и всем существом своим»[550]. И если принял это на себя всем сердцем, он уже уверен сам, что не может больше возникнуть ничего разделяющего между ним и Творцом.

И тогда считается, что он уже приступил к передаче в залог Творцу души своей, поскольку спешил вверить душу свою в руки Творца, т.е. выполнить заповеди во всем совершенстве, вплоть до пожертвования своей душой. И поэтому, когда он

---

[548] Тора, Берешит, 1:5.
[549] Тора, Берешит, 1:16.
[550] Тора, Дварим, 6:5.

спит и дух его отстраняется от него, он ощущает уже в этом не шестидесятую долю смерти, т.е. силу ситры ахра, а только душевное самопожертвование путем заповеди, потому что сила смерти уже не властна над ним, так как он включил ее в силу душевного самопожертвования этой заповеди.

И если он делает это, никакое ночное правление больше не может навредить ему и оторвать от радости служения Творцу, потому что у него уже вечер и утро – день один. И нет ночи, а только неотъемлемая часть дня. И поэтому он сразу же избавлен от всех дурных болезней и от всех злых духов, которые не властны над ним, так как ночь его уже вышла из-под власти ситры ахра – ведь не осталось ничего разделяющего между ним и святой Шхиной. И силы ситры ахра и суда уже больше не властны над ним.

183) А утром, когда поднимается со своего ложа, он должен благословить своего Господина и войти в дом Его, и преклониться пред Храмом Его в великом трепете, а затем вознести молитву Ему. И он должен воспользоваться советом святых праотцев, как сказано: «А я, по великой милости Твоей, приду в дом Твой, поклонюсь святому Храму Твоему в трепете перед Тобой»[551].

Объяснение. «А я, по великой милости Твоей» – благословение Господина своего за проявленное к нему милосердие, «приду в дом Твой» – вхождение в дом Его, «поклонюсь святому Храму Твоему» – преклонение перед Храмом Его, «в трепете перед Тобой» – в великом трепете. А затем вознести молитву Ему.

И поэтому сказано, что «он должен воспользоваться советом святых праотцев» – потому что молитва, которую мы возносим, является исправлением святой Шхины, чтобы притянуть к ней наполнение благом, избавляющим ее от всех недостатков. Именно поэтому все просьбы – во множественном числе, такие как: «И одари нас знанием Твоим», «и верни нас, Отец наш, к Торе Твоей».

---
[551] Писания, Псалмы, 5:8.

Ведь молитва возносится за общность Исраэля, и всё, что есть в святой Шхине, есть у всего Исраэля. И всё, что ей недостает, недостает всему Исраэлю. Таким образом, когда мы молимся за весь Исраэль, мы молимся за святую Шхину, потому что это – то же самое. И поэтому перед молитвой мы должны увидеть недостающее Шхине, для того чтобы знать, что необходимо исправить в ней и чем наполнить ее.

Однако все поколения народа Исраэля включены в святую Шхину. И те исправления, которые она получила от предыдущих поколений, мы больше не должны производить в ней, но только завершить их – исправить то, что осталось недостающим в ней после их исправлений.

И святые праотцы заключают в себе весь Исраэль, поскольку являются тремя корнями всех шестидесяти рибо (десятков тысяч) душ Исраэля в каждом поколении, до завершения исправления. И все притяжения и воздействия, произведенные и полученные народом Исраэля во всех поколениях, получены вначале святыми праотцами, и от них приходит наполнение ко всему Исраэлю в том поколении, которое притянуло это наполнение. Ибо таков порядок в духовном – любая ветвь может получить наполнение только через свой корень. И главное свечение остается в корне, и только часть его нисходит к ветви. Таким образом, все исправления, которые уже произведены в святой Шхине, находятся и существуют в душах наших святых праотцев.

Поэтому говорится, что «человек не должен входить в дом молитвенного собрания прежде, чем обратится за советом к Аврааму, Ицхаку и Яакову»[552], так как наша молитва должна лишь восполнить то, чего еще недостает Шхине после всех исправлений, произведенных в ней до этого времени. Поэтому необходимо прежде всего постичь все те исправления, которые были произведены в святой Шхине, и притянуть их в неё, и тогда мы будем знать, что еще необходимо добавить к ним.

И поэтому человек не должен входить в дом молитвенного собрания, не спросив совета у святых праотцев, так как нужно узнать, посоветовавшись с ними, что еще необходимо

---

[552] См. п. 184.

исправить. И это станет возможным только после того, как мы притянем к святой Шхине все то, что святые праотцы уже исправили в ней, и тогда выявляется то, чего ей еще недостает.

Поэтому сказано, что они исправили молитву[552], т.е. святую Шхину. Исправление Авраама называется «шахарит (утренняя молитва)», исправление Ицхака – «минха (полуденная молитва)», исправление Яакова – «аравит (вечерняя молитва)». И по этой причине нам необходимо прежде притянуть всю меру исправления, которую они уже произвели в молитве. И тогда мы будем знать, о чем нам еще необходимо молиться и как исправить недостающее ей.

184) Человек не должен входить в дом молитвенного собрания прежде, чем обратится за советом к Аврааму, Ицхаку и Яакову и получит разрешение. Поскольку они исправили молитву к Творцу. Как сказано: «А я, по великой милости (хесед) Твоей, приду в дом Твой»[551] – это Авраам, свойство Хесед, «поклонюсь святому Храму Твоему»[551] – это Ицхак, со стороны которого Малхут называется Храмом. «В трепете перед Тобой»[551] – это Яаков, свойство Тиферет, называемое «Страшный». И необходимо включиться сначала в них, а затем уже войти в место собрания и вознести молитву. Тогда сказано: «И сказал мне: "Ты раб Мой, Исраэль, в котором Я прославлюсь"»[553].

Здесь выясняются три общих исправления, произведенные праотцами в святой Шхине.

Авраам исправил ее в свойстве «дом», что означает – «постоянное местопребывание», когда человек может находиться в постоянном слиянии с ней, так же как и в доме своем он пребывает постоянно.

Ицхак добавил исправление, исправив ее в свойстве «святой Храм», и это означает, что Царь находится там постоянно, потому что Царь всегда пребывает в чертоге своем.

Яаков добавил исправление, исправив ее в свойстве «страх», и это как врата в жилище, т.е. вход, подобно входу в «дом»,

---
[553] Пророки, Йешаяу, 49:3.

который в ней (Шхине), или входу в «святой Храм» в ней. Как сказано: «Как страшно место это! И это – врата небес»⁵⁵⁴.

А после того, как человек уже включился полностью в эти три исправления праотцев, он может узнать всю меру исправления, имеющуюся в святой Шхине. И тогда он может войти в дом собрания и вознести молитву свою, исправив в Шхине то, чего ей еще недостает.

Пояснение сказанного. Авраам является основой Хеседа, находящегося в душах Исраэля, потому что он исправил святую Шхину в качестве места получения света Хесед. И она получила хасадим за все души Исраэля во всей их полноте. Если бы это сохранилось, весь Исраэль были бы соединены с Творцом в непрерывном слиянии, а святая Шхина была бы «царским домом, полным всех благ и наслаждений». И ни один человек даже на мгновение не хотел бы разлучаться с ней.

Однако всё исправление Авраама заключалось в том, что он создал совершенное место получения, в котором не может быть даже малейшего ущерба, для света хасадим, т.е. поднял ее (Шхину) к свойству отдачи и доставления наслаждения Создавшему нас, и не получал ничего ради собственного наслаждения. И это является свойством света Хесед и местом для его получения. Как сказано: «Говорящий "моё – твоё" и "твоё – твоё", называется праведником (хасидом)»⁵⁵⁵ – т.е. вообще ничего не требующий ради собственного наслаждения.

И поскольку все сокращения и всё удержание ситры ахра происходит только в получении ради себя, то выходит, что он окончательно устраняет всю нечистоту клипот и ситры ахра. И Шхина устанавливается в полной чистоте. Однако на этом еще не довершается замысел творения, поскольку основным в замысле творения было желание насладить творения. И величина наслаждения зависит и измеряется только в мере стремления получать. Другими словами, соответственно величине стремления получить измеряется и мера наслаждения от получения.

---

⁵⁵⁴ Тора, Берешит, 28:17.
⁵⁵⁵ Мишна авот, 5:10.

Поэтому после того, как Шхина уже исправлена только в виде кли отдачи, без всякого получения ради себя, т.е. полного отказа от получения у Творца, а лишь отдача Ему, – еще не произведено никакое исправление относительно основы замысла творения, и совершается оно только когда открывается страстное желание получать.

И это означает, что Авраам породил Ицхака, ибо после того, как Ицхак увидел Шхину в полном совершенстве и наполнении светом Хесед благодаря исправлениям Авраама, он почувствовал имеющийся в ней недостаток, – что она еще не готова получить всё заключенное в замысле творения. Поэтому он продвинулся дальше и исправил ее в качестве места получения таким образом, чтобы она была готова для получения всего желанного совершенства, включенного в замысел Творения. То есть он пробудил и желание получать от Творца, но только в получении во имя отдачи. Это значит, что он страстно желает получить, но лишь потому, что таково желание Дающего. И если бы Дающий не желал этого, не было бы у него ни малейшего желания получать от Него.

Известно, что получение ради отдачи считается истинной отдачей. И в таком желании получения нет больше места для ситры ахра. И благодаря ему святая Шхина окончательно установилась во всём величественном совершенстве, потому что теперь она достойна получить всё удовольствие и усладу от всего, чем задумал Творец насладить Свои творения в тот момент, когда возник замысел их создания.

Поэтому святая Шхина называется сейчас Храмом святости Его, ведь теперь Царь во всей своей красоте и величии пребывает в ней, как в чертоге своем. Однако со стороны исправления Авраама она называется только домом, т.е. царским домом, так как там еще не выявились всё Его величие и красота. И величие Царя проявляется только в чертоге, предназначенном для Него.

И считается, что Ицхак исправил тем самым все Гвурот, имеющиеся в душах Исраэля, что означает – подсластил все суды, проявляющиеся в управлении Творца. Ведь все ограничения, страдания и наказания приходят в мир только для исправления получающих келим душ, чтобы они были достойны получить всё благо, включенное в замысел творения. И благодаря тому, что Ицхак уже исправил в свое время Шхину в этом совершенстве, исправились тем самым и все Гвурот, поскольку уже достигли своей цели.

Но его исправление тоже не сохранилось, так как мир еще не был готов к окончательному исправлению. И поэтому от него произошел грешник Эсав, который испортил его исправление и не удержался в нем, чтобы получать только ради отдачи, как было установлено Ицхаком, и упал в получение ради себя. Другими словами, даже в то время, когда открылось ему, что Дающий не желает его получения, всё-таки желал получить ради самонаслаждения. И это привело к тому, что пристали к нему ситра ахра и клипот, и поэтому сказано, что весь он был красным[556] и покрыт волосами[557]. И тем самым он снова опустил раглаим (досл. ноги) Малхут в клипот, как сказано: «Ноги ее нисходят к смерти»[558].

И когда Яаков увидел ущерб, причиненный грешником Эсавом, он произвел исправление святой Шхины в свойстве «страх». Как сказано: «А рука его схватила пяту Эсава»[559] – т.е., видя ущерб, причиненный Эсавом Шхине, Яаков исправил себя в великом страхе так, что поднял Шхину, сделав ее венцом над своей головой. И, благодаря этому, он придерживался одновременно двух исправлений, Авраама и Ицхака, и с его стороны не было нанесено никакого вреда. Однако это исправление еще не является конечным исправлением, потому что такой страх подобен страху прегрешения – ведь «пята Эсава» привела его к этому страху, без того, чтобы он сам прегрешил, как Эсав.

Однако конец исправления наступит после того, как будет устранена «пята Эсава», как сказано: «Уничтожит Он смерть навеки»[511], так как страх в это время будет только потому, что Творец велик и правит всем. И, конечно же, Яаков для себя достиг этого истинного страха, но относительно всего Исраэля

---

[556] Тора, Берешит, 25:25.
[557] Тора, Берешит, 27:11.
[558] Писания, Притчи, 5:5.
[559] Тора, Берешит, 25:26.

это исправление осталось всем поколениям после него, до конца исправления.

И поэтому сказано: «"А я, по великой милости (хесед) Твоей, приду в дом Твой"[551] – это Авраам, свойство Хесед», потому что Авраам исправил ее (Шхину) в свойстве «царский дом, полный всех благ» – в свете хасадим.

«"Поклонюсь святому Храму Твоему"[551] – это Ицхак, со стороны которого Малхут называется Храмом», потому что Ицхак исправил ее в свойстве «Храм святости, прославляющий величие Царя», как и подобает Творцу.

«"В трепете перед Тобой"[551] – это Яаков, свойство Тиферет, называемое "Страшный"», потому что Яаков исправил ее в свойстве «страх», и тем самым он исправил ее в качестве места получения всех исправлений Авраама и Ицхака вместе. И необходимо сначала включиться в них – ведь как человек узнает, что еще осталось исправить в Шхине, если не включит себя в эти три исправления, которые уже произвели в ней святые праотцы. Иначе говоря, он должен взять на себя выполнение всех действий согласно этим исправлениям, что и называется его включением в их свойства.

И только после того, как включился во все эти три исправления святых праотцев, он может начать исправлять Шхину с того места, которое установил нам праотец Яаков: возвысить страх, сделав его высоким свойством потому, что «Творец велик и правит всем», а затем уже войти в дом собрания и вознести молитву. То есть он должен возносить молитву и притягивать в Шхину высшие света вместе со страхом величия, чтобы привести ее к концу исправления. И об этом написано: «И сказал мне: "Ты раб Мой, Исраэль, в котором Я прославлюсь"»[553].

Выход рабби Шимона из пещеры

185) Рабби Пинхас обычно встречал рабби Рахумая на берегу моря Кинерет. Большим человеком был рабби Рахумай, он был в преклонных годах и зрение его притупилось. Обратился он к рабби Пинхасу: «Слышал я достоверно, что у друга нашего, Йохая, есть жемчужина, драгоценный камень» – т.е. сын, «всмотрелся я в сияние этой жемчужины – оно подобно свету солнца, выходящего из своего укрытия и озаряющего весь мир».

Пояснение сказанного. Малхут во всех своих исправлениях называется драгоценным камнем и называется жемчужиной. И говорит: «У нашего друга, Йохая, есть жемчужина, драгоценный камень» – т.е. сын, который уже удостоился Малхут во всех ее исправлениях и украшениях. И благодаря духу святости он рассмотрел в сиянии этой жемчужины, что «оно подобно свету солнца, выходящего из своего укрытия» – т.е., что Малхут придет к такому исправлению, когда «свет луны будет как свет солнца»[560], и тогда она озарит полностью весь мир.

И вот после того, как свет Малхут превратился в свет солнца, и поднялся до небес в своей высшей точке, начала она светить от небес и до земли в одном световом столбе, светящем абсолютно всему миру. «Он светил, не переставая, пока не достиг рабби Шимон исправления престола Атика Йомина в подобающем виде» – имеется в виду, что он уже удостоился двух раскрытий, относящихся к концу исправления. И это шесть речений, от «небеса рассказывают»[561] и до «учение Творца совершенно»[562], и шесть имен, которые написаны, от речения «ничто не сокрыто от тепла его»[563] и до конца псалома. И слова «свет стоит от неба и до земли и озаряет весь мир» косвенно указывают на эти шесть речений, а слова «пока не явится Атик Йомин, воссев на троне как подобает» указывают на эти шесть имен[564].

---

[560] Пророки, Йешаяу, 30:26.
[561] Писания, Псалмы, 19:2.
[562] Писания, Псалмы, 19:8.
[563] Писания, Псалмы, 19:7.
[564] См. выше, п. 145.

186) «И этот свет стоит от неба и до земли и озаряет весь мир, пока не явится Атик Йомин, Кетер, воссев на троне как подобает» – т.е. до конца исправления. «И весь этот свет соединился с домом твоим» – т.е. с его дочерью, потому что дочь рабби Пинхаса была женой рабби Шимона бен Йохая. «И от света, соединившегося с домом твоим, выходит свет тонкий и слабый» – и это сын его дочери, рабби Эльазар. «И выйдя наружу, он освещает весь мир. Счастлива доля твоя! Выходи, сын мой, выходи! Иди вслед за этой жемчужиной, озаряющей мир, ибо время благоприятствует тебе!»

Объяснение. Дочь рабби Пинхаса была женой рабби Шимона. Таким образом, рабби Шимон соединен с дочерью рабби Пинхаса бен Яира. Здесь имеется в виду рабби Эльазар, который произошел от света, соединившегося с домом рабби Пинхаса бен Яира, т.е. от рабби Шимона и жены его. И рабби Эльазар вышел и озарил весь мир целиком.

187) Он вышел от него и собрался взойти на корабль. С ним было два человека. Увидел он двух птиц, которые приближались, летя над морем. Возвысив свой голос, он воскликнул: «Птицы, птицы! Ведь вы летаете над морем! Может вы видели место, где находится бен Йохай?!» Подождав немного, сказал: «Птицы, птицы! Отправляйтесь и принесите мне ответ». Полетели они, отдаляясь и уходя всё дальше в море, и скрылись из виду.

Объяснение. Рабби Шимон, спасаясь бегством от царства, издавшего указ казнить его, укрылся вместе со своим сыном в одной пещере, и никто не знал, где он. Поэтому рабби Пинхас бен Яир вышел спросить о нем у прибывающих с моря.

188) Не успел он подняться на корабль, как птицы уже явились. И в клюве одной из них – письмо, в котором написано, что рабби Шимон вышел из пещеры вместе с рабби Эльазаром, сыном своим. Отправился к нему рабби Пинхас и нашел его изменившимся, и тело его полностью покрылось ранами и язвами от длительного пребывания в пещере. Стал он плакать о нем и произнес: «Мне горько, что я вижу тебя в таком состоянии». Ответил ему рабби Шимон: «Благословенна доля моя, что ты увидел меня в таком состоянии. Ведь если бы ты не увидел меня таким, я бы не стал таким». Заговорил рабби

Шимон о заповедях Торы, произнеся: «Заповеди Торы, которые дал Творец Исраэлю, все они записаны в Торе в общем виде».

Объяснение. В течение долгих лет пребывания в пещере, он был вынужден сидеть там в песке, чтобы укрыть свою наготу, и заниматься Торой. Из-за этого плоть его покрылась ранами и язвами. Стал плакать о нем рабби Пинхас и произнес: «Мне горько, что я вижу тебя в таком состоянии». Ответил ему рабби Шимон: «Благословенна доля моя, что ты увидел меня в таком состоянии. Ведь если бы ты не увидел меня таким, я бы не стал таким» – т.е. не удостоился бы раскрытия тайн Торы, ведь всей возвышенности своей великой мудрости он удостоился в течение тех тринадцати лет, что скрывался в пещере.

Заговорил рабби Шимон: «Все заповеди Торы, которые дал Творец Исраэлю, все они описаны в Торе в общем виде в речении "Вначале создал Творец" до слов "и стал свет"[565]». И далее он поясняет, что речение «вначале создал Творец» – это заповедь страха и наказание за несоблюдение ее, и в нее включены все заповеди Торы.

---

[565] Тора, Берешит, 1:1-3.

Заповеди Торы

Заповедь первая

189) «Вначале создал Творец»[566] – это самая первая заповедь из всех. Эта заповедь называется «страх Творца», и называется началом. Как сказано: «Начало мудрости – страх Творца»[567], а также: «Страх Творца – начало познания»[568]. Поскольку страх называется началом, и это – врата, открывающие вход в веру. И на этой заповеди держится весь мир.

Объяснение. Непонятно, почему Писание в одном месте называет страх началом мудрости, а в другом – началом познания. И поясняется, что страх является началом каждой сферы, и постигнуть любую сфиру можно, лишь придя сначала к постижению страха.

Поэтому говорится, что это «врата, открывающие вход в веру». Ведь невозможно достичь полной веры, не находясь в страхе перед Творцом. И мере страха соответствует и мера приобретенной веры. И поэтому «на этой заповеди держится весь мир» – потому что мир может стоять только на Торе и заповедях, как сказано: «Если бы не Мой союз днем и ночью, не утвердил бы Я законов неба и земли»[569].

И поскольку страх, будучи вратами веры, является началом и вратами любой заповеди, на страхе держится весь мир. Как сказано: «Вначале создал Творец небо и землю»[566] – т.е. с помощью страха, называемого «начало», в который включены все заповеди, «создал Творец небо и землю»[566]. И если бы не страх, Творец не создавал бы ничего.

190) Выясняется три вида страха, два из которых не содержат в себе истинного корня, третий же является корнем страха. Бывает, что человек пребывает перед Творцом в страхе за

---

[566] Тора, Берешит, 1:1.
[567] Писания, Псалмы, 111:10.
[568] Писания, Притчи, 1:7.
[569] Пророки, Йермияу, 33:25.

сыновей, чтобы жили они и не умерли, или боится наказания тела, или денежного наказания, и поэтому пребывает в страхе перед Ним постоянно. Получается, что страх, испытываемый им перед Творцом, он не кладет в основу, потому что основой его является собственное благополучие, а страх является порождением. А бывает, когда человек испытывает страх перед Творцом из-за боязни наказания в том мире, и наказания ада.

Два этих вида страха: страх перед наказанием этого мира и страх перед наказанием будущего мира – не являются основой и корнем страха.

191) Страх, являющийся основой, – когда человек испытывает страх перед Господином своим потому, что Он велик и правит всем, и является основой и корнем всех миров, и всё считается как ничто перед Ним. Как сказано: «А все живущие на земле считаются как ничто»[570]. Поэтому всё свое стремление необходимо обратить к месту, которое называется «страх».

Есть три вида страха Творца, и только один из них считается истинным страхом:

1. Когда испытывает страх перед Творцом и соблюдает заповеди Его для того, чтобы жили сыновья его, и он сам был защищен от телесного и денежного наказания. Страх перед наказаниями этого мира.

2. Когда боится также наказаний ада.

И эти два вида не являются истинным страхом, ведь он боится не за Творца, а за собственное благополучие. Таким образом, собственное благополучие является корнем, а страх – ветвью, исходящей из собственного благополучия.

3. Страх, являющийся основой, – когда человек испытывает страх перед Господином своим потому, что Он велик и правит всем, и является основой и корнем всех миров, и всё считается как ничто перед Ним. «Он велик», поскольку Он – корень, из которого распространяются все миры, и величие Его проявляется над деяниями Его. «Он правит всем» – поскольку все созданные Им миры, как высшие, так и нижние, считаются как ничто перед Ним, т.е. не добавляют ничего к Его сути.

---

[570] Писания, Даниэль, 4:32.

И сказано: «Всё своё стремление необходимо обратить к месту, называемому "страх"» – т.е. человек должен обратить сердце и стремление своё к тому месту, которое называется «страх», чтобы прилепиться к страху Творца всем желанием и стремлением, приведённым в соответствие и достойным заповеди Царя.

192) Заплакал рабби Шимон и сказал: «Плохо, если я открою это, и плохо, если не открою! Если открою, то узнают грешники, как служить Господину своему! Если же не открою, то товарищи будут лишены этого!» Ведь месту, в котором пребывает страх, соответствует внизу плохой страх – бьющий, сокрушающий и обвиняющий. И это – плеть для нанесения ударов грешникам в наказание за их грехи. Поэтому он боялся раскрыть: чтобы не узнали грешники, как избежать наказания. Ведь наказание – это очищение для них.

Даёт понять, что не может в этом месте полностью раскрыть смысл своих слов, поскольку боится навредить этим грешникам. Ведь он собирается сообщить здесь, как прилепиться к Древу жизни, и никогда не прикасаться к Древу смерти. Этого заслуживают только те, кто уже исправил грех, связанный с Древом познания добра и зла. Но грешникам, ещё не исправившим грех Древа познания добра и зла, запрещено это знать, поскольку прежде они должны трудиться в выполнении всех видов работ, пока не исправят грех, касающийся Древа познания. Как сказано: «Дабы не простёр руку свою и не взял от Древа жизни – ведь, отведав с него, он станет жить вечно»[571]. И после того, как Адам согрешил, отведав от Древа познания, он был изгнан из Эденского сада из-за опасения, что может прилепиться к Древу жизни и будет жить вечно, а ущерб, причинённый Древу познания, навсегда останется без исправления. И поэтому, чтобы не лишить этого праведников, достойных знать об этом, он раскрыл это в виде намёка.

193) И тот, кто боится наказания побоями и предъявления обвинения, – пребывает над ним не страх Творца, называемый «страх Творца, ведущий к жизни»[572], а плохой страх, являющийся «плетью», но не страхом Творца.

---

[571] Тора, Берешит, 3:22.
[572] Писания, Притчи, 19:23.

194) Поэтому место, называемое «страх Творца»[568], называется «началом познания»[568]. И потому включена сюда эта заповедь. И она является корнем и основой для всех остальных заповедей Торы. Сохраняющий этот страх, сохраняет все. А не сохраняющий этого страха, не сохраняет заповедей Торы, потому что этот страх – врата ко всему.

Возвращается к тому, что Писание в одном месте называет страх началом мудрости, а в другом – началом познания. И поясняет, что там, где заканчивается святой страх, называемый «страх Творца, ведущий к жизни»[572], есть там, внизу, плохой страх – бьющий, сокрушающий и обвиняющий. И это – плеть для нанесения ударов грешникам, как сказано: «И ноги ее нисходят к смерти»[573]. А выполняющий заповедь страха потому, что Творец – велик и правит всем, оказывается прилепленным к «страху Творца, ведущему к жизни»[572].

Но о тех, у кого причиной страха является наказание побоями, а не заповедь, сказано: «Чего боится грешник, то и придет к нему»[574], – потому что страх конца владеет им и сокрушает его. А поскольку конец этого страха заключен в злой плети, бьющей грешников, называется также и святой высший страх «начало познания – страх Творца»[568]. И это указывает нам, что нужно прилепиться только к его начальному свойству, «страху Творца, ведущему к жизни», и беречь себя от первого страха, т.е. «злой плети». И с помощью этого исправляется прегрешение, связанное с Древом познания.

195) Поэтому сказано: «Вначале» – в страхе, «создал Творец небо и землю»[566]. Ибо нарушающий его нарушает все заповеди Торы. И наказание того, кто нарушает его, заключается в том, что эта «злая плеть» – плохой страх, бьет его. И в речении: «Земля же была пуста и хаотична, и тьма пребывала над бездной, и дух Творца...»[575] говорится о четырех видах наказаний, которым подвергаются грешники.

---

[573] Писания, Притчи, 5:5.
[574] Писания, Притчи, 10:24.
[575] Тора, Берешит, 1:2.

Заповеди Торы

196) «Пуста» – это удушение, как сказано: «Полоса опустошения»[576], и «веревка для измерения»[577].

«Хаотична» – побивание камнями, т.е. камни, падающие в великую бездну для наказания грешников.

«И тьма» – это сожжение, как сказано: «И было, когда вы услышали голос из мрака»[578], «а гора пылала огнем до сердца небес – тьма, облако и мгла»[579]. И это – сильный огонь, посылаемый на головы грешников, чтобы сжечь их.

Но те, кто выполняет заповеди страха Творца не по причине заповеди Царя, а только из-за страха наказания, попадаются в западню клипы пустоты, и удивляются при этом, почему же они не понимают мысли и речи Творца. Эта клипа называется «веревка для удушения», которая накинута на шею человека и прекращает человеку доступ воздуха святости к дыханию жизни. И сказано: «Полоса опустошения»[576], «веревка для измерения»[577]. В первом отрывке сказано: «Полоса опустошения», а во втором: «Веревка для измерения». И одно объясняет другое, т.е. значением слов «полоса опустошения» являются слова «веревка для измерения». Ибо, согласно полосе и мере опустошения его, такова и мера веревки, которую накидывает на его шею ситра ахра (иная сторона) и удушает его. Как сказано: «Влекущие грех вервями суетности»[580].

Поэтому «хаос» – это побиение камнями. Когда он уже пойман ситрой ахра (иной стороной), набросившей петлю на шею его, у них (у клипот) есть силы поступать с ним, как им вздумается: либо побить его камнями, либо предать сожжению, либо покарать отсечением головы. «Побиение камнями» означает, что голова его забита дурными желаниями и мыслями, увлекающими его в великую бездну, чтобы наказать его.

---

[576] Пророки, Йешаяу, 34:11. «Из рода в род пустой будет, …и Он прострет по ней полосу опустошения и камни разрушения».

[577] Пророки, Захария, 2:5. «И поднял я глаза свои и увидел перед собой человека, а в руке его – веревка для измерения».

[578] Тора, Дварим, 5:20. «И было когда вы услышали голос из мрака, а гора пылала огнем, то подошли вы ко мне, все главы колен ваших и старейшины ваши».

[579] Тора, Дварим, 4:11. «И вы приблизились, и стали под горой, а гора пылала огнем до сердца небес – тьма, облако и мгла».

[580] Пророки, Йешаяу, 5:18.

«"Тьма" – сильный огонь, посылаемый на головы грешников, чтобы сжечь их» – т.е. ситра ахра вращает их на сильном огне до тех пор, пока не сжигает в них всю жизненную силу святости.

197) «И дух» – это отсечение головы мечом. Потому что «руах сеара (ураганный ветер)» – это острый меч, сжигающий всё внутри. Как сказано: «Пламя обращающегося меча»[581]. И называется «дух». Это наказание тому, кто нарушает заповеди Торы, перечисленные после страха, называемого началом и являющимся совокупностью всего. Ведь за словом «вначале», означающем «страх», следуют «пустота», «хаос», «тьма» и «дух» – и это четыре вида смертной казни. А отсюда и далее – остальные заповеди Торы.

Объяснение. Ситра ахра насылает на него «ураганный ветер», который, словно острый меч, отсекает голову его от тела, прекращая жизнь его. И это – наказание тому, кто нарушает заповеди Торы, перечисленные после страха – т.е. «начала», являющегося совокупностью всего. Ведь все заповеди Торы включены в два первых речения, от «вначале» и до «сказал Творец: "Да будет свет!"»[582]. А упомянутое наказание полагается тому, кто нарушает заповеди Торы, и это – четыре вида смерти, подразумеваемые в словах «пустота», «хаос», «тьма» и «дух», и перечисленные после страха, называемого «начало» и подразумеваемого в отрывке: «Вначале создал Творец»[566].

Таким образом, первое речение – это страх, «начало», основа «страха, ведущего к жизни», а второе речение – это наказание тому, кто не прилепился к страху, «началу». И они – совокупность всего, поскольку они являются вратами к вере Творца. И получается, что все заповеди в Торе включены в нее. Отсюда и далее – остальные заповеди Торы, начиная с отрывка «И сказал Творец: "Да будет свет"»[582] и далее. Иными словами, все заповеди в Торе являются частными случаями заповеди страха.

---

[581] Тора, Берешит, 3:24.
[582] Тора, Берешит, 1:3.

Заповедь вторая

198) Вторая заповедь – это заповедь, которая включена в заповедь страха, и никогда не выходит за пределы ее. И это заповедь любви: должен любить человек Господина своего совершенной любовью. Что означает – «совершенная любовь»? Это большая любовь, о которой сказано: «Ходи предо Мной и будь непорочен»[583]. «Непорочен» означает – совершенен в любви. Слова Писания: «И сказал Творец: "Да будет свет"»[582] сообщают о совершенной любви, называемой «большой любовью». А здесь – это заповедь: чтобы человек надлежащим образом любил Господина своего.

Пояснение сказанного. Есть зависимая любовь, приходящая вследствие множества благ, дарованных ему Творцом, и, благодаря этому, человек сливается с Ним сердцем и душой. Но, хотя он и слит с Творцом в абсолютном совершенстве, все же такая любовь считается несовершенной. И об этом сказано: «Лишь с Творцом ходил Ноах»[584] – т.е. Ноах нуждался в укреплении, так как его поддерживало то множество благ, которыми наполнял его Творец. Однако Авраам не нуждался в укреплении, как сказано: «Ходи предо Мной и будь непорочен»[583]. «Ходи предо Мной» означает – без поддержки, только лишь «предо Мною», хотя ты и не будешь знать, иду ли Я за тобой, чтобы поддержать тебя. Это – совершенная любовь, большая любовь: даже если Я не даю тебе ничего, всё же твоя любовь будет совершенной, чтобы слиться со Мной всем сердцем и душой.

199) Сказал рабби Эльазар: «Отец мой, я слышал, что значит – любовь в совершенстве». Ответил ему: «Расскажи это, сын мой, в присутствии рабби Пинхаса, поскольку он находится на этой ступени». Сказал рабби Эльазар: «Большая любовь – это совершенная любовь, пребывающая в совершенстве с обеих сторон, и если нет ее в обеих сторонах, она не является любовью в совершенстве, как подобает».

Объяснение. Попросил его рассказать о свойстве большой любви в присутствии рабби Пинхаса, поскольку тот уже достиг

---

[583] Тора, Берешит, 16:1.
[584] Тора, Берешит, 6:9.

свойства большой любви во всем ее совершенстве, и во всех деталях поймет сказанное им, что совершенная любовь находится в совершенстве с обеих сторон – как суда, так и милосердия. И даже если Он забирает душу твою – твоя любовь к Творцу должна быть в полном совершенстве, как и в то время, когда Он дарует тебе все блага в мире.

200) Рассматриваются две стороны любви к Творцу: есть такие, кто любит Его за дарованное богатство, долголетие, за то, что человек окружен сыновьями, обладает властью над своими врагами, за то, что он удачлив на путях своих – благодаря всему этому он любит Его. Но если все изменится, и Творец сделает так, что колесо удачи обернется для него суровым судом, он возненавидит Его, и вовсе не будет испытывать к Нему чувства любви. И поэтому, такая любовь не имеет под собой основы.

И поскольку корень любви его имеет под собой какую-то основу, когда устраняется эта основа, аннулируется и любовь.

201) Совершенная любовь – это любовь с обеих сторон, как суда, так и милосердия, т.е. удачи на путях его. И если он будет любить Творца, даже когда Он заберет душу его, это называется совершенной любовью, присутствующей в двух сторонах, как суда, так и милосердия. Поэтому свет начала творения сначала вышел, а потом был укрыт. И когда укрылся он, проявился суровый суд. И соединились вместе обе стороны, милосердие и суд, чтобы раскрыть совершенство. Такой должна быть любовь.

Объяснение. Свет, который был создан в шесть дней начала творения, т.е. в результате речения: «Да будет свет!»[582], снова был укрыт. И сказано, что речение «да будет свет» относится к этому миру, а речение «и появился свет» – к будущему миру[585]. Так как свет скрыт от этого мира, и раскрывается он лишь праведникам в будущем мире. Зачем же он был укрыт? Потому что с укрытием света проявился суровый суд в этом мире, и благодаря этому «соединились вместе две стороны, милосердие и суд, чтобы раскрыть совершенство» – т.е. было предоставлено место, где две противоположности могут соединиться как одно целое. Ибо теперь представилась возможность раскрыть

---

[585] См. Зоар, главу Берешит, часть 1, статью «Скрытый свет», п. 351.

совершенство его любви даже в тот час, когда Творец забирает его душу, и дается место для совершенства любви. А если бы свет не был укрыт и не проявился суровый суд, лишились бы этой большой любви праведники, и она уже никогда не смогла бы раскрыться.

202) Привлек его к себе рабби Шимон и поцеловал. Подошел рабби Пинхас и, поцеловав, благословил его. Сказал: «Несомненно, Творец послал меня сюда. Это тот тонкий свет, о котором сказали мне, что он находился в доме моем, а затем осветил весь мир[586]». Сказал рабби Эльазар: «Конечно же, не должен забываться страх ни в каких заповедях. И уж тем более, в заповеди любви, страх должен быть соединен с любовью. И как он соединяется с ней? Любовь хороша с одной стороны – когда Он дает богатства и блага, долголетие, сыновей и пропитание. И тогда необходимо возбудить страх, и бояться согрешить, чтобы колесо судьбы не обернулось против него. Об этом сказано: "Счастлив человек, всегда пребывающий в страхе"[587], потому что этот страх включен в любовь».

203) «И так необходимо пробуждать страх с другой стороны, стороны сурового суда. Ведь когда видит, что пребывает над ним суровый суд, он должен пробудить страх, чтобы испытывать надлежащий страх перед Господином своим и не ожесточить сердце свое. Об этом сказано: "А ожесточающий сердце свое попадет в беду"[587] – т.е. попадет во власть иной стороны, называемой "беда"». «Таким образом, страх присутствует в двух сторонах» – в стороне добра и любви, и в стороне сурового суда, «и состоит из них». И если страх включен в сторону добра и любви, такая любовь действительно совершенна.

Пояснение сказанного. Страх – это заповедь, включающая в себя все заповеди Торы, так как она является вратами к вере Творца. Ведь в мере пробуждения страха, пребывает над ним вера в управление Творца. Поэтому ни в какой заповеди нельзя забывать о страхе, и уж тем более в заповеди любви – необходимо пробудить вместе с ней страх, так как в заповеди любви страх действительно становится ее неотъемлемой частью.

---

[586] См. выше, статью «Выход рабби Шимона из пещеры», п. 186.
[587] Писания, Притчи, 28:14. «Счастлив человек, всегда пребывающий в страхе, а ожесточающий сердце свое попадет в беду».

Поэтому необходимо пробуждать страх в двух сторонах любви: как в любви во время проявления милосердия и удачи на путях его, так и в любви во время сурового суда.

Поэтому сказано: «Страх должен быть соединен с любовью. И как он соединяется с ней?» Чтобы мы не понимали ошибочно сказанное им, что совершенная любовь бывает в то время, когда Творец забирает его душу во время сурового суда, и не подумали, что имеется в виду: нисколько не бояться сурового суда, а только лишь прилепиться к Нему в самозабвенной любви без всякого страха. И поэтому он объясняет, что «страх должен быть соединен с любовью. И как он соединяется с ней?» Страх тоже нужно пробуждать в это время так же, как он пробуждает и совершенную любовь.

И он снова напоминает о двух сторонах любви, как во время суда, так и во время проявления милосердия и удачи на путях его, и говорит, что необходимо пробуждать страх с обеих сторон любви. Что во время милосердия и удачи на путях его необходимо пробуждать страх перед Творцом: как бы не прийти к прегрешению и не остыть в любви к Творцу. И тогда он этим соединяет страх с любовью.

И так же – с другой стороны любви, во время сурового суда, он должен пробуждать страх перед Творцом, чтобы не ожесточилось сердце его, перестав внимать суду. Тогда и здесь он соединяет страх с любовью. Если он так действует, то всегда пребывает в совершенной любви, как и подобает. И о включении страха в любовь со стороны милосердия он приводит высказывание: «Счастлив человек, всегда пребывающий в страхе»[587]. И поясняет слово «всегда», говоря, что даже в то время, когда Творец добр по отношению к нему, он должен всё равно бояться Его – как бы не прийти к прегрешению.

А в отношении того, как включить страх в любовь со стороны суда, он приводит высказывание: «А ожесточающий сердце свое попадет в беду»[587], которое означает, что нельзя ожесточать сердце свое во время суда, что бы ни произошло в мире. Ведь тогда он упадет в ситру ахра, которая называется «бедой». Но нужно тогда как можно сильнее пробуждать страх, испытывая боязнь перед Творцом, и связать страх с совершенной любовью его в это время. Но как первая, так и вторая любовь у него – не ради собственной выгоды, а единственно из страха: как бы не уменьшилось доставление наслаждения Создателю его.

Таким образом, выяснились две первые заповеди. Первая заповедь – страх, является совокупностью всей Торы и заповедей. Она называется «Вначале», и выясняется в самом первом отрывке: «Вначале создал Творец небо и землю» – что из страха, «начала», вышли небо и земля, т.е. ЗОН, и ветви их – БЕА. А второй отрывок означает наказание – четыре вида смерти. «Пуста» – означает удушение, «хаотична» – побиение камнями, «тьма» – сожжение, «дух» – отсечение головы.

А вторая заповедь – это любовь. Она выясняется в отрывке: «И сказал Творец: "Да будет свет!"»[582]. И в ней есть две стороны. Первая сторона – в даровании богатства, блага, продолжительности дней, сыновей и пропитания.

Вторая сторона – любить Творца всей своей душой и сущностью: даже в то время, когда Он забирает душу и всё достояние твое, человек должен любить Его, как и в то время, когда Он дает ему богатство и долгоденствие.

И для того, чтобы раскрыть эту любовь, был упрятан свет начала творения. А когда он спрятался, проявился суровый суд. Необходимо также включить страх и любовь с двух ее сторон: с одной стороны необходимо бояться, чтобы не прийти к прегрешению и не потерять силу любви, с другой стороны, необходимо бояться этого скрытия как суда, которым Творец осуждает его. И это – в соответствии с простым пониманием сказанного в Зоаре. Но для того, чтобы продолжить выяснение остальных заповедей, необходимо выяснить более глубокий смысл этих слов – на высших ступенях Ацилута.

Четыре буквы АВАЯ (היוה), ХУБ ТУМ, называются в Зоаре страх-любовь-Тора-заповедь. «Йуд י», т.е. Хохма, – это страх. Первая «хэй ה», Бина, – любовь. «Вав ו» – Тора. Нижняя «хэй ה» – заповедь.

И сказано: «Вначале создал Творец» – это первая из всех заповедей, и заповедь эта называется страхом Творца, «началом». Так как парцуф Арих Анпин является общностью всего мира Ацилут, светящего всем мирам через свои облачения, называемые Аба ве-Има, ИШСУТ и ЗОН. И называется он также «скрытая Хохма (Хохма стимаа)», ибо Хохма его скрыта в его рош, и он вовсе не наполняет ею миры. И только Бина Арих Анпина светит мирам.

Поэтому Бина называется «начало», так как является началом и корнем всех миров. И она называется страхом Творца, страхом величия, поскольку Он велик и правит всем, и является основой и корнем всех миров, и всё считается как ничто перед Ним. И от нее вышли ЗОН, называемые «небо и земля». Таким образом, мы выяснили сказанное: «Вначале» – т.е. страхом, «создал Творец небо и землю»[566] – т.е. ЗОН.

Сказано: «Начало мудрости – страх Творца»[588], и сказано: «Страх Творца – начало познания»[589] – поскольку страх называется началом. Так как мохин – это ХАБАД, но Хохма этих мохин – это не сама Хохма Арих Анпина, а только Бина Арих Анпина. Потому что Бина Арих Анпина, когда она поднимается в рош Арих Анпина, опять становится там Хохмой и передает Хохму парцуфам. Таким образом Бина, являющаяся страхом, – это начало Хохмы. Сказано: «Начало мудрости (хохма) – страх Творца»[588]. И она также является началом познания (даат), потому что Даат – это корень ЗОН, поднимающих его в рош Арих Анпина для получения Хохмы. Поэтому также и ЗОН получают от нее Хохму. Как сказано: «Страх Творца – начало познания (даат)»[589].

И сказано: «Вторая заповедь – это заповедь, которая включена в заповедь страха, и никогда не выходит за пределы ее. И это заповедь любви: должен любить человек Господина своего совершенной любовью». Хохма называется любовью, так как «йуд י» имени АВАЯ (היה) является сущностью Бины, т.е. ГАР в ней, высшие Аба ве-Има, свойство «чистый воздух», и свет Хохмы скрыт в них. Но раскрытие света Хохмы происходит от ЗАТ Бины, называемых ИШСУТ, т.е. от первой «хэй» имени АВАЯ, – поэтому они называются «любовью». Это вторая заповедь, идущая вслед за страхом, поскольку эта Хохма получена не от самой Хохмы Арих Анпина, а от Бины, страха. И заповедь

---

[588] Писания, Псалмы, 110:10.
[589] Писания, Притчи, 1:7.

страха является основой ее, и никогда не оставляет ее. Ведь Бина всегда соединена с Хохмой и не расстается с ней никогда. В любом месте, где присутствует Бина, обязательно находится вместе с ней также и Хохма. Ведь Хохма и Бина всегда слиты друг с другом, и не бывает никогда Хохмы без Бины или Бины без Хохмы.

Отсюда необходимо понять: хотя и сказано, что первая заповедь – это страх, Бина, не ошибись, думая, что это Бина без Хохмы. И также во второй заповеди, и это – любовь, т.е. Хохма, не ошибись, думая, что это Хохма без Бины. Но так же как есть Хохма в первой заповеди, так же есть и Бина во второй заповеди, потому что Хохма и Бина (ХУБ) связаны друг с другом и приходят вместе, не расставаясь никогда. Но мы их определяем по тому, что преобладает, поскольку в первой заповеди, в высших Абе ве-Име, в ГАР Бины, являющихся сущностью Бины, преобладает главным образом Бина, и поэтому она называется заповедью «страха», а во второй заповеди преобладает в основном Хохма, и поэтому мы называем ее заповедью «любви».

Что означает – «совершенная любовь»? Это большая любовь. Об этом написано: «И сказал Творец: "Да будет свет!"»[582]. Объяснение. Отрывок «Вначале (Берешит)» содержит скрытый смысл. И основное раскрытие понятия «Берешит» начинается со слов: «Да будет свет», означающих подъем Бины, являющейся началом, в рош Арих Анпина, где она возвращается к Хохме. И тогда Хохма и Бина (ХУБ) вместе называются «большая любовь». Это означает: «Да будет свет!»[582], потому что Бина поднялась в Арих Анпин и наполняет все миры светом, т.е. «большой любовью», – Хохмой и Биной.

Сказано выше, что «рассматриваются две стороны любви к Творцу: есть такие, кто любит Его за дарованное богатство, долголетие, за то, что человек окружен сыновьями, обладает властью над своими врагами, за то, что он удачлив на путях своих – благодаря всему этому он любит Его». А «совершенная любовь – это любовь с обеих сторон, как суда, так и милосердия, т.е. удачи на путях его. И если он будет любить Творца, даже когда Он заберет душу его, это называется совершенной любовью, присутствующей в двух сторонах, как суда, так и милосердия». Поэтому свет начала творения сначала вышел, а затем был скрыт, и в результате его скрытия проявился суровый суд.

Поэтому сказано: «Да будет свет»[582] – в этом мире, «и стал свет»[582] – в будущем мире. И поскольку увидел Он, что мир недостоин пользоваться им, то остановился и скрыл его для мира будущего, т.е. выше парсы, во внутренних свойствах Арих Анпина, где находится свойство «будущий мир», в месте установления высших Абы ве-Имы, ГАР Бины, оканчивающихся в хазе Арих Анпина. И там находится парса, разделяющая между «высшими водами», высшими Аба ве-Има, и «нижними водами», ИШСУТ и ЗОН. Потому что от хазе Арих Анпина и ниже свет померк и больше не светит. И в ИШСУТ, стоящих от хазе Арих Анпина до табура, в ЗАТ Бины, – свет скрыт там и не светит в них.

Таким образом, Бина разделилась на две стороны. Потому что в ее ГАР, высших Абе ве-Име, находящихся выше хазе Арих Анпина, т.е. в высших водах, свет проявляется. И тот, кто удостоился ступени высших Абы ве-Имы, обретает богатство, долголетие и «сыновей, которые окружают стол его подобно саженцам олив»[590], обладает властью над врагами его, «удачлив на путях своих»[591] и преуспевает во всех делах своих.

Однако от ЗАТ Бины, стоящих ниже хазе Арих Анпина и называемых «нижние воды», свет уже скрыт. И получающие от них, должны любить Творца, даже когда Он забирает их душу.

Так зарождаются две стороны любви – ГАР и ЗАТ Бины относительно «правой» в ней, т.е. любви. Это происходит с помощью скрытия света начала творения. И удостоившийся стать совершенным в любви Творца, как в свойстве любви высших Абы ве-Имы, так и в свойстве любви ИШСУТ, постигает любовь как должно.

И надо включить страх в обе стороны любви. Со стороны милосердия (хеседа) высших Абы ве-Имы необходимо пробудить страх, чтобы не прийти к прегрешению. И также со стороны любви ИШСУТ необходимо пробудить страх в стороне

---

[590] Писания, Псалмы, 128:3.
[591] Писания, Притчи, 4:26.

сурового суда ИШСУТ. Ведь когда он видит, что над ним пребывает суровый суд, он должен пробудить страх, и тогда будет испытывать страх перед Господином своим как подобает, и не ожесточится сердце его. Ведь Хохма и Бина (ХУБ), называемые «любовь» и «страх», всегда слиты друг с другом, и поэтому нужно включить свойство Бины, т.е. «любовь», как в ГАР Бины, Абу ве-Иму, так и в ЗАТ Бины, ИШСУТ.

«Таким образом, страх присутствует в двух сторонах, в стороне добра и любви, и в стороне сурового суда, и состоит из них. И если страх включен в сторону добра и любви, такая любовь действительно совершенна». Здесь есть два свойства, представляющие собой четыре. Ведь нет любви, если она не проявлена с двух сторон – т.е. ГАР и ЗАТ Бины. И любовь этих двух сторон несовершенна, если в каждой из них не присутствует страх, поскольку не может быть Хохмы без Бины, т.е. любви без страха.

Заповедь третья

204) Третья заповедь: знать, что есть великий Творец, правящий миром. И каждый день устанавливать подобающим образом единство Его в шести высших окончаниях, ХАГАТ НЕХИ Зеир Анпина, приводя их к полному единству в шести словах воззвания «Шма Исраэль (слушай, Исраэль)»[592], устремляя с ними свое желание наверх. Поэтому нужно слово «один» произносить протяжно, соответвенно размеру всех шести слов.

Здесь Зоар говорит о двух условиях:
1. Необходимо знать, что есть великий Творец, правящий миром.
2. Каждый день устанавливать подобающим образом единство Его.

Сначала надо познать две стороны, раскрывающиеся в любви, – высшие Аба ве-Има и ИШСУТ. «Что есть великий Творец» – т.е. высшие Аба ве-Има, являющиеся парцуфом бо́льшим и великим в хасадим, «правящий миром» – это ИШСУТ,

---
[592] Тора, Дварим, 6:4. «Слушай, Исраэль! Творец Всесильный наш, Творец един».

называемые «правитель», что указывает на выходящие вследствие них суды, когда свет укрывается от них, и проявляется суровый суд. Поскольку слова «правящий» и «властвующий» указывают на суды.

И объясняется, что необходимо познать эти две стороны любви, и включить в каждую из них страх, и тогда он приобретет любовь Творца как в милосердии и удаче путей его, так и в суде, и тогда эта любовь считается совершенной.

А затем «необходимо каждый день подобающим образом устанавливать единство в шести высших окончаниях» – т.е. поднимать МАН в ЗОН, а ЗОН в ИШСУТ. И тогда поднимаются ИШСУТ и ЗОН, соединяясь как одно целое с Аба ве-Има, называемыми «шесть высших окончаний», поскольку они облачают ВАК Арих Анпина. И благодаря этому единству поднимаются ИШСУТ на место Абы ве-Имы, выше парсы Арих Анпина, где находятся «высшие воды», и свет не укрыт от них. И когда ИШСУТ наполняются светом, они наполняют ЗОН, а ЗОН – все миры, и тогда раскрываются хасадим в мирах. И это – внутренний смысл воззвания «Шма».

Шесть слов воззвания «Слушай (шма), Исраэль»[592] – это шесть окончаний ЗОН. И необходимо соединить эти шесть окончаний ЗОН так, чтобы они соединились как одно целое с шестью высшими окончаниями, т.е. Аба ве-Има и ИШСУТ. И необходимо устремить с ними желания наверх, т.е. направить желания и НАРАН, чтобы они включились вместе с ними в МАН.

И для того, чтобы установить их в полном единстве с ВАК Зеир Анпина, представляющими собой шесть слов воззвания «Шма Исраэль»[592], нужно слово «один» произносить протяжно, т.е. нужно притянуть Хохму словом «один». Ибо свет Хохмы, нисходящий из Бесконечности в высшие ВАК, т.е. Абу ве-Иму и ИШСУТ, объединяет ВАК Зеир Анпина со светом Бесконечности. Так как «один (эхад אחד)» в гематрии «йуд-гимель יג (13)», что указывает на притяжение света Хохмы. И поэтому необходимо посредством слова «один» намереваться притянуть Хохму в ВАК Зеир Анпина.

Однако не имеется в виду притянуть в этом единстве ГАР Зеир Анпина, а только увеличить ВАК Зеир Анпина с помощью его включения в высшие ВАК. «Поэтому нужно слово "один (эхад)" произносить протяжно, соответственно размеру всех шести слов». «Произносить протяжно» – означает притянуть Хохму, «в размере всех шести слов» – в ВАК Зеир Анпина, и тем самым ВАК его становится ВАК гадлута. Ибо шесть слов «Шма Исраэль»[592] соответствуют ВАК Зеир Анпина, а с помощью этого единства, увеличивающего его в ВАК гадлута, можно, вслед за этим, притянуть также и ГАР в Зеир Анпин.

205) И это означает сказанное: «Да стекутся воды под небесами в единое место»[593] – т.е. соберутся ступени, находящиеся под небесами, в одно место, чтобы стать совершенными в шести окончаниях. И вместе с тем, с помощью единства «Шма Исраэль» необходимо связать с ним страх – т.е. надо произносить протяжно букву «далет ד» в слове «эхад (אחד один)». И поэтому в слове «эхад (אחד один)» большая «далет ד», как сказано: «И покажется суша»[593]. «Покажется» и свяжется «далет», называемая «суша», с этим единством.

Единство «Шма» означает – притянуть ВАК гадлута, как сказано: «Да стекутся воды под небесами в единое место»[593] – т.е. соберутся ступени, находящиеся под небесами, в единое место, чтобы стать совершенными в шести окончаниях. «Единое место» – это высший ВАК, где свет Бесконечности светит светом Хохмы. И сказано, что «соберутся ступени, находящиеся под небесами» – шесть окончаний Зеир Анпина, находящиеся под Биной, называемые «небом» по отношению к Зеир Анпину, «в единое место» – шесть высших окончаний, «для того, чтобы быть в надлежащем совершенстве» – чтобы получить также и свет Хохмы. И соединятся тогда ВАК Зеир Анпина. Но только лишь в совершенстве ВАК – лишь в гадлут ВАК.

И вместе с тем, посредством единства «Слушай (шма), Исраэль»[592], необходимо связать с ним страх, то есть, в слове «эха**д** (один)» произносить протяжно «**далет**», которая является нижним страхом. Ведь совершенная любовь – это любовь в двух сторонах: как суда, так и милосердия и удачи на путях его. Поэтому вышел свет начала творения, а затем скрылся. И когда он скрылся, проявился суровый суд, и соединились две стороны, милосердие и суд, вместе, чтобы стать совершенством.

---

[593] Тора, Берешит, 1:9.

Такой должна быть любовь. Но сказано, что и в этой любви надо пробудить страх.

И выяснилось, что есть два вида любви и страха: высшие любовь и страх, высшие Аба ве-Има, и нижние любовь и страх, ИШСУТ. И приобретается совершенство лишь с помощью этих двух свойств вместе. Поэтому произошло скрытие этого света в ИШСУТе, чтобы раскрыть нижнюю любовь. Даже когда «забирает Он душу твою», то страх и теперь должен быть неразрывно связан с этой нижней любовью, и должен испытывать страх перед Господином своим, и тогда не ожесточится сердце его. Тогда есть у него любовь и страх в совершенстве, и он сливается с высшими Аба ве-Има и ИШСУТ, и получает всё имеющееся в них благо и наслаждение.

Здесь говорится о единстве воззвания «Шма». Ибо после того, как поднял ЗОН и включил их в шесть высших окончаний, чтобы притянуть большую любовь в ЗОН с помощью слова «один», и это свет, созданный в первый день изречением: «И сказал Творец: "Да будет свет!"», вместе с тем с единством «Шма Исраэль» необходимо связать страх, потому что необходимо также раскрыть и притянуть скрытие света, образовавшееся в ИШСУТ, чтобы восполнить их также нижними любовью и страхом, поскольку без этого они не могут называться совершенством.

Надо произносить протяжно большую «далет ד» в слове «эхад (אחד один)». Так как большие буквы находятся в Твуне. Поэтому «далет ד» в слове «эхад (אחד один)» – большая, что указывает на место скрытия света, произошедшего в НЕХИ Твуны. Поэтому надо произносить ее протяжно, и намереваться, благодаря скрытию в ней, достичь слияния также и в нижних любви и страхе. Как сказано: «И показалась суша»[593] – чтобы показалась и связалась «далет», т.е. суша, с этим единством. Так как совершенство в высших любви и страхе, нисходящих в шесть слов возглашения «Шма» посредством слова «один», что и означает: «Да будет свет»[582], проявляется лишь с помощью нижних любви и страха, раскрывающихся вследствие скрытия света в НЕХИ Твуны, называемых «далет». Поэтому сказано: «Да стекутся воды в единое место»[593], что означает – нисхождение света Хохмы к шести ступеням Зеир Анпина, находящимся «под небесами». А затем сказано: «И показалась суша»[593] – это указывает на «далет ד» в слове «эхад (אחד один)», которую надо произносить протяжно, подразумевая, что она стала сушей вследствие скрытия света для того, чтобы показалась и соединилась «далет», суша, т.е. Твуна, с единством света высших Абы ве-Имы, и они низошли к ВАК ЗОН, чтобы любовь стала совершенной с двух сторон.

206) «И после того, как соединилась там» – Малхут, «наверху» – с ВАК Зеир Анпина, «необходимо соединить ее внизу со всеми ее множествами» – с шестью другими окончаниями, находящимися внизу», в Малхут, т.е. с речением «"благословенно имя величия царства Его вовеки"[594], в котором имеется шесть других слов единства, и тогда бывшее сушей стало землей, чтобы производить плоды и порождения и сажать деревья».

Пояснение сказанного. После высшего единства, содержащегося в воззвании «Шма», когда «далет ד» слова «эхад (אחד один)» соединилась наверху с Аба ве-Има, необходимо соединить «далет ד» слова «эхад (אחד один)» с другими ВАК, находящимися внизу, с шестью окончаниями Нуквы Зеир Анпина, Рахель, стоящей от хазе Зеир Анпина и ниже, в которую включены все шестьдесят рибо (десятков тысяч) душ Исраэля, называемые множеством Нуквы, «всеми ее множествами».

А после того, как включился Зеир Анпин в свет высших Абы ве-Имы, и также раскрылось в нем скрытие Твуны, что означает «и показалась суша» этой «далет», необходимо притянуть эти два свойства к Нукве Зеир Анпина, от его хазе и ниже, и это шесть слов «благословенно-имя-величия-царства-Его-вовеки». И шесть этих слов соответствуют шести окончаниям ХАГАТ НЕХИ Нуквы Зеир Анпина. И это означает, что в речении «благословенно имя величия царства Его вовеки» имеется шесть других слов единства.

«И тогда то, что было сушей, стало землей, чтобы производить плоды и порождения» – потому что для раскрытия совершенной любви, пребывающей в двух сторонах, милосердия и суда, «свет начала творения вышел, а затем был укрыт». «И когда укрылся он, проявился суровый суд. И соединились

---

[594] Вавилонский Талмуд, трактат Брахот, лист 53:2.

вместе обе стороны, милосердие и суд, чтобы раскрыть совершенство» – так как в результате одного лишь скрытия, любовь в обеих сторонах еще не стала совершенной, но только после сурового суда, наступившего после скрытия.

Поэтому до проявления сурового суда, была «**далет**» слова «эха**д**» сушей, не приносящей пользы, так как она вышла за пределы света вследствие сокращения. И также страх не был в ней достаточно полным, чтобы быть исправленной нижними с помощью любви и страха, дополняющих высшие любовь и страх. Ведь еще не проявился суровый суд, т.е. основа, раскрывающая нижние любовь и страх. И местонахождение этого сурового суда – в «акеваим (досл. пятах)» Леи, находящихся в месте рош Рахели. Ибо у Зеир Анпина имеются две Нуквы:
1. От хазе и выше, именуемая Лея.
2. От хазе и ниже, именуемая Рахель.

И оказываются «акеваим» Леи, которые заканчиваются в хазе Зеир Анпина, касающимися рош Рахели, стоящей от хазе Зеир Анпина и ниже. А местонахождение сурового суда – в окончании «акеваим» Леи, касающихся рош Рахели. Поэтому действие сурового суда проявляется лишь в Рахели, так как никакой экран и суд не могут обнаружить влияние его, кроме как от местонахождения его и ниже. Таким образом, это скрытие не восполняется ступенью нижних любви и страха иначе как после нисхождения к месту Рахели, где действует суровый суд.

«И тогда то, что было сушей, стало землей, чтобы производить плоды и порождения и сажать деревья» – потому что эта «**далет**» слова «эха**д**», на своем месте, до раскрытия сурового суда, была сушей и пустынным местом, непригодным для поселения. Однако теперь, после того как она распространилась до ВАК Рахели, находящейся от хазе Зеир Анпина и ниже, земля стала плодородной и пригодной для посадки деревьев, т.е. стала местом поселения. Ибо в ней раскрылись нижние любовь и страх в совершенстве, восполняющем высшие любовь и страх, чтобы пребывала любовь в двух сторонах, поскольку только таким путем раскрывается всё благо и наслаждение, содержащееся в высших Абе ве-Име.

Как сказано: «И назвал Всесильный сушу землею»⁵⁹⁵. То есть она в этом нижнем единстве «благословенно имя величия царства Его вовеки» стала землей – желанием в подобающем совершенстве. «Эрец (земля)» – от слова «рацон (желание)». И это означает: «И назвал Всесильный сушу землею» – т.е. протянул «далет ד» слова «эхад (אחד один)» к Нукве Зеир Анпина, в шесть ее окончаний, в которых уже проявилось действие сурового суда. И тогда «далет», бывшая сушей и пустошью, стала в Нукве Зеир Анпина, вследствие зивуга (соединения) с ним, свойством «плодородная земля и место поселения». Благодаря этому Всесильный назвал сушу землей, т.е. желанием в подобающем совершенстве, потому что желание в ней раскрылось в надлежащем совершенстве, и называется совершенной любовью.

207) «И назвал Всесильный сушу землею»⁵⁹⁵ – так как она в этом нижнем единстве «благословенно имя величия царства Его вовеки» стала землей, т.е. желанием, в подобающем совершенстве. Ибо «эрец (земля)» – от слова «рацон (желание)». И поэтому «и вот – хорошо»⁵⁹⁶ сказано дважды: один раз – о высшем единстве, другой – о нижнем единстве. Ведь Малхут объединилась в двух сторонах: в ВАК Зеир Анпина и в ее ВАК. А отсюда и далее сказано: «Да произрастит земля поросль»⁵⁹⁷, так как она исправилась, чтобы производить надлежащим образом плоды и порождения.

Объяснение. Высшее единство, единство шести слов воззвания «Шма», проявляющееся в шести больших высших окончаниях Абы ве-Имы, выясняется в сказанном: «Да стекутся воды под небесами в единое место»⁵⁹³. Это единство притягивает к ВАК Зеир Анпина свет, созданный в первый день, от шести окончаний высших Абы ве-Имы. И это первое «и вот – хорошо», изреченное в третий день начала творения.

Нижнее единство, единство шести слов «благословенно имя величия царства Его вовеки», являющееся восполнением «далет ד» в слове «эхад (אחד один)», в которой совершенство проявляется лишь с помощью шести окончаний Нуквы Зеир

---

⁵⁹⁵ Тора, Берешит, 1:10.
⁵⁹⁶ Тора, Берешит, 1:10 и 1:12. «И увидел Всесильный, и вот – хорошо».
⁵⁹⁷ Тора, Берешит, 1:11.

Анпина, выявляется в сказанном: «И назвал Всесильный сушу землею». И сказано: «Да произрастит земля поросль», так как в ВАК Нуквы стала эта суша свойством «земля, производящая плоды». И об этом единстве ВАК Нуквы сказано второй раз «и вот – хорошо».

Таким образом, первое «и вот – хорошо» относится к высшему единству, второе «и вот – хорошо» – к нижнему единству. «Поскольку Малхут объединилась в двух сторонах, в ВАК Зеир Анпина и в ее ВАК» – в двух сторонах любви, благодаря высшему единству и нижнему единству. Отсюда и далее сказано: «Произрастит земля поросль», так как она исправилась, чтобы производить надлежащим образом плоды и порождения. Ибо нижнее единство восполнило любовь с двух сторон, и нисходят света высших Абы ве-Имы к ВАК Нуквы, которая дает плоды и потомство своему народу, т.е. шестидесяти рибо (десяткам тысяч) душ Исраэля, как подобает.

Заповедь четвертая

208) Четвертая заповедь: знать, что Творец (АВАЯ) – Он Всесильный (Элоким), как сказано: «Познай же сегодня и возрождай в сердце своем, что Творец (АВАЯ) – Он Всесильный (Элоким)»[598]. То есть, имя Элоким должно стать включенным в имя АВАЯ, чтобы познать, что они – одно целое и нет в них разделения.

Объяснение. АВАЯ – это Зеир Анпин, а Элоким – это Нуква Зеир Анпина. И необходимо соединить Зеир Анпин и Нукву, чтобы они были одним целым, без всякого разделения между ними. Чтобы включилось имя Элоким, Нуква, в имя АВАЯ, Зеир Анпин, и тогда Нуква тоже будет свойством АВАЯ. И это единство необходимо для нисхождения ГАР в ЗОН. Единство воззвания «Шма», выясненное в третьей заповеди, необходимо было для нисхождения ВАК от Абы ве-Имы в ЗОН. А единство, выясняемое здесь, необходимо для нисхождения ГАР от Абы ве-Имы к ЗОН. И это правило, что нисхождение какой бы то ни

---

[598] Тора, Дварим, 4:35. "Познай же сегодня и возрождай в сердце своем, что Творец – Он Всесильный, нет никого, кроме Него".

было ступени невозможно за один раз, но необходимо вначале притянуть ВАК этой ступени, а затем ГАР.

209) И сказано: «Да будут светила на своде небесном, чтобы светить над землёй»[599] – чтобы были два этих имени АВАЯ-Элоким одним, без всякого разделения. Тогда произойдет включение «меорот (светил מארת)», написанных без «вав ו», т.е. Малхут, называемой Элоким, в имя «небеса», т.е. Зеир Анпин, называемый АВАЯ, поскольку они – одно целое, и нет в них разделения. (Это включение) «черного света», Малхут, в «белый свет», Зеир Анпин, – нет в них разделения и всё едино. И это – «белое облако дня» и «огненное облако ночи». «Свойство день» – Зеир Анпин, «свойство ночь» – Малхут, которые установились друг в друге в полном единстве, чтобы светить. Как сказано: «Чтобы светить над землёй»[599].

Пояснение сказанного. Нуква называется «меорот (מארת светила)», написанные без «вав ו», что указывает на ущерб луны, как уже изучалось, что вначале были два больших светила на одном уровне, и луна пожаловалась, что не могут два повелителя пользоваться одной короной. И сказал ей Творец: «Иди и уменьши себя». Тогда опустились ее девять нижних сфирот в мир Брия, и она уменьшилась до состояния точки под Есодом Зеир Анпина. И нужно включить эту Малхут, после того, как она уменьшилась, в имя «небеса», Зеир Анпин, т.е. увеличить ее снова, чтобы она была на одинаковой ступени с Зеир Анпином «паним бе-паним (досл. лицом к лицу)». И для этого необходимо снова поднять Нукву из мира Брия в Ацилут и исправить разделение, образовавшееся между Зеир Анпином и Нуквой во время уменьшения луны.

Уменьшение луны произошло потому, что над Нуквой воцарился суровый суд, исходящий от «акеваим (пят)» Леи. И вследствие этого она уменьшилась до точки, а девять ее нижних сфирот упали в мир Брия. Но благодаря единству воззвания «Шма», установившемуся в третьей заповеди, Нуква выстраивается в свойстве ВАК в виде нижнего единства слов «благословенно имя величия царства Его вовеки», поскольку под влиянием силы суда в ней, она исправила «далет ד» слова

---

[599] Тора, Берешит, 1: 15. «Да будут светила на своде небесном, чтобы светить над землей. И было так».

«эхад (אחד один)», которая была сушей и пустошью, превратив ее в землю, производящую плоды и порождения.

И чернота Нуквы, сила суда в ней, уронившая ее до точки, поднялась действительно к свету. То есть именно благодаря силе суда была выстроена «далет ד» слова «эхад (אחד один)», чтобы стать «местом поселения и плодородной землей». И если бы не сила суда, действующая в Нукве, осталась бы «далет ד» слова «эхад (אחד один)», т.е. Твуна, «сушей и пустошью». Таким образом, сила суда в ней стала настоящим светом. И называется «черным светом», поскольку чернота вызвала этот свет. И он также называется светом ВАК, поскольку является светом хасадим.

Поэтому теперь можно притянуть также и «белый свет» к ВАК Нуквы, означающий свет Хохмы, ГАР. Ибо «белый» означает Хохма. И это происходит с помощью подъема ЗОН в чертог высших Абы ве-Имы. И теперь Нуква Зеир Анпина тоже может включиться в Абу ве-Иму, как и Зеир Анпин – ведь сила суда в ней преобразилась, став настоящим светом. И хотя она является черным светом, это вовсе не является преградой, чтобы включиться в высшие Абу ве-Иму, поскольку, когда черный свет, Малхут, находится в белом свете, Зеир Анпине, нет в них никакого разделения, и всё это – одно целое.

Ведь Нуква, поскольку она является свойством света, может включиться в свет Абы ве-Имы, потому что свет в свете – это «вид по виду его», и они считаются одним целым. И «чернота», вызывающая свет в ней, теперь совершенно не препятствует и не унижает ее, ведь именно она привела Нукву ко всей возвышенности, и без нее она бы не стала свойством света.

И это означает – «белое облако днем» и «огненное облако ночью». «Свойство день» – Зеир Анпин, «свойство ночь» – Малхут. Благодаря единству и включению ЗОН в Абу ве-Иму, когда Зеир Анпин включился в высшего Абу, а Нуква – в высшую Иму, стал Зеир Анпин свойством «белое облако», т.е. светом дня, а Нуква – «огненным облаком», т.е. светом ночи; свойством дня и свойством ночи, соединенными друг с другом, как сказано: «И был вечер, и было утро – день один»[600]. То есть

---

[600] Тора, Берешит, 1:5.

они установились друг в друге в полном единстве, как сказано: «Чтобы светить над землей»⁵⁹⁹. Иначе говоря, свойство дня соединилось со свойством ночи, Нуквой, в «день один». И они устанавливаются друг в друге, «чтобы светить над землей»⁵⁹⁹ – всем многочисленным свойствам Нуквы, находящимся в трех мирах БЕА.

210) И в этом заключается прегрешение первородного змея, соединяющего внизу и разъединяющего наверху. И в результате этого он навлек на мир всё то, что случилось, потому что необходимо, наоборот, разъединять внизу, а соединять – наверху. И черный свет, Малхут, необходимо соединить наверху, с Зеир Анпином, в полном единстве, чтобы затем соединилась Малхут со своими воинствами в единстве своем, и отделить ее от стороны зла.

Единство притяжения ГАР в ЗОН устанавливается лишь благодаря тому, что поднимают их в место Абы ве-Имы, т.е. выше хазе Арих Анпина, где Зеир Анпин включается в Абу, а Нуква – в Иму. И тогда оба они соединяются, и Зеир Анпин передает ГАР от Абы Нукве, которая облачает Иму. Но ниже хазе Арих Анпина, где ЗОН находятся постоянно, нельзя установить единство притяжения ГАР в Нукве. И это – грех Древа познания, которым первородный змей навлек смерть на мир. Ведь он совратил Адама и Хаву совершить это соединение внизу, на месте ЗОН, находящихся ниже хазе Арих Анпина, и тем самым причинил ущерб также и наверху, так как из-за этого прекратился зивуг и у высших Абы ве-Имы.

«И в этом заключается прегрешение первородного змея, соединяющего внизу и разъединяющего наверху. И в результате этого он навлек на мир всё то, что случилось» – так как для передачи ГАР Нукве он соединил ЗОН на их месте, внизу. И тем самым он навлек смерть на всех обитателей мира, так как привел к разделению наверху, что вызвало прекращение зивуга в Абе ве-Име, от которых нисходит жизнь к жителям мира.

Ведь когда ситра ахра приближается, чтобы питаться от зивуга ниже хазе ЗОН, там образуется место присасывания их (нечистых сил), тотчас прекращается высший зивуг Абы ве-Имы, поскольку они сразу же разделяются, перестав наполнять друг друга, для того чтобы наполнение не опустилось в ситру ахра. Всё это было потому, что нужно разделять внизу и соединять наверху. И необходимо следить за разделением ЗОН на их месте внизу, чтобы они не совершили слияние (зивуг) там, внизу, притянув ГАР, и соединять их только наверху, на месте самих Абы ве-Имы.

Поэтому сказано, что «черный свет необходимо соединить наверху в полном единстве» – так как черный свет, Нукву Зеир Анпина, нужно поднять вместе с Зеир Анпином наверх, к белому свету, к Абе ве-Име, и соединить там ЗОН «в полном единстве». И тогда Зеир Анпин передает наполнение ГАР от Абы Нукве, а затем Нуква возвращается с полученным наполнением на свое место внизу, где НАРАН душ Исраэля находятся в виде МАН.

И поэтому сказано, что она соединяется затем со всем множеством ее в своем единстве. И она соединяется с душами сыновей Исраэля, называемыми народом Нуквы, в полном единстве, и передает им наполнение, полученное наверху, в Абе ве-Име. И необходимо отделить ее от стороны зла, поскольку избегая соединения ЗОН на их месте внизу, отделяют Нукву от стороны зла, и не может ситра ахра наслаждаться этим наполнением. Однако, если вызывают соединение в ЗОН внизу, ситра ахра может получить это наполнение. И поэтому разъединяются Аба ве-Има наверху, прекращая свое слияние (зивуг).

211) Но вместе с тем необходимо знать, что Элоким-АВАЯ – это одно неделимое целое. «Творец (АВАЯ) – Он Всесильный (Элоким)»[598]. И когда человек познает, что всё едино, перестав вносить разъединение, даже иная сторона исчезнет из мира и не будет притягиваться вниз.

И хотя существует страх – не пробудить бы слияние ЗОН на их собственном месте, нельзя из-за этого отстраняться от установления требуемого единства на месте Абы ве-Имы, и «необходимо знать, что Элоким-АВАЯ – это одно неделимое целое». И притягивать единство ЗОН нужно только на месте Абы ве-Имы, чтобы Зеир Анпин с Нуквой соединились как одно целое, без разделения. «И когда человек познает, что всё едино, перестав вносить разъединение, даже иная сторона исчезнет из мира и не будет притягиваться вниз» – ведь если человек укрепится в подъеме МАН и подъеме ЗОН для соединения их на месте Абы ве-Имы, как подобает, не только ситра ахра не будет присасываться к наполнению, но тем самым он еще приведет к уничтожению ситры ахра, чтобы она не могла властвовать в мире.

212) Сказано: «Да будут светила (меорот)»[599] – буквы «ор-мавет (свет-смерть)», так как клипа следует за разумом. Разум – свет, иная сторона – смерть. Слово «свет (ор אור)» образуется из соединенных букв в слове «светила (меорот מאורות)», слово «смерть (мавет מות)» образуется из разрозненных букв в слове «светила (меорот מאורות)». И когда свет уходит оттуда, соединяются разрозненные буквы слова «смерть (мавет מות)». Иначе говоря, если убрать буквы «свет (ор אור)» из слова «светила (меорот מאורות)», то соединяются буквы слова «смерть (мавет מות)». И это означает сказанное: «Да будут светила (меорот)»[599]. То есть клипа поднимается и приходит вслед за разумом. Разум – свет, ситра ахра (иная сторона) – смерть. «Свет (ор אור)» образуется из соединенных букв, слово «смерть (мавет מות)» образуется из разрозненных букв.

Объяснение. Сила суда, пребывающего в Малхут, является корнем существования ситры ахра и клипот, как сказано: «Царство Его над всем властвует»[601]. И благодаря единству ЗОН в Абе ве-Име, чтобы притянуть ВАК и ГАР, преображается сила суда в Малхут, становясь черным светом благодаря притяжению ВАК в нижнем единстве воззвания «Шма». А затем ее (Малхут) во второй раз поднимают к Абе ве-Име, и ее черный свет соединяется с белым светом высших Абы ве-Имы.

И это единство подразумевается в сказанном: «Да будут светила (меорот)»[599] – буквы «ор-мавет (свет-смерть)». Свет образуется от соединения букв, благодаря притяжению ВАК и ГАР в Нукву в полном единстве с Зеир Анпином на месте Абы ве-Имы, и насколько преображается сила суда в Нукве, став настоящим светом, настолько аннулируются все силы ситры ахра и клипот, исходящие под воздействием этого суда. Таким образом, клипа поднимается вслед за разумом, т.е. клипа аннулируется благодаря силе мохин Нуквы, и поскольку корень ситры ахра (иной стороны), т.е. суда в Нукве, аннулировался в разуме Нуквы, став светом, неизбежно отменяется и сила клипы.

---

[601] Писания, Псалмы, 103:19.

«Свет (ор אור)» образуется из соединенных букв, слово «смерть (мавет מות)» образуется из разрозненных букв. То есть, благодаря соединению ЗОН, когда сила суда становится светом, разъединились буквы «смерть (мавет מות)», ситра ахра, т.е. аннулировались внутри этого света, и образовалось слово «светила (меорот מאורות)». Буквы «свет (ор אור)» в середине – соединены, а буквы «смерть (мавет מות)» – разрознены: буква «мэм מ» находится в начале слова, буквы «вав-тэт ות» – в конце слова.

А когда свет уходит оттуда, соединяются разрозненные буквы слова «смерть (мавет מות)». То есть, когда создается единство не на месте Абы ве-Имы, а на месте ЗОН, внизу, свет уходит оттуда, потому что сразу же разъединяются Аба ве-Има наверху, прерывая свое слияние (зивуг), и свет прекращается. Слово «свет (ор אור)» уходит из слова «светила (меорот מאורות)», и соединяются буквы слова «смерть (мавет מות)», так как после ухода света из слова «светила (меорот מאורות)» там остается только «смерть (мавет מות)». Ведь буквы «свет (ор אור)» уже вышли из слова и больше не разделяют буквы «смерть (мавет מות)». И это косвенно указывает на прегрешение первородного змея, который совершил соединение внизу, на месте ЗОН, и потому привел к разделению наверху, в Абе ве-Име. Ибо прекратилось их слияние из-за того, что он принес смерть миру.

213) С этих букв начала Хава, породив зло в мире. Как сказано: «И увидела женщина, что хорошо»[602], вернула буквы слова «светила (меорот מאורות)» обратно. То есть она взяла оттуда буквы «вав-тав-рэйш-алеф (ותרא и увидела)», и остались в слове «светила (меорот מאורות)» буквы «мэм-вав מו», а они захватили с собой букву «тав ת», и образовалось сочетание «смерть (мавет מות)». И вызвала смерть в мире.

(Она взяла) от единства, выясняемого в буквах отрывка: «Да будут светила»[599], которые являются притяжением ГАР к ЗОН. Соединяющий их наверху, в месте Абы ве-Имы, притягивает этим соединением свет (ор אור), который разделяет буквы слова «смерть (мавет מות)» своим распространением в

---

[602] Тора, Берешит, 3:6. «И увидела женщина, что хорошо дерево для еды, и что оно услада для глаз и вожделенно дерево для познания, и взяла она от плодов его и ела, и дала она также мужу своему при ней, и он ел».

них, и образуется сочетание «светила (меорот מאורות)». Но если совершают соединение ЗОН внизу, на их месте, то свет (ор אור) снова уходит из сочетания «светила (меорот מאורות)», и остается там «смерть (мавет מות)» в соединившихся буквах.

«С этих букв начала Хава» – ибо начало прегрешения Хавы в отношении Древа познания связано с буквами: «И увидела (ватерэ ותרא) женщина, что хорошо»[602]. То есть Хава взяла себе буквы «ватерэ ותרא» из слова «меорот מאורות светила)», поскольку послушалась совета змея – совершить соединение ЗОН внизу, на их месте, нарушив тем самым соединение букв в слове «меорот מאורות светила)». И тогда вернула она буквы слова «светила (меорот מאורות)» обратно, так как тем, что совершила соединение внизу, она привела к разъединению Абы ве-Имы наверху. И тогда отделились буквы, образующие сочетание «свет (ор אור)», которые разъединяют и отменяют сочетание букв «смерть (мавет מות)» слова «меорот מאורות светила)». И она образовала сочетание букв «ватерэ ותרא (и увидела)», где буквы «свет (ор אור)» находятся порознь в обратном порядке, из-за «тав ת», вклинившейся посередине между ними. И эта «тав ת», свойство нуквы ситры ахра (иной стороны), называемой «смерть (мавет מות)», которая приблизилась к свету, чтобы, присосавшись, получить от него.

В ситре ахра (иной стороне), называемой «смерть», есть захар и нуква, называемые Сам и Лилит. Буква «мэм מ» – это захар (мужское начало) смерти, называемое Сам, а буква «тав ת» – это его нуква (женское начало), называемая Лилит. Вследствие того, что она послушалась совета змея – совершить соединение внизу, тотчас приблизилась нуква (женское начало) смерти, чтобы, присосавшись, наполниться наслаждением. И тогда буквы слова «свет (ор אור)» расположились порознь в обратном порядке, как и в сочетании «ватерэ ותרא (и увидела)», поскольку «тав ת», вклинившись в свет, разделила их.

После того, как Хава притянула к себе буквы «ותרא (и увидела)» от «меорот מאורות светила)», остались буквы «мэм-вав מו» от слова «меорот מאורות светила)», и это захар, называемый «мэм» смерти (мавет מות), и свойство Есод, «вав ו» слова смерть. И они захватили с собой букву «тав ת», т.е. захар смерти, «мэм-вав מו», оставшиеся от слова «меорот מאורות светила)», пошли к нукве, «тав ת» слова «смерть (мавет-מות)», и оба произвели зивуг, и навлекли смерть на мир, как сказано: «И увидела (ватерэ ותרא)».

Захар нечистой стороны, «мэм-вав מו», совершил зивуг (слияние) с «тав ת» слова «ватерэ ותרא (и увидела)», которая уже была у Хавы. Это смысл сказанного, что «змей явился к Хаве и принес в нее нечистоту», так как из-за того, что она послушалась совета змея, вошла в нее «тав ת», которая разъединила и разбросала буквы «свет (ор אור)», и создала в ее ви́дении сочетание букв «и увидела (ватерэ ותרא)». А затем явился захар нечистой стороны «мэм-вав מו» и совершил зивуг с «тав ת», которая уже находилась в Хаве. И появилась смерть в мире.

214) Сказал рабби Эльазар: «Отец мой, я изучал, что когда Хава взяла буквы "ватерэ ותרא" от "меорот (מאורות светила)", остались не "мэм-вав מו", а только одна "мэм מ", так как "вав ו", всегда являвшаяся символом жизни, обернулась смертью, поскольку она взяла с собой "тав ת", как сказано: "И взяла она (ватиках ותקח)... и дала (ватитэн ותתן)"[602]. И тогда дополнилось это слово, и соединились буквы "мавет (מות смерть)"». Сказал ему: «Благословен ты, сын мой».

Объяснение. «Мэм מ» осталась одна, без «вав ו», свойства Есод. Ибо у Сама, захара (мужского начала) смерти, не было свойства Есод, как сказано «иной бог оскопится». Но «вав ו», которая всегда являлась жизнью, т.е. Есодом (основой) святости, превратилась из святости в клипу и стала Есодом для захара (мужского начала) смерти. А затем, т.е. после того, как он приобрел свойство Есода от святости, «вав ו» произвела зивуг с «тав ת», и соединились буквы «мэм מ» с «тав ת» при помощи «вав ו», которую он похитил у святости. Доказательство этому он приводит из прегрешения, связанного с Древом познания, которое начинается с соединения «вав-тав ות», как сказано: «И взяла она (ватиках ותקח)... и дала (ватитэн ותתן)» – потому что выход «вав ו» к ситре ахра произошел из-за прегрешения, связанного с самим Древом познания, чего не было прежде. И рабби Шимон одобрил его слова.

Заповедь пятая

215) Пятая заповедь. Сказано: «Да воскишит вода кишением существ живых». В этом отрывке есть три заповеди:
1. Заниматься Торой.
2. Плодиться и размножаться.
3. Совершать обрезание по истечении восьми дней, устраняя оттуда крайнюю плоть.

Надо заниматься Торой, и, трудясь над ней и преумножая ее каждый день, исправить оживляющую силу (нефеш) и дух (руах).

Четыре предшествующие заповеди, происходящие от четырех первых дней начала творения, соответствуют исправлению ступеней в самом мире Ацилут, и это – четыре ступени ХУБ и ЗОН мира Ацилут.

Первая заповедь, проистекающая от слова «берешит (вначале)», – это страх (Творца), т.е. высшая Бина. Страх, основанный на том, что Он велик и правит всем, т.е. только ГАР Бины, установившейся в свойстве высших Абы ве-Имы, которые облачают Арих Анпин от его пэ и до хазе и называемых «йуд י» имени АВАЯ (הויה).

Вторая заповедь, проистекающая из речения: «Да будет свет!», – исправление ЗАТ Бины, ИШСУТ, «любовью большой и совершенной». В своем постоянном свойстве они облачают Арих Анпин от хазе и до табура его, ниже парсы, находящейся во внутренних свойствах Арих Анпина. Однако с речением: «Да будет свет!», которое сказано о них, они поднялись, став одним парцуфом с Аба ве-Има, расположенными выше хазе Арих Анпина. И оттуда они поднялись в рош Арих Анпина, и Бина снова стала Хохмой, превратившись в «большую любовь», и это – первая «хэй» имени АВАЯ. И от них передаются все мохин в ЗОН.

Но от самих высших Абы ве-Имы, ГАР Бины, ЗОН не могут получить мохин, поскольку те установились в состоянии «чистый воздух (авира дахья)», и они являются светом хасадим, как сказано: «Ибо желает милости (хесед) Он». И поэтому они называются свойством «страх», так как «большая любовь», т.е. мохин свечения Хохмы, передаются в ЗОН не от них, а только от ЗАТ Бины, ИШСУТ.

Однако «большая любовь», имеющаяся в ИШСУТ, раскрывается лишь выше хазе ИШСУТ, находящихся в этом состоянии выше парсы, во внутренних свойствах Арих Анпина. Однако под хазе ИШСУТ, находящихся ниже парсы Абы ве-Имы, произошло скрытие света Хохмы, что и означает «"да будет свет" в будущем мире», ИШСУТ, находящихся выше парсы. Но в других ИШСУТ, находящихся ниже парсы, свет скрыт. И Твуна в них стала свойством «суша».

Третья заповедь проистекает из двух речений третьего дня – из речения «да соберутся воды под небесами в единое место и явится суша», и речения «да произрастит земля поросль», – предназначенных для исправления мохин ВАК де-ЗОН. Высшее единство нисходит к Зеир Анпину из речения «да соберутся воды», а нижнее единство нисходит к ВАК Нуквы из речения «да произрастит земля поросль».

Четвертая заповедь, проистекающая из речения «да будут светила» – для исправления ГАР в Зеир Анпине и Нукве.

Таким образом, до пятого дня уже были произведены все исправления, необходимые для Абы ве-Имы, ИШСУТ и ЗОН Ацилута, и тогда ЗОН получили свой ГАР и стали готовыми к зивугу (слиянию) «паним бе-паним (досл. лицом к лицу)» на равной ступени. Поэтому отсюда и далее приходит время остальных заповедей, являющихся исправлениями, которые необходимы для нисхождения зивуга ЗОН «паним бе-паним».

Пятая заповедь: «Да воскишит вода кишением существ живых». В этом высказывании есть три заповеди, поскольку теперь необходимо привлечь совершенство от зивуга ЗОН «паним бе-паним»:
1. Привлечение оттуда нешама (души) святости, и тогда сам человек удостаивается зивуга чистоты и святости. И это совершается с помощью занятий Торой.
2. Порождение святых душ.
3. Исправление знака союза посредством обрезания и подворачивания.

Занятие Торой означает произнесение устами (слов Торы), несмотря на то, что не постиг их, как сказано: «Потому что они – жизнь для находящих их» – для тех, кто произносит их своими устами. И благодаря этому он обретает нефеш (оживляющую силу) святости. «И трудиться в ней каждый день» – стараться и делать всё, что в его силах, для того чтобы постичь и понять ее. И благодаря этому он обретает руах (дух) святости. «И преумножать ее» – т.е. после того, как он удостоился исправить свои нефеш (оживляющую силу) и руах (дух), он не должен удовлетворяться этим, а должен преумножать ее всегда, так как «поднимают в святости, а не опускают». И с помощью этого он удостаивается нешама (души) святости. Поэтому сказано: «Преумножайте ее каждый день» – чтобы исправить свои нефеш и руах, ведь благодаря тому, что он преумножает Тору каждый день, добавляя свои исправления нефеш и руах, он удостаивается нешама святости. И поскольку человек занимается Торой, он устанавливает другую душу, святости, поскольку умножающий занятия Торой, кроме того, что удостаивается нефеш-руах, удостаивается также и установления нешама святости.

216) Поскольку человек занимается Торой, он устанавливает другую душу, святости. Как сказано: «Кишением существ живых», что означает нефеш живого существа святости, Малхут. Ведь если человек не занимается Торой, нет у него нефеш (оживляющей силы) святости – т.е. высшая святость не пребывает над ним. А когда он занимается Торой, произнося ее устами, то удостаивается живой души, позволяющей ему уподобиться святым ангелам.

«Живой (хая)» называется Нуква Зеир Анпина во время большого состояния «паним бе-паним» с Зеир Анпином, при этом Зеир Анпин называется Древом жизни, а Нуква – живой. И благодаря тому, что подъемом МАН вследствие своих занятий Торой лишма человек вызывает в ЗОН зивуг «паним бе-паним», он притягивает от их зивуга нефеш (оживляющую силу) святости – нефеш от «существа святости», Нуквы Зеир Анпина. И человек достигает этого только лишь благодаря подъему МАН в занятиях Торой. Ведь если человек не занимается Торой, у него нет оживляющей силы (нефеш) святости, так как он не принимает участия в зивуге (слиянии) Творца и Шхины – поскольку он не поднял МАН для того, чтобы соединить их.

Это выяснение сказанного: «Да воскишит вода кишением существ живых». Тора называется водой, и поскольку он переполнен (букв. кишит) МАНом, он удостаивается с помощью Торы оживляющей силы (нефеш) святости от высшего «существа святости». И знай, что человек не удостаивается слияния с Творцом прежде, чем постигнет НАРАН от высшего «существа святости». И тогда нефеш соединяется с руахом, руах – с нешама, а нешама – с Творцом.

217) Сказано: «Благословите Творца, ангелы Его» – это те, кто занимаются Торой и называются «ангелами на земле». Как сказано: «Пусть птица летает над землёй» – в этом мире. А в будущем мире Творец должен сделать им крылья как у орлов, чтобы совершать перелёты по всему миру. Как сказано: «Надеющиеся на Творца воспрянут силой, вознесутся на крыльях, как орлы».

Когда сказано: «Благословите Творца, ангелы Его, могущественные силой, исполняющие слово Его, чтобы слышать голос слова Его». Сказано: «Исполняющие», а затем: «Чтобы слышать» – поскольку человеку присуще свойство, что он не может выполнить никакого поручения прежде, чем услышит это от поручающего. Тогда как ангелы выполняют свою миссию прежде, чем услышат и поймут, что Он повелел им. Ведь они подчиняются воле Творца, и у них не возникает никаких препятствий, чтобы противиться желанию Его. И поэтому они следуют за Творцом, словно тень, следующая за человеком, и «выполнение» у них предшествует «услышанию».

А у тех, кто занимается Торой и притягивает нефеш (оживляющую силу) святости, их существо, хотя оно и от земли, всё же преображается, становясь подобным высшим ангелам. И «выполнение у них предшествует услышанию» – т.е. они выполняют заповеди Творца во всей полноте прежде, чем постигли, что они делают. Ведь они тоже следуют за Творцом, как тень следует за человеком. Подобно тому, как ветер порой взметает пыль в глаза человеку, и он быстро прикрывает веки, прежде чем мысленно осознаёт это. Таким образом, всегда у него действие, т.е. закрывание глаз, предваряет мысленное осознание приблизившейся пыли.

Заповеди Торы

Поэтому сказано, что занимающиеся Торой называются ангелами на земле. И хотя они на земле, «тело» их становится как у ангелов небесных, и их действия предшествуют услышанию. То есть они не воспринимают своим разумом, чтобы выполнять заповедь Творца в совершенстве, а выполняют заповедь во всем ее совершенстве прежде, чем успеют мысленно осознать то, что они делают. Как в примере со смыканием век, предваряющем мысленное осознание. Поэтому они называются ангелами на земле.

«А в будущем мире Творец должен сделать им крылья как у орлов, чтобы совершать перелёты по всему миру» – ведь пока человек не удостоился нефеш (оживляющей силы) святости, властвует над ним ситра ахра. Как сказано: «А души врагов твоих выбросит Он, словно из пращи» – когда душа постоянно мечется по миру и не находит места покоя, дабы связать себя с Ним. И они оскверняются стороной нечистоты, ведь он не вошел в святость и не включился в нее.

Объяснение. Слиться с Творцом и подобающим образом выполнять заповеди Его можно лишь после того, как он верит в имена Творца, – что «Он добрый и несущий добро всем», «милостивый и милосердный»[603]. А те, кто еще не удостоились нефеш (оживляющей силы) святости, то и ситра ахра еще властвует над ним, и поэтому они всё время мечутся по миру, не находя себе места покоя.

И когда их мысли мечутся по миру, и они видят, что управление Творца живущими в мире, по их мнению, не такое уж и доброе, каким оно должно быть согласно Его святым именам, они оказываются порочащими Его святые имена, и они не могут найти места покоя, где смогли бы поверить в имена Творца, чтобы связаться с Ним. И поэтому оскверняют себя в нечистой стороне, т.е. приходят к неверию в Творца. И всё это потому, что человек не вошел в святость и не включился в нее, так как не удостоился нефеш (оживляющей силы) святости и не производил действий, чтобы включиться в святость.

Однако у занимающихся Торой и привлекающих нефеш (оживляющую силу) святости, тело преображается, и они

---

[603] Писания, Псалмы, 86:15.

становятся подобны ангелам, т.е. тоже удостаиваются предварить действие услышанию. Поэтому сказано о них: «Пусть птица летает над землей». То есть, в будущем мире Творец должен сделать им крылья как у орлов, чтобы летать по всему миру, ведь они летают по всему миру в мыслях своих и наблюдают за управлением Творца.

Вместе с тем, они не только не попадают в силки нечистой стороны, но еще и получают силы поднять МАН и увеличивать свои силы всегда. Как сказано: «Надеющиеся на Творца воспрянут силой, вознесутся на крыльях, как орлы». Посредством этого, они «возносятся на крыльях, как орлы», чтобы окинуть взором всё происходящее с живущими в мире. И они всегда могут, воспрянув силой, поднять МАН силой своей веры в единство Творца, и всегда привлечь дух святости свыше.

218) Сказано об этом: «Пусть птица летает над землей». И говорится, что Тора, называемая «водой», воскишит, то есть извлечет мысль, называемую «существо живое», с места всего живого, Малхут, и ниспошлет ее вниз. Об этом сказал Давид: «Сердце чистое воссоздай во мне, Творец», чтобы заниматься Торой, и тогда: «Дух верный обнови во мне».

Выясняет сказанное: «Да воскишат воды кишением существ живых»[604], и говорит, что эта вода, т.е. Тора, воскишит, т.е. извлечет существо живое с места (всего) живого, Малхут, и ниспошлет это существо живое вниз – от высшей Нуквы, называемой «живая», в этот мир. И об этом сказал Давид: «Сердце чистое воссоздай во мне, Творец» – т.е. он просил, чтобы Творец дал ему «сердце чистое» для занятия Торой и подъема МАН. И тогда: «Дух верный обнови во мне» – и он удостоится тогда привлечь «дух верный» и сможет слиться с Ним.

Заповедь шестая

219) Шестая заповедь: плодиться и размножаться. Каждый, кто выполняет заповедь «плодиться и размножаться», превращает тот источник, который называется Есодом Зеир Анпина, в поток, не прекращающийся никогда. Воды его не иссякнут, и

---

[604] Тора, Берешит, 1:20.

море, Малхут, наполняется со всех сторон. И новые души выйдут из того Древа, и множество воинств преумножатся наверху вместе с этими душами для того, чтобы оберегать их, как сказано: «Да воскишат воды кишением существ живых»[604]. Это знак святого союза, поток, берущий начало и выходящий из Эдена[605], и воды его умножаются, производя живое, и множество душ для этого живого существа.

Объяснение. Благодаря пробуждению снизу, будет пробужден свыше, и вызовет слияние (зивуг) Творца и Шхины. И тогда поток, Есод Зеир Анпина, будет всегда изобиловать водами мужского начала (МАД), и воды его не перестанут наполнять Нукву. А море, Нуква Зеир Анпина, наполнено со всех сторон: со стороны зивуга возрождения миров и со стороны порождения душ. И новые души появляются и выходят из этого Древа.

Точнее, не совсем новые души, но прежние души, которые уже были в Адаме Ришоне и отделились от него из-за вкушения от Древа познания, они появляются вновь благодаря этому Древу, Зеир Анпину, и потому называются «новыми душами». А действительно новые души придут в мир лишь после окончательного исправления нарушения заповеди Древа познания. И вместе с этими душами наверху образовывается множество воинств, так как вместе с каждой душой выходит много ангелов. И в зивуге возрождения миров тоже выходят ангелы.

«Это знак святого союза, поток, берущий начало и выходящий из Эдена». «Кишение живых существ»[604] указывает на Есод Зеир Анпина, называемый «знаком союза». И это – поток, берущий начало и выходящий из Зеир Анпина, облачающего Арих Анпин, Эден, «чтобы орошать сад»[605], являющийся его Нуквой. Воды его умножаются, производя живое, т.е. от зивугов де-ВАК, называемых «оживление», и это означает «воскишит кишением». А относительно зивугов ГАР для порождения душ, сказано: «И множество душ» для этого существа, называемого «живое существо (нефеш)».

220) Вместе с этими душами, включенными в это «живое существо», т.е. Малхут, появляется несколько птиц, т.е.

---

[605] Тора, Берешит, 2:10. «Река вытекает из Эдена, чтобы орошать сад, и оттуда разделяется и образует четыре главных реки».

ангелов, которые, воспаряя, летают по всему миру. И когда душа выходит в этот мир, выходит вместе с ней и та воспарившая птица, которая вышла вместе с этой душой из Древа. Сколько ангелов выходят с каждой из душ? Два. Один – справа, другой – слева. Если удостоился человек, они хранят его, как сказано: «Ибо ангелам Своим заповедает Он о тебе – хранить тебя»[606]. А если нет, они обвиняют его.

Сказал рабби Пинхас: «Три ангела защищают его, когда он удостаивается. Как сказано: "Если имеется над ним ангел-заступник – один из тысячи, чтобы известить человека о прямоте его"[607]. "Если имеется над ним ангел" – это один, "заступник" – это второй, "один из тысячи, чтобы известить человека о прямоте его" – итого три».

221) Сказал рабби Шимон: «Это пять ангелов. Ведь сказано еще: "Тогда сжалится над ним и скажет: Отпусти его, чтобы не сойти ему в могилу, нашел я искупление ему". "Сжалится над ним" – это один, "и скажет" – двое. Итого – пять». Объяснил ему: «Это не так. "Сжалится над ним" – это один лишь Творец, а не ангел, потому что никто другой не обладает правом сжалиться над ним, кроме Него Самого».

Объяснение. Вместе с душами рождаются и появляются несколько ангелов, называемых «птицы», которые помогают душам добиться перевеса чаши заслуг. Либо они, наоборот, обвиняют их, подталкивая к чаше вины. А когда они воспарив, летают по всему миру, и видят управление Творца над всеми живущими в мире, как они управляются Им, они сообщают об этом душе. И если эта душа удостаивается, она склоняет себя и весь мир на чашу заслуг. А если не удостоилась, то склоняет и себя и весь мир на чашу вины. Поэтому задается вопрос: «Сколько ангелов выходят с каждой из душ?»

Таким образом, рабби Пинхас не возражает рабби Шимону, говоря, что только две птицы рождаются вместе с душой, а говорит, что всё то время, пока есть у него всего лишь две души, он не может окончательно склонить себя на чашу заслуг, а переходит от суда к милосердию и от милосердия – к суду.

---

[606] Писания, Псалмы, 91:11.
[607] Писания, Йов, 33:23.

Заповеди Торы

Однако, благодаря добрым деяниям, рождается у него третий ангел, и тогда он удостаивается перевеса чаши заслуг. Поэтому он говорит, что «три ангела защищают человека, когда он удостаивается» – т.е. удостоиться он может только с помощью трех ангелов.

222) А тот, кто уклоняется от заповеди «плодитесь и размножайтесь», умаляет облик, включающий все облики, – облик человека, и приводит к тому, что у потока, т.е. Есода Зеир Анпина, иссякают воды его, и он со всех сторон нарушает знак союза. Сказано о нем: «И выйдут и увидят трупы людей, поступившихся Мной». Конечно же, «Мной» – это говорится телу, а душа его вообще не включается в экран, в пределы Творца, и он изгоняется из мира.

Малхут называется «обликом, включающим все облики». И все облики НАРАН праведников и ангелов трех миров БЕА нисходят благодаря ей, и являются ее силами и воинствами. Поэтому тот, кто не плодится и не размножается, считается умаляющим образ Малхут и препятствующим выходу всех ее сил и воинств. Поскольку пробуждением снизу, вызывается соответствующее ему пробуждение сверху, приводящее к зивугу (слиянию) Творца и Шхины Его для порождения НАРАН и ангелов в мирах БЕА.

«А тот, кто уклоняется от заповеди "плодитесь и размножайтесь", приводит к тому, что у потока» – Есода Зеир Анпина, «иссякают воды его» – т.е. он приводит к тому, что Есод Зеир Анпина перестает давать МАД святой Шхине. «И он со всех сторон нарушает союз святости» – так как он препятствует двум видам зивугов: со стороны ВАК и со стороны ГАР. И о нем сказано: «И выйдут и увидят трупы людей, поступившихся Мной» – потому что заповедь «плодитесь и размножайтесь» постоянно увеличивает душу его, и вследствие этого он одерживает победу также и над телом своим навеки, чтобы предстать ему при возрождении из мертвых. А тот, кто не следует заповеди «плодитесь и размножайтесь», то словно превращает свое тело в труп, а душа его не сможет войти в пределы Творца, и он изгоняется из мира будущего.

Заповедь седьмая

223) Седьмая заповедь: совершать обрезание на восьмой день и удалять нечистоту крайней плоти. Ведь «живое существо», т.е. Малхут, является восьмой ступенью на всех уровнях, если начать отсчет с Бины, и та нефеш, которая воспаряет от него, должна предстать перед ним на восьмой день, поскольку она является восьмой ступенью.

Нуква Зеир Анпина называется «живым существом (хая)», если она поднимается и облачает Бину, являющуюся восьмой ступенью десяти сфирот снизу вверх. И называется также Малхут, Нуква Зеир Анпина, по имени «восьмой», поскольку она поднялась на восемь ступеней, отделяющих ее от Бины, и только тогда она называется «хая», как и Бина.

Поэтому душа (нефеш) человека, которая родилась от Нуквы Зеир Анпина, называемой «хая» и называемой «восьмая», должна предстать перед Нуквой с исправлениями обрезания и подворачивания на восьмой день своего рождения, и тогда проявляется и становится заметным, что она – нефеш от этого святого «существа», а не от другой стороны. Ибо тогда, благодаря силе действия обрезания и подворачивания, окончательно отталкивается ситра ахра (иная сторона) от нефеш человека, и тогда она может получить свои света в совершенстве от этого существа. И это означает: «Да воскишат воды». И благодаря этому она получает высшие воды мужского начала (МАД) от ЗОН и довершается благодаря этим водам.

224) И тогда отчетливо проявляется, что она – нефеш хая, т.е. нефеш этого святого существа (хая), Малхут, а не от другой стороны. Как сказано: «Да воскишат воды» – стали отмечены воды святого семени знаком нефеш хая. И это знак буквы «йуд», запечатлевшийся на святой плоти более, чем все остальные впечатления в мире.

Объяснение. Писание выясняет: «Да воскишат воды кишением существ живых» в значении – «впечатлятся, ощутят», т.е. с помощью обрезания и подворачивания ощущают и впечатляются высшие воды мужского начала (МАД), передаваемые нефеш человека в записи и образе Нуквы, называемой «нефеш хая (живым существом)».

И поэтому высший мир, Бина, утвердился и отпечатался с буквой «йуд», а нижний мир, Малхут, утвердился и отпечатался с буквой «хэй». И в то время, когда Малхут, Нуква, поднимается и облачается на высший мир, Бину, тогда выходит «хэй» из Малхут, из МА, и вместо нее входит «йуд», как у Бины, МИ. И это – знак буквы «йуд», запечатлевшейся на святой плоти более, чем все остальные впечатления в мире, так как с помощью обрезания и подворачивания, выходят также и из человека все впечатления этого мира, относящиеся к букве «хэй». И знак буквы «йуд» появляется вместо нее, так же как это произошло в Нукве, когда она поднялась в Бину. И поскольку святая плоть Есода отмечена буквой «йуд», человек тоже может получить завершенную «нефеш хая» от святой Нуквы.

225) «Пусть птица летает над землей» – это Элияу, облетевший мир за четыре перелета, для того чтобы быть там, в этом святом союзе обрезания, и нужно установить ему трон, и упомянуть устами: «Это трон Элияу». А иначе он не пребывает там.

В этом месте выясняется отрывок: «Пусть птица летает», сказанный об Элияу, который облетает мир за четыре перелета. И выясняется, что следующий отрывок: «И всякую птицу крылатую по виду ее» – об ангелах, которые, кружась по миру, облетают его в шесть перелетов. Здесь выясняется конец отрывка, где говорится о земле, и поэтому нельзя отнести его к высшим ангелам, так как они не находятся на земле. И поэтому понятно, что это Элияу. «Летает над землей» – это Элияу, всегда находящийся на земле. Поскольку Элияу происходит от Нуквы Зеир Анпина и находится с ней всегда. Элияу не относится к стороне Абы ве-Имы, ведь он облетает мир за четыре перелета, – это указывает на то, что он относится к Нукве, от хазе и ниже, и там только четыре сфирот.

Ангелы относятся к стороне Абы ве-Имы. Поэтому они находятся только на небе, и есть у них ВАК, ХАГАТ НЕХИ. И поэтому, когда они появляются на земле, чтобы выполнить свою миссию, то облетают мир в шесть перелетов, так как облачаются на шесть сфирот. Однако Элияу не относится к стороне Абы ве-Имы, а только к стороне Малхут. И всегда находится на земле. А поскольку у Малхут только четыре сферы Зеир Анпина, Тиферет-Нецах-Ход-Есод (ТАНХИ), от его хазе и ниже, он облетает всю землю за четыре перелета, т.е. благодаря облачению четырех сфирот ТАНХИ. И там, сказано в Писании: «Пусть птица летает над землей» – это относится не к ангелам, а к Элияу, который находится на земле. Тогда как речение: «И всякую птицу крылатую по виду ее», в котором не упоминается о земле, относится к ангелам, находящимся на стороне Абы ве-Имы и облетащим мир в шесть перелетов.

Элияу облетает мир за четыре перелета, чтобы пребывать там, в этом святом союзе обрезания. Поэтому сказал Элияу: «Весьма возревновал я о Творце, ибо оставили завет Твой сыны Исраэля». Ответил Творец Элияу: «В любом месте, где запечатлят сыновья Мои этот знак святости на плоти своей – ты будешь являться там. И уста, засвидетельствовавшие, что Исраэль оставили завет, засвидетельствуют, что Исраэль выполняют завет». И Элияу был наказан перед Творцом, поскольку выступил со словами обвинения против сыновей Его. Как сказано: «Ибо оставили завет Твой сыны Исраэля».

Эти слова, разумеется, нельзя понимать в прямом смысле – дескать, Элияу обязан находиться на каждом обрезании сыновей Исраэля, поскольку наказан за то, что выступил со словами обвинения на Исраэль. И кроме того, почему сказано, что нужно пригласить его, упомянув устами: «Это трон Элияу», иначе он не будет присутствовать там? Ведь если он должен находиться при совершении обрезания по причине наказания – он обязан присутствовать там?! И почему необходимо свидетельство Элияу перед Творцом, что сыновья Исраэля выполняют завет обрезания? Разве не раскрыто всё перед Творцом?! Но величайшую невероятную тайну скрыли они здесь за благозвучием этих слов, как всегда у них принято.

И в чем тут дело, становится понятным из приводимого в Зоаре. Заговорил рабби Илай, провозгласив: «"Будь непорочен в единстве с Творцом Всесильным твоим". Чем отличается непорочный от смирного? Об Аврааме сказано: "Находись предо Мной и будь непорочен". О Яакове, достигшем большего совершенства, сказано: "А Яаков был человеком смирным". И называется он человеком смирным потому, что не осталось в нем никакой нечистоты, так как у него уже было произведено подворачивание (прия). Каким образом он сделал подворачивание и очистился от всего негодного? Дело в том, что место, которое сталкивается с нечистотой, имеющейся внутри и находящейся там, где есть подворачивание (прия), называется быком, и это форма проявления левой линии его престола»[608].

Ибо есть в строении (меркаве) этого трона лик льва справа и лик быка слева. И бык называется «быком смирным». Ибо в строении (меркаве) этого трона есть знак союза. Поэтому этот бык называется «быком смирным». Яаков относился к нему. И со стороны этого быка он сделал подворачивание и окончательно устранил нечистоту всего негодного. Поскольку есть «агрессивный бык» со стороны крайней плоти и подворачивания. И много тяжущихся в суде происходят от него, до самой нижней ступени, называемой «утрата». И все они проистекают от этого «агрессивного быка» в соединении с диким ослом – от сурового суда манулы. «А Яаков – человек смирный» – означает обладающий этим смирением.

Пояснение сказанного. Четыре клипы: «ураганный ветер (руах сеара)», «большое облако (анан гадоль)», «разгорающийся огонь (эш митлакахат)», и «сияние (но́га)» вокруг Него. Три первые клипы – они полностью нечистые, но клипа «сияние (но́га)» – наполовину «добро», наполовину «зло». И в то время, когда три клипы соединяются с ней, она становится полностью «злом». А в то время, когда она отделяется от них, прилепляясь к святости, она целиком становится «добром». И местонахождение этих четырех клипот – в окончании парцуфа, т.е. в окончании Есода, где есть два вида кожи, одна на другой. Первый вид кожи называется «крайней плотью», и в него включены три нечистые клипы: «ураганный ветер (руах сеара)», «большое облако (анан гадоль)», «разгорающийся огонь (эш митлакахат)». А второй вид кожи называется «кожей подворачивания», клипой «сияние (но́га)», половина которой – добро, а половина – зло.

И Адам Ришон родился «обрезанным», поскольку три нечистых клипы не имели никакого отношения к нему. И была у него только лишь клипа «сияние (но́га)», «кожа подворачивания»,

---

[608] См. Зоар, главу Шлах леха, статью «Чем отличается непорочный от смирного», пп. 117-118.

которая тоже была целиком добром, будучи отделенной от трех нечистых клипот и соединенной со святостью. Однако прегрешив в отношении Древа познания, вследствие искушения змея, состоящего из трех нечистых клипот, он притянул к себе вторую кожу, называемую «крайней плотью». Ведь известно, что Адам Ришон привлек свою крайнюю плоть. И об этом сказано: «И если уведомлен был хозяин его, но не устерег его... то бык этот будет побит камнями, а хозяин будет предан смерти» – т.е. когда эта крайняя плоть устремилась к нему и соединилась с его Есодом, тотчас отлетела от него душа Ацилута, и он, упав в мир Асия, был осужден на смерть.

Поэтому сказано, что это «агрессивный бык», – со стороны крайней плоти и подворачивания. Ибо вследствие того, как был предупрежден не есть от Древа познания и, не остерегшись, отведал от него, устремилась к нему крайняя плоть. И стали нечистыми сразу два вида кожи, поскольку и кожа подворачивания, клипа «сияние (но́га)», тоже стала нечистой в силу соединения и слияния с крайней плотью. И это – три нечистые клипы. Однако есть различие между ними. И кожа подворачивания называется «бык смирный», а не «агрессивный», так как она была в полной святости до прегрешения Древа познания, и стала нечистой только из-за крайней плоти, прилепившейся к ней.

Поэтому есть два отдельных исправления – обрезание и подворачивание. Об агрессивном быке сказано: «Бык этот будет побит камнями» – и также крайнюю плоть необходимо устранить, отрезав ее от святости, и предать ее праху. Однако о смирном быке сказано: «Разделят пополам возмещение ущерба» – и также «кожу подворачивания» нужно оставить в святости, присоединенной к Есоду, но необходимо разделить ее пополам, разрезая ее на две части, и тем самым мохин снова проявляются в парцуфе, и открывается святая плоть.

«И со стороны этого быка он сделал подворачивание и окончательно устранил нечистоту всего негодного». Посредством того, что разделяют кожу на две части вокруг Есода, аннулируется и устраняется вся нечистота, которую вобрала «кожа подворачивания» в силу прежнего соединения с крайней плотью. А мохин, которые отдалились из-за крайней плоти, могут снова проявиться.

Однако этого еще недостаточно, чтобы вернуть все мохин, которые отдалились от Адама Ришона из-за прегрешения относительно Древа познания. Ведь сказано: «И также хозяин будет предан смерти», несмотря на то, что «будет бык его побит камнями». И это – из-за большой силы «агрессивного быка», что дает возможность Саму обвинять теми же словами, как и в Писании: «И уведомлен был хозяин его, но не устерег его». И чтобы исправить это, взял на себя Элияу обвинительное слово Сама, обвинив сыновей Исраэля вместо Сама, как сказано: «Ибо оставили завет Твой сыны Исраэля». Таким образом, он закрыл рот Саму, аннулировав миссию Сама, поскольку Элияу взял на себя его миссию. И тогда есть у него сила стать впоследствии также и защитником – в то время, когда он видит, что сыновья Исраэля выполняют завет.

В этом смысл сказанного, что «Элияу должен присутствовать на каждом обрезании, поскольку уста, засвидетельствовавшие, что Исраэль оставили завет, засвидетельствуют, что Исраэль выполняют завет». Так как он взял на себя силу обвинения Самом сыновей Исраэля, заявив, что Исраэль оставили завет, как сказано: «И уведомлен был хозяин его, но не устерег его» – поэтому есть у него сила свидетельствовать и в случае выполнения ими завета. И тогда окончательно устраняется сила «агрессивного быка». И все мохин, которые отдалились из-за «агрессивного быка», могут снова проявиться.

Поэтому сказано: «И нужно установить ему трон» – т.е. кроме того, что необходимо установить кресло сандака, на котором совершается обрезание и подворачивание, необходимо также установить второе кресло, предназначенное для Элияу. Почему недостаточно одного кресла для обоих? Кресло (также: трон) в любом месте означает начало исправления, чтобы высший мог пребывать в нижнем. Мохин, которые раскрываются вследствие обрезания и подворачивания, и свидетельство Элияу о выполнении завета являются двумя отдельными понятиями. Ибо та мера мохин, которая раскрывается вследствие подворачивания, относится к свойству «смирный бык» – когда неизвестно «что бодливый бык он»[609], – символизирующему возвращение «но́ги» к святости с помощью того, что «разделят пополам возмещение ущерба».

---

[609] Тора, Шмот, 21:36.

Свидетельство Элияу необходимо, чтобы устранить зло, причиненное «агрессивным быком», т.е. силами непосредственно трех нечистых клипот, и закрыть им рты, чтобы не могли обвинять. Поэтому необходимо два кресла:

1. Трон Творца, т.е. кресло сандака, для установления самих мохин посредством обрезания и подворачивания.

2. Для установления свечения Элияу, закрывающего рты клипот, чтобы те не могли обвинять. И это – кресло Элияу.

И необходимо понять, в чем заключается настолько большая необходимость произнесения устами: «Это кресло Элияу», поскольку иначе, даже если подготовили кресло, он не явится туда. Сказано: «Что тебе нужно здесь (по פה), Элияу?» – это указывает на уста (пэ פה) Элияу. А союз святости – это уста Творца. Таким образом, есть различие между союзом святости, т.е. мохин, которые раскрываются посредством обрезания и подворачивания, называемыми «уста Творца», и между устами самого Элияу.

Для того, чтобы это понять, нужно глубже объяснить понятие закрывания рта «агрессивному быку», чтобы тот не жаловался на Исраэль после возвращения мохин посредством обрезания и подворачивания. Ведь кроме свидетельства Элияу, необходимо еще и особое исправление, совершаемое посредством предания крайней плоти праху. Сказано в Зоаре[610]: «В то время, когда человек выполняет обрезание на восьмой день, когда уже пребывала над ним суббота, т.е. Малхут, достигшая мохин Абы ве-Имы, и называемая святостью, – эту крайнюю плоть, которая отрезается и выбрасывается наружу, видит ситра ахра, которой достается доля от принесения жертвы обрезания. И благодаря этому подношению она из обвинителя превращается в хорошего заступника Исраэля перед Творцом».

Пояснение сказанного. Поскольку тем, кто находятся в духовном, присуще включение друг в друга, то крайняя плоть, будучи однажды слитой с Есодом, в то время, когда ее отрезают от Есода, забирает с собой и часть святости. А поскольку мы выбрасываем крайнюю плоть внешним, то они, пользуясь этим, получают какое-то свечение от мохин, раскрывающихся вследствие обрезания и подворачивания. Поэтому они больше

---
[610] Зоар, глава Пкудей, п. 691.

не желают жаловаться на Исраэль, и уничтожать эти мохин, ведь тогда они тоже потеряют свою долю, которую берут от этих мохин. И потому они становятся «заступником Исраэля», чтобы поддерживать в них мохин.

Поэтому Элияу не может вытерпеть этого исправления – ведь хотя они и прекращают обвинять Исраэль, но берут взамен часть святости. И чтобы это исправить, Элияу взял обвинение на себя, и вовсе не собирался жаловать их, отдавая часть от святого приношения. Поэтому, хотя ситра ахра и прекратила уже свои обвинения, перейдя на сторону защиты, сам Элияу еще продолжает обвинять, чтобы окончательно искоренить силу ситры ахра и отделить ее от святости. Поэтому «уста Элияу» нужны дополнительно к «устам Творца», которые раскрываются вследствие обрезания и подворачивания, оставляя часть приношения ситре ахра. Ибо «уста Элияу» окончательно искореняют ситру ахра. Поэтому сказано, что «уста, засвидетельствовавшие, что Исраэль оставили завет, засвидетельствуют, что Исраэль выполняют завет».

«Необходимо упомянуть, произнеся устами: "Это кресло Элияу"» – т.е. надо, упомянув о нем, привлечь «уста Элияу» над креслом его, и не довольствоваться «устами Творца», устраняющими обвинение ситры ахра и превращающими ее в защитника, – ведь он остается в долгу у ситры ахра и обязан отдать ее долю. И тогда, благодаря «устам Элияу», он устраняет обвинителя, и вовсе не должен ублажать его взамен. Но если человек не прилагает усилий привлечь устами своими «уста Элияу» над креслом его, тот не пребывает там. Поэтому необходимо привлечь их. И даже нет места вопросу: как может быть, чтобы уста Элияу могли исправить больше, чем уста Творца? Ведь сказано, что это «сотворил Создатель для выполнения» – т.е. Создатель начал творение, и таким образом, с помощью добрых деяний человека, дал ему возможность довершить его.

226) И создал Творец огромных чудовищ. Чудовищ двое, и это – крайняя плоть и подворачивание: отсечение крайней плоти, а затем подворачивание. То есть, захар (мужская особь) и некева (женская особь). «И всякое существо живое перемещающееся» – это запечатление знака союза святости, святое живое существо. «Которыми воскишели воды» – высшие воды, которые нисходили к нему, к этому запечатленному знаку.

Чудовища – это левиатан и его пара. Им соответствуют крайняя плоть и подворачивание, называемые «змей ускользающий (бариах)» и «змей извивающийся (акальтон)», мужское начало (захар) и женское начало (некева). Крайняя плоть – это «змей ускользающий», мужское начало, которое необходимо устранить и предать праху. А подворачивание – это исправление: устранить зло «извивающегося змея», женского начала.

И сказано: «И всякое существо живое перемещающееся» – намек на запечатление знака святого союза. Ибо вследствие подворачивания, когда разделяют на две части кожу подворачивания на Есоде, открывается знак «йуд», т.е. окончание высшего мира, называемое хая (живое), и поэтому называется знаком высшего святого существа, о котором сказано: «И всякое существо живое перемещающееся».

И сказано: «Высшие воды, которые нисходили к нему, к этому запечатленному знаку» – т.е. воды мужского начала (МАД) высшего мира, высших Абы ве-Имы, называемых «хая», которые нисходят только на знак «йуд». И выходит «хэй» из МА и вместо нее входит «йуд», и тогда называется МИ, как и Бина[611].

227) Поэтому Исраэль были отмечены знаком святости и чистоты внизу, который был подобен знакам святости наверху, служащим для различения между стороной святости и иной стороной. И также Исраэль отмечены знаком, для того чтобы различать между святостью Исраэля и народами-идолопоклонниками, исходящими от иной стороны. И также как Он отметил Исраэль, Он отметил их животных и птиц, чтобы отличать их от животных и птиц народов-идолопоклонников. Благословен удел Исраэля.

И также были отмечены их животные и птицы. Отношение человека к остальным созданиям мира – как отношение целого к своим частям. Ведь человек (адам) соединяет в своем теле (гуф) все создания мира в единое целое. И любое создание – это одна часть, находящаяся сама по себе, которая отделилась от облика этого человека. Поэтому также как Исраэль отделились от народов мира в качестве «человек в них», такое же деление имеет место в их частях, животных и птицах. И

---

[611] См. выше, статью «Мать одалживает свои одежды дочери», п. 17.

причиной упоминания здесь именно животных и птиц является то, что Писание упоминает их. И уже исходя из этого, судят об остальных созданиях, являющихся частями Исраэля и народов мира.

Заповедь восьмая

228) Восьмая заповедь: любить пришельца, собирающегося совершить обрезание и войти под сень крыльев Шхины. И она, Малхут, вводит под свои крылья тех, кто, отделяя себя от другой, нечистой стороны, приближается к ней, как сказано: «Да извлечет земля существо живое по виду его»[612].

Выражение «крылья Шхины» является очень обширным и глубоким понятием, но мы будем пояснять его по мере необходимости понять то, о чем мы будем говорить. Малхут, Нуква Зеир Анпина, называется Шхиной (обителью) в отношении раскрытия ее, поскольку она никогда не покидает нас, даже в то время, когда мы наиболее удалены от нее. Как мы изучаем: «В любом месте, куда бы не изгонялись (Исраэль) – Шхина вместе с ними». И сказано: «Обитающий с ними в нечистоте их»[613]. В этом свойстве называется Зеир Анпин «Обитающим (Шохен)», а Нуква «Обителью (Шхина)». И это раскрытие может быть лишь в то время, когда ЗОН находятся в состоянии «паним бе-паним (досл. лицом к лицу) на равной ступени», потому что свечение этого зивуга (слияния) тогда настолько велико, что проявляется единство даже над местами, самыми удаленными и сокращенными.

Известно, что большое состояние (гадлут) ЗОН не наступает сразу, но сначала строится малое состояние (катнут) ЗОН в мохин де-ВАК, и после этого происходит гадлут. Это происходит на всех ступенях ЗОН. И даже когда ЗОН наполняются мохин большого состояния (гадлут), мохин малого состояния (катнут) не аннулируются, так как они тоже способствуют зивугу, порождающему мохин большого состояния (гадлут), которые называются «крылья Шхины».

---

[612] Тора, Берешит, 1:24.
[613] Тора, Ваикра, 16:16.

Об этом сказано: «И будут херувимы с простертыми вверх крыльями укрывать своими крыльями покрытие (ковчега)»[614]. Главное их предназначение – расправляя крылья, прикрывать свечение зивуга гадлута таким образом, что даже наиболее отдаленные смогут наполниться светом этого зивуга и при этом ничего не перепадет клипот. Ибо те, кто еще не достиг окончательной чистоты, всегда отталкиваемы светом святости, из-за опасения, что могут отдать его наполнение клипот. Но сейчас, благодаря прикрыванию крыльями, наполнение охраняется так тщательно, что даже те, кто находится совсем рядом с клипот, не смогут, оступившись, уронить это наполнение в клипот, так как эти крылья оберегают их.

Поэтому для пришедшего обрести веру и совершить обрезание, несмотря на то, что тело (гуф) его происходит от свойства «крайней плоти», ибо праотцы его не стояли у горы Синай и не прекратилась у них нечистота змея, все же есть у нас силы поднять его в высшую святость посредством подъема МАН для большого зивуга ЗОН паним бе-паним, где правят крылья Шхины – то есть они расправляют свои крылья и прикрывают свет зивуга. Тогда мы можем поднять туда и душу пришельца, и он освящается светом этого зивуга. И несмотря на то, что еще не окончательно чист, он может в это время наполниться свечением этого зивуга.

Ведь крылья оберегают его от того, чтобы наполнение не перешло в клипот, хотя он и близок к ним. И сказано: «Под крыльями Шхины» – поскольку они могут получать только лишь от света Малхут, только от крыльев ее, внешней части Малхут, но не от самой Шхины, и уж тем более не от самого Зеир Анпина.

Малхут вводит их под свои крылья. И не должно вызывать вопросов то, что раньше говорилось: «Чтобы возвести под крылья Шхины», то есть мы сами должны поднять пришельца под крылья Шхины, а здесь говорится, что сама она вводит их под свои крылья, то есть Шхина сама поднимает их к себе? Дело в том, что душу пришельца можно приблизить только посредством зивуга гадлута, ибо только тогда крылья Шхины укрывают свечение этого зивуга.

---

[614] Тора, Шмот, 25:20.

Поэтому мы сначала должны поднять МАН, чтобы пробудить этот зивуг гадлута, вызвав свечение этого зивуга для его души, и тогда Шхина расправляет крылья свои, укрывая свет этого зивуга, и вводит под свои крылья душу этого пришельца. Таким образом, сначала мы поднимаем душу пришельца, а затем, когда она поднялась, Шхина принимает ее под свои крылья.

229) Нельзя сказать, что это «существо живое (нефеш хая)», пребывающее в Исраэле, уготовано для всех, но как сказано: «Существо живое по виду его» – т.е. для Исраэля, а не для пришельцев. Сколько проходов и комнат, раскрывающихся друг за другом, ведет в ту землю, которая называется «живой», – под крылья ее.

Объяснение. Душа пришельца может подняться лишь в то время, когда мы поднимаем МАН, вызывающий зивуг гадлута, и тогда мы притягиваем к себе свечение «нешама» от этого зивуга. Именно тогда происходит «расправление крыльев Шхины», и туда поднимается душа пришельца, наполняясь там светом этого зивуга. Поэтому «нельзя сказать, что это "существо живое (нефеш хая)", пребывающее в Исраэле, уготовано для всех» – ведь тогда можно подумать, что и пришелец получает от света этого зивуга «нефеш хая (существа живого)», вызванного Исраэлем для свечения их душам. «Но, как сказано: "Существо живое по виду его"» – т.е. пришельцы получают свечение от зивуга, относящегося к их виду, но только от внешнего свойства этого зивуга, а не от внутреннего, относящегося исключительно к Исраэлю.

«Крылья» – это ВАК состояния катнута, используемые и во время гадлута, чтобы скрыть свет этого зивуга. В этом ВАК есть ХАГАТ НЕХИ. ХАГАТ – это так называемые «комнаты для поселения». НЕХИ называются «проходами», и они – лишь место отворения и входа в эти комнаты, но в них самих селиться нельзя, поскольку они служат только лишь для входа и выхода. Ибо основа ХАГАТ – это Тиферет, их средняя линия, являющаяся завершенным кли и местом получения света хасадим. А основа НЕХИ – это Есод, средняя линия, в которой нет места получения для себя, и она служит лишь путем, посредством которого поднимается отраженный свет. И поэтому НЕХИ называются «проходами».

И сказано: «Сколько проходов и комнат, раскрывающихся друг за другом, ведет в ту землю, которая называется "живой", – под крылья ее». Поскольку она должна ввести под крылья свои пришельцев всех семидесяти народов, и поэтому уготовано для них столько «комнат» – в ХАГАТ этих крыльев, и столько «проходов» – в НЕХИ этих крыльев. Свойство «нефеш» они получают от этих «проходов», а свойство «руах» – от «комнат».

230) В правом крыле Малхут имеется два прохода, которые отходят от этого крыла к двум другим народам, особенно близким к Исраэлю, для того, чтобы ввести их в эти проходы. А под левым крылом имеется два других прохода, отходящие к двум другим народам, именуемым Амон и Моав. И все они называются «нефеш хая».

Прежде говорилось о множестве проходов, а здесь говорится, что только два справа и два слева. Дело в том, что здесь говорится только о всеобщих проходах, то есть имеется два всеобщих прохода справа, для тех народов, которые относятся к правой (стороне). И также имеется два всеобщих прохода слева, для народов, относящихся к левой стороне. Два народа с правой стороны включают все народы, находящиеся с правой стороны, которые относятся к двум всеобщим проходам в правом крыле, и Зоар не указывает, кто они. И также два народа с левой стороны, включающие все народы левой стороны, и это – Амон и Моав, относящиеся к двум всеобщим проходам левого крыла.

И все они называются «нефеш хая». Все души пришельцев, приходящих от всех народов, называются по имени «нефеш хая (существо живое)», поскольку они могут получать наполнение только от зивуга большого состояния (гадлута) ЗОН, когда сами ЗОН находятся на месте высших Абы ве-Имы. И тогда называется Малхут «нефеш хая (существо живое)», так как исходит она от света Абы ве-Имы, который является светом «хая». И поскольку души пришельцев получают наполнение «нефеш хая» от крыльев, сами они тоже называются «нефеш хая».

231) И множество других скрытых комнат и других палат имеется в каждом крыле. Из них выходят силы духа (рухот), которыми наделяются все пришедшие обрести веру. И тогда

они называются «существо живое (нефеш хая)», но «по виду его». И все они входят под крылья Шхины, но не более.

Объяснение. Каждое крыло состоит из ВАК, т.е. ХАГАТ (Хесед-Гвура-Тиферет) НЕХИ (Нецах-Ход-Есод), называемых «комнаты» и «проходы». И для каждого народа имеется особая комната в ХАГАТ, и особый проход в НЕХИ. От проходов каждый из них обретает живительную силу (нефеш), а от комнат каждый перенимает силу духа (руах). Комнаты эти скрыты потому, что ХАГАТ де-ВАК представляют собой укрытые хасадим, которые укрыты от свечения Хохмы.

232) «Однако душа (нешама) Исраэля исходит из ствола (гуф) Древа» – Зеир Анпина, «и оттуда улетают души в ту землю» – Малхут, «в самые заповедные недра ее». Как сказано: «Ибо вы станете страной вожделенной»[615]. Поэтому Исраэль называются «дорогой сын», «и нутро мое взволновалось о нем»[616], и называются они «выношенные в материнской утробе»[617], а не от крыльев, находящихся вне тела. И у пришельцев нет доли в высшем дереве, Зеир Анпине, и тем более – в его гуф (стволе). Но их удел – в крыльях Малхут, не более.

Пришелец входит под крылья Шхины, но не более. Праведные пришельцы – это те, кто пребывая в этом месте, относятся к нему, но не относятся к его внутренней сущности. Поэтому сказано: «Да извлечет земля существо живое по виду его». Какое? «Скот, и пресмыкающееся, и зверя земного, по виду его»[618]. Все получают «нефеш (живительную силу)» от этой «хая (живой сущности)», но каждый по виду его – полагающееся ему.

Зеир Анпин называется «дерево», «Древо жизни», а Нуква называется «земля жизни», – т.е. в большом состоянии (гадлут), когда они облачают высшие Абу ве-Иму, мохин де-хая. Душа (нешама) Исраэля происходит от ствола (гуф) этого дерева, от внутренней сущности Зеир Анпина. «И оттуда улетают души в ту землю» – Малхут, «в самые заповедные недра ее».

---

[615] Пророки, Малахи, 3:12.
[616] Писания, Песнь песней, 5:4.
[617] Пророки, Йешаяу, 46:3.
[618] Тора, Берешит, 1:24.

То есть благодаря зивугу (соединению) «дерева», Зеир Анпина, с «землей жизни», Зеир Анпин передает души Исраэля Нукве, самой внутренней сущности ее. А от нее получают свою душу Исраэль.

Но они отличаются от пришельцев, получающих наполнение только лишь от Нуквы, и только от внешней сущности Нуквы, – от крыльев ее, а не от внутренней ее сущности, которая и называется «самые заповедные недра ее». Дело в том, что у Нуквы есть три парцуфа, облачающиеся друг в друга, ибур-еника-мохин (вынашивание-вскармливание-разум). Парцуф мохин облачен в парцуф еника, а парцуф еника облачен в парцуф ибур. И знай точно, что Исраэль происходят от самой внутренней сущности Нуквы – от парцуфа мохин.

И поэтому называются Исраэль «дорогой сын», «и нутро мое взволновалось о нем», и называются они «выношенные в материнской утробе», а не от крыльев, относящихся к ее внешнему свойству. Объяснение. НЕХИ Нуквы называются утробой, поскольку там место вынашивания и роста душ Исраэля. Однако не говорится о НЕХИ двух внешних парцуфов – ибур и еника, относящихся к свойству «крылья», а о НЕХИ парцуфа мохин, являющихся свойством «выношенные в утробе». Как сказано: «Разве не дорогой сын Мне Эфраим, разве не любимое дитя он? Ведь каждый раз, как Я заговорю о нем, Я долго помню о нем, поэтому ноет нутро Мое о нем»[619].

Души Исраэля относятся к внутреннему свойству Малхут, называемому «укрытое в утробе», и поэтому сказано: «Ноет нутро Мое о нем», и Писание называет их «выношенные в материнской утробе». И все они происходят от НЕХИ парцуфа мохин, а не от «крыльев», находящихся вне тела (гуф), и не от НЕХИ двух внешних парцуфов, называемых «крылья».

И сказано, что «у пришельцев нет доли в высшем дереве, Зеир Анпине, и тем более в гуф (стволе) его. Но их удел – только в крыльях Малхут, не более» – т.е. под крыльями Шхины, но не более. Поэтому они называются «праведными пришельцами», так как Шхина называется праведностью, и они пребывают

---

[619] Пророки, Йермияу, 31:19.

под ее крыльями, и благодаря ей соединяются, и не получают они доли свыше, от Шхины.

Поэтому сказано: «"Да извлечет земля существо живое по виду его". Какое? "Скот, и пресмыкающееся, и зверя земного, по виду его"». Каждый, у кого есть нефеш «скота, и пресмыкающегося, и зверя земного», получает ее только от «нефеш хая (существа живого)», Малхут, в зивуге большого состояния (гадлут), «паним бе-паним» с Зеир Анпином. И вместе с тем, «каждый по виду его» – т.е. полагающееся ему, но лишь от крыльев, а не от внутренней сущности свечения этого большого зивуга.

Заповедь девятая

233) Девятая заповедь – милосердно относиться к бедному, и давать ему пищу, как сказано: «Создадим человека по образу Нашему и подобию»[620]. «Создадим человека» – сообща, поскольку в нем содержится захар (мужское начало) и некева (женское начало). «По образу Нашему» – это богатые, «и подобию» – бедные.

234) Со стороны захара (мужского начала) они – богатые, а со стороны некевы (женского начала) они – бедные. И так же, как они (ЗОН) находятся в едином соединении и милосердны друг к другу, и помогают друг другу, воздавая Ему добродетелью, таким же должен быть и человек внизу, богатым и бедным в едином соединении, чтобы они давали друг другу и воздавали добродетелью друг другу.

235) У каждого, кто от всего сердца проявляет милосердие к бедному, облик никогда не отличается от облика Адама Ришона. И поскольку запечатлен в нем облик Адама, он благодаря этому облику обладает властью над всеми созданиями мира. Как сказано: «И страх и трепет перед вами будет на всяком животном земном»[621]. Все они трепещут и испытывают страх перед тем образом, который запечатлен в нем. Поскольку эта заповедь, «милосердно относиться к бедным», является самой

---

[620] Тора, Берешит, 1:26.
[621] Тора, Берешит, 9:2.

возвышенной из всех заповедей, – дабы возвысился человек, достигнув облика Адама Ришона.

236) Откуда мы узнаем это? Из сказанного о Навухаднецаре. Ведь хотя и видел он сновидение, всё то время, пока совершал благодеяние с бедными, не воплощалось его сновидение. Но после того, как стал недоброжелателен, перестав относиться милосердно к бедным, сказано: «Еще речь была на устах царя, как раздался голос с неба: "Тебе говорят, царь Навухаднецар – царство ушло от тебя!"»[622] Тотчас изменился облик его, и стал далек он от людей». Поэтому сказано: «Создадим человека»[620] – здесь говорится о действии (асия). И также о Рут сказано: «Имя человека, с которым я работала (асити) сегодня – Боаз»[623]. Так же, как «работала (асити)» означает «действовать милостиво», так же и здесь – «создадим» говорит о «милости».

Здесь выясняется союз мужского начала (захар) и женского начала (нуква), называемых «богатые» и «бедные». Но не имеется в виду, что «богатые» должны милосердно относиться к бедным и давать им заработок. Ибо говорит, что этот призыв является заповедью милостиво относиться к бедным. Однако заключен здесь очень глубокий смысл. И это речение отличается от всех предыдущих, так как во всех них речение отдельно, и действие отдельно. Как, например: «И сказал Всесильный: "Да будет свет!" И стал свет»[582], «И сказал Всесильный: "Да будет небосвод!" И создал Всесильный небосвод»[624], «И сказал Всесильный: "Да стекутся воды!" И стало так»[593]. И во всех них нет такого, чтобы действие было смешано с речением.

Дело в том, что Творение вышло с помощью Абы ве-Имы, когда Аба сказал, а Има создала. Аба наполнил светом Иму, и после того, как наполнение запечатлелось в пределах Имы, это наполнение стало действовать. Это можно сравнить с действующей силой и ее действием. Поскольку под влиянием только Абы ни одно творение не может воплотиться в реальном действии, так как в нем нет границ, позволяющих этим действиям проявится в каком-либо виде.

---

[622] Писания, Даниэль, 4:28.
[623] Писания, Рут, 2:19.
[624] Тора, Берешит, 1:6-7.

Поэтому со стороны Абы имеется речение, являющееся передачей Име. И поскольку оно еще в потенциале, не может быть такого, чтобы говорилось о нем как о действующем, но говорится только в будущем времени. Однако в речении о создании человека само речение говорит о действии. Ведь написано: «И сказал Творец: "Создадим человека"»[620]. И еще имеется здесь большое отличие, ведь сказано: «Создадим» – во множественном числе, а не сказано: «Создам человека».

И дело в том, что до создания «мира исправления» было разбиение келим в ЗАТ мира Некудим. Мы изучаем также, что Он создавал и разрушал миры, пока не создал этот мир, и сказал: «Это Мне нравится». И вот, посредством разбиения келим, произошедшего в семи сфирот Хесед-Гвура-Тиферет (ХАГАТ) Нецах-Ход-Есод-Малхут (НЕХИМ) мира Некудим, святость перемешалась с клипот. А затем проявилось имя МА, и произвело четыре мира АБЕА путем исправления. И это означает: «Это Мне нравится», поскольку Он выявил святые искры из клипот. И по мере выявления святости создавались миры и всё, что в них.

Это мы можем видеть в любом действии начала творения – понятие разделения и выявления. Творец производит разделение «между светом и тьмой»[625], «между одними водами и другими»[624], «между водой и сушей»[593], и также понятие по виду его, в речении: «Да произрастит земля поросль!»[597], а также между «правлением дня и правлением ночи»[626], а также порождение существа живого (нефеш хая) водой и землей.

И всё это указывает на отделение святости от клипот и добра от зла. И всё, что было выявлено, стало воплотившейся реальностью, согласно полагающемуся ему в святости. Поэтому сказано, что все действия начала творения содержатся в первом дне, в речении: «Да будет свет!», поскольку там было общее разделение между светом и тьмой, так как обычно святость называется светом, а клипот – тьмой. Ведь все остальные описания святости и клипот – это не что иное, как частные случаи и ветви света и тьмы.

---

[625] Тора, Берешит, 1:4.
[626] Тора, Берешит, 1:16.

Но что касается разделения между светом и тьмой, благодаря которому выявились все создания в начале творения, там еще нет полного исправления. И в этом отношении, всё свойство зла и тьмы еще остается тем, в чем нет необходимости. И это никак не соответствует совершенству Творца. И поэтому исправление не завершается прежде, чем наступит состояние: «И тьма не скроет исходящее от Тебя, и ночь как день будет светить – как тьма, так и свет!»

Для того, чтобы исправить это, был создан Адам, содержащий всё – от абсолютного зла до абсолютного добра. И благодаря ему окончательное исправление произойдет в желаемом совершенстве, где зло превратится в добро, горькое – в сладкое, тьма будет как свет, «и уничтожит Он смерть навеки», «и будет Творец властелином на всей земле».

Поэтому речение о создании человека сильно отличается от остальных речений, сказанных о всех остальных созданиях начала творения. Ибо здесь происходит смешение действия с самим речением, по той причине, что это речение исходит со стороны Имы, а не Абы. И она сказала: «Создадим человека», что указывает на совместное действие. Ибо она участвует в создании Адама вместе с Малхут Ацилута.

И Малхут мира Ацилут включает всё. Как сказано: «И царство Его (малхут) над всем властвует» – так как она питает и поддерживает также и все силы зла. Ведь в противном случае, не было бы у зла никаких сил для существования. Как сказано: «И ноги ее нисходят к смерти». Поскольку клипот получают от нее слабое свечение для своего существования. И поэтому Малхут называется «Асия (действие)», поскольку она, распространяясь, управляет всем этим действием. И также называется тьмой, поскольку она светит слабым свечением, поддерживающим эту тьму и зло.

И когда сама Има включается в Малхут в едином слиянии, к ней самой примешивается свойство «Асия (действие)» и тьма. И это означает: «Создадим человека по образу Нашему и подобию». Свет называется «образ», а тьма – «подобие». И после того, как Има участвует в создании вместе с Малхут, в ней самой образуются две силы, «образа» и «подобия», в соответствии которым она создает человека, который тоже будет состоять из этих двух сил – «образа» и «подобия». Поэтому сказала она: «По образу Нашему и подобию».

«Создадим человека» – сообща, т.е. слово «создадим» свидетельствует о совместном действии, включающем мужское начало (захар) и женское (нуква). Это указывает на то, что Има сама состоит из мужского и женского начала. И хотя Има является миром «захар», и нет в ней ничего от свойства «нуквы», она участвует в создании вместе с Малхут, Нуквой. «По образу Нашему» – это богатые, «и подобию» – бедные. Так как со стороны мужского начала (захар) они – богатые, а со стороны женского начала (нуквы) – бедные. Ибо «захар» – это свет и богатство, а «нуква» – тьма и бедность.

Сказанное: «По образу Нашему и подобию» означает, что и в ней самой имеется тьма и бедность в результате ее участия вместе с Малхут в создании человека. И человек тоже рождается включающим в себя богатство и бедность, свет и тьму. И вследствие этого довершается с его помощью всё исправление, и Малхут распространится в святости своей по всей земле. «И будет Творец един и имя Его едино» – потому что тьма, содержащаяся в Малхут, преобразится тогда, став полностью светом. Так же, как и «захар», АВАЯ, и будет «Он един и имя Его едино». И тогда осуществится сказанное: «Ибо вовсе не будет у тебя нищего».

И так же, как они (ЗОН) находятся в едином соединении и милосердны друг к другу, и помогают друг другу, воздавая Ему добродетелью, таким же должен быть и человек внизу, богатым и бедным в едином соединении, чтобы они пребывали в отдаче друг другу и относились милосердно друг к другу. Объяснение. «Образ» и «подобие» содержатся в Име, в едином соединении, поскольку Има милосердно относится к «подобию», Малхут, с тем, чтобы исправить всю тьму в ней. И высшая Има уменьшает себя, давая часть свою Малхут, бедной, и воздавая ей добродетелью.

И так же человек, который создан ею «по образу и подобию», должен милосердно и милостиво относиться к бедным, которые являются «подобием» в нем самом, дабы быть с ними в едином соединении и питать их всем недостающим, и воздавать им добродетелями. И благодаря выполнению этой заповеди, он притянет к себе «образ и подобие» Имы, по которым создан, – т.е. все высшие мохин, которых удостоился Адам Ришон, когда был создан в этом «образе и подобии». И тогда «властвовать будут они над рыбой морской». Каждый, кто милосерден к бедному, от всего сердца, обликом своим никогда не отличается от облика Адама Ришона. И поскольку запечатлелся в нем облик Адама, он обладает властью над всеми созданиями мира, благодаря этому облику. Как сказано: «И властвовать будут они над рыбой морской».

И благодаря этой заповеди он удостаивается «образа и подобия» Адама – всех этих мохин и высшего сияния мира Ацилут, которых удостоился Адам Ришон, властвуя благодаря силе их над всеми созданиями мира. То есть, не было ни одной силы из сил зла, которая не склонилась бы перед ним. Все они трепещут и испытывают страх перед тем обликом, который запечатлелся в нем. Все они трепещут и боятся этого образа, который запечатлелся в нем, так как он устранил все силы зла и тьмы, «и не было у них никакой силы противостоять»[627] ему, «ибо имя Творца наречено над тобой» – т.е. образ Творца.

И приводит свидетельство из сказанного о Навухаднецаре, что не было у него никакой заповеди, и вместе с тем, после того, как судьба его была предопределена сновидением и истолкованием его Даниэлем, сказал ему Даниэль: «Искупи грехи свои милосердием», что тот и сделал. И всё то время, пока он поступал милостиво с бедными, не приводилось в исполнение предреченное сном. Но после того, как стал недоброжелателен, перестав относиться милосердно к бедным, сказано: «Еще речь была на устах царя» – но тут же изменился облик его, и стал далек он от людей. Поэтому заповедь эта важнее всех заповедей Торы, так как она одна может устранить от человека всё плохое, предначертанное ему.

Здесь говорится о действии (асия). И так же как действие «работы» в случае с Боазом является «милостью», так же и здесь слово «создадим» говорит о «милости». То есть, действие «создания», о котором говорится при сотворении Адама, указывает на заповедь «поступать милосердно». Ведь Има проявила милосердие по отношению к Малхут, включившись в нее.

---

[627] Тора, Ваикра, 26:37.

И приводится свидетельство из сказанного Рут: «Имя человека, с которым я работала (асити) сегодня» – потому что, на первый взгляд, случившееся там не означает, что она «работала с ним», а только получила пищу от него. Однако это становится понятным вместе с объяснением, что «действие» означает «соединение» богатых и бедных. «Милость» подразумевает совместное действие с Боазом, поскольку они вместе участвуют в едином соединении посредством этой милости.

Заповедь десятая

237) Десятая заповедь – наложение тфилин, и восполнение в высшем образе. Как сказано: «И создал Всесильный человека по образу Его»[628]. И сказано: «Голова (рош) твоя – как Кармель»[629] – это высший рош, головные тфилин, высшего святого Царя, имя АВАЯ, записанное буквами. Каждая буква в имени АВАЯ соответствует одному разделу тфилин, и таким образом святое имя начертано в разделах этих тфилин по порядку букв. «Ибо имя Творца наречено будет над тобой, и устрашатся тебя»[630] – это головные тфилин, святое имя, согласно порядку букв.

Пояснение сказанного. В заповеди «милосердно относиться к бедным» было только положено начало притяжению высшего облика, образа Творца. При этом Има включилась в Малхут благодаря заповеди «милосердно относиться к бедным», как сказано: «Создадим человека по образу Нашему и подобию»[631]. Именно это означает сказанное: «Мать (има) одалживает свои одежды дочери». И вследствие включения Малхут в Иму, буквы ЭЛЕ упали в место ЗОН, а в Име остались только буквы МИ. И считается, что буквы ЭЛЕ Абы ве-Имы опустились в ЗОН. Аба взял Зеир Анпина, а Има взяла Нукву. И они на самом деле стали как свойство ЗОН, поскольку «высший, опускающийся в нижнего, становится как он».

---

[628] Тора, Берешит, 1:27.
[629] Писания, Песнь песней, 7:6.
[630] Тора, Дварим, 28:10.
[631] Тора, Берешит, 1:26.

И благодаря им ЗОН обрели состояние катнут от свойства «ЦЕЛЕМ Элоким (досл. образ Всесильного)» – ВАК без рош. И поскольку Има сама утратила свое свойство ГАР в результате этого взаимодействия, так как три ее кли ЭЛЕ упали, и остались у нее только две буквы МИ, Кетер и Хохма, а трех нижних келим и трех первых светов ей недостает. И в ее келим остались МИ, света руах-нефеш, свет руах в кли Кетер, а свет нефеш в кли Хохма.

Поэтому она может передать ЗОН только ВАК без рош. Таким образом, ЗОН еще не восполнились в высшем образе, т.е. в мохин де-ГАР, называемых «ЦЕЛЕМ Элоким». Поэтому сказано, что «десятая заповедь – это наложение тфилин, и восполнение в высшем образе» – т.е. благодаря заповеди наложения тфилин, в ЗОН нисходят свойства ГАР, которые являются восполнением высшего образа.

Но здесь говорится о нижнем человеке, а сами ЗОН уже, разумеется, восполнились, так как они не могут породить НАРАН для нижнего человека прежде, чем сами поднимутся в место Абы ве-Имы, и вырастут в своих мохин, как и они. Как же мы говорим, в таком случае, что даже Има находится еще в катнуте?

Но мы должны знать, что в то время, когда ЗОН достигают мохин Абы ве-Имы, они становятся облачающими Абу ве-Иму, и становятся в точности как и они, потому что «нижний, поднимающийся к высшему, становится в точности как и он». И в таком случае, под всем, что мы рассматриваем сейчас в Абе ве-Име, имеется в виду ЗОН, которые стали как Аба ве-Има. Ибо все происходящее в Абе ве-Име для порождения мохин де-ЗОН Ацилута имеет абсолютно точное соответствие в ЗОН, которые стали как Аба ве-Има в момент, когда те порождают мохин, т.е. НАРАН для нижнего человека, и нет никакого различия между ними. И поэтому нет никакой необходимости изменять эти имена и называть сейчас ЗОН по имени Аба ве-Има, а НАРАН нижнего человека – по имени ЗОН. И далее мы должны все время помнить об этом.

Сказано: «И создал Всесильный человека по образу Его»[628]. У светов ехида и хая нет келим, и только у НАРАН есть келим – Бина и ЗОН. И когда мы даже говорим о самом кли Кетера, имеются в виду Бина и ЗОН Кетера. И эти Бина и ЗОН благодаря исправлению линий делятся на десять сфирот: три линии Бины – это ХАБАД (Хохма-Бина-Даат), три линии Зеир Анпина – это ХАГАТ (Хесед-Гвура-Тиферет), а три линии Нуквы – это НЕХИМ (Нецах-Ход-Есод-Малхут). И это число используется для света хасадим. Однако для передачи света Хохмы Бина поделилась на два свойства, Аба ве-Има и ИШСУТ, ХАБАД ХАГАТ, когда вместе с семью сфирот ЗОН они составляют тринадцать сфирот, и это числовое значение слова «эхад (אחד один)», указывающего на полное имя.

И суть этого заключается в следующем. Кетер и Хохма были скрыты в свойстве Хохма стимаа парцуфа Арих Анпин, и только его Бина наполняет светом все мохин мира Ацилут, и делится на Абу ве-Иму и ИШСУТ Ацилута. Ее ГАР светят в Абе ве-Име, а ВАК – в ИШСУТ. Аба ве-Има называются «мэм ם» слова ЦЕЛЕМ (צלם) и называются чистым кольцом, потому что конечная «мэм ם» напоминает замкнутое кольцо, охватывающее мохин вокруг. ИШСУТ называются «ламэд» слова ЦЕЛЕМ (צלם), потому что «ламэд ל» поднимает вверх свой рош, что указывает на мохин де-ГАР. Как сказано: «Несокрушимая башня – имя Творца, в ней укроется праведник и возвысится»[632]. ИШСУТ – это башня, а Зеир Анпин – праведник, укрывающийся в башне, и очень возвышающийся.

Аба ве-Има – это кольцо, которое охватывает мохин, и свет Хохмы не раскроется в них из-за большой их возвышенности, потому что свет Хохмы в них является свойством самой скрытой Хохмы (Хохма стимаа), которая выше всех парцуфов Ацилута, и поэтому она не раскрывается в них. И в них есть только свет хасадим, называемый «чистый воздух (авира дахья)», так как «воздух (авир)» означает свет руах, называемый также «скрытый воздух (авир сатум)» по причине того, что «йуд י» никогда не выходит из их «воздуха (авир אויר)».

Однако ИШСУТ, являющиеся свойством ЗАТ (семи нижних сфирот) Бины, т.е. ЗОН, включенные в Бину, не называются «скрытым воздухом», поскольку во время передачи мохин де-гадлут в ЗОН «йуд י» выходит из их «воздуха (авир אויר)», и они становятся «светом (ор אור)», т.е. Хохмой и мохин де-ГАР.

---

[632] Писания, Притчи, 18:10.

И поэтому называются ИШСУТ «башня, парящая в воздухе»⁶³³, так как «башня» означает – гадлут де-ГАР. И поскольку эти мохин в ЗОН не являются постоянными, ЗОН входят в малое состояние (катнут) вследствие того, что «йуд י» входит в «свет (ор אור)», и он становится «воздухом (авир אויר)». А в большом состоянии «йуд י» снова выходит из «воздуха (авир אויר)», и он становится «светом (ор אור)». Поэтому они – словно «парящая башня», вследствие исправления в ней, происходящего в этом «воздухе». И Зеир Анпин называется «цади צ» слова ЦЕЛЕМ (צלם), ибо он «праведник (цадик)», укрывающийся в башне и возвышающийся.

Таким образом, выяснились три буквы слова ЦЕЛЕМ (צלם): Зеир Анпин – «цади צ», ИШСУТ – «ламэд ל», Аба ве-Има – «мэм ם». И это – ХАБАД (Хохма-Бина-Даат). Аба ве-Има – это Хохма, и они заключены в «чистое кольцо», потому что являются скрытой Хохмой. ИШСУТ – это Бина, однако, когда она поднимается в рош Ариха Анпина, выходит «йуд י» из ее «воздуха (авир אויר)», и она передает Хохму, и называется поэтому «башня, парящая в воздухе». А Зеир Анпин, укрывающийся в этой «башне», получает мохин, Даат. Поэтому эти мохин всегда называются по имени ЦЕЛЕМ.

И сказано, что ХАБАД – это три буквы «мэм ם» «ламэд» «цади צ» слова ЦЕЛЕМ (צלם). Однако, не надо их путать с тремя линиями, имеющимися в мохин, которые называются ХАБАД, потому что эти ХАБАД слова ЦЕЛЕМ не находятся в свойстве трех линий, а являются тремя полными парцуфами, облачающимися друг на друга. Хохма, т.е. «мэм ם» слова ЦЕЛЕМ (צלם), это Аба ве-Има, облачающиеся от хазе и ниже в Бину, т.е. ИШСУТ, – «ламэд ל» слова ЦЕЛЕМ (צלם). А ИШСУТ облачаются от хазе и ниже в Даат, т.е. Зеир Анпин, называемый «цади צ» слова ЦЕЛЕМ (צלם).

И необходимо восполнить себя в высшем образе, как сказано: «И создал Всесильный человека по образу Его»⁶²⁸, т.е., благодаря тфилин, притягиваются мохин де-ГАР в порядке букв «ЦЕЛЕМ (цади-ламэд-мэм צלם)». Как сказано: «И создал Всесильный человека по образу Его»⁶²⁸ – это высшее сияние Ацилута, который получил Адам Ришон в момент своего создания,

---
⁶³³ Вавилонский Талмуд, трактат Санедрин, лист 106:2.

и мы притягиваем их сначала в ЗОН, а оттуда передаются эти мохин также и нам.

Головные тфилин – это имя высшего святого Царя, имя АВАЯ, записанное буквами. Эти тфилин называются Кармель, потому что Кармель означает «поле, тучное (кар мале) от всех благ». Как сказано: «Голова (рош) твоя – как Кармель» – т.е. высший рош Зеир Анпина, а также Нуквы, в то время, когда они облачены в головные тфилин, высшие мохин де-ЦЕЛЕМ, которые, словно Кармель, «кар мале» – поле, тучное от всех благ. И эти мохин называются – имя святого высшего Царя, четыре буквы имени АВАЯ, следующие по порядку букв «йуд י» «хэй ה» «вав ו» «хэй ה».

Подчеркивается, что имя АВАЯ записано буквами, поскольку каждая буква записана как отдельный парцуф, так как в каждом парцуфе есть четыре буквы АВАЯ по десять сфирот. Поэтому говорится о «записанных буквах», ведь каждая из них – это полный парцуф сам по себе.

Каждая буква имени АВАЯ является одним из четырех разделов тфилин. Святое имя начертано в них в надлежащем порядке букв. Раздел означает отдельный, полный парцуф. И каждая буква имени АВАЯ становится при получении мохин полностью самостоятельным парцуфом, и они располагаются по отделениям в последовательности букв «йуд י» «хэй ה» «вав ו» «хэй ה». И это – тфилин РАШИ. Ибо в «тфилине рабейну Там» они располагаются по отделениям в последовательности букв «йуд י» «хэй ה» «хэй ה» «вав ו».

238) Первый раздел в тфилин: «Посвяти Мне каждого первенца» – это «йуд י» имени АВАЯ (הויה), являющаяся святостью, т.е. Хохма, являющаяся первенцем по отношению ко всем высшим святостям, «открывающего всякую утробу» – посредством той тонкой тропинки, которая опускается из «йуд י», и он (первенец) «открывает утробу», чтобы произвести плоды и порождения как подобает, и это – высшая святость.

Высшие Аба ве-Има, на которые указывает буква «йуд י» имени АВАЯ (הויה): «йуд י» указывает на Абу, а наполнение «йуд יוד» – «вав-далет וד» – указывает на Иму. Парцуф Аба ве-Има называется святостью и называется первенцем. А ИШСУТ и ЗОН называются святостью только когда они получают святость от высших Абы ве-Имы. И поэтому «йуд י» имени АВАЯ (הויה) называется «первенцем всех высших святостей», являясь первенцем всех святых парцуфов мира Ацилут. Ведь святость нисходит в парцуфы Ацилута от Абы ве-Имы, поскольку свет Хохма называется святостью. Аба ве-Има, «мэм ם» слова ЦЕЛЕМ (צלם), являются Хохмой мира Ацилут, поскольку скрытая Хохма облачается и скрывается в них. И вместе с тем, сами они только «чистый воздух (авира дахья)», свет хасадим, поскольку эта Хохма скрыта в свойстве рош парцуфа Арих Анпин.

Парцуфы могут получить Хохму только от Бины, которая снова становится Хохмой в то время, когда поднимается в рош Арих Анпина и соединяется там со скрытой Хохмой посредством Абы ве-Имы. И тогда Бина тоже называется Хохмой, и эта Хохма называется Хохмой тридцати двух путей. Таким образом, хотя Бина и становится снова Хохмой, называемой святостью, но это лишь вследствие получения от скрытой Хохмы, относящейся к Абе ве-Име, благодаря ее подъему в Арих Анпин. И тем более – остальные парцуфы Ацилута, получающие только от той Бины, которая снова стала Хохмой.

«Открывающего всякую утробу» – посредством той тонкой тропинки, которая опускается из «йуд י», и он «открывает утробу», чтобы произвести плоды и порождения. Различают три свойства: рош (вершина), геза (ствол), и швиль (тропинка). Высший кончик в ней называется рош, что указывает на Арих Анпин, скрытый в Абе ве-Име и облаченный в них. Гуф буквы «йуд י» называется геза (ствол), указывающий на сам парцуф Аба ве-Има. Нижний кончик «йуд י» называется швиль (тропинка), указывающая на Есоды Абы ве-Имы, находящиеся в окончании их парцуфов, называемые «тонкая тропинка (швиль)».

Однако название «швиль (тропинка)» указывает главным образом на Есод Абы, потому что Есод Имы называется «натив (путь)». Как сказано: «Тропа Твоя – в многочисленных водах», так как хасадим, когда они находятся в большом изобилии, называются «многочисленными водами». И тогда, благодаря этому никогда не прекращающемуся зивугу (слиянию) «тропинки (швиль)» и «пути (натив)» непрерывно передаются «многочисленные воды» мирам. Но прежде чем парцуф Аба ве-Има произвел исправление, соединив «тропинки» и «пути», не передавалось никакое наполнение мирам.

Поэтому сказано: «Открывающего всякую утробу» – посредством той тонкой тропинки, которая опускается из «йуд י». «Путь (натив)» Имы называется «ре́хем (утробой)», потому что оттуда исходит все «милосердие (рахамим)». И прежде, чем Аба ве-Има произвели исправление, соединив «тропинки» и «пути», она была закрыта и открывалась только посредством тонкой тропинки Абы. И поэтому называется эта тонкая тропинка «открывающей всякую утробу», т.е. она «открывает утробу», чтобы произвести плоды и порождения. Ибо «открывающий» означает «отворяющий», и с того времени, как соединилась с ней тонкая тропинка Абы, Има производит «плоды и порождения» в большом изобилии, как и подобает, о чем сказано: «Тропа Твоя – в многочисленных водах».

239) Второй раздел тфилин: «И будет, когда приведет Он тебя». Это «хэй ה» имени АВАЯ (הויה), Бина. И это чертог, лоно которого открывается буквой «йуд י», в результате открытия пятидесяти входов, проходов и комнат, скрытых в нем. Это «открытие», произведенное буквой «йуд י» в чертоге, необходимо для того, чтобы услышать в нем голос, выходящий из шофара, Бины, потому что этот шофар закрыт со всех сторон. И приходит эта буква «йуд י» и открывает его, чтобы извлечь голос из него. И после того, как она его открыла, она вострубила в него и извлекла из него голос, чтобы вывести рабов на свободу.

Объяснение. «Хэй ה» имени АВАЯ (הויה) указывает на парцуф ИШСУТ, «ламэд ל» слова ЦЕЛЕМ (צלם), который называется «башня, парящая в воздухе». Поэтому сказано: «И это чертог, лоно которого открывается буквой "йуд י", в результате открытия пятидесяти входов», так как Аба ве-Има называются «скрытым воздухом», который не открывается, «мэм ם» слова ЦЕЛЕМ (צלם), т.е. кольцо, охватывающее их мохин. И «йуд י» не вышла из их «воздуха (авир אויר)», чтобы они могли наполнять светом Хохмы. И поэтому они наполняют только «чистым воздухом (авира дахья)», светом хасадим. Однако ИШСУТ, «ламэд ל» слова ЦЕЛЕМ (צלם), Бина, называются чертогом, лоно которого открывается буквой «йуд י», в результате открытия пятидесяти входов, и они передают Хохму в ЗОН, благодаря подъему их в рош Арих Анпина, где Бина становится Хохмой.

И эта Бина называется «пятьюдесятью вратами Бины», потому что она состоит из КАХАБ (Кетер-Хохма-Бина) ЗОН (Зеир Анпин и Нуква), в каждом из которых содержится десять сфирот, всего – пятьдесят. И каждая сфира из пятидесяти делится на «комнаты» и «проходы». ХАГАТ (Хесед-Гвура-Тиферет) называются «комнатами». НЕХИ (Нецах-Ход-Есод) называются «проходами» – указание на то, что они не являются сами по себе келим получения, а только выводят и вводят в эти «комнаты». Второй раздел в тфилин: «И будет, когда приведет Он тебя» – указывает на «хэй ה» имени АВАЯ (הויה), т.е. чертог, лоно которого открывается буквой «йуд י», и это парцуф ИШСУТ Ацилута, утроба которого открывается, чтобы передать Хохму в ЗОН.

И это открытие, произведенное буквой «йуд» в чертоге, необходимо для того, чтобы услышать в нем голос, выходящий из шофара, потому что этот шофар закрыт со всех сторон. Однако в то время, когда ИШСУТ, свойство Бины, взаимодействуют с Малхут, опускаются три сфиры ЭЛЕ, являющиеся Биной и ЗОН гуф ИШСУТа, в ЗОН Ацилута, и остаются в ИШСУТ две буквы МИ. А затем, благодаря подъему МАН, она снова опускает нижнюю «хэй» из своих никвей эйнаим в пэ, как и в состоянии до этого взаимодействия. И тогда снова поднимаются к ней три буквы ЭЛЕ, и снова восполняется имя Элоким.

А вместе с ЭЛЕ, которые снова поднялись в Бину, поднялись также и ЗОН. И хотя буквы ЭЛЕ уже поднялись, соединившись с Биной, и восполнилось имя Элоким, всё же считается имя Элоким находящимся в глубине и скрытии. Поскольку в нем есть только свет Хохмы, а свечение Хохмы может быть принято в ЭЛЕ только с помощью облачения хасадим. И поэтому говорится, что буквы ЭЛЕ – это свойство шофар, в который облачены ЗОН, поднявшиеся вместе с ними в Бину и называемые «голос». Поскольку они вместе с собой поднимают ЗОН в Бину, в силу того, что те включены в них во время малого состояния (катнут). Таким образом, они возносят в себе Зеир Анпин.

Поэтому сказано, что открытие, произведенное буквой «йуд» в этом чертоге, необходимо для того, чтобы услышать в нем голос, выходящий из этого шофара. «Йуд» – это высшие Аба ве-Има, и они передают высшее свечение для того, чтобы опустить нижнюю «хэй» из «никвей эйнаим» ИШСУТ обратно в их пэ, и поднимают буквы ЭЛЕ, находившиеся в месте ЗОН, снова соединяя их с Биной, как они были до их взаимодействия с Малхут. Таким образом, «йуд» открыла чертог парцуфа ИШСУТ для того, чтобы передать Зеир Анпину мохин, исходящие из шофара, т.е. из букв ЭЛЕ, которые она подняла, поскольку ЗОН тоже поднимаются вместе с этими буквами ЭЛЕ в Бину, и получают там Хохму.

«Чтобы услышать в нем голос, выходящий из шофара, Бины» – зародить в Зеир Анпине мохин гадлута, называемого «голос», и зарождение его называется вознесением голоса. «Этот шофар закрыт со всех сторон» – как от хасадим, так и от Хохмы, потому что буквы ЭЛЕ, называемые «шофар», упали в место ЗОН, и закрыты там как от ГАР, так и от света хасадим. Поэтому им требуются два исправления:

1. Поднять их и соединить с Биной, чтобы они достигли своих ГАР, света Хохма.

2. Наполнить их светом хасадим, чтобы было одеяние у Хохмы.

«И приходит эта буква "йуд" и открывает его, чтобы извлечь голос из него» – это первое исправление, когда «йуд» притягивает высшее свечение к «хэй», т.е. чертогу парцуфа ИШСУТ, опускающее нижнюю «хэй» на свое место и поднимающее ЭЛЕ вместе с ЗОН, включенными в них, и присоединяющее их к Бине. И благодаря этому они достигают свечения Хохмы, являющегося также мохин для Зеир Анпина, поднявшегося вместе с буквами ЭЛЕ. Однако это свечение пока еще скрыто и не светит из-за отсутствия хасадим. Поэтому считается, что этот голос еще не вышел, – т.е. Зеир Анпин еще не родился. Сказано: «И приходит эта буква "йуд" и открывает его, чтобы извлечь голос из него» – извлечь из него этот голос с помощью второго исправления. Но он пока еще не вышел.

«И поскольку она его открыла, то вострубила в него и извлекла голос из него, чтобы вывести рабов на свободу» – это второе исправление. Ибо после того, как она открыла чертог, т.е. присоединила буквы ЭЛЕ вместе с ЗОН снова к Бине, и они достигли там света Хохма, она «вострубила в него» – «йуд» впустила «воздух (авир)» в шофар. Так как «воздух (авир)» – это свет хасадим. И поскольку шофар, т.е. буквы ЭЛЕ, получили еще и «авир (воздух)», свет хасадим, она извлекла из него голос. То есть он (шофар) извлек и породил Зеир Анпин, называемый «голос», и вывел его в совершенстве на свое место.

С помощью облачения хасадим, введенного буквой «йуд», Хохма может облачиться в него и быть принятой Зеир Анпином. Поэтому эти мохин, которых достиг Зеир Анпин, называемый «голос», «выводят рабов на свободу» – т.е. Зеир Анпин наполняет миры своим свечением, и сыновья Исраэля удостаиваются мохин де-ГАР, называемых «свобода».

240) Благодаря трублению этого шофара вышли сыновья Исраэля из Египта. И также предстоит трубление в шофар «в конце дней». Всё избавление приходит от этого шофара, Бины. Поэтому шофар упоминается в главе о выходе из Египта, так как от этого шофара приходит избавление, благодаря силе «йуд», которая «отворила утробу ее, и вывела голос ее для избавления рабов». И это – буква «хэй», вторая буква святого имени.

Все мохин, передаваемые в ЗОН, приходят от этого шофара, т.е. от букв ЭЛЕ. Также и те большие мохин, которые получил Зеир Анпин, чтобы вывести Исраэль из Египта, были от этого шофара. И также мохин, которые раскроются в конце дней для полного избавления, будут от этого шофара и в таком же виде. И поэтому отрывок о выходе из Египта: «И будет, когда выведет Он тебя» – имеется в этом разделе тфилин.

Мохин, которые раскрылись при выходе из Египта, происходят от этого шофара, находящегося в ИШСУТ, т.е. благодаря Абе ве-Име, «йуд» имени АВАЯ, «отворившей утробу» ИШСУТ, т.е. буквы ЭЛЕ, «и извлекшей голос» – Зеир Анпин, благодаря достижению этих мохин, «для освобождения рабов» – т.е. они приводят к выводу Исраэля из рабства на свободу. И знай, что Зеир Анпин и Нуква называются «голос и речь» только лишь по достижении мохин де-хая, а не на остальных ступенях, меньших ступени хая. И от мохин де-хая приходят все избавления.

241) Третий раздел символизирует единство «Шма Исраэль». И это «вав ו» имени АВАЯ (הויה), включающая в себя всё, – т.е.

Зеир Анпин, в котором находится единство всего, благодаря ему все объединяются, и он включает в себя всё. Четвертый раздел: «И будет, если послушаетесь» – это единство двух сторон, Хеседа и Гвуры, в которых объединяется Кнессет Исраэль, нижняя Гвура, Малхут. И это – нижняя «хэй ה» имени АВАЯ (הויה), которая включает их в себя и состоит из них.

Третий раздел тфилин: «Шма Исраэль» – Зеир Анпин, называемый «вав ו» имени АВАЯ (הויה), включает все четыре раздела тфилин. И хотя два первых раздела: «Освяти», «И будет, когда приведет Он тебя» – это Аба ве-Има и ИШСУТ, Хохма и Бина, всё же это не означает, что они являются самими Аба ве-Има и ИШСУТ, а только Аба ве-Има и ИШСУТ, которые облачаются в рош ЗОН, Хохму и Бину, имеющиеся в мохин Зеир Анпина, называемые «мэм-ламэд מל» от ЦЕЛЕМ (צלם) Зеир Анпина.

И также четвертый раздел: «И будет, если послушаетесь» – Нуква Зеир Анпина, не означает, что это сама Нуква, а только Нуква, включенная в Зеир Анпин, которая называется в нем «моах Гвуры Зеир Анпина». Так как три мохин в Зеир Анпине – это ХАБАД, «мэм-ламэд-цади מלצ» от ЦЕЛЕМ (צלם) Зеир Анпина. И это – ХУБ ТУМ, имеющиеся в мохин Зеир Анпина. Ибо в Даат, «цади צ», есть Хесед и Гвура. Хесед в Даат считается самим Зеир Анпином, а Гвура в Даат считается включением Нуквы. И это – четыре раздела тфилин.

Таким образом, Зеир Анпин, «вав ו» имени АВАЯ (הויה), включает все четыре раздела. «И в нем – единство всего» – т.е. все соединения, о которых упоминается в Абе ве-Име и ИШСУТ, находятся только в Зеир Анпине и производятся только для самого Зеир Анпина. Ведь парцуфы, предшествующие Зеир Анпину, всегда находятся в единстве и не нуждаются в подъеме МАН от нижних для своего соединения. И все соединения, которые мы производим с помощью МАН в высших парцуфах, – не для них самих, а для Зеир Анпина, и в нем они соединяются.

Соединение Хохмы и Бины, когда Бина снова становится Хохмой ради нижних, происходит только посредством подъема к ним Зеир Анпина в МАН. И в то время, когда Зеир Анпин поднимается в МАН к Бине, Бина поднимается в рош Арих Анпина и получает Хохму, чтобы передать Зеир Анпину, но не для себя самой, потому что Бина по своему свойству в десяти сфирот прямого света является только светом хасадим, как сказано: «Ибо желает милости (хесед) Он». И ей не требуется подниматься в рош Арих Анпина, чтобы произвести там зивуг с Хохмой, но Зеир Анпин, поднимающийся в Бину, побуждает ее отдавать Хохму ради него.

Ведь Бина объединяется с Хохмой только с помощью Зеир Анпина и ради Зеир Анпина. Иначе говоря, благодаря Зеир Анпину они объединяются, и именно он берет всё. И также свет Хохмы, который Бина берет для Зеир Анпина, раскрывается вовсе не в месте Бины, а только в месте Зеир Анпина, от хазе и ниже. Таким образом, Зеир Анпин берет именно все эти мохин, а не те, что выше него.

«И будет, если послушаетесь» – включает две стороны, Хесед и Гвуру, с которыми соединяется Кнессет Исраэль, нижняя Гвура. Раздел «Шма», Зеир Анпин, «вав ו» имени АВАЯ (הויה), высшее единство, в котором раскрывается любовь только со стороны Хесед, т.е. речение: «И возлюби Творца своего», – это совершенная любовь, и в этом речении вообще нет свойства суда. Однако четвертый раздел: «И будет, если послушаетесь», нижняя «хэй ה» имени АВАЯ (הויה), Нуква Зеир Анпина, включенная в него, – это Гвура, имеющаяся в Даат Зеир Анпина, и в ней раскрывается любовь с двух сторон, со стороны Хеседа и со стороны сурового суда. И это – нижнее единство воззвания: «Благословенно имя величия царства Его вовеки», в котором соединяется Нуква Зеир Анпина, называемая Кнессет Исраэль, нижняя Гвура. Это не сама Нуква, а нижняя Гвура, содержащаяся в моах Даат, и это – нижняя «хэй ה» имени АВАЯ (הויה), которая принимает их и состоит из них. Гвура в Даат, нижняя «хэй ה» имени АВАЯ (הויה), включает в себя все мохин, имеющиеся в высшем единстве, в воззвании «Шма Исраэль», и состоит из них. Ибо только в ней восполняются эти мохин, так как в ней – место раскрытия любви с двух сторон. Поскольку суровый суд, приводящий любовь к совершенству, не находится выше нее. Как сказано: «Голова (рош) твоя – как Кармель» – указывает на головные тфилин, поскольку после того, как Зеир Анпин облачается во все четыре мохин, на которые указывают четыре раздела, представляющие собой три буквы ЦЕЛЕМ (צלם), считается, что «рош (голова) его – как Кармель», буквы «кар мале» – поле, тучное от всех благ.

242) И тфилин – это буквы святого имени, поэтому сказано: «Голова (рош) твоя – как Кармель» – это головные тфилин. «А пряди головы твоей» – ручные тфилин, Малхут, и она бедная по сравнению с высшим, Зеир Анпином. И есть в ней также совершенство, подобное высшему совершенству.

Малхут – это «ручные тфилин», «и она бедная по сравнению с высшим» – бедная по сравнению с высшим миром. Другими словами, высший мир, Бина, принимает участие в ней для того, чтобы восполнить ее. «И есть в ней также совершенство, подобное высшему совершенству» – потому что она получает сейчас всё совершенство, имеющееся в высшем мире, Бине, благодаря нижнему единству воззвания: «Благословенно имя величия царства Его вовеки», относящемуся к четвертому разделу Зеир Анпина. И поскольку она не является Нуквой, принадлежащей свойству гуф Зеир Анпина, а только отделенной Нуквой Зеир Анпина, она принимает от него все четыре отрывка, т.е. Хохму и Бину (ХУБ) Хесед и Гвуру (ХУГ) Зеир Анпина, поскольку она является парцуфом отделенным и полным, но только у нее они находятся в одном отделении, а не в четырех отделениях, как в тфилин Зеир Анпина.

И дело в том, что отрывок это свет, а отделение, в котором он находится, это кли. И известно, что от каждого зивуга исходит свет и кли. И поэтому у Зеир Анпина, у которого четыре отрывка являются его четырьмя мохин, ХУБ ХУГ, нисходящими в него в четырех зивугах, есть также четыре отделения – для каждого отрывка особое отделение. Однако в Нукве, в которой не происходит никакого зивуга, но она получает все четыре мохин, т.е. четыре отрывка, в едином зивуге от Зеир Анпина, имеется только лишь одно отделение для всех четырех отрывков.

243) «Царь, заключаемый в ямы» – он связан и находится в этих отделениях тфилин для того, чтобы соединиться с этим святым именем как подобает. И поэтому тот, кто исправляется в них, находится «в образе Всесильного (бе-ЦЕЛЕМ Элоким)». Так же, как в Элоким соединяется святое имя, так же и здесь – соединяется в нем святое имя как должно. «Мужчиной и женщиной сотворил Он их» – т.е. головные тфилин и ручные тфилин. И всё это – одно целое.

«Царь, заключаемый в ямы» – Зеир Анпин, «связан и находится в этих отделениях», ибо отделения, в которых находятся эти отрывки, называются «углублениями», подобно ямам, наполненным водой, из которых поят стада. И также мохин, являющиеся водами Хохмы и водами хасадим, связаны с их келим и укрыты в них, т.е. в этих отделениях. И поэтому называются эти отделения «углублениями».

«Он связан и находится в этих отделениях тфилин для того, чтобы соединиться с этим святым именем как подобает». Эти отделения – это ТАНХИ (Тиферет-Нецах-Ход-Есод) Твуны, называемой большой буквой «далет» слова «эхад (один)», о которой сказано: «И показалась суша». И вследствие того, что открылась в Зеир Анпине эта суша, он может затем давать мохин Нукве. И то, что было сушей, становится землей, дающей плоды и порождения, на которой можно сажать деревья. Ведь если бы не отделения его, являющиеся свойством «суша», Зеир Анпин не мог бы передать мохин своей Нукве.

И Зеир Анпин «связан и находится в этих отделениях» – являющихся свойством «суша», «для того, чтобы соединиться с этим святым именем как должно» – для того, чтобы он мог соединиться и передать святому имени, Нукве, «как должно» – т.е. в раскрытии. И то, что было сушей, становится землей, дающей плоды и порождения, на которой можно сажать деревья. И это означает: «Царь, заключаемый в ямы». Поэтому в том, кто исправлен в этих четырех отрывках, содержится «образ Всесильного (ЦЕЛЕМ Элоким)». Нижний человек, накладывающий тфилин, притягивает от ЗОН мохин ХУБ ХУГ, называемые ЦЕЛЕМ (צלם). ХУБ (Хохма и Бина) называются «мэм-ламэд מל», а ХУГ (Хесед и Гвура) называются «цади». И это ЦЕЛЕМ (образ) Элоким (Всесильного). Так же, как в Элоким, Бине, в которой соединяется святое имя, Нуква, так же соединяется это святое имя в человеке.

«Мужчиной и женщиной (захар и некева) сотворил Он их» – т.е. головные тфилин и ручные тфилин. И всё это – одно целое. «И создал Всесильный (Элоким) человека по образу (ЦЕЛЕМ) Его»[628] – мохин ХУБ ХУГ называются ЦЕЛЕМ. И есть в них захар и некева – ЦЕЛЕМ Зеир Анпина и ЦЕЛЕМ Нуквы, головные и ручные тфилин.

Заповедь одиннадцатая

244) Одиннадцатая заповедь – отделять десятину от плодов земли. Здесь есть две заповеди: отделять десятину земли и приносить первые плоды деревьев. О десятине земли, разрешенной Адаму Ришону, сказано: «Вот даю Я вам всякую траву семяносную»[634]. А о первых плодах деревьев, разрешенных Адаму Ришону, сказано: «И всякое дерево, дающее плоды семяносные»[634]. Почему сказанное в этих отрывках обязывает нас отделять десятину и первые плоды, отдавая Творцу, и не есть от них, – ведь это противоположно их назначению?

«Еда» означает – извлечение искр святости из клипот, и с помощью еды соединяются святые искры, находящиеся в пище, с душой (нефеш) человека, становясь плотью от плоти его, а отбросы пищи выходят наружу из его тела. До тех пор, пока человек не соберет на протяжении жизни все святые искры, относящиеся к восполнению души, без которых ему недостает совершенства. И сказано в Зоаре[635], что Адаму Ришону не было дано мясо в пищу, как сказано: «Вот даю Я вам всякую траву семяносную, которая на всей земле... Это вам будет в пищу»[634] – не более того, т.е. не мясо.

Но поскольку он прегрешил, и злое начало вошло в его тело, то было сказано Ноаху: «Как зелень травяную даю Я вам всё»[636] – даже мясо. Ведь Адам Ришон был создан в совершенстве, и уже было выявлено им всё желанное совершенство в свойстве «животные». Как сказано: «И создал Творец из земли всякого зверя полевого, и всякую птицу небесную, и привел к человеку, посмотреть, как назовет его, и как назовет человек всякое существо живое, таково имя ему»[637].

Объяснение. Он постиг имена всех животных во всех особенностях, поскольку они уже были выявлены для него во всем их совершенстве. И поэтому животные не были даны ему для выявления посредством пищи, так как уже были выявлены для

---

[634] Тора, Берешит, 1:29.
[635] Зоар, глава Лех леха, п. 300.
[636] Тора, Берешит, 9:3.
[637] Тора, Берешит, 2:19.

него Творцом. И только неживого и растительного недоставало в этом выявлении. Поэтому ему оставалось посредством питания и отбора от плодов земли лишь собрать из них святые искры, недостающие до совершенства его.

Однако после прегрешения в отношении Древа познания снова испортились все эти выявления. И так же, как части души его, отделившись, упали в клипот, так же испортились вместе с ним все животные, и необходимо их выявить заново. Поэтому были даны Ноаху также и животные для выявления их посредством употребления в пищу, и также всем поколениям после него.

Адам Ришон был создан в ЦЕЛЕМ Элоким, т.е. мохин четырех разделов тфилин. И это его душа (нешама), однако после того, как он родился с этой святой душой, удостоился благодаря добрым деяниям выявления и подъема МАН и достижения свойства хая, а затем, в день субботний – также и ехида. Ибо высшее сияние исчезло лишь после субботы. И поэтому были разрешены ему десятина и первые плоды. И более того, посредством употребления в пищу десятины и первых плодов, он удостоился выявления и подъема МАН, пока не удостоился свойств хая и ехида.

Однако после нарушения запрета Древа познания, когда снова были испорчены все выявления, и злое начало вошло в тело, запрещены нам десятины и первые плоды из-за злого начала в нас, вследствие опасения, как бы не нарушить находящуюся в них высшую святость. Поэтому мы должны отдать их коэнам и левитам, и когда мы полностью выполняем эти заповеди, «десятину» и «первые плоды», как указано нам, у нас возникают силы поднять МАН и притянуть мохин де-хая в день субботний подобно тому, как притягивал Адам Ришон посредством употребления в пищу именно десятины и первых плодов.

И это – одиннадцатая заповедь: отделять десятину земли. После того, как мы притягиваем свет нешама наложением тфилин, необходимо поднять МАН путем выполнения двух заповедей – десятины и первых плодов, чтобы притянуть мохин де-хая. И уже выяснилось, что Адам Ришон притянул мохин де-хая путем непосредственного употребления в пищу десятины и первых плодов. Но поскольку нам не позволено есть их, вследствие пребывающего в нашем теле злого начала, вместо этого нам заповедано отдавать их коэнам и левитам. И благодаря этому нам тоже дана сила притягивать эти мохин. И это свидетельство тому, что Писание специально указывает на десятину и на первые плоды и в сказанном: «Вот даю Я вам всякую траву семяносную, которая на всей земле»[634], и в сказанном: «А сынам Леви, вот даю Я всю десятину в Исраэле»[638]. И так же как во втором отрывке говорится о десятине, так и в отрывке, относящемся к Адаму Ришону, говорится о десятине. И это можно заключить также из сказанного: «Всякая десятина земли – от семян земли и также от плодов дерева – принадлежит Творцу»[639].

Заповедь двенадцатая

245) Двенадцатая заповедь – приношение первых плодов дерева. Как сказано: «И всякое дерево, дающее плоды семяносные»[634] – всё, что предназначено Мне, вам запрещено есть. Он разрешил и дал им всю Свою десятину и первые плоды дерева. Как сказано: «И дал Я вам» – вам, а не последующим поколениям.

Это следует из слов, которыми заканчивается одиннадцатая заповедь: «Всякая десятина земли – от семян земли и также от плодов дерева – принадлежит Творцу». И здесь сказано: «И всякое дерево, дающее плоды семяносные»[634] – так же, как там первые плоды, так и здесь первые плоды. И говорит: «Всё, что предназначено Мне, вам запрещено есть» – т.е. не только десятину, но это также включает и первые плоды, как следует из слов: «И также от плодов дерева – принадлежит Творцу». «Принадлежит Творцу» означает: «Всё, что предназначено Мне» – то есть и первые плоды. И отсюда следует, что и отрывок, приводимый здесь: «И всякое дерево, дающее плоды семяносные»[634] – тоже говорит о первых плодах. Поэтому сказано, что он разрешил и дал им всю Свою десятину и первые плоды дерева. Ибо в этих отрывках говорится только о десятине и о первых плодах.

---

[638] Тора, Бемидбар, 18:21.
[639] Тора, Ваикра, 27:30.

И не удивляйся тому, что отрывок: «И также от плодов дерева – принадлежит Творцу» – говорит об одиннадцатой заповеди, а не о заповеди, приводимой здесь, поскольку в самом Зоаре они смешаны вместе сразу же в начале одиннадцатой заповеди, и там сказано, что есть две заповеди, однако наборщик, готовивший текст к печати, поделил их на две, и оказалось, что разделил их посередине, хотя и оставил отрывок о первых плодах в одиннадцатой заповеди.

И там уточняется, что этот отрывок говорит о десятине и первых плодах, поскольку сказано: «И дал Я вам», что означает – вам, а не последующим поколениям. Поэтому нельзя сказать, что в этом отрывке говорится просто об урожае земли, разрешенном также и нам в пищу. Но говорится о том, что нам запрещено употреблять в пищу от урожая земли. И это, безусловно, десятина и первые плоды.

Заповедь тринадцатая

246) Тринадцатая заповедь – совершать выкуп сына, укрепив его связь с жизнью. Ибо есть два ангела-покровителя – один отвечает за жизнь, другой отвечает за смерть. И они пребывают над человеком. И когда человек выкупает своего сына, он выкупает его из рук покровителя, отвечающего за смерть. И тогда тот не властен над ним, как сказано: «И увидел Творец всё, что Он создал» – в общем, «и вот, хорошо» – это ангел жизни, «очень» – это ангел смерти. И поэтому, благодаря этому выкупу, укрепляется ангел жизни и ослабляется ангел смерти. Благодаря этому выкупу, он приобретает для него жизнь. И сторона зла оставляет его и не пристает к нему.

Можно заключить из сказанного: «И увидел Творец всё, что Он создал, и вот, хорошо очень». «И вот, хорошо» – это ангел жизни, «очень» – это ангел смерти. Поскольку тогда, в шестой день начала творения, с появлением буквы «хэй ה» в слове «шестой (а-шиши הששי)», миры очень возвысились. Зеир Анпин поднялся в место Арих Анпина, а Нуква – в место Абы ве-Имы, и тогда Адам Ришон достиг совершенства мохин де-хая. И благодаря этому аннулировалась сила ангела смерти. И он, кроме того, еще и получил подслащение в свойстве «очень», как это будет в конце исправления, когда «уничтожит

Он смерть навеки». Именно на это указывает значение слов: «И вот, хорошо» – это ангел жизни, «очень» – это ангел смерти.

Поэтому теперь, после нарушения запрета Древа познания, миры уже так не возвышаются в пятый час кануна субботы, с появлением буквы «хэй ה» в слове «шестой (а-шиши השישי)». И поэтому там необходима особая заповедь, чтобы вызвать в себе готовность и силу во что бы то ни стало получить свет хая в день субботний. И это – заповедь выкупа первенца мужского пола, поскольку благодаря этому выкупу укрепляется ангел жизни и ослабляется ангел смерти. И так же как с Адамом Ришоном это было сделано самим Создателем, когда с появлением «хэй ה» в слове «шестой (а-шиши-השישי)» становится ангел смерти свойством «хорошо очень», так же действует и сила этой заповеди – «выкупа первенца».

Но еще не окончательно, как это было в то время, когда у ангела смерти не осталось никакой силы. Поскольку теперь, в результате выполнения заповеди выкупа первенца, можно лишь ослабить ангела смерти, но не устранить его окончательно. Так как, благодаря этому выкупу, он обретает жизнь. И сторона зла оставляет его и более не проникает в него. То есть после того, как он окончательно очистился благодаря этой заповеди, нет больше никакого проникновения в него сил зла, входивших в тело (гуф) из-за прегрешения Древа познания, и тогда он может выкупить свою жизнь – т.е. мохин де-хая субботнего дня. Ведь он уже полностью очищен от стороны зла, впитанного его телом вследствие нарушения запрета Древа познания. И потому появилась в нем готовность получить мохин субботнего дня.

Заповедь четырнадцатая

247) Четырнадцатая заповедь: хранить день субботний, ибо он – день покоя от всех деяний творения. Сюда включаются две заповеди: хранение субботнего дня и укрепление связи этого дня со святостью – т.е. притяжение мохин Хохмы, называемых святость, чтобы хранить день субботний. И сказано, что он – день покоя для миров, и все деяния были исправлены в нем и завершены прежде, чем осветился этот день.

Объяснение. В день субботний Зеир Анпин поднимается в Арих Анпин, Нуква – в Абу ве-Иму, а миры БЕА поднимаются в ИШСУТ и ЗОН мира Ацилут. И тогда НАРАН Адама поднимаются вместе с ними в Ацилут, и они получают там свет хая. Поэтому есть две заповеди:

1. Хранение дня субботнего, чтобы не нарушить его выполнением работы и перенесением предметов из одного владения в другое. Ибо после того, как миры окончательно отделились от клипот, мы должны остерегаться, чтобы не дать силу клипот снова проникнуть в этот день. Когда выполняющий работу в этот день снова вызывает проникновение клипот в святость.

2. Связать этот день со святостью его как должно. То есть, благодаря наслаждению субботы, мы притягивает свет Ацилута к нашему НАРАН. Свет Ацилута – это свет Хохмы, называемый святостью, и мы освящаемся благодаря его воздействию.

«Хранить субботний день». Все заботы и труды указывают на непрестанную работу и войну с силами ситры ахра, отделяющими нас от слияния с Творцом. И это правило: в том месте, где имеются заботы, там пребывает ситра ахра – потому что посредством войн и трудов мы извлекаем искры святости, погруженные в ситру ахра, и каждое извлечение считается особой работой. И вначале все эти выявления проводятся самим Создателем, т.е. все они – это деяния Творца, о которых упоминается в шести днях начала творения.

И когда оканчиваются абсолютно все выяснения, считается, что они завершились и достигли своей цели. И тогда освящается суббота, являющаяся днем покоя, – ведь заканчивается работа, и больше нечего исправлять. Поэтому день субботний – это день покоя всех миров, поскольку в каждую субботу снова наступает то совершенство, которое было в субботе начала творения, называемой днем покоя, в который отделились все клипот, погрузившись в великую бездну. А миры поднялись в мир Ацилут, являющийся полным единством. И мы должны притянуть эту святость, и она притягивается к нам посредством двух заповедей: «помни» и «храни».

248) После того, как освятился этот день, осталось сотворить духов, для которых не было создано тело (гуф). Разве не

мог Творец подождать с освящением этого дня, пока не будут созданы тела для этих духов? Однако Древо познания добра и зла пробудило бы сторону зла, желавшую властвовать в мире. И, отделившись, вышло множество духов с многочисленным оружием, для того чтобы укрепиться и облачиться в тела этого мира.

«После того, как освятился этот день, осталось сотворить духов, для которых не были созданы тела». То есть, день освятился прежде, чем Творец успел создать тела для этих духов. Как сказано: «Ибо почил Он от всего Своего труда, который создал Творец для выполнения»[640]. На самом деле, Он закончил Свой труд во всём желанном совершенстве, и ничего не создал для нашего выполнения – ведь Он уже всё сделал и завершил Сам. Однако Творец произвёл все выяснения, закончил все труды таким образом, чтобы у нас тоже была возможность выполнения их. То есть, чтобы мы смогли их выполнить и завершить благодаря нашей работе в Торе и заповедях. И отдых касается только работы Создателя. Иначе говоря, Творец уже отдыхал от всей Своей работы настолько, что не было даже малейшего недостатка с Его стороны. И всё то, что создал Творец и завершил, позволяет также и нам выполнить и завершить это с нашей стороны.

Поэтому остались духи, которым не успел Творец создать тела до освящения субботнего дня, и остались эти духи бесплотными, лишёнными тел. И эти духи без тел являются клипой и вредителями, которые приводят человека к греху. И Он специально оставил их, ведь благодаря этому осталась у нас сила выбора и место работы в Торе и заповедях.

«Разве не мог Творец подождать с освящением этого дня, пока не будут созданы тела для этих духов? Однако Древо познания добра и зла пробудило бы сторону зла, желавшую властвовать в мире». Малхут называется Древом познания добра и зла, «если удостоился человек – преобладает добро, не удостоился – зло». И после того, как прегрешил Адам Ришон, нарушив запрет Древа познания, он пришел к состоянию «не удостоился». И поэтому пробудилось зло, имеющееся в Древе познания добра и зла. И пожелало это зло овладеть миром.

---

[640] Тора, Берешит, 2:3.

То есть пожелало возобладать над добром и так укрепиться в мире, чтобы добро никогда не смогло одолеть его. И тогда вышло множество духов с многочисленным оружием, для того чтобы укрепиться в мире, облачившись в тела.

Две точки соединились в Малхут:
1. Подслащенная в Бине – свойство милосердия.
2. Находящаяся в самой Малхут – свойство суда.

Когда Малхут исправлена святостью как должно, точка свойства суда упрятана и скрыта, а точка свойства милосердия – раскрыта. И человек приходит к состоянию «удостоился». И тогда преобладает добро. Но если человек, совершая прегрешение, портит ее, раскрывается свойство суда, содержащееся в Малхут, в результате чего вредители и разруха получают силу властвовать над ним. И тогда преобладает зло.

А если удостаивается, точка милосердия правит открыто, и он удостаивается поднять в своих деяниях Малхут до высшей Бины. И тогда милосердие и высшие мохин проявляются над ним. А если он «не удостаивается», обнажая свойство суда в ней, то мало того, что он портит Малхут, он еще портит точку Бины, которая соединилась с Малхут. Ибо она превратилась из милосердия в суд, вследствие проявления суда в Малхут. Ведь какое бы свойство ни раскрылось – оно и властвует.

Поэтому после прегрешения Древа познания раскрылась сила суда в Малхут, и тогда он портит также и точку Бины в ней, которая обернулась свойством суда. В этой точке Бины заключена вся возможность исправления, имеющаяся у Малхут. И со своей стороны она – добро, когда точка Бины проявлена. Но теперь, после того, как испортилась также и точка Бины, превратившись в суд, подумала ситра ахра, что это подходящее время для овладения миром и облачения в тела людей – Адама Ришона и сыновей его. То есть, чтобы тело (гуф) ситры ахра заняло место тела (гуф) Адама Ришона, и тогда не будет больше никакой возможности у Малхут исправиться со стороны добра. Ибо она видела, что точка Бины, имеющаяся в Малхут, обратилась свойством суда, и никакое исправление теперь невозможно.

И множество духов вышло укрепиться в мире, взяв с собой много видов оружия, сил разрушения, чтобы облачиться в тела людей в этом мире и властвовать здесь постоянно, так как думали, что в результате ущерба, нанесенного прегрешением Адама точке милосердия в Малхут, спастись от них невозможно.

249) Творец, видя это, пробудил веяние духа (руах) от Древа жизни, Зеир Анпина, и ударил по другому дереву, Малхут. И пробудилась другая сторона, сторона добра, «и освятился день». Ибо создание их тел и пробуждение духов этой субботней ночью происходит со стороны добра, а не с иной стороны.

После того, как увидел Творец, что этот суд находится на стороне ситры ахра, и они обладают силой облачиться в тела в мире, когда полностью прекратится дальнейшее исправление, он пробудил веяние духа жизни от Древа жизни, и произвел зивуг с другим деревом – Малхут, т.е. передал ей веяние духа жизни. И снова пробудилась в Малхут вторая сторона в ней – сторона добра, как это было до грехопадения Адама Ришона. И об этом сказано: «Если удостоился человек – преобладает добро», и освятился этот день, и распространилась святость субботы по всему миру.

И хотя, вследствие владения судом, у ситры ахра была сила облачиться в тела, Творец действовал на более внутреннем уровне, чем сила суда, и вообще не считался с ухудшением состояния, к которому привел Адам Ришон. И тогда ЗОН, называемые «Древо жизни» и «Древо познания добра», вместе произвели зивуг, как до грехопадения, и притянули в мир святость мохин субботнего дня.

И сказано[641], что свет, выполнивший работу шести дней начала творения, был скрыт только лишь после субботы. И благодаря этому действию нисхождения дня субботнего в мир был расстроен замысел нечистых сил – облачиться в тела людей этого мира, и они остались в свойстве бестелесных духов. И поэтому Адам смог совершить возвращение.

«Создание тел и пробуждение духов в эту субботнюю ночь происходит со стороны добра, а не ситры ахра» – потому что

---

[641] Зоар, глава Берешит, часть 2, п. 148.

деяние Творца пребывает вечно. И так же, как в субботу начала творения Он совершенно не считался с тем, что нарушил Адам прегрешением Древа познания, и ЗОН произвели зивуг, освятивший день, как и до прегрешения, поскольку Он отменил всю власть нечистых сил, хотя и была у них сила власти, так же и во все субботы шести тысяч лет – хотя человек еще и переполнен скверной, так как еще не исправил прегрешение Древа познания, всё же, когда он производит зивуг в ночь субботы, нет у сил зла никакой власти над ним. И он притягивает своим зивугом тело (гуф) и дух (руах) рождающегося ребенка, будто и не было в нем никакого изъяна со стороны Древа познания, словно он уже сам исправил прегрешение Древа познания.

И поэтому сказано, что «создание тел и пробуждение духов в эту субботнюю ночь происходит со стороны добра». Ведь хотя сам человек еще не удостоился, у ситры ахра нет никакой власти над ним в эту ночь. И он сможет привлечь тела и дух в них с помощью зивуга со стороны Древа познания добра, а не с иной стороны (ситры ахра). И сила исправления, произведенного в субботу начала творения, заключается в том, что Творец вовсе не считается со злом, которое навлек на себя Адам Ришон.

250) Если бы другая сторона взяла превосходство в эту ночь над стороной добра, опередив ее, то мир не мог бы устоять перед ними (силами зла) даже краткое мгновение. Но Творец предупредил исцеление, совершив освящение дня до наступления времени, успев явиться раньше другой стороны, и состоялся мир. И замысел другой стороны обосноваться и укрепиться в мире привел к установлению в эту ночь стороны добра и укреплению ее. То есть, были установлены тела и дух святости в них в эту ночь со стороны добра. Поэтому время совершения слияния у мудрецов, знающих это, – от субботы к субботе.

251) И когда увидела это другая сторона – что всё, что она желала сделать, сделала сторона святости, – она начала метаться между многочисленными войсками своими во все стороны, и увидела всех совершающих слияние на ложе необлаченными при свете свечи. И поэтому все сыновья, рождающиеся от этого, поражены падучей болезнью, так как пребывают над ними духи от иной стороны. И это – бестелесные духи грешников, называемые «вредители», и Лилит царствует над ними и убивает их.

252) Когда освящается этот день, и правление святости воцаряется над миром, другая сторона принижает себя, и скрывается в каждую субботнюю ночь и субботний день. Кроме Асимона со всей его кликой, которые украдкой приближаются на свет свечи, чтобы увидеть открывающееся им слияние. А затем они скрываются, исчезая в проеме великой бездны. А на исходе субботы многочисленные воинства и станы, взлетая ввысь, снуют по всему миру. И поэтому была сложена песнь о бедствиях: «Живущий под покровом Всевышнего»[642] – дабы не преследовали они святой народ.

Ибо, владея судом, ситра ахра могла облачиться в тела. И если бы они успели облачиться в тела, то земля была бы отдана в руки беззакония. И все тела и порождения, которые приходили бы в мир, – все исходили бы от порочности ситры ахра. И не было бы у них сил встать на сторону добра никогда. Поэтому сказано: «Если бы другая сторона взяла превосходство в эту ночь над стороной добра, опередив ее, то мир не мог бы устоять перед ними (силами зла) даже краткое мгновение» – ибо их нечистота властвовала бы над всеми рождающимися в мире. И не было бы возможности удержаться на стороне добра «даже краткое мгновение».

«Но Творец предупредил исцеление, совершив освящение дня до наступления времени, успев явиться раньше другой стороны» – святость субботы наступила раньше, опередив ситру ахра, и открылся свет отдыха и покоя в мирах, который усмиряет ситру ахра и клипот, и отбрасывает их в проем великой бездны. «И состоялся мир» – так как, благодаря этому, появилась возможность породить тела и дух в них со стороны добра, в слиянии (зивуге) ночи субботы. И мир устанавливается в желанном виде.

И сказано, что «совершил освящение дня до наступления времени» – поскольку всё, что выходит, не соответствуя порядку всей системы миров, называется «предотвращением». И поскольку святость субботы наступает вследствие только лишь пробуждения свыше, так как человек не совершил еще никакого возвращения и исправления, чтобы стать достойным ее,

---

[642] Писания, Псалмы, 91:1.

а сам Творец предупредил исцеление исправлению мира, то такое действие называется упреждением.

«И замысел другой стороны обосноваться и укрепиться в мире привел к установлению в эту ночь стороны добра и укреплению ее» – ибо эта ночь, вследствие проступка с Древом познания, стала относиться к суду строения ситры ахра во всей силе его. И на это рассчитывала ситра ахра, но всё вышло наоборот. Ибо место ее заняла святость. «И были установлены тела и дух святости в них в эту ночь со стороны добра» – так как проявилась готовность, когда каждый, совершающий слияние (зивуг) этой ночью, притягивает тела и дух их со стороны добра. И нет в них никакой опоры для ситры ахра – т.е. полная противоположность тому, что задумала ситра ахра.

«Поэтому время совершения слияния у мудрецов, знающих это, – от субботы к субботе» – ибо тогда тела и дух их устанавливаются со стороны добра. «И когда увидела это другая сторона – всё, что она желала сделать, сделала сторона святости» – ведь она рассчитывала обосноваться и укрепиться в эту ночь, а в итоге установилась сторона святости, «то начала тогда ситра ахра метаться между многочисленными станами своими и сторонами зла, и увидела всех совершающих слияние на ложе необлаченными при свете свечи» – и увидела всех тех, кто предается слиянию на ложе при свете свечи, обнажив тело (гуф). «И все сыновья, рождающиеся от этого, поражены падучей болезнью». И ситра ахра нагоняет на этих сыновей злых духов, и это духи грешников, называемые «вредители», с помощью которых Лилит царствует над ними и убивает их.

Но «когда этот день освящается, и правление святости воцаряется над миром, другая сторона принижает себя, и скрывается в каждую субботнюю ночь и субботний день». Поэтому это самое подходящее время для слияния у мудрецов. «Кроме вредителя, называемого Асимон, и всего его стана, которые украдкой приближаются со свечой, чтобы увидеть открывающееся им слияние. А затем они скрываются, исчезая в проеме великой бездны» – ведь хотя и есть сила у этого Асимона смотреть в субботу на слияние при свете свечи, однако нет у него силы вредить, и тогда он вынужден сразу же вернуться в проем великой бездны. И только после субботы он может вредить.

Пояснение сказанного. Здесь у рабби Шимона возник вопрос о сказанном: «Время совершения слияния у мудрецов – от субботы к субботе». Ведь каждый день в полночь Творец прогуливается с праведниками по Эденскому саду. Таким образом, возможность слияния у праведников имеется не только в ночи субботы? Чтобы ответить на это, здесь подробно выясняется различие, существующее между слиянием (зивугом) в субботу, и слиянием в будни, в вопросе совершения слияния при свете свечи. Согласно простому толкованию: различие в том, что по ночам в будни есть сила у ситры ахра поражать рождающихся сыновей падучей болезнью, а у Лилит есть сила погубить их.

Тогда как в ночи субботы, хотя и есть вредитель Асимон со своей кликой, т.е. у него имеется сила также и в субботу видеть их, но нет у него силы вредить им в это время, а только лишь после субботы. Это тоже исправляется совершением разделения (авдалы) молитвой и совершением разделения на чашу. И тогда окончательно отменяется сила этого вредителя. Таким образом, есть большое различие между слиянием в ночь субботы и слиянием по ночам будней в полночь.

Дело в том, что есть «светила сияющие», т.е. Зеир Анпин, символизирующие высшее единство, и есть «светила огненные», Нуква Зеир Анпина, символизирующие нижнее единство. Три свойства есть в пламени огня:
1. Белый свет (пламени).
2. Синий свет, под белым светом.
3. Грубая часть, как, например, воск, масло, фитиль, в которой удерживается синий свет.

Синий свет – это суд, имеющийся в пламени, и поэтому это «огонь, пожирающий другой огонь», который пожирает и уничтожает всё, что находится под ним. Ибо он пожирает воск и фитиль, в которых удерживается. Белый свет – это свойство милосердия в пламени, так как «белый» означает милосердие.

Поэтому у совершающего слияние при свете свечи сыновья поражены падучей болезнью, и также Лилит может погубить их, поскольку синий свет свечи, свойство суда, находится там. И есть сила у ситры ахра удерживаться в этом слиянии (зивуге). Ведь в силу этого суда проявляется их плоть, т.е. нечистота змея, содержащаяся в теле производящих слияние, и тогда она находит подобное себе и воспламеняется.

Таким образом, слияние разрешено только в полночь, т.е. именно в темноте, когда нет света. И тогда сказано о Малхут: «И встанет она еще ночью», и раскрывается милосердие. Но если присутствует там свет свечи, это приводит к раскрытию нечистоты в телах, и ситра ахра прилепляется к слиянию. И видит всех, предающихся слиянию, обнаженными при свете свечи. Ибо, пользуясь светом свечи, ситра ахра видит раскрывшуюся нечистоту их тел. И обвиняет их, вкравшись в их слияние.

Однако в ночь субботы уходят все суды, и синий свет тоже превращается в белый свет. И в таком случае, возможно слияние при свете свечи. Кроме того, даже нечистота в теле человека совершенно исчезает благодаря силе святости субботы. И нет более страха обнажения тела при свете свечи. Поэтому указано: «Кроме Асимона со всей его кликой, которые украдкой пробираются при свете свечи, чтобы увидеть открывающееся им слияние».

И даже в субботу, когда синий свет становится белым, и нигде нет никакого суда, всё же обязательным условием является, чтобы была грубая часть, для удержания в ней, а она, безусловно, является свойством суда. Ибо грубая часть несет в себе скверну, что указывает на суды. Однако в субботу не проявляется никакой вид суда. И это уподобляется монете, на которой не отпечатана никакая форма, и неизвестно, какой она должна быть. И поэтому вредитель, находящийся в грубой части, в которой удерживается свет свечи, зовется Асимон (досл. жетон), т.е. монета без изображения.

Поэтому сказано, что «украдкой пробираются при свете свечи», ибо это является грубой частью, притягиваемой в скрытии, вместе со свечой. Так как без нее свеча не горела бы. Поэтому он видит открывающееся слияние. И пользуясь этим, может навредить ему после исхода субботы. И хотя верно то, что обнажение плоти не вызывает опасения в ночь субботы, ибо нечистота тела не проявляется, однако после субботы у него есть сила, раскрыв форму зла в нем, навредить ему.

И хотя в субботу Асимон со всей его кликой не способны навредить, ведь тогда не остается в человеке никакой формы зла, но после субботы он со своей кликой снова приобретают прежний вид и, вспорхнув, поднимаются из великой бездны, направляясь к заселенным местам, и рыщут по миру, желая навредить. И поэтому была сложена песнь о бедствиях: «Живущий под покровом Всевышнего» – благодаря возвращению и этой молитве, «живущий под покровом», люди спасаются от них.

253) В какое место они направляются в эту ночь исхода субботы? Когда они выходят в поспешности и хотят властвовать в мире над святым народом, и видят их стоящими в молитве и произносящими песнь: «Сидящий под покровом Всевышнего». Вначале они совершают разделение (авдалу) в молитве, а затем совершают разделение над чашей. И вспорхнув оттуда, они непрестанно блуждают и приходят в пустыню. И Творец спасет нас от них и от стороны зла.

Говорится только об исходе субботы, а не обо всех ночах будней, поскольку на исходе субботы еще пребывает впечатление (решимо) от святости субботы. И куда же они направляются, поднявшись из великой бездны на исходе субботы? Когда они выходят в поспешности, и хотят властвовать в мире над святым народом, над Исраэлем. И видят их стоящими в молитве и произносящими песнь: «Сидящий под покровом Всевышнего», и вначале они говорят разделение в молитве и разделение на вино. И тогда те уходят, вспорхнув от них, и непрестанно блуждают и достигают пустыни, места, где нет поселения людей, и люди спасены от них.

Таким образом, есть три места у ситры ахра:
1. В субботу они находятся в проеме великой бездны, и у них вообще нет сил причинять вред.
2. На исходе субботы, благодаря молитве и разделению они пребывают в пустыне, в том месте, где нет людей, и у них есть сила вредить, но они не могут приблизиться к месту поселения.
3. В остальные ночи они пребывают также в месте поселения.

254) Есть три вида причиняющих себе вред:
1. Тот, кто проклинает себя.
2. Тот, кто выбрасывает хлеб или крошки, в которых есть мера «ке-зайт (досл. с маслину)».

3. Тот, кто зажигает свет на исходе субботы, прежде, чем Исраэль пришли к порядку освящения, где сказано: «И Ты свят». И именно этим огнем он зажигает огонь ада, произнося преждевременно эти слова.

255) Поскольку есть одно место в аду для тех, кто нарушает субботу. И их наказывают в аду, проклинают того, кто зажигает огонь прежде времени, и говорят ему: «Тебя Творец будет кидать во все стороны, могучим броском», «Он совьет тебя в клубок, (покатит) как шар в землю обширную».

Существует вредитель, зовущийся недоброжелателем. И он любит проклятия, как сказано: «И любил он проклятие – и оно пришло к нему, и не желал благословения»[643]. И когда человек проклинает себя, он дает силу этому недоброжелателю, любящему проклятие, властвовать над собой, и причиняет себе вред.

И есть тот, кто выбрасывает хлеб или крошки, в которых есть мера «ке-зайт». Но ведь нет ничего в этом мире, в чем не было бы важного корня наверху, не говоря уже о хлебе, от которого зависит жизнь человека, так как у него есть очень важный корень наверху. И поэтому пренебрегающий своим хлебом, вызывает изъян в корне своей жизни наверху. И это понятно каждому человеку только во время трапезы, которая дает ему насыщение, дающее ему жизнь.

Однако есть люди, пренебрегающие хлебом и крошками, в которых есть только мера «ке-зайт», и они выбрасывают их, так как нет в них насыщения. Но поскольку необходимо благословить на еду также на меру «ке-зайт», их надо ценить так же, как трапезу, в которой есть насыщение, и нельзя пренебрегать ими. А пренебрегающий ими причиняет себе зло.

Спросили у Творца ангелы-служители: «Сказано в Твоей Торе, чтобы не обращал лицо свое и не брал взятки. Но ведь Ты же обращаешь лицо свое к Исраэлю, как сказано: "Обратит Творец лицо Свое к тебе"?» Сказал Он им: «Разве Я могу не обратить лицо Мое к Исраэлю, которому Я написал в Торе: "И поел, и насытился, и благословил Творца твоего", и они так

---

[643] Писания, Псалмы, 109:17. «И любил он проклятие – и оно пришло к нему, и не желал благословения – и оно удалилось от него».

тщательно соблюдают это – до меры "ке-зайт (как маслина)" и меры "ке-бейца (как яйцо)"?» И тем, что мы ценим трапезу до меры «ке-зайт», словно в ней есть насыщение, хотя и нет его, удостаиваемся, что Творец обращает к нам лицо, хотя мы и недостойны. Таким образом, те, кто пренебрегает крошками, в которых есть мера «ке-зайт», и не ценят этого как трапезу, в которой есть насыщение, они не удостаиваются того, чтобы Творец обратил к ним лик, и причиняют себе зло.

А тот, кто зажигает свечу на исходе субооты прежде, чем Исраэль совершили освящение, приводят к тому, что зажигают огонь ада этим огнем. Ибо до этого времени это суббота, и святость субботы пребывает над ним, и не светит пока что огонь ада. И тот, кто зажигает свечу прежде освящения, получается нарушающим субботу, так как он преждевременно зажег огонь ада, тем самым причинив себе вред. И в аду есть специальное место, чтобы наказывать нарушающих субботу, поскольку нарушение субботы является самым строгим. И осужденные в аду проклинают его за то, что он причинил своими действиями, зажег огонь ада прежде времени.

256) Ведь он недостоин зажечь свет на исходе субботы прежде, чем Исраэль производят отделение в молитве и отделение на чашу, так как до этого времени это суббота, и святость субботы властвует над нами. И в тот час, когда мы произносим молитву разделения над чашей, все те воинства и станы, которые назначены над буднями, возвращаются на свое место и к своей работе, за которую они отвечают. Поскольку основное запрещение – это только относящееся к святости. Но необходимо остерегаться, чтобы не зажечь свечу до завершения разделения, поскольку до этого времени считается суббота. Но конечно же, можно зажигать свечу для разделения и «создающего светила огня».

257) Когда вошла суббота и освятился день, то пробудилась святость и властвует в мире, а будни теряют свою власть. И до того часа, когда выходит суббота, они не возвращаются на свое место. И хотя выходит суббота, они не возвращаются на свое место до того момента, когда Исраэль произносят в стране Исраэля: «Отделяющий святость от будней». Тогда уходит святость, и те станы, которые назначены над буднями, снова

пробуждаются, возвращаясь на свое место, каждый в свою смену, которая предназначена ему.

258) И вместе с тем, они не властвуют до тех пор, пока есть света от свечения свечи, то, что все мы называем светилами огня. Поскольку от столба огня и от основы огня все исходят. И властвуют над нижним миром. И всё это – если человек зажег свечу прежде, чем Исраэль завершили порядок освящения. Малхут называется огненным столбом. А все силы, которые в свете свечи – это суды. И потому нет у них силы задействовать суды прежде, чем зажигают свечу.

259) Но если он ждет, пока завершат порядок освящения, те грешники оправдывают над ними суд Творца, и они выполняют с этим человеком все благословения, которые говорит публика: «И даст тебе Всесильный от росы небесной», «Благословен Ты в городе и благословен Ты в поле».

Поскольку с помощью порядка освящения они продолжают большое свечение, с помощью которого спасаются от суда в аду. И когда грешники в аду видят это, они раскаиваются в своих дурных деяниях и оправдывают над ними суд Творца, что они достойны именно своего наказания. И вследствие того, что этот человек привел к тому, что они оправдали свой суд, и пришли к освящению высшего, они возлагают на человека все те благословения, которые говорятся на исходе субботы среди публики.

260) «Счастлив, кто думает о бедном в день злобы, спасет его Творец». Надо было сказать: «В день зла». Что значит: «В день злобы»? В тот день, когда злоба властвует и забирает его душу. «Счастлив, кто думает о бедном». «Бедный» – это опасно больной, которого он хочет исправить от его грехов перед Творцом. «День» – это когда суд властвует над миром, и он думает, как спастись от него, как сказано: «В день злобы спасет его Творец». «В день» – когда передан суд этой злобе над миром, «спасет его Творец».

Надо было бы написать: «В день зла спасет его Творец» – почему пишет: «В день злобы», в женском роде? Писание говорит о власти клипы, называемой «злоба», которая властвует над душой (нешама) человека. А «думающий о бедном» приводит к тому, что больной возвращается к раскаянию. И тогда Творец спасает его от власти клипы, называемой «злоба». И Зоар приводит это здесь, поскольку говорится о том, что они причиняют себе вред. Поэтому он дает совет этому, чтобы он «думал о бедном» – чтобы говорил сердцу больного, чтобы он вернулся в раскаяние, спасет его Творец. И в это время «спасет его Творец» – от «дня злобы», т.е. злобы, которую он вызвал в своей душе.

Другое объяснение. Это день, в котором суд властвует над миром. И он думает спастись от него, что даже когда день суда находится над всем миром, «спасет его Творец» – как награда, которой удостоился за то, что привел больного к возвращению. Поскольку «день злобы» означает – в тот день, когда уже назначен суд над ним, называемый «злоба», чтобы он правил над всем миром. И вместе с тем, если он думал о больном, чтобы тот вернулся к раскаянию, «спасет его Творец» от этой злобы. И разница между двумя объяснениями в том, что первое объяснение относится только к одиночке, который причинил себе зло. А второе объяснение относится и к злобе, к которой приговорен весь мир. Но и тогда тоже «спасет его Творец» благодаря этой заповеди.

Общее выяснение всех четырнадцати заповедей и как они соотносятся с семью днями начала творения

1) Шестьсот тринадцать заповедей Торы называются «вложениями», а также «советами». Потому что в каждом понятии есть подготовка к постижению, «обратная сторона», и постижение этого понятия, «лицевая сторона». Подобно этому, есть в Торе и заповедях – понятия «сделаем»[644] и «услышим»[644]. Когда выполняют Тору и заповеди в свойстве «сделаем» прежде, чем удостаиваются «слышать», называются эти заповеди шестьюстами тринадцатью советами, подготовкой, «обратной стороной». А когда удостаиваются «услышания», шестьсот тринадцать заповедей становятся «вложениями (пкудин)», от слова «пикадон (вклад)». Ибо в каждой заповеди вкладывается свет ступени, соответствующей определенному органу из шестисот тринадцати органов и связывающих сухожилий души и тела. Таким образом, благодаря выполнению заповеди, он притягивает к органу, соответствующему ей в душе и в теле, свет, относящийся к этому органу и сухожилию. И это является лицевой стороной (паним) этих заповедей. Поэтому «лицевая сторона» заповеди называется «вложениями».

Рабби Шимон разъясняет, что четырнадцать заповедей включают все шестьсот тринадцать заповедей, так же, как и семь дней начала творения включают семь тысяч лет. И поэтому он соотносит их с семью днями начала творения и связывает каждую из заповедей с днем, относящимся к ней. И поскольку они включают все шестьсот тринадцать заповедей, то следует прилагать усилия в выполнении их каждый день.

2) Первая заповедь – это заповедь «страха», основанного на том, что Он велик и правит всем. Она является общностью всей Торы и заповедей. Это ступень парцуфа Абы ве-Имы мира Ацилут, обозначаемая буквой «йуд י» имени АВАЯ (יהוה), свойство «чистый воздух», относящееся к ГАР Бины. «Велик» – высший

---

[644] Тора, Шмот, 24:7.

Аба, в котором скрыта Хохма стимаа Арих Анпина, т.е. «йуд י». «И правит всем» – высшая Има, наполнение «вав-далет וד» слова «йуд יוד». И поскольку в них скрыта Хохма стимаа Арих Анпина, которую до завершения исправления миры недостойны получить, они передают только свет хасадим, называемый «чистый воздух (авира дахья)». По этой причине, нет у них открытого речения в Торе, ведь им соответствует речение: «Вначале создал Творец»[645] – скрытое речение, в котором не указывается произносящий его.

А второй отрывок: «Земля же была пуста и хаотична, и тьма пребывала над бездной, и дух Творца»[646] – означает наказание тому, кто не выполняет заповеди страха. И это четыре вида смертного приговора: «пуста» – это удушение, «хаотична» – побиение камнями, «тьма» – сожжение, «дух» – отсечение головы.

3) Вторая заповедь – «проявлять любовь с обеих сторон»: со стороны милосердия (хесед) и со стороны строгого суда (дин). И также всегда привносить страх в любовь, и не отделять одно от другого. Необходимо привносить страх и в любовь со стороны милосердия и в любовь со стороны сурового суда. Это ступень ИШСУТ мира Ацилут, ЗАТ (семь нижних сфирот) Бины, и они тоже делятся на ГАР, высшие Аба ве-Има, и ЗАТ, ИШСУТ. Эта заповедь относится к первому речению: «Да будет свет!»[647]. Это свет, созданный в первый день шести дней начала творения, и Адам, благодаря ему, видел от края мира и до края его. «Увидел Творец, что мир недостоин пользоваться им, остановился и упрятал его для праведников в будущем мире».

И сказано: «Да будет свет!»[647] – в этом мире, «и стал свет»[647] – в мире будущем. Вначале воздействие ИШСУТ этим большим светом достигало этого мира. А затем, для того, чтобы раскрыть любовь с двух сторон, Он остановился, и упрятал его для будущего мира, для свойства Аба ве-Има де-ИШСУТ, расположенных от его хазе и выше и называемых «будущий мир». И этот свет больше не светит в сфирот от хазе ИШСУТ и ниже, называемых ИШСУТ де-ИШСУТ, т.е. ТАНХИ

---

[645] Тора, Берешит, 1:1.
[646] Тора, Берешит, 1:2.
[647] Тора, Берешит, 1:3.

(Тиферет-Нецах-Ход-Есод) в них, облачающихся в Зеир Анпин. Ибо вследствие того, что они облачаются в Зеир Анпин, они уже называются свойством «этот мир».

4) Когда был упрятан свет для будущего мира, проявился суровый суд, во второй день начала творения, вследствие речения: «Да будет небосвод посреди вод, и будет он отделять воды от вод»[648]. Поэтому говорится, что во второй день был создан ад, т.е. «суровый суд», чтобы предоставить место для выполнения заповеди любви с двух сторон – также и со стороны сурового суда, даже в то время, когда Он забирает душу его. Как сказано: «И возлюби Творца своего всем сердцем своим, всей душою своей и всем своим существом»[649]. И в том свойстве любви, которого он удостоился со стороны милосердия, не будет никакого недостатка даже в то время, когда Он забирает его душу и всё его существо.

Однако этот строгий суд проявился только ниже небосвода, в нижних водах, в Малхут, Нукве Зеир Анпина Рахель, расположенной от его хазе и ниже. И термин «от хазе и ниже» в каждом парцуфе указывает на свойства в нем ниже парсы, называемой «небосвод», разделяющий в нем между высшими водами и нижними так, что «от хазе и ниже» в каждом парцуфе – это свойство «нижние воды» этого же парцуфа.

5) Третья заповедь – «знать, что есть великий Творец, правящий миром», и каждый день устанавливать единство Его подобающим образом, в верхних ВАК и нижних ВАК (шести окончаниях), называемых «высшее единство» и «нижнее единство». Шесть слов отрывка «Шма Исраэль» являются единством высших ВАК, а шесть слов отрывка «Благословенно имя величия царства Его вовеки» – это единство нижних ВАК.

Ведь после того, как раскрылось свойство «страх» речением «вначале создал Творец»[645], и свойство любви со стороны милосердия речением «и стал свет»[647] для будущего мира, вследствие скрытия его для будущего мира в первый день начала творения, и свойство сурового суда во второй день речением «да будет небосвод»[648], и образовалось место, чтобы

---

[648] Тора, Берешит, 1:6.
[649] Тора, Дварим, 6:5.

соединиться с Ним в любви с обеих сторон, и это является всем, чего мы желаем, ибо без этого не восполняется свойство любви, – после этого у нас уже есть сила установить это единство в совершенстве. Это и является третьей заповедью, установленной в третий день начала творения: вследствие пробуждения снизу благодаря «Торе, молитвам и добрым деяниям», называемым подъемом МАН, мы поднимаем свойства парцуфа ЗОН мира Ацилут выше хазе в свойства Аба ве-Има парцуфа ИШСУТ. И он получает от их свойства «да будет свет»[647] мохин, расположенные от хазе и выше ИШСУТ, т.е. любовь со стороны милосердия (хесед). И свойство этого света называется ВАК Зеир Анпина, и это высшие ВАК, «высшие воды», расположенные «от хазе и выше», свойство «будущий мир», где находится свет первого дня.

И то, что называется всего лишь ВАК, указывает на недостаток трех первых сфирот ХАБАД, ибо для того, чтобы получить полностью весь свет, парцуф должен быть полным, во все свои десять келим, называемых ХАБАД ХАГАТ НЕХИМ. И был поднят не весь парцуф ЗОН в Абу ве-Иму де-ИШСУТ, а только часть, от хазе в нем и выше, ХАБАД ХАГАТ, потому что не смогли поднять часть ЗОН от хазе и ниже из-за действующего там сурового суда, называемого «нижние воды».

И так как были подняты только шесть келим, от хазе Зеир Анпина и выше, поэтому они получают только шесть светов так, что шесть светов ХАГАТ НЕХИ облачаются в шесть келим ХАБАД ХАГАТ Зеир Анпина, и нет места для получения трех светов ХАБАД из-за отсутствия НЕХИ де-келим от его хазе и ниже, которые не смогли подняться в Абу ве-Иму вследствие авиюта и сурового суда в них.

Таким образом, теперь объединяются только ВАК Зеир Анпина, и ему недостает трех верхних светов из-за отсутствия трех нижних келим. И этим шести светам ХАГАТ НЕХИ соответствуют шесть слов отрывка «Шма Исраэль». И они (ВАК Зеир Анпина) получают наполнение только «высшего единства», т.е. от свойства «высшие воды», от хазе и выше, и это – мохин «любви со стороны только милосердия (хесед)».

6) Однако необходимо включить в эти мохин де-ВАК Зеир Анпина также и «страх», посредством скрытия света,

произошедшего в месте от хазе и ниже де-ИШСУТ, называемом «суша» и «пустошь», потому что весь свет остался в месте от хазе и выше, а место от хазе и ниже стало высохшим и опустошенным от света. И это – большая буква «далет ד» в слове «эхад (אחד один)», указывающая на НЕХИ Твуны, которые стали «сушей» вследствие ухода этого света. И эта «суша» принимается в Нукву Зеир Анпина от хазе и выше, называемую Лея, которая может подняться с ним в парцуф Аба ве-Има, будучи его свойством от хазе и выше. Но малая Нуква, называемая Рахель, не может сейчас подняться с Зеир Анпином в высшее единство, являясь свойством «нижние воды», находящееся в месте «от хазе и ниже», в котором действует суровый суд.

Это высшее единство установилось вследствие речения: «Да стекутся воды в единое место, и появится суша»[650], произнесенного в третий день начала творения, когда собрались ступени, находящиеся под небесами, «в единое место», чтобы быть в совершенстве относительно ВАК. «И появится суша» – чтобы соединить с этими ступенями Зеир Анпина также и «далет ד» слова «эхад (אחד один)», называемую «суша», которая принимается Леей, большой Нуквой Зеир Анпина, расположенной от хазе и выше. И этим довершается высшее единство, и это первое «и вот – хорошо»[651], сказанное в третий день начала творения.

7) И после того, как соединилась эта «суша» с «высшим единством», с Леей, Нуквой Зеир Анпина, необходимо соединить ее внизу, т.е. с ВАК (шестью окончаниями), находящимися внизу: «благословенно-имя-величия-царства-Его-вовеки». Ибо после того, как она протянулась, опустившись с места от хазе и выше ЗОН вместе с мохин шести слов воззвания «Шма Исраэль» на ее место внизу, и соединилась с его НЕХИ от хазе и ниже в единый парцуф, как и раньше, то, хотя эти НЕХИ и не могут получить мохин высшего единства (представляющие собой свойство «будущего мира» и «высшие воды»), так как относятся к свойству «от хазе и ниже», т.е. «нижние воды», всё же свойство «суша», которое включилось в эти мохин, может опуститься и быть принятым также и ниже хазе Зеир Анпина.

---

[650] Тора, Берешит, 1:9.
[651] Тора, Берешит, 1:10.

Ибо основа ее – от свойства «нижние воды» парцуфа ИШСУТ, являющегося местом прекращения света.

И поэтому надо притянуть свойство Лея вместе со свойством «суша» в место Рахели, стоящей от хазе и ниже, и тогда «то, что было сушей, становится землей, чтобы производить от нее плоды и порождения и сажать деревья», посредством нижнего единства воззвания «благословенно имя величия царства Его вовеки», когда «земля (арец)» становится совершенным «желанием (рацон)».

Ведь хотя Зеир Анпин получил мохин от хазе его и выше, и опустился на свое место, он не мог передать их своей Нукве Лее, ведь она приняла свойство «суша» от Твуны, неспособное получать никакой свет. Так как сила скрытия властвует в них. Поэтому считается Лея в это время подобной месту пустоши, которая не дает плодов. И поэтому в самом Зеир Анпине тоже не было совершенства, потому что совершенство захара заключено в способности передать нукве. И поскольку некому было передать, ему недоставало совершенства.

И смысл сказанного заключается в том, что всё скрытие (света) произошло с целью раскрыть свойство совершенной любви с обеих сторон – также и со стороны сурового суда. И поскольку от хазе и выше Зеир Анпина – это свойство «высшие воды», в которых вообще нет сурового суда, такое скрытие содержало недостаток как с одной, так и с другой стороны. И хотя уже властвовало там скрытие и суша, но нет в ней всего необходимого – недостает завершенности, т.е. сурового суда, дающего место раскрытию совершенной любви с двух сторон, восполняющему эти мохин со всех сторон. И тогда мохин возрастают еще больше, чем в то время, когда были только со стороны милосердия (хесед).

Однако, пока не раскрылось в мохин свойство сурового суда, свойство «суша», находящееся в Нукве Лея, содержит в себе недостаток с обеих сторон. И благодаря тому, что мы протягиваем свойство «суша» в место от хазе и ниже Зеир Анпина, место малой Нуквы, Рахель, где раскрывается суровый суд, которая является свойством «нижние воды», мы можем тогда раскрыть свойство совершенной любви с двух сторон, и таким образом восполняются эти мохин во всем желанном совершенстве, и увеличились эти мохин еще больше, чем в состоянии «высшие воды», т.е. в свойстве «любви только со стороны милосердия (хесед)».

Поэтому «то, что было до сих пор сушей» от хазе и выше Зеир Анпина, в высшем единстве, «стало теперь» при опускании в свойство от хазе и ниже, «нижним единством» в месте сурового суда, «свойством земля» и местом поселения, «дабы производить плоды и порождения и сажать деревья как подобает». Поскольку любовь стала единой с двух сторон, отныне и далее сказано: «Да произрастит земля зелень»[652], так как она исправилась, «дабы производить плоды и порождения как подобает». И поэтому называется «нижним единством», поскольку оно – единство именно в нижних водах. И это второе «и вот – хорошо»[653] третьего дня, произнесенное в отрывке «да произрастит земля зелень»[652] в действии создания творения. Ибо теперь Нуква получает все мохин ВАК, содержащиеся в высшем единстве, поскольку восполниться они могли только на месте нижней Нуквы. А нижний, восполняющий высшего, получает всю ту меру, которую он восполнил в нем. И эти ВАК (шесть окончаний) косвенно указаны в шести словах воззвания «благословенно имя величия царства Его вовеки».

8) Четвертая заповедь – «знать, что Творец (АВАЯ) – Он Всесильный (Элоким)»[654], т.е. включить имя Элоким, Нукву Зеир Анпина, в имя АВАЯ, Зеир Анпин, познать, что они – одно целое, и нет в них разделения. Она соответствует речению «да будут светила на своде небесном»[655], произнесенному в четвертый день начала творения, потому что Нуква Зеир Анпина и Зеир Анпин соединились здесь в единое имя «светила», и это указывает на то, что нет между ними разделения, и оба они равны по достоинствам.

После того, как были притянуты ВАК в Нукву нижним единством воззвания «благословенно имя величия царства Его вовеки» в третий день начала творения, вследствие речения: «Да произрастит земля зелень»[652], необходимо теперь притянуть к

---

[652] Тора, Берешит, 1:11.
[653] Тора, Берешит, 1:12.
[654] Тора, Дварим, 4:35.
[655] Тора, Берешит, 1:14.

ней ГАР, чтобы она была «паним бе-паним (лицом к лицу)» с Зеир Анпином на равной ступени, без различия между ними в достонствах, так же как и слово «светила» указывает на них обоих вместе. И это означает, что «Творец (АВАЯ) – Он Всесильный (Элоким)»[652].

Суть этого единства уже выяснилась в третьей заповеди, в которой были притянуты только ВАК, поскольку в Абу ве-Иму поднялись только сфирот «от хазе и выше» Зеир Анпина вместе с Леей, т.е. только шесть келим ХАБАД ХАГАТ Зеир Анпина. Ибо из-за сурового суда, действующего в сфирот от хазе Зеир Анпина и ниже, они не могли подняться в Абу ве-Иму, которые чисты, без всякого суда. И поскольку в Зеир Анпине было только шесть келим, он получил только шесть светов ХАГАТ НЕХИ, а три света ХАБАД остались снаружи, так как не было у него келим для их получения.

Порядок вхождения светов таков, что нижние входят вначале. И поэтому три верхних сфиры остались снаружи. И поскольку Зеир Анпин был ВАК без ГАР, Нуква тоже не получила больше, чем он.

Однако сейчас, после того, как уже установилось единство в Рахель, расположенной ниже хазе Зеир Анпина, – «то, что было сушей, стало землей, производящей плоды и порождения», именно в силу сурового суда, действующего от хазе Зеир Анпина и ниже, который восполнил любовь с двух сторон. И вот, раскрылось, что этот суровый суд, имеющийся у Рахель, является бо́льшим достоинством, чем больша́я чистота от хазе Зеир Анпина и выше. Ибо в месте от хазе и выше Зеир Анпина мохин не могут быть приняты в высшую Нукву из-за свойства «суша». А теперь, благодаря суровому суду, стала суша землей, производящей плоды.

И поэтому суровый суд превратился в совершенный свет. Но называется он «черным светом» – светом, который существует только благодаря силе «черноты», т.е. сурового суда. Таким образом, обнаруживается, что нет сейчас никакого различия между свойством «от хазе и выше» Зеир Анпина и «от хазе и ниже», так как всё различие было только из-за сурового суда, раскрывшегося в Рахели, а теперь обратился суровый суд в совершенный свет.

И поэтому теперь в Абу ве-Иму может подняться весь парцуф Зеир Анпин и Нуква, – также и келим НЕХИ, расположенные ниже хазе Зеир Анпина и называемые «черный свет». И черный свет в белом свете является одним целым без различия между ними. И более того, черный цвет придал бо́льшую силу мохин, чем когда они были белым светом, находящимся выше хазе. И поскольку в Абу ве-Иму поднялись все десять келим парцуфа ЗОН, он может получить теперь все десять сфирот светов – также и недостававшие ему света ХАБАД, которые называются светом «паним (лицевой стороной)». И также Нуква Рахель, которая вызвала всё это в Зеир Анпине, получает от Зеир Анпина эти мохин де-паним, и становятся Зеир Анпин и Нуква «паним бе-паним (досл. лицом к лицу)», на равной ступени. Как сказано: «Да будут светила»[655]. И выяснился порядок установления единства ГАР де-ЗОН в четвертый день начала творения.

И не следует спрашивать: «Ведь в четвертый день было уменьшение луны – как же говорится здесь, что это единство паним бе-паним с Зеир Анпином?» Ибо создание миров и заповеди являются отдельными понятиями, и нельзя их сравнивать друг с другом.

9) И здесь не должно возникать вопросов: «Почему разделились мохин ЗОН на два дня: третий день – ВАК де-мохин, и четвертый день – ГАР де-мохин? И почему оба они не были в один день?» Поскольку вначале могли подняться в Абу ве-Иму только свойства Зеир Анпина от хазе и выше, так как сфирот «от хазе и ниже» были свойством «суровый суд». И благодаря притяжению мохин де-ВАК в свойство «от хазе и выше», были притянуты мохин де-ВАК также в свойство «от хазе и ниже» в виде нижнего единства. И обратился суровый суд черным светом в третий день.

А после того, как это завершилось, была возможность в четвертый день поднять также свойства Зеир Анпина от хазе и выше, ибо после того, как обратился суровый суд черным светом, смогли также и келим от хазе и ниже подняться, так как черный свет и белый свет стали одним целым, без всякого различия. И поскольку поднялись также келим НЕХИ, расположенные от хазе и ниже, ГАР тоже были притянуты к ним. Таким образом, невозможно было притянуть их одновременно. Ведь прежде чем преобразился суровый суд, став светом, не могли

Общее выяснение всех четырнадцати заповедей

подняться в Абу ве-Иму свойства ниже хазе Зеир Анпина вместе с Рахель, а только свойства выше хазе Зеир Анпина вместе с Леей, получающие только ВАК. И после довершения ВАК необходимо во второй раз поднять также и свойства Зеир Анпина от хазе и ниже вместе с Рахель. И тогда они получают ГАР.

И также есть различия между мохин де-ВАК и мохин де-ГАР в отношении подъема ЗОН в Абу ве-Иму, потому что ЗОН не могут подняться сами к мохин де-ВАК, но ИШСУТ поднимает их к себе. Однако к мохин де-ГАР ЗОН поднимаются сами и не нуждаются в том, чтобы ИШСУТ поднимал их. Ибо высший и нижний отличны по своим достоинствам, и когда нижний не настолько чист, как высший, он и считается нижним. Поэтому трудно определить, как нижний может подняться к высшему – кто может устранить различие между ними настолько, что нижний сравняется с высшим и поднимется к нему. Ведь необходимым условием является, чтобы нижний, поднимающийся к высшему, был равен ему.

И это выясняется в вопросе взаимодействия свойства суда со свойством милосердия. Когда Малхут поднялась в место Бины, то разделились все ступени на две части: гальгальта-эйнаим и АХАП (озен-хотем-пэ), или МИ и ЭЛЕ. Десять сфирот называются «гальгальта-эйнаим-озен-хотем-пэ», и это КАХАБ (Кетер-Хохма-Бина) ЗОН (Зеир Анпин и Нуква). И это – пять букв имени Элоким. И поскольку Малхут поднялась в место Бины, нижняя «хэй הי» имени АВАЯ (הויה) устанавливается в месте зивуга в никвей эйнаим. И эта точка, нижняя «хэй», Малхут, поднимается, чтобы стать «мыслью», Биной, так как она поднялась в ее место, и был произведен зивуг де-рош в никвей эйнаим, там, где заканчивается рош. А три сфиры АХАП (озен-хотем-пэ) упали из рош на ступень под ним, и считается, что в рош остались только лишь двое келим, гальгальта-эйнаим, называемые МИ, со светами нефеш-руах, а три келим АХАП, называемые ЭЛЕ, вышли, упав на ступень под нею.

Основным отличием парцуфа ИШСУТ является то, что есть в нем только ВАК светов в гальгальта-эйнаим келим, и поэтому он называется МИ. А АХАП этой ступени, три буквы ЭЛЕ, упали на ступень под ней, ЗОН. И также у ступени ЗОН есть только лишь гальгальта-эйнаим со светами ВАК, и АХАП (озен-хотем-пэ) ее упали на ступень под ними, т.е. в три мира БЕА.

И если мы хотим притянуть мохин гадлута в ЗОН, когда они являются полным парцуфом в десять сфирот, которые сами делятся на ГАР и ВАК де-ГАР, т.е. на ВАК де-гадлут и ГАР де-гадлут, то для этого требуется два ибура – два подъема МАН. Ведь сначала поднимаются МАН в ЗОН до са́мой вершины ступеней, и нисходят мохин от АБ САГ де-АК в ИШСУТ. Благодаря этим мохин снова выходит точка из мысли и приходит на свое место в Малхут. То есть нижняя «хэй» опускается из никвей эйнаим в пэ, и совершается зивуг ее в пэ, как и до совмещения (свойства суда со свойством милосердия), и благодаря этому снова поднимаются к ней три келим АХАП, ЭЛЕ, соединяясь с ее ступенью. И поскольку восполнились у нее пять букв Элоким, пять келим в рош, она постигает ГАР светов, и восполняются ИШСУТ десятью сфирот светов и десятью сфирот келим.

Однако, когда ИШСУТ поднимают к себе три буквы ЭЛЕ для восполнения их, поднимается вместе с ними также и ЗОН. Поскольку высший, опускающийся на место нижнего, становится как он. И так как три буквы ЭЛЕ упали прежде в ЗОН, они стали, тем самым, словно одной ступенью с ЗОН. Поэтому теперь, в то время, как ИШСУТ снова поднимают три буквы ЭЛЕ к себе, восходят вместе с ними также и ЗОН в ИШСУТ, так как они слиты друг с другом на одной ступени. И поскольку ЗОН поднялись вместе с ЭЛЕ в ИШСУТ, они получают там мохин де-ИШСУТ.

Таким образом, выяснилось, как парцуф ИШСУТ поднимает ЗОН в мохин де-ВАК вместе со своими буквами ЭЛЕ. И без этого ЗОН не смогли бы подняться сами: ведь каждый, кто ниже другого, обязательно должен быть грубее его. Как же он сможет подняться к нему?

И благодаря этому подъему установилось единство воззвания «Шма» в третий день вследствие речения: «Да соберутся воды в единое место»[650], и также – нижнее единство в воззвании «благословенно имя величия царства Его вовеки». Поскольку благодаря мохин, которые получили ИШСУТ, они притянули к себе три свои буквы ЭЛЕ, вместе с которыми поднялись ЗОН, получив там в свое соединение с ИШСУТ мохин де-ВАК, так как у них есть всего лишь шесть келим. Таким образом, все это единство является, в основном, свойством ИШСУТ, потому что они получают эти мохин и они поднимают к себе ЗОН.

Общее выяснение всех четырнадцати заповедей

Однако после того, как ЗОН достигли мохин де-ВАК и пришли на свое место, и благодаря нижнему единству притянули мохин де-ВАК также и к своей Нукве от хазе и ниже, когда строгий суд ее превратился в свет, ЗОН уже сами могут подняться в МАН для достижения мохин де-ГАР, и не нуждаются в буквах ЭЛЕ парцуфа ИШСУТ для своего подъема. И это происходит потому, что они сравнялись друг с другом. И теперь устранилось всё различие между ИШСУТ и ЗОН. Ведь отличие ЗОН от ИШСУТ большей грубостью и большими судами теперь полностью исчезло, и даже суровый суд становится светом, называемым "черный свет", и этот свет ЗОН также важен, как "белый свет" ИШСУТ.

И поэтому поднимаются ЗОН в ИШСУТ, так как теперь они – одно неделимое целое. И получают там ГАР де-мохин состояния гадлут. Таким образом, для получения ГАР ЗОН могут подняться сами, без помощи ИШСУТ. Поэтому единство ГАР считается отдельным днем, так как в нем существует большое отличие от единства ВАК: как со стороны келим де-ЗОН, поскольку к мохин де-ВАК поднимается только половина парцуфа от хазе и выше, так и со стороны подъема, ведь к мохин де-ВАК ЗОН не могут подняться самостоятельно. И эти два вида подъема называются: первый «ибур» – подъем к ВАК, второй «ибур» – подъем к ГАР. И они имеются на всех ступенях, т.е. невозможно продолжить ни одной ступени иначе, как за два раза. И помни об этом, потому что это ключевой момент.

10) Пятая заповедь включает три заповеди:
1. Заниматься Торой.
2. Плодиться и размножаться.
3. Совершить обрезание на восьмой день.

Она относится к речению пятого дня начала творения: «Да воскишат воды кишением существа живого, и пусть птица летает над землей»[656]. С помощью четырех заповедей, о которых говорилось до сих пор, завершается исправление Ацилута вплоть до мохин ГАР де-ЗОН паним бе-паним. А с помощью первой заповеди, страха величия, «ибо Он велик и правит всем», было произведено исправление высших Абы ве-Имы первым речением в Торе: «Вначале сотворил»[645].

---
[656] Тора, Берешит, 1:20.

Наказания, связанные со вторым отрывком «и земля была смятением»[657] объясняются тем, что с помощью второй заповеди, любви со стороны милосердия (хесед), было произведено исправление парцуфа ИШСУТ мира Ацилут речением первого дня начала творения: «Да будет свет»[647]. И это – свет, который был создан в шесть дней начала творения, благодаря которому Адам видел от края мира и до края его. А с помощью третьей заповеди – воззвания «Шма» и воззвания «благословенно имя величия царства Его вовеки», установлением высшего единства «Шма» были притянуты мохин де-ВАК к Зеир Анпину и Лее благодаря их подъему в ИШСУТ. И это – шесть слов воззвания «Шма Исраэль». И сюда мы также включили укрытие света, как сказано: «И стал свет»[647] – для будущего мира ИШСУТ, а не для этого мира ИШСУТ, так как он был скрыт от свойства «от хазе и ниже» ИШСУТ, и образовалась там суша. И это притяжение происходит при помощи большой буквы «далет ד» в слове «эхад (אחד один)». И оно принимается Леей, ибо таково правило, что любые недостатки или преграды находятся не в свойстве захар, а в свойстве нуква этого парцуфа.

А с помощью нижнего единства воззвания «благословенно имя величия царства Его вовеки» получает подслащение суровый суд, свойство «от хазе и ниже» Зеир Анпина, исходящий от речения второго дня начала творения: «Да будет небосвод посреди вод»[648], которым создан ад, т.е. суровый суд, место которого – от хазе Зеир Анпина и ниже. Однако – это в нукве, Рахель, а не в захаре, Зеир Анпине. И это подслащение производится посредством восполнения заповеди любви, которая устанавливается с обеих сторон, даже если Он забирает душу твою. Поэтому мы должны быть готовы пожертвовать собой во время произнесения «далет ד» слова «эхад (אחד один)», еще до нижнего единства, чтобы восполнить свойство любви с двух сторон с помощью притяжения мохин в место Рахели, и тогда притягиваются нижние ВАК этих мохин к Рахели, шестью словами воззвания: «Благословенно имя величия царства Его вовеки», и суровый суд преображается, становясь светом, называемым «черный свет».

---

[657] Тора, Берешит, 1:2.

Общее выяснение всех четырнадцати заповедей

Высшее единство – это речение: «Да соберутся воды в единое место, и появится суша»[650], т.е. первое «и вот – хорошо»[651], произнесенное в третий день начала творения.

Нижнее единство – это речение: «Да произрастит земля зелень»[652], т.е. второе «и вот – хорошо»[653], произнесенное в третий день начала творения.

А с помощью четвертой заповеди – «знать, что "Творец (АВАЯ) – Он Всесильный (Элоким)"»[654], чтобы полностью сравнять Нукву, Рахель, с Зеир Анпином, без всякого различия в чем-либо, посредством восполнения любви с двух сторон таким совершенством, что суровый суд преобразится, став светом. И тогда «черный свет» в «белом свете» неразличимы, так как относительно восполнения любви с двух сторон «черный свет» становится даже более важным. С помощью всего этого, Рахель и Зеир Анпин по-настоящему объединяются в одно целое, и теперь они могут оба подняться в ИШСУТ собственными силами.

И благодаря этому ЗОН полностью сравнялись с ИШСУТ, – ведь то, что ЗОН грубее его, не является недостатком, а достоинством и преимуществом над ними. Поэтому ЗОН получают от ИШСУТ также мохин де-ГАР, и тогда становятся ЗОН на равной ступени в полном единстве паним бе-паним. И это речение четвертого дня начала творения: «Да будут светила на своде небесном»[655], когда нуква Рахель и Зеир Анпин включены оба в равной степени в одно название «светила», что и означает, «что "Творец (АВАЯ) – Он Всесильный (Элоким)"»[654].

Таким образом, теперь, благодаря этим четырем заповедям, уже довершились все исправления Ацилута до состояния ЗОН паним бе-паним на равной ступени. И теперь необходимо снова произвести зивуг ЗОН с помощью подъема МАН и добрых деяний, чтобы нам притянуть мохин от них. И это три вида мохин: НАРАН де-катнут, НАРАН первого гадлута и НАРАН второго гадлута. И они нисходят к нам благодаря остальным заповедям.

НАРАН катнута установился в пятый день начала творения речением: «Да воскишат воды кишением существа живого»[656]. Восполнение этого катнута происходит на шестой день. И также ВАК и ГАР первого гадлута и ВАК второго гадлута устанавливаются в шестой день начала творения. А ГАР второго гадлута – в день субботы.

11) И это три заповеди, включенные в пятую заповедь:
1. Заниматься Торой, трудясь над ней каждый день, и благодаря этому он приобретает от ЗОН «нефеш» святости.
2. Плодиться и размножаться, и с помощью этого он приобретает от зивуга ЗОН «руах» святости.
3. Совершать обрезание на восьмой день, устраняя оттуда крайнюю плоть, и благодаря этому он приобретает от зивуга ЗОН свойство «нешама».

И все эти НАРАН (нефеш-руах-нешама) – это только НАРАН катнута. И это – речение пятого дня начала творения: «Да воскишат воды кишением существа живого, и пусть птица летает над землей по своду небесному»[656]. «Существо живое» – это нефеш, «и пусть птица летает» – руах, «по своду небесному» – нешама.

И здесь даже не должен возникнуть вопрос: почему, когда говорится о ЗОН, не говорится о притяжении НАРАН катнута, а когда говорится о мохин, относящихся к нам, необходимо притянуть НАРАН катнута? Ведь у ЗОН никогда нет недостатка в катнуте, так как это установлено со стороны самого Создателя. И поэтому притяжение начинается с ВАК гадлута посредством воззвания «Шма». Однако нам необходимо исправить всё самостоятельно, ведь в родившемся человеке есть только нефеш (оживляющая сила) со стороны «чистого животного», и нет у него даже «нефеш» святости со стороны «офаним».

И поэтому нам всегда необходимо начинать с «нефеш» катнута. Итак, выяснились три заповеди, содержащиеся в пятой заповеди:
Пятая – заниматься Торой для исправления «нефеш» катнута;
Шестая – плодиться и размножаться для исправления «руах» катнута;
Седьмая – совершить обрезание и устранить от себя крайнюю плоть для исправления «нешама» катнута.

И все они относятся к пятому дню.

12) Восьмая заповедь – «любить пришельца, собирающегося совершить обрезание и войти под сень крыльев Шхины, для того чтобы притянуть оттуда нефеш пришельца от святой Шхины». С помощью этого мы притягиваем к себе «нешама» от ствола (гуф) Древа жизни, и это является окончанием и завершением нашего катнута. И это – речение шестого дня начала творения: «Да извлечет земля существо живое по виду его»[658]. Каждому – подобающее ему.

13) Девятая заповедь – «милосердно относиться к бедному и давать ему пищу по желанию сердца». С помощью этого мы вызываем наверху соединение свойства суда со свойством милосердия. Ибо при взаимодействии Бины с Малхут нижняя «хэй» устанавливается в никвей эйнаим, и Бина, вследствие этого, возвращается к свойству МИ, т.е. к гальгальта-эйнаим со светами нефеш-руах, а ее буквы ЭЛЕ опускаются в ЗОН. И также ЗОН возвращаются к гальгальта-эйнаим со светами нефеш-руах, и их буквы ЭЛЕ опускаются в БЕА – в относящиеся к нам НАРАН, расположенные в БЕА. И мы получаем от ЗОН света ВАК гадлута. Это производится речением «создадим человека»[659] в шестой день начала творения. Ибо Бина сказала: «Создадим (наасэ)» – и соединилась с действием (асия), т.е. Малхут, чтобы породить ВАК для Адама.

14) Десятая заповедь – «наложение тфилин и восполнение себя в высшем образе». С помощью этого мы вызываем возвращение величия наверху, когда нижняя «хэй» снова опускается из никвей эйнаим в пэ, и буквы ЭЛЕ снова возвращаются на свою ступень. А когда ЗОН поднимают свои буквы ЭЛЕ из миров БЕА на их ступень в мире Ацилут, наши НАРАН тоже поднимаются вместе с ними, и тогда мы получаем от ЗОН свойства ГАР первого гадлута, определяемые как «мохин де-нешама», относящиеся к первому гадлуту.

И это – сказанное в шестой день начала творения: «И создал Всесильный (Элоким) человека по образу (целем) Его»[660]. Ибо эти мохин ГАР гадлута притягиваются посредством ЦЕЛЕМ парцуфа ИШСУТ, называемого Элоким, и это ХАБАД:

---

[658] Тора, Берешит, 1:24.
[659] Тора, Берешит, 1:26.
[660] Тора, Берешит, 1:27.

«Мэм» де-ЦЕЛЕМ – это Хохма, высшие Аба ве-Има.
«Ламэд» де-ЦЕЛЕМ – Бина, ИШСУТ.
«Цади» де-ЦЕЛЕМ – Даат, ЗОН.

И это – четыре отрывка, имеющиеся в тфилин:
1. «Посвяти» – «мэм» де-ЦЕЛЕМ.
2. «И будет, когда приведет Он тебя»[661] – «ламэд» де-ЦЕЛЕМ.
3. «Шма» – свойство Хесед в «цади» де-ЦЕЛЕМ.
4. «И будет, если послушаетесь»[662] – свойство Гвура в «цади» де-ЦЕЛЕМ.

И это четыре мохин Зеир Анпина, содержащиеся в четырех отрывках головных тфилин.

Четыре отрывка ручных тфилин – это четыре мохин, получаемые Нуквой Зеир Анпина, Рахель. И поэтому слово ЦЕЛЕМ дважды приводится в отрывке: «И создал Всесильный (Элоким) человека по образу (целем) Его, по образу (целем) Всесильного создал Он их»[660]. «По образу (целем) Его» – указывает на головные тфилин, т.е. ЦЕЛЕМ Зеир Анпина. А «по образу (целем) Всесильного» – указывает на ручные тфилин, т.е. ЦЕЛЕМ Нуквы. Таким образом, у человека довершаются НАРАН первого гадлута: нефеш-руах первого гадлута – посредством заповеди «милосердно относиться к бедному», а ГАР, т.е. нешама-хая-ехида первого гадлута, – посредством заповеди наложения тфилин.

15) Одиннадцатая заповедь – «отделять десятину от плодов земли»[663]. Посредством этой заповеди удостаиваются получить нефеш от света хая, от высших Абы ве-Имы. Ведь после того, как человек восполнился НАРАНХАЙ первого гадлута с помощью «тфилин», он должен перейти к постижению второго гадлута, т.е. света хая. И он делится на четыре стадии: нефеш, руах, нешама, хая. Для того, чтобы достичь их, даны следующие четыре заповеди.

С помощью заповеди «отделения десятины земли»[663] удостаиваются света нефеш, потому что «земля» означает свойство

---

[661] Тора, Дварим, 6:10.
[662] Тора, Дварим, 28:1.
[663] Тора, Ваикра, 27:30.

«нефеш». Как сказано в речении: «Вот даю Я вам всякую траву семяносную, которая на всей земле»[664], произнесенном в шестой день начала творения. Сказано здесь: «Вот даю Я вам», и сказано: «А сынам Леви, вот даю Я всю десятину в Исраэле»[665]. И так же, как в первом отрывке говорится о десятине, так же и здесь говорится о десятине земли.

«Которая на всей земле» – потому что удостаивающийся «нефеш света хая», властвует «на всей земле», так как все клипот склоняются перед ним. И об этой «нефеш» сказано: «Принесите всю десятину в сокровищницу Храма, и будет она пищей в Храме Моем, и испытайте Меня в этом: не открою ли вам окна небесные, и не изолью ли на вас благословение сверх меры?»[666] Свойство нефеш называется «десятиной» по имени Малхут, называемой «десятая». Однако «нефеш света хая» – означает всю десятину, т.е. законченное совершенство свойства «десятина».

16) Двенадцатая заповедь – «приношение первых плодов дерева». Посредством этой заповеди удостаиваются получить свет «руах» от свойства света «хая», исходящего от Абы ве-Имы. «Первые плоды» – от слова «первенец». Аба ве-Има означают «первенство», «начало», как уже выяснилось в статье о первой заповеди. И поскольку это относится к дереву, т.е. «первые плоды дерева», поэтому они являются свойством «руах». «Дерево» относится к растительному уровню, называемому «руах», потому что уровни неживой-растительный-животный-говорящий соответствуют светам НАРАНХАЙ: неживой – свету нефеш, растительный – руах, животный – нешама, говорящий – хая-ехида. Как сказано: «И всякое дерево, дающее плоды семяносные»[664]. Сказано: «От плодов дерева», и сказано: «Всякая десятина земли... от плодов дерева – принадлежит Творцу»[663]. Так же, как там первые плоды от всех плодовых деревьев, так же и здесь говорится о первых плодах. И слова: «Принадлежит Творцу» поясняются сказанным: «Всё, что предназначено Мне, вам запрещено есть».

---

[664] Тора, Берешит, 1:29.
[665] Тора, Бемидбар, 18:21.
[666] Пророки, Малахи, 3:10.

17) Тринадцатая заповедь – «совершить выкуп сына», укрепляя его связь с жизнью и ослабляя ангела смерти, о котором сказано: «"Очень" – это ангел смерти». Благодаря этому он удостаивается «нешама света хая». Согласно порядку, он должен был удостоиться посредством этой заповеди уровня «хая света хая», поскольку уровень «говорящий» – это свет «хая». И после того, как удостоился с помощью плодов земли и плодов дерева нефеш-руах, которые относятся к неживому и растительному уровням, он должен был удостоиться, с помощью первенца животного, свойства «нешама света хая», так как он относится к животному уровню. А с помощью первенца человека – свойства «хая де-хая», так как он относится к уровню «говорящий».

Однако «выкуп первенца» еще не смиряет окончательно ангела смерти, а только ослабляет его. Ведь вследствие дарования Торы он стал полностью свободным от ангела смерти. А затем, после прегрешения «золотого тельца», эта работа была забрана у первенцев Исраэля и передана коэнам. Ибо нечистота змея, из-за прегрешения «Древа познания», приведшего к появлению ангела смерти в мире, снова пробудилась в Исраэле после прегрешения «золотого тельца».

И для исправления первенцев Исраэля дана заповедь «выкупа первенца» за пять сэла[667], соответствующая исправлению десяти сфирот, представляющих собой пять свойств КАХАБ ЗОН. Так как первенец достигает сфирот Кетер-Хохма, т.е. высших Абы ве-Имы, называемых «начало». И с помощью этого исправления «пять сэла» мы снова связываем первенцев с высшей жизнью и ослабляем ангела смерти, чтобы он не мог властвовать над ними. Однако не устраняем его окончательно, так, как он был свободен от ангела смерти до прегрешения «золотого тельца», и поэтому заповедь «выкупа первенца» недостаточна для того, чтобы притянуть свойство «хая света хая». Ведь исправление его и весь порядок его – для устранения ангела смерти, как это было во время дарования Торы перед прегрешением «золотого тельца». А это – только ступень ниже ее, т.е. ступень нешама, свет нешама от высших Абы ве-Имы, и не более.

---

[667] Сэла – монета, бывшая в обиходе во времена второго Храма.

Сказано в шестой день начала творения: «И увидел Творец всё, что Он создал, и вот – хорошо очень»[668]. «Хорошо» – это ангел жизни, «очень» – ангел смерти. И в то время ангел смерти получил подслащение и был еще более важен, чем ангел жизни. Однако теперь, в период шести тысяч лет, он не достигает этого большого подслащения, и это сказано только по отношению к окончательному исправлению. Тогда как посредством выкупа первенца, приводящего к ослаблению его, но не более, он удостаивается с помощью этого выкупа только свойства нешама де-хая, ВАК де-хая.

18) Четырнадцатая заповедь – «хранить день субботний» и «укреплять связь субботнего дня со святостью его». С помощью этих двух заповедей удостаиваются хая де-хая в день субботний. Как сказано: «Благословит Творец день субботний и освятит его»[669]. Вследствие хранения субботы, чтобы не нарушить ее, удостаиваются благословения, а вследствие освящения субботы субботними наслаждениями удостаиваются святости. И свет хая является святостью, потому что высшие Аба ве-Има называются «святость». А во время «минхи (предвечерней молитвы)» субботы притягивается ВАК света ехида. Однако ГАР де-ехида невозможно притянуть в течение шести тысяч лет, но только по завершении исправления.

---

[668] Тора, Берешит, 1:31.
[669] Тора, Берешит, 2:3.

Выяснение распределения четырнадцати заповедей в десяти речениях

После того, как выяснились четырнадцать заповедей и как они соотносятся с семью днями начала творения, выясним порядок их распределения в десяти речениях, которыми был создан мир.

Первое речение: «Вначале создал Творец»[645]. «Вначале» – это как первое речение, так и первая заповедь «страха», основанного на том, что Он велик и правит всем. И это – ступень Абы ве-Имы мира Ацилут, которые обозначаются буквой «йуд י» имени АВАЯ (הויה), где Аба – это «йуд י», а Има – это наполнение «вав-далет וד» слова «йуд יוד». И они – свойство «чистый воздух (авира дахья)», ГАР Бины.

Второе речение: «И сказал Творец: "Да будет свет"»[647] – это вторая заповедь, «большая любовь» со стороны милосердия (хесед), ГАР парцуфа ИШСУТ мира Ацилут, и это – свет, созданный в первый день шести дней начала творения, благодаря которому Адам видел от края мира и до края его. И это первая «хэй ה» имени АВАЯ (הויה).

Третье речение: «И сказал Творец: "Да будет небосвод"»[648] – это скрытие света и суровый суд, проявившийся вследствие этого. И это – восполнение второй заповеди, чтобы любовь стала совершенной с обеих сторон, даже если Он забирает душу твою. И это свойство Нуквы, расположенной «от хазе и ниже» Зеир Анпина.

Четвертое речение: «И сказал Творец: "Да стекутся воды"»[650] – это третья заповедь, «знать, что есть великий Творец, который правит всем миром, и устанавливать каждый день подобающим образом единство Его», т.е. единство воззвания «Шма Исраэль», называемое высшим единством, и это – притяжение ВАК трех предшествующих Зеир Анпину речений, называемых ВАК гадлута. И это «вав ו» имени АВАЯ (הויה).

Выяснение распределения четырнадцати заповедей в десяти речениях

Пятое речение: «И сказал Творец: "Да произрастит земля"»[652] – это завершение третьей заповеди. И после того, как соединилась там суша с высшим единством, необходимо соединить ее с ВАК внизу, в нижнем единстве «благословенно имя величия царства Его вовеки». И это – притяжение ВАК трех первых речений в Нукву Зеир Анпина, благодаря которому преображается суровый суд в ней, становясь полностью светом, называемым «черный свет», и это ВАК мохин де-гадлут Нуквы Зеир Анпина, обозначаемой нижней «хэй ה» имени АВАЯ (הויה).

Шестое речение: «И сказал Творец: "Да будут светила"»[655]. Это четвертая заповедь, «знать, что "Творец (АВАЯ) – Он Всесильный (Элоким)"»[654], т.е. познать, что они – одно целое, и нет в них разделения, «черный свет в белом свете» – нет в них разделения, и всё это – единое целое. И это – притяжение мохин де-ГАР трех первых речений к Зеир Анпину и Нукве. И тогда они соединяются, как одно целое, на равной ступени паним бе-паним.

Седьмое речение: «И сказал Творец: "Да воскишат воды"»[656]. В нем имеется три заповеди: пятая – «заниматься Торой», шестая – «плодиться и размножаться» и седьмая – «совершать обрезание на восьмой день». Вследствие их выполнения нисходит НАРАН катнута от ЗОН к душам праведников: с помощью занятий Торой притягивается нефеш святости, выполнением заповеди «плодиться и размножаться» притягивается руах святости, а устранением крайней плоти притягивается нешама святости.

Восьмое речение: «И сказал Творец: "Да извлечет земля"»[658]. Это восьмая заповедь, «любить пришельца». С помощью этой заповеди притягивается нефеш пришельца и производится восполнение мохин НАРАН катнута, исходящих к душам праведников.

Девятое речение: «И сказал Творец: "Создадим человека"»[659]. В нем имеются две заповеди: девятая заповедь – «милосердно относиться к бедному». Посредством того, что мы относимся милосердно к бедному и даем ему пищу, мы вызываем наверху соединение свойства суда со свойством милосердия, благодаря подъему Малхут в Бину, и тогда нисходят ВАК де-мохин первого гадлута к душам праведников. И десятая заповедь – «наложение тфилин», вследствие чего нисходят ГАР де-мохин первого гадлута, называемые ЦЕЛЕМ, к душам праведников.

Десятое речение: «И сказал Творец: "Вот даю Я вам"»[664]. В нем содержится три заповеди: одиннадцатая – «отделять десятину земли», двенадцатая – «приносить первые плоды деревьев», и тринадцатая – «совершать выкуп сына». По их завершении нисходят НАРАН второго гадлута к душам праведников. А в сказанном «и завершил Творец на седьмой день работу Свою»[670] содержатся две заповеди: хранить день субботний – «храни», и укреплять связь субботнего дня со святостью его – «помни». Эти две заповеди являются одной – «помни и храни сказаны в одном речении»[671]. И благодаря этим двум заповедям нисходит свет хая второго гадлута к душам праведников. И благодаря этому довершается предельный уровень мохин, который получают души праведников от ЗОН Ацилута в течение всех шести тысяч лет. Однако есть также мохин ВАК де-ехида, нисходящие в минху (предвечернюю молитву) субботы. И тогда поднимается Зеир Анпин в дикну Арих Анпина. Но поскольку Нуква Зеир Анпина не поднимается вместе с ним, они здесь не учитываются.

Итак, мы видим, что основное распространение мохин происходит вследствие трех первых речений: «Вначале создал Творец»[645], «И сказал Творец: "Да будет свет"»[647], «И сказал Творец: "Да будет небосвод"»[648], представляющих собой ХАБАД. Речение: «Вначале создал Творец»[645] указывает на Абу ве-Иму, называемые Хохма. Речение: «И сказал Творец: "Да будет свет"»[647] указывает на ИШСУТ, Бину. Речение: «И сказал Творец: "Да будет небосвод"»[648] указывает на Даат, ибо там образовался суровый суд, имеющийся в Рахель, используемый в пяти Гвурот сфиры Даат в качестве точки «хирик».

И на этом завершается распространение мохин. Ибо три речения: «Да стекутся воды»[650], «Да произрастит земля»[652], «Да будут светила»[655] – это нисхождение ВАК и ГАР первого гадлута и нисхождение второго гадлута от трех первых речений к ЗОН.

---

[670] Тора, Берешит, 2:2.
[671] Вавилинский Талмуд, трактат Шавуот, лист 20:2.

Седьмое речение – это нисхождение НАРАН катнута от ЗОН к душам праведников.

Восьмое речение – это завершение мохин катнута.

Девятое речение – это ВАК и ГАР мохин первого гадлута, нисходящие от ЗОН к душам праведников.

Десятое речение – это нисхождение НАРАН второго гадлута от ЗОН к душам праведников.

Вследствие хранения и освящения субботы нисходят мохин де-хая от ЗОН к душам праведников.

И эти мохин вышли в основном в трех первых речениях, в Абе ве-Име и ИШСУТ, а остальные речения протянулись от них к ЗОН Ацилута и к душам праведников.

Таким образом, мы поймем сказанное в Зоаре: «Десятью речениями создан мир». И если мы всмотримся, то обнаружим только три, которыми был создан мир, и это – мудростью (Хохма), разумением (Твуна) и знанием (Даат). Основное нисхождение мохин, которыми был создан мир, – это три первых речения, ХАБАД. В этих десяти речениях только девять раз приводится: «И сказал». И тогда объясняется, что «Вначале» тоже относится к речениям. Но на самом деле «и сказал» приводится десять раз со следующими словами: 1. «Да будет свет»[647]. 2. «Да будет небосвод»[648]. 3. «Да стекутся воды»[650]. 4. «Да произрастит земля»[652]. 5. «Да будут светила»[655]. 6. «Да воскишат воды»[656]. 7. «Да извлечет земля»[658]. 8. «Создадим человека»[659]. 9. «Плодитесь и размножайтесь»[672]. 10. «Вот даю Я вам»[664].

На первый взгляд, можно истолковать, что речение «плодитесь и размножайтесь»[672] не считается речением, ибо нет в нем созидания, а только лишь благословение человеку. Поэтому Зоар его не учитывает здесь. Однако в «Тикуней Зоар» мы находим, что там учитывается речение «плодитесь и размножайтесь»[672], и включается в число десяти речений, но среди них не учитывается речение «создадим человека»[659], в отличие от Зоара, находящегося перед нами. Дело в том, что два этих речения, «создадим человека»[659] и «плодитесь и размножайтесь»[672], считаются одним речением, поскольку оба они говорят только лишь о создании человека. И поэтому нет различия – учитывать

---

[672] Тора, Берешит, 8:17.

речение «создадим человека»⁶⁵⁹ среди остальных речений, или же речение «плодитесь и размножайтесь»⁶⁷².

И говорится, что когда пожелал Творец упрочить мир, Он исполнил Авраама мудростью (Хохма), Ицхака разумением (Твуна), и Яакова знанием (Даат). Поэтому к Яакову относится сказанное: «И знанием покои наполнятся»⁶⁷³. И в этот час был восполнен весь мир.

Ведь повсюду в Зоаре говорится, что Авраам – это Хесед, Ицхак – Гвура, Яаков – Тиферет, а здесь говорит, что создал их в свойствах ХАБАД для того, чтобы укрепился мир? Как же создал их Творец в свойствах ХАБАД? И зачем нужно было создавать Авраама, Ицхака и Яакова в свойствах ХАБАД для укрепления мира?

Зеир Анпин называется «мир». Укрепление Зеир Анпина, укрепление мира – это притяжение мохин де-ГАР к Зеир Анпину. Основа десяти речений – это только три первых речения, ХАБАД парцуфа ИШСУТ. Когда пожелал Творец укрепить мир и притянуть мохин ГАР к Зеир Анпину, называемому мир, Он создал Авраама, Ицхака и Яакова, ХАГАТ Зеир Анпина, в свойствах ХАБАД.

И создание ХАГАТ в свойствах ХАБАД происходит посредством притяжения света нешама, который облачается в них. Ведь келим всегда называются именами светов, облаченных в них: келим света нефеш называются НЕХИ, келим света руах называются ХАГАТ, келим света нешама называются ХАБАД. Поэтому, когда Зеир Анпин был свойством ВАК, лишенным ГАР, только с двумя светами нефеш-руах, и недоставало ему света нешама, у него было только шесть келим ХАГАТ НЕХИ, келим света руах – это ХАГАТ, а келим света нефеш – НЕХИ.

А теперь, когда низошли к нему мохин де-ВАК гадлута и ГАР гадлута, вследствие трех речений «да стекутся воды»⁶⁵⁰, «да произрастит земля»⁶⁵², «да будут светила»⁶⁵⁵, и низошел благодаря этому свет нешама в ХАГАТ Зеир Анпина, называемые Авраам, Ицхак и Яаков, то поднялись вследствие этого ХАГАТ и стали ХАБАД: Авраам стал Хохмой, Ицхак – Твуной,

---

⁶⁷³ Писания, Притчи, 24:4.

Яаков – свойством Даат. Ибо келим нешама называются ХАБАД. А свет руах опустился в келим де-НЕХИ, и стали НЕХИ келим ХАГАТ, поскольку теперь они – место для света руах. И выяснились для него новые келим НЕХИ из миров БЕА, и присоединились к его парцуфу, и облачился в них свет нефеш. И эти три речения, необходимые для Зеир Анпина, происходят от трех предыдущих основных речений, находящихся в ИШСУТ.

Сказано: «Наделил Авраама мудростью (Хохма)»[674] – облачение света нешама сделало кли Хесед Зеир Анпина Хохмой, «Ицхака – разумением (Твуна)»[674] – это облачение сделало кли Гвуры Твуной, «Яакова – знанием (Даат)»[674] – а кли Тиферет Зеир Анпина стало свойством Даат, средней линией, согласующей между двумя келим, Хохмой и Твуной. Поэтому сказано: «И знанием покои наполнятся»[673] – т.е. после того, как стало кли Тиферет свойством Даат, и согласовало между Хохмой и Биной, и восполнились десять сфирот света нешама снизу вверх, называемые рош, свет обратился и начал светить также сверху вниз, в келим де-НЕХИ Зеир Анпина. Этот свет, который светит сверху вниз, называется светом руах, и это – Даат, распространяющийся из рош в келим де-гуф и наполняющий их, как сказано: «И знанием (даат) покои наполнятся»[673].

И тогда келим НЕХИ, называемые «проходы», стали келим де-ХАГАТ, которые называются «комнаты». «В этот час был восполнен весь мир» – был завершен весь мир, Зеир Анпин. Ибо благодаря этим светам выявляются у него новые келим, поднимающиеся из БЕА, чтобы облачить свет нефеш. И тогда завершается весь парцуф Зеир Анпин, называемый мир, так как теперь у него есть келим ХАБАД ХАГАТ НЕХИ.

И не следует спрашивать: если Ицхак означает свойство Твуна, а не Бина, то почему мохин называются ХАБАД? Этим нам дается понять, что имеются в виду совершенные мохин света хая, а левая линия света хая исходит от Твуны, в которой находится место раскрытия света Хохмы, и это – «йуд», которая вышла из свойства «воздух» и не находится в высшей Бине. И поэтому уточняется: «А Ицхака – разумением (Твуна)»[674]. Ведь мир, Зеир Анпин, укрепляется только посредством мохин свечения Хохмы.

---

[674] См. Зоар, главу Шмот, п. 249.

Выражаем огромную благодарность группе энтузиастов из разных стран мира, выступивших с инициативой сбора средств для реализации этого проекта.

Спонсоры и инициаторы:

Сергей Лунёв, Вадим Плинер - *Канада*

Максим Голдобин, Константин Фарбирович - *Россия*

Николай Полуденный, Александр Зайцев,

Александр Каунов, Сергей Каунов, Евгений Сачли,

Андрей Нищук, Михаил Плющенко - *Украина*

Идея:
Максим Маркин - *Украина*

Сайт спонсоров проекта:
http://zoar-sulam-rus.org/

Под редакцией президента института
ARI проф. М. Лайтмана

Руководители проекта: Г. Каплан, П. Ярославский

Перевод: Г. Каплан, М. Палатник, О. Ицексон

Редактор: А. Ицексон

Технический директор: М. Бруштейн

Дизайн и вёрстка: А. Мухин

Корректор: П. Календарев

Благодарность

Э. Винер, Н. Винокур, И. Каплан, Р. Каплан, Л. Гойман,
И. Лупашко, Р. Марголин, Э. Агапов, А. Каган, З. Куцина
за помощь в работе над книгой.

Видеопортал Zoar.tv

Видеопортал Зоар.ТВ располагает уникальным контентом в виде бесплатных видео материалов, видеоклипов, ТВ онлайн, добрых фильмов онлайн, музыки.

http://www.zoar.tv/

Курсы обучения

Миллионы учеников во всем мире изучают науку Каббала.

Выберите удобный для вас способ обучения на сайте:

http://www.kabacademy.com/

Книжный магазин

РОССИЯ, СТРАНЫ СНГ И БАЛТИИ

http://kbooks.ru

АМЕРИКА, АВСТРАЛИЯ, АЗИЯ

http://www.kabbalahbooks.info

ЕВРОПА, АФРИКА, БЛИЖНИЙ ВОСТОК

http://www.kab.co.il/books/rus